江西赣州市博物馆学术著作

多元视角下的
赣闽客家传统社会

刘劲峰　著

广东旅游出版社
GUANGDONG TRAVEL & TOURISM PRESS
悦读书·悦旅行·悦享人生

中国·广州

图书在版编目（CIP）数据

多元视角下的赣闽客家传统社会 / 刘劲峰著 . —广州：广
东旅游出版社，2024.12

ISBN 978-7-5570-3209-8

Ⅰ. ①多... Ⅱ. ①刘.. Ⅲ. ①客家人－民族文化－江
西－文集②客家人－民族文化－福建－文集 Ⅳ.
① K281.1-53

中国国家版本馆 CIP 数据核字（2024）第 032242 号

出 版 人：刘志松
策划编辑：官　顺
责任编辑：官　顺
责任校对：李瑞苑
装帧设计：谢晓丹
责任技编：冼志良

多元视角下的赣闽客家传统社会
Duoyuan Shijiao Xia De Gan Min Kejia Chuantong Shehui

广东旅游出版社出版发行
（广州市荔湾区沙面北街71号首层、二层）
邮 编：510130
电 话：020-87347732（总编室） 020-87348887（销售热线）
投稿邮箱：2026542779@qq.com
印 刷：河北文盛印刷有限公司
　　　（河北省保定市涿州市东仙坡镇下胡良北口）
开 本：787mm×1092mm　16开
字 数：330千字
印 张：19
版 次：2024年12月第1版
印 次：2025年1月第1次印刷
定 价：98.00元

目 录

序

　　1996 至 2006 年间出版的 30 册"客家传统社会丛书"是法国远东学院（EFEO）和福建、广东和江西等省科研机构的合作成果。广东的工作分为粤东和粤北，粤东由嘉应学院的房学嘉负责，粤北由香港中文大学的谭伟伦和韶关学院的曾汉祥负责。我在福建的主要合作者是福建省社会科学院的杨彦杰，在江西则是赣州市博物馆的刘劲峰。

　　我在 1994 年第一次见到刘劲峰，立即被他对细致描述的执着打动，这是他从考古学训练中学到的工作方法——田野工作在考古学中占据了和民族志研究中同样的核心位置。因此，尽管在开始参与这个项目时并无地方社会或道教研究的背景，他还是迅速地成了这两方面的领先专家。通过耐心地观察、描述和分析，他为该项目撰写的第一篇文章考察的是宁都县古夏村，刊于丛书第一册（《梅州地区的庙会与宗族》）。这是一篇我永远不会忘记其缘起的文章，我们在古夏发现了大量的李氏族谱，大约有十册，每册有 60 厘米长、40 厘米宽和 10 厘米厚。我们将这些族谱放进一个农民的麻袋中，然后赶到县城，并竭力进行复印，直至深夜。

　　刘劲峰后成为丛书第 8 册《赣南宗族社会与道教文化研究》的作者、第 18 册《宁都县的宗族、庙会与经济》的主编，以及第 21 至 22 册《吉安市的宗族、经济与文化》、第 29 至 30 册《铜鼓县的传统经济与民俗文化》的合作编者。

　　本书收入的并非刘劲峰在"客家传统社会丛书"中发表的篇章，而大都来自和客家项目相关的会议论文集。其中，两篇发表在著名的台湾期刊《民俗曲艺》[1]，一篇收于谭伟伦主编的论文集[2]，另一篇刊于房学嘉主编的辑刊[3]，还有三篇非常成熟的文章分别考

---

[1] 刘劲峰：《崇义县新地村高峰仙朝罗汉述略》，载《民俗曲艺》，1999 年总第 117 期；刘劲峰：《江西宁都县黄石中村舞傩考察记》，《民俗曲艺》2000 年总第 127 期。

[2] 刘劲峰：《宗教民俗与地域社会：闽赣两个乡村聚落游神活动的比较研究》，载谭伟伦主编《中国地方宗教仪式论集》（香港中文大学崇基学院宗教与中国社会研究中心，2011）。

[3] 刘劲峰：《崇义县聂都的客家宗族民俗文化》，载《客家研究辑刊》，2001 年第 2 期。

察了萍乡市的道教醮仪①、宁都的东龙村②和福建诏安的张廖氏宗族③。正如这些文章的标题所示，刘氏的家乡宁都县，以及湖南对面、江西边界的崇义县一直是他工作的中心。不过，他也和我们在福建合作，使得他能够对闽赣两省的客家进行比较。

前一段提到的八篇文章均以地方社会为重点。剩下的四篇文章中，有三篇在后面综合分析了刘氏关于铜鼓县族群性④、崇宗敬祖在客家人中扮演的角色⑤，以及赣南民间宗教⑥的资料。但我在这里想重点讨论的是第四篇关于道士罗栖东丧葬仪式的文章，因为它不仅是全新的材料，而且完美地说明了刘氏发现和描述的民族志学的丰富性。

罗栖东是普庵教道士，在19世纪90年代中期被刘劲峰发现于赣湘交界的山村之中。丛书第8册收有三篇关于罗氏法事的极好的文章。其中一篇文章是根据2003年10月3日至5日刘氏对罗氏丧葬仪式的观察来写的。在简要介绍罗氏的家族出身和13岁开始拜师做普庵教的经历之后，刘氏指出，罗栖东在临终前从他的九个徒弟中挑了一个作为接坛弟子。这个弟子因此要主持的（罗氏仙逝保奏）法事将持续两天三夜，由19个独立的科目组成。刘氏对每个科目都进行了细致的描述。

第一个科目为启师造水，然后是主坛师变身为普庵，并将在场所有人的灵魂隐藏到神水之中。紧接的坛场驱邪仪式之后，由于罗栖东生前曾入过老君衙门，身边还有阴兵相随，而这些阴兵源于横死造成的孤魂野鬼，他们在得到罗氏亡故的消息后可能会四散逃亡并造成伤害。在这些阴兵被召集至五营之前，罗氏的家眷切忌放声痛哭。

此时要为罗氏的三魂各准备一块灵牌，并架起一座通天的布桥。主坛师用锡角召请三元将军守护灵牌，然后从罗氏雷坛上拣出相关兵旗，将雷坛上的所有兵将召集到一起，并把兵旗全部插入专门的兵斗。道士绕宅奔跑三圈之后，在房子周围设立五营，并召请兵将去关锁附近所有的庙宇，而庙宇中的神则被请到坛场接受供养。家眷在这时用符水来为亡师沐浴。

---

① 刘劲峰、易松尧：《萍乡老关镇关帝庙太平清醮》，载吕鹏志、劳格文主编《"地方道教仪式实地调查比较研究"国际学术研讨会论文集》，新文丰出版社，2013。

② 刘劲峰：《村落的空间建构：江西宁都东龙村个案研究》，载劳格文、科大卫主编《中国乡村与墟镇神圣空间的建构》，社会科学文献出版社，2014。

③ 见杨彦杰主编《闽客交界的诏安》，社会科学文献出版社，2014。同书还发表了刘劲峰与沈荣波合撰的一篇关于仕渡村的文章，细微修订之后亦收入这本论文集。

④ 刘劲峰：《从对抗到包容：江西铜鼓县族群互动的田野考察》，载丘昌泰、萧新煌主编《客家族群与在地社会：台湾与全球的经验》，（台北）中央大学出版中心，2007。

⑤《人际关系与社会秩序的重构——关于客家人崇宗敬祖行为的社会学分析》，载陈世松《"移民与客家文化"国际学术研讨会论文集》，广西师范大学出版社，2005。

⑥ 此前未刊论文。

到目前为止的叙述已经大幅精简，还是只让我们看到了十九个科目中的第三个，因此从这里开始我将只提最有趣的部分。在第五个科目中，主坛师将奏状送进老君衙门，把凡身化为王姆正身，号令王姆旗下兵马收尽邪魔鬼怪。取出女衣装身之后，他请五方结界大王阻挡邪鬼邪师进入坛场。

第二天，顶礼师率亡师眷属到祖祠和邻近庙宇进香请神，主坛师则去了预先择定的墓地，主持开土皮法事。回到坛场后，举行乐营和午朝贡表法事，分别是为武坛兵将和文坛神明做的。第十四个科目是专门为亡师做的，先用观音甘露水洁净房子，并撒米谷给兵将。道士随后出大门外召请兵将为亡师前往老君衙开路。带领亡师游历十二仙宫之后，主坛师取出路引和罗栖东奏职时取得的二十四道诰牒，再行检牒并焚化，将灰烬倒进一个专门的袋子并放入棺材里。身带这些诰牒的亡师便能在老君衙获得城隍、社令一类的官职。这时附近庙宇的庙门便可重新打开，庙神归位，罗氏的兵将亦被召集起来，以便护送亡师上天。

第三天，化灵屋之后，主坛师取下兵斗，为兵将发粮。最后，第十七个科目中，主坛师在封棺之后装为女身，从兵斗中拣出所有罗氏兵将的兵旗，插在自己背上。追邪赶煞并关上大门之后，主坛师出大门外，先于棺前召兵，再骑在棺木之上前往坟地，同时吹角召兵。抵达坟地之后，他跳下棺木，继续召兵，请兵旗所代表的罗氏兵将陪同亡师赴任，并将这些兵旗一起葬入坟中。

在第十八个科目，罗氏的神主牌被捧回家中。主坛师将兵斗中剩余的兵旗全部转移到雷坛兵斗中，与原先留在雷坛上的兵旗混合在一起。罗氏的继承人将择日前来接坛、接兵。第十九个科目是将亡师之灵护送到祠堂，和历代祖先香火合龛。

刘劲峰最后指出，该法事适用于当地所有的道士，以及猎人和灵媒（神婆、神汉）。他在关于赣南宗教的那篇文章中解释道，河东片区的闾山教和普庵教是严格分开的，前者只做武坛的清事类法事，后者基本只做文坛的幽事类法事，西河片区则所有道士都兼行文坛、武坛法事。当地有则传说提到，孙悟空、猪八戒和沙和尚三人护送唐僧西天取经有功，并因此被送到太上老君那边学法。猪八戒学会念经成了龙虎教道士，沙和尚学会超度成了普庵教师傅，孙悟空则学会驱邪赶鬼成了闾山教老师。不过，他们都是太上老君的弟子。刘氏还指出，随葬亡师罗栖东那样的二十四道诰牒文凭是奏职仪式中获得的，同时获得的还有郎名和职名。亡师会带走其雷坛的大部分阴兵，只会留下一些兵将给接坛者。

在钦佩刘劲峰的报告质量之余，专家们会很自然地认识到其中叙述的一些最有趣的仪式行为可以和其他地方作何比较。我只举两个例子：猎人和灵媒在亡故时享有和道士一样的待遇。这表明罗氏的传统和湘中地区的梅山传统有密切的联系。其次是老君明显的中心地位，这让我想起在台湾北部道教驱邪法事中最初注意到的东西：老君在早期天师道中的角色正是在这些武科法事中，而非在佛教化的灵宝拔度仪式中得到了延续。

读者如果花时间仔细阅读本书所收的十二篇文章，将会深化他们对帝制晚期中国南方民间宗教的全面理解。他们首先会理解一种共同的宗教文化是如何与不同村庄和区域之间显著的独特性并存的。

劳格文（John Lagerwey）

法国高等研究实践学院、香港中文大学荣休教授

2022 年 8 月 18 日谨识于万森纳（Vincennes）

（上海复旦大学副教授、博士巫能昌　译）

INTRODUCTION

The thirty volumes of the "Hakka Traditional Society Series" published between 1996 and 2006 were the result of collaboration between the Ecole francaised'Extreme-Orient (EFEO) and academic institutions in the provinces of Fujian, Guangdong and Jiangxi. Guangdong operations were divided between Yuedong and Yuebei, conducted respectively by Fang Xuejia of Jiaying College and Tam Wai Lun of the Chinese University of Hong Kong, who collaborated with Zeng Hanxiang of Shaoguan College. In Fujian, my primary collaborator was Yang Yanjie of the Fujian Academy of Social Sciences. In Jiangxi, it was with Liu Jinfeng of the Gannan Regional Museum that I worked most closely.

I first met Liu in 1994 and was immediately impressed by his attachment to detailed description, a working method he had learned from his training in archaeology, where fieldwork occupies the same central role as in ethnography. Thus, though he began his participation in the project with no prior background in the study of local society or Taoism, he soon became a leading expert on both.Building on his capacity for patient observation, description and analysis, Liu made his first contribution to the project with an essay on Guxia village in Ningdu County, published in volume one (*Meizhou diqu de miaohuiyuzongzu*).It is an essay whose origins I will never forget, as in Guxia we discovered a massive Li lineage genealogy in some ten volumes, each of which was a good 60cm wide by 40 cm high and 10 cm thick. We folded them into a farmer's gunny sack and made our way to the county seat, where we did what we could to photocopy the massive pages late into the night.

Liu went on toauthor one volume in the Hakka series (vol. 8, *Gannanzongzu shehuiyudaojiaowenhuayanjiu*), edit one volume (vol. 18, *Ningduxian de zongzu, miaohuiyujingji*) and co-edit four others (vols 21-22, *Ji'anshi de zongzu, jingjiyuwenhua, and vols* 29-30, *Tongguxian de chuantongjingjiyuminsuwenhua*).

The essays gathered here are not from Liu's contributions to the Hakka series but come mostly fromconference volumes linked in one way or another to the Hakka

---

① "Jiangxi ChongyixianXindicunGaofengxian chao Luohanshulüe," in MSQY 117 (1999), and"JiaxngxiNingduxianHuangshizhongcunwuwunuoxianchangkaocha," in MSQY 127 (2000).

project.Among themare two texts published in the well-known Taiwan residents journal, Minsuquyi, [1] one in a volume edited by Tam Wai Lun, [1] another in Fang Xuejia's journal [2] and three particularlymature essays on the Taoist Offering in PingxiangMunicipality, [3] on Donglongvillage in Ningdu [4] and on the Zhang-Liao lineage of Zhao'an County in Fujian. [5] As the titles of these essays show, Liu's native county of Ningdu and, on the opposite side of Jiangxi province, Chongyi county on the Hunan border, have been central to his work, but he has also worked with us in Fujian, enabling him to make comparisons between the Hakka of the two provinces.

All eight of the essays mentioned in the preceding paragraph are laser-focused on local societies.Three of the remaining fouressays stand back to synthesize Liu's data on ethnicity in Tonggu County, [6] the role of the lineage and ancestor worship among the Hakka [7] and popular religion in southern Jiangxi. [8] But what I would like to focus on here is the fourth essay, on a funeral done for the Taoist priest Luo Qidong, as it is not only entirely new material, it perfectly illustrates the ethnographic richness of Liu's discoveries and descriptions.

Luo Qidong is a Taoist of the Pu'an school who was discovered by Liu in his village in the mountains on the Jiangxi-Hunan border in the mid-1990s. Volume 8 contains three superb essays on his rituals. The present essay is based on Liu's observation of Luo's funeral in October 3-5, 2003. After a brief summary of Luo's lineage antecedentsand his Pu'an studies starting at age 13, Liu notes that, before dying, Luo chose one among his nine disciples to succeed him. The ritual sequence for which he

---

[1] "Min Gan lianggekejiajuluoyoushenhuodong de bijiaoyanjiu," in Zhongguodifangzong jiaoyishilunwenji (2011).

[2] "Jiangxi ChongyiNieduxiang de kejiazongzuyuminsuwenhua," inKejiayanjiujikan (2001).

[3] "PingxiangshilaoguanzhenGuandimiao de taipingqingjiao," n a volume I co-edited with Lv Pengzhi:Difangdaojiaoyishishididiaochabijiaoyanjiu (Xinwenfeng, 2013). This text was co-written with Yi Songyao, a Taoist from Pingxiang.

[4] "Keijiacunluo de kongjianjiangou: Jiangxi NingduDonglongcunge'anyanjiuje,"in a volume I co-edited with David Faure:Zhongguoxiangcunyuxuzhenshenshengkongjian de jiangou 中国乡村与墟镇神圣空间的建构 (Shehuikexuewenxianchubanshe, 2014).

[5] In Yang Yanjie, ed., Min-Kejiaojie de Zhao'an(Shehuikexuewenxianchubanshe, 2014). In the same volume, Liu is co-author with Shen Rongbo of an essay on the village of Shidu, also pubished here in slightly modified form.

[6] "Cong duikangdaobaorong: Jiangxi Tongguxianzuqunhudong de tianyekaocha," first published in Taiwan in 2007.

[7] "Renji guanxi yushehuizhixu de chongjian, » published in 2005 by the Guangxi Shifan Press in 2005.

[8] Not previously published.

thereby became responsible would last two days and three nights and be composed of nineteen separate rituals, each of which is meticulously described by Liu.

The first sequence consisted in the invitation of the masters and the creation of symbol-water, followed by the presiding master's self-conversion into Pu'an and his hiding of the souls of all present in the "divine water". After an exorcism of the ritual arena, because Luo Qidongwas a member of Laojun's bureaucracy and had had underworld soldiers who were unfortunate dead, on hearing of his death, these dangerous spirits might disperse and do harm. Until they had been gathered into the Five Camps, no member of Luo's family was allowed to weep.

A tablet for each of Luo's three souls was now prepared and a cloth bridge to Heaven hung up. With his pewter horn the Daoist summoned three generals to guard the soul tablets, then gathered the soldier flags associated with Luo's thunder altar, summoned all soldiers and placed their flags in a special "soldiers' bushel". After running around the house three times, the Five Camps were set up around it and soldiers were summoned to seal all temples in the neighborhood while their gods were invited to the ritual arena to be fed.The family now used symbol-water to wash the corpse.

The account thus far, much abbreviated here, brings us only to the third of the nineteen ritual sequences, so I will from here on only mention the most interesting events. In sequence 5, the officiating master constellation walks to bring a message to Laojun's office, converts himself into Wangmu and orders her armies to capture all perversities. Having gotten out women's clothing, he invites the great kings who seal the ritual arena to block all perversities from entering.

The next day, while one priest led the family to the Luo ancestor hall and neighboring temples, the main priest went to the site of the grave and presided over the ground-breaking. Back at the ritual arena, a concert was given "for the pleasure of the Camps" and the Noon Offering made to the spirits of both military and civil altars. Sequence 14, done only for a deceased Taoist, began with the purification of the entire house with "sweet dew of Guanyin3 and throwing rice to he armies. Then the master went outside to summon the armies to prepare the path to Laojun's offices. After leading a tour of the twelve palaces of the immortals, the master got out the Route Guide and 24 documents Luo Qidong had received at his ordination. After has inspected them, they are burned and the ashes are put in a special bag and placed in the coffin. Thanks to these documents, the deceased Taoist will be eligible for a position in Laojun's bureaucracy as an earth or city god. Local temples are now reopened, and Luo's soldiers are summoned so they can accompany him to Heaven.

On the third day, after the spirit house was burned, the soldier bushel was brought out and its soldiers summoned and fed. At last, in sequence 17, the coffin was sealed and the main Taoist, dressed as a woman, took all Luo's soldier flags from the bushel and put them on his own back. After a final exorcism of the house, the door was closed, and the main Taoist, standing before the coffin placed outside on stools, summoned the soldiers. He then rode astride the coffin to the grave, all the while summoning the armies. At the grave, he jumped off the coffin and summoned the soldiers, telling those represented by the flags to accompany Luo. The flags were thenplaced in the coffin.

In sequence 18, Luo's souls were brought to the ancestor hall. Then the main Taoist took the flags still in the soldier bushel and transferred them to the bushel of the thunder altar, thereby combining new and old armies. Luo's successor would come on an auspicious day to fetch the thunder altar bushel. Sequence 19 consisted in bringing the soul tablet to the ancestor hall to ask that his souls be attached to those of past generations.

Liu concludes by noting that this ritual must be done for all Taoists in the region, as well as for hunters and mediums. In his essay on religion in southern Jiangxi, Liu explains that, while east of the River Gan Lüshan and Pu'an masters are strictly separated, with the former doing military rites for the living, the latter civil rites for the dead, all masters west of the River do both military and civil rites. A local myth says that, because they had gained merit accompanying Xuanzang to fetch the Buddhist scriptures in India, Zhu Bajie, ShaHeshang, and Sun Wukong were all allowed to learn a trade by going to Laojun to "study the methods".Thus Zhu learned to recite scriptures and became a Longhushan Daoist, Monk Sha became a Pu'an master doing rites to save the dead, and Sun became an exorcist from the Lüshan school. But all three are the disciples of Laojun. Liu notes as well that the 24 documents later buried with a master like Luo Qidongare provided him during a second ordination, when he graduates from having a fahao to one with a langming. He will take most of his armies with him, leaving only a few to his successsor.

Apart from admiring the quality of Liu Jinfeng's reporting, specialists will easily recognize how some of the most interesting ritual acts he narrates compare with other sites. I will name but two: the fact hunters and mediums receive the same treatment at death as a Daoist suggests close links between Luo's tradition and that of Meishan in central Hunan. The second is the clear centrality of Laojun, recalling something I first noticed among Taoist exorcisms in northern Taiwan: it is in these military rites that Laojun's role in the early Heavenly Masters is continued, not in the buddhicizedLingbao salvation rites.

Readers who take the time to read carefully the twelve essays in this volume will find their understanding of all aspects of popular religion in late imperial southern China greatly enhanced. They will above all come to understand how a common religious culture coexisted with remarkable singularities from village to village and region to region.

John Lagerwey

Vincennes, 18 August 2022

上篇

传统村落的空间建构：
江西宁都东龙村个案研究

　　江西宁都县田埠乡东龙村位于江西南部、宁都与石城两县交界的一个海拔 500 米左右的山间盆地上，西距宁都县城 70 千米（便道 35 千米），东距石城县城 20 千米。其东、北、西、南四面分别与石城小松镇的迳里、罗溪与宁都田埠乡的马头、杉涧、王沙相邻。历史上，这里一直归属宁都县管辖。但是，由于该村位置靠近石城，"隶宁而远，距石为近，其先代田丘、亩垅、姻嫁、仕宦，半在石城。"[①]明清时期，大量读书人都以石城籍参加科考，人称"宁都的仔，石城的郎"。1949 年后，宁都开始逐渐注意到对东部边界地区的开发，并修筑起一条由县城直达该村的公路。

　　整个东龙行政村占地约 15 平方千米，有耕地 2703 亩（其中，大部分为水田），下辖 13 个自然村，18 个村民小组。2002 年统计，全村共有居民约 400 户，2000 余人。村落传统经济农商并重，新中国成立前，因东龙在外地（近在宁都田埠、石城小松，远至福建宁化、建宁）的田产比较多，口粮大多可由田租解决，村内土地多用于栽种白莲（过去曾用于上贡，故称"贡莲"）、泽泻（中药）、糯米、烟叶、大蒜等经济作物，还有历史悠久的鲩鱼繁殖。民国以前，当地还有一百多人常年在外从事各种商业经营活动，有的贩运白莲去福建建宁，贩烟叶、糯米到福建长汀；也有的从樟树或宁都县城把棉布贩运到各个乡、镇。至于鲩鱼繁殖，闽、粤、湘、赣四省，过去只有东龙一地会从事此项经营，故每到鲩鱼苗成熟季节，来自福建、广东及周围县、乡的贩运者云集此地，人数最多时每天可达一二百人。最迟到清乾隆初年，东龙村就形成了一个专供本村人及外来客商进行商业交流活动的集市。据集市上的人报告，其猪肉销量，平时一头猪，农忙时两头猪，节日可达到七八头猪。这在其他山区村落是少见的。

---

① 王旦：《开明翁徐孺人寿序》，清康熙二十八年，载《东龙李氏（下祠）十修族谱》卷一，1995，第 112 页。

地域与家族

相传东龙在唐、宋以前便已经建村，当时居住在村里的主要有曾、刘二姓，其聚居地在距今东龙村委会所在地中村西南约1华里（1华里约0.5千米）的南坑。宋乾德五年（967），一位来自石城半迳的李姓村民在狩猎时看上了这块宝地，于是便举家迁徙，来到村东北的布头开基谋生，他就是现今东龙村民一致认同的开基始祖翊俊公。从此，曾、刘、李三姓人便相互依赖，共同厮守着宁都东南边陲上的这片山林绿地。

有一天，村里来了个堪舆先生，发现东龙村的山川形势特别好，便有意识地在村里住了下来。他先后投靠到刘家和曾家。刘家对他非常冷淡，曾家对他不冷不热，漠不关心。最后，他住进了李家，李家人看他虽不善农耕，但成天不是上山察地，就是在家看书，不像是没出息的浪荡子弟，便奉其为上宾，热情款待。这一过，就是三年。有一天，堪舆先生突然前来辞行。临行前，他把主人的儿子带到村边一个叫"倒插金钗"的地方，对他说："你的父亲不久就要仙逝，仙逝后如果能葬到这里，日后李家必将大发。"接着，堪舆先生又把他带到其他几处分别命名为"凤形""飞鹅形""美人照镜"……的地方，告之可留给后人作"福地"（即墓地），这就是如今东龙李氏津津乐道的所谓"十八尊天子地"。同时还留下谶言："曡（曾）要破，留（刘）也留不住，鲤（李）多满江游，留眼曡（曾）子把水口。"说来也怪，从此，李姓人便真的开始发达起来，很快就"人丁繁衍到数百，财富积累到上万"。而曾、刘两姓则无论是人丁，还是财富都渐渐衰落了下来。李姓人看到这种情况，便想将他们都排挤出去，于是便联合在一起，采用"笑里藏刀"的做法，每天轮流请曾、刘两姓人吃饭。依照当地习俗，有请便要有回。日子一长，曾、刘两姓人觉得难以还清这笔"人情债"，便在一个晚上偷偷跑光了。当然，这只是村里的一个传说，其真实情况，现在已难以知晓。但可以肯定的是，最迟到明代晚期，除了水口边还留下了几户曾姓人之外，东龙已成了李姓的"一统天下"。

目前，在东龙村2000多人中[①]，李姓约占了98.5%。他们声称来自同一个开基祖，但分成了两个不同的派系，各有各的祠堂，各修各的家谱，各祭各的祖先，各扫各

---

① 全村总人口及各姓、各房所占人口比例均为2004年的统计数字。

的祖墓。除了每年会共同举办庙会之外，两派几乎没有其他来往。其中一派，因宗祠建在龙脉的上方，人称"上祠李氏"，其在村人口，约占全村李氏总人数的2.5%。另一派因宗祠建在龙脉的下方，人称"下祠李氏"，其在村人口，约占全村李氏总人数的97.5%。

除了李氏之外，村里还住了5户30名左右的陈姓人。据陈氏《十修族谱》（1941）记载，其祖籍广昌县东源村，后迁入宁都东韶，清乾隆年间，陈姓基祖通贞公由东韶移居此地。当地传说，他是由下祠李氏第25世祖勔公于抚州东乡任儒学训导，解职路过东韶时带到这里来的。原因是他会吹喇叭与表演木偶戏，可以为李姓人祭祖及举办庙会时提供有偿服务，所以李姓人让他们在东龙村长期定居下来，视若姻亲（因相传东龙李氏祖上曾与外村陈姓人有过多次联姻）。由于这种职业通常仅在家族内传承，所以直到20世纪50年代，陈姓人中，每代至少有2—3人以吹喇叭、表演木偶戏为生。

东龙村由一个多姓村变为一个单姓村，李氏宗族在其中起了重要的作用。那么，李氏又是如何由一个单一的移民个体发展成一个能主宰东龙村命运的强宗大族的呢？

据下祠十修族谱、上祠九修族谱的记载和当地的民间传说，东龙李氏的原籍在石城县观下的半迳村，宋乾德五年（967），其始祖翊俊公因打猎来到东龙，慕山川形胜之美，遂举家迁居此地。翊俊迁入东龙后，经历4代单传。到第5代层五郎才生下两个儿子，长名大郎，次名念四郎，于是分成两个支派各自繁衍。其中，大郎支派就是后来所称的"下祠李氏"。而念四郎支派则是后来所称的"上祠李氏"。如此看来，两支李氏似乎应该是同一个血脉的兄弟胞族。

但是，从明代初年的首修族谱开始，上祠、下祠李氏对于家族源流的认同便大相径庭。虽然上、下两祠的李氏都一致声称他们同是开基始祖翊俊的后裔，但是下祠却尊唐代宗室汉公为远祖，而上祠则称"按李氏图谱，始于少典氏，其后有汉甫公，为西平忠武王晟曾孙、宜春郡侯长子，举博学宏辞科，历官翰林学士，由高村徙西村，复徙抚州赤栏门。其五世孙思郎分徙宁都清泰乡琳池居焉"①。在祭祀祖先的活动中，也只有下祠专设了翊俊公及翊俊之祖德荣（石城半迳李氏的开基始祖）以下13代祖

① 刘三吾：《东龙李氏（上祠）九修族谱序》，载《东龙李氏（上祠）九修族谱》卷一，明洪武二十五年。

4

先的祭坛，每年定期祭祀。而上祠则仅祭祀本支的开基祖念四郎，对念四郎以上的祖先，概不涉及。故而，笔者愈加怀疑上、下两个宗支，可能并非来自同一个血缘，他们的结合，乃是明清时期社会力量大重组的结果。

依据上祠九修、下祠十修族谱记载，大郎、念四郎自分支别派之后，便各自独立发展。其中，大郎（即下祠李氏的基祖）生了2子，长名四二郎，次名三九郎。三九郎缺嗣，四二郎则生子少四郎。少四郎再生2子，长名七三郎，次名七四郎。七四郎缺嗣，七三郎则生子三九公。总计，从基始祖翊俊公算起的6世到9世，下祠李氏代代单传。直到第10世才生了三个儿子，长名十三郎，次名十四郎，再次为十五郎。于是，便以十三郎、十四郎、十五郎为标志，下祠李氏分成东、西两房（东房为十三郎后裔，西房为十四郎、十五郎后裔）。从13到16世，人口增多，再加上这时东龙村的经济也发生了巨大的变化，涌现出一批资产雄厚的富翁。17世思常（号东山）便是其中的一位。

关于东山翁如何发财致富，村里有许多的传说。一种认为他才智过人，由于外出经商而积累起了大量的财富。另一种则认为他得到了神明的恩赐。传说他一生为人善良，有诚信，突然有个神仙托梦给他，说有十八个姐妹遭了难，要他明天赶到屋背坨子脑上去营救她们。思常听了梦中人的话，第二天一大早就带了把斧子，赶到坨子脑上去守候。晌午已过，看见一个老渔夫从坨子脑上经过，身上背了个鱼篓，鱼篓里放着18个大田螺。思常心想，莫非田螺就是我要救的姐妹？他便用重金把这些田螺全买下，放生到了旁边一片大田里。当晚，他又梦见神仙对他说："你今天救了我的十八姐妹，我一定要好好谢谢你。"同时叫他明天到村头合溪坝去，把逆水漂上来的一样宝贝捡回家里去。第二天，他果然去了，到天色将晚时，看到从下游逆水漂上了一个歪歪斜斜的土钵子。尽管他觉得这样的东西没有什么用，但为了不违背神明的旨意，还是捡了回来，并随手把它放到了屋角。思常的妻子看见这只土钵，觉得用它来装鸡食还是很实用，所以，当天傍晚就拿钵子当鸡食盆①。谁知第二天一早起来，怪事出现了，明明钵子里的鸡食已经吃光了，但经过一夜工夫，土钵里又变出了满满一大钵的鸡食。思常觉得不可思议，当天晚上，便试着往钵里放了一个铜钱。结果，第二天起来一看，铜钱变满一大钵。于是，思常便利用这个捡

---

① 当地方言，即盛放鸡饲料的盆或钵。

来的"聚宝盆",让它天天变金变银。不久,便成了一个大富翁。

不管思常是如何致富的,但早在明代上半叶,思常便已富甲一方,是个不争的事实,这从清道光《宁都直隶州志》关于他的三个儿子(彦诚、彦谆、彦谟①)于明成化年间分别因输粟赈灾而被敕授七品宣义郎的记载中就可看得很清楚。②

思常与东龙村创建宗族很有关系。明正统九年(1444),他与其弟思恒共同编撰了下祠李氏的第一部族谱,又独自捐资建造了"东龙李氏宗祠"(俗称下祠)。清乾隆四十五年(1780),嗣孙师迁在《祠宇记》中写道:"吾家有东祖而翊俊之族始成。"③从李氏宗族始建,到明朝下半叶,东龙便发展成一个具有800余户,5000余人的大村落(比现有的在村人口多了一倍),人称"田塘绣错,户口云连"④"万瓦参差,如一大都会"⑤"生其地者,名臣巨富,代不乏人,为一邑冠。"⑥

在人口迅速膨胀的基础上,下祠李氏内部不断地分房。这种分房,从17世思字派起,几乎每代都要发生。所以,房名既多又乱。到明弘治三年(1490)二修族谱时,族中便统一规定,以20世英(显)字派的分房作为族内的分房基础,英(显)字派以上的称"大房",而英(显)字派以下[含"英"(显)字辈]皆称"小房"。在修谱时,则以1到19世作为大家的共同祖先,采用合传的形式;20世以后以小房为单位,分别立传。据不完全统计,明代末年,东龙村内,以英字派为标志的小房共达到60多个。之后,由于东龙接连多次遭到匪寇袭扰,尤其是清康熙初年,经过张自盛部及三藩乱兵的劫掠之后,村中"田舍坟庐几成旷地","死亡者七百有余,绝烟者六十余家"⑦。由此,村中各房,有的绝嗣,有的先后举家外迁。目前,生活在村内的只有十三郎(俗称"东房")后裔介夫(英越)、守政(英翰)、坦夫(英澈)、静轩(英沂)、朴斋(英本)、石桥(英达)、双峰(英毅)、友松(显朋)等8个基本房。这8个基本房分别隶属于第19世以春(本)字派为标志的6个大房。

---

① 彦谟,思常第五子,号淡轩,其裔孙早年迁往宁都县城及固厚镇。见《东龙李氏(下祠)十修族谱》卷五第028页、第046页、第072页。

② 刘丙、梁栖鸾:《宁都直隶州志》卷二十二,清道光四年,赣州地区志编纂委员会办公室重印,第514页。

③ 李师迁:《祠宇记》,清乾隆四十五年,载《东龙李氏(下祠)十修族谱》卷一,第062页。

④ 李腾蛟:《里居志》,清康熙六年,载《东龙李氏(下祠)十修族谱》卷一,第059页。

⑤ 陈际泰:《李太学屏岳先生偕配王老孺人六一寿序》,明崇祯八年,载《东龙李氏(下祠)十修族谱》卷一,第106页。

⑥ 廖鼎芬:《京三翁李先生墓志铭》,1914年,载《东龙李氏(下祠)十修族谱》卷三十一,第042页。

⑦ 李希炟:《东龙李氏(下祠)十修族谱志》,清康熙元年,载《东龙李氏(下祠)十修族谱》卷一,第031页。

以上各大房分别以自然村为单位相对聚居。其中，慎斋—蕴轩房主要居住在店下、布头；育载房主要居住在中村、高排、上大屋、下大屋、樟木、小斜垅；芸窗房主要居住在排上、塅上、店下、上大屋；草塘房主要居住在布头；南窗房主要居住在中村；显朋房主要居住在西排。南坑则为育斋、芸窗、草塘3房共同居住。在人口上，以育斋房人口最多，数量约占全村总人口的50%。其次为芸窗房，约占30%。其余4房，总数不到全村总人口的20%。除居住本村者外，下祠李氏还有60%以上的人分居在台湾，福建长汀、河田，本省南昌、吉安、上饶、石城，本县县城、长胜、固厚及本乡杉涧、下浆溪、南木桥、鹅公墩等地。其中，以石城为多。

与大郎的情况相类似，念四郎（即"上祠李氏"基祖）之后，亦经历了从6至11世的六代单传，直到12世泰郎生下了清甫、任甫、庚甫、彩甫等四个儿子后，情况才有了转机。任甫、庚甫、彩甫，后续失考，而清甫则生了二个儿子，长名原赋，次名原贵。原赋留居东龙，原贵则迁往石城坳下另行开基。原赋在东龙又生了经禄、经达两个儿子，派分成二房，各自繁衍。据说，清代以前，该支李氏无论人口繁殖，还是财富积累都要胜过下祠李氏，所以，明代初年，他们便建起了宗祠，洪武二十五年（1392）编撰了第一部族谱。最迟到明代中叶，族中便已人才济济、学子成群（其细节，因族谱残缺，情况不明）。但明末清初，"当甲申之变，本支散处四方"[①]，现在居住在村内的只有7户，约50人，其余99.5%的人都分别居住在福建宁化、吉安沙溪、石城坳下及本乡洋溪、文明、杉涧等地。

对于上、下两祠人口分布上的巨大差异，村民们有自己的一套说法。其中一种说法是，上、下两祠的开基祖曾约定在同一个时辰分别开工兴建祠堂。下祠的基祖懂得天文地理，算定那天一定会下雨，所以事前通知族民要准备斗笠、蓑衣。而上祠的基祖不懂天文地理，所以没通知大家做准备。临到开工时，天上突然乌云滚滚，大雨倾盆而下，下祠的人因为带了蓑衣、斗笠，所以岿然不动。而上祠的人因为没带到雨具，只好四散奔跑，于是就有了下祠后裔的爱"留"与上祠后裔的爱"走"。有意思的是，这种传说竟与笔者1995年在上犹五指峰收集到的当地赖、陈两个结拜兄弟约定同时建祠堂的民间故事如出一辙。[②]

① 李世勋：《明宣义郎彬太府君墓志铭》，清雍正三年，载《东龙李氏（上祠）九修族谱》卷一。
② 刘劲峰：《上犹五指峰的客家宗族与村落文化》，载刘劲峰《赣南宗族社会与道教文化研究》，国际客家学会、法国远东学院、海外华人资料研究中心，2000，第130—176页。

　　神明与地域引致财富，是在乡村常常能听到的故事。但是，财富的来源，不外乎资源开发和经商。东龙由于地处宁、石边界，距离福建较近，且域内土地资源有限，所以从很早开始，就有不少村民以专业和业余的形式，从事农副产品方面的商业经营活动，有的甚至迁入贸易地长期居住。《下祠十修族谱》"世传"中记载，16世成郎，为商福建，迁居；18世巢郎，贾于福建河田；18世庆郎，往吉安贸易未归；19世春回，父母殁，服贾他乡；19世春畴，明成化二十一年（1485）因商徙宁都县城；25世开癸，清康熙间外出贸易。类似的记载，在东龙上、下两祠李氏族谱中比比皆是。说明东龙人至少自14世纪后半叶起，就开始有了从商的习惯。

　　从族谱的记载来看，早在明代，东龙中的富人为赈荒救灾、修城、建造宗祠、捐资办学等各种公益事业捐资出力，并从中取得各种荣誉，以提高自己的社会地位的事例，屡见不鲜。如18世思常"号东山，明正统流寇窃发，公散家财捍御，境赖以安……独建祠宇，于祖宗事尤竭其力，万历三十一年族侄孙一谟等推立有功牌位"；19世彦诚、彦谆、彦谟"明成化间输粟赈荒，敕授正七品宣义郎"[1]；（上祠）18世志彬"以输粟阶宣义郎"；20世英越"明嘉靖间输粟赈灾授冠带。本县建儒学，捐资六十金，府、县两举乡饮正宾"；明成化年间，下祠20世祖草塘公"首倡义学"，以宗族的力量在村南的永东寺建起十多间草屋，供族中子弟读书讲经之用。入清之后，族中办学之风更加兴盛，乾隆十二年（1747），25世开翿在为自己建造享堂的同时，便在门首建书馆一所；"盛山，18岁贸易，创买腴田千余石，续买大厦一所做书馆"。到清嘉庆二十一年（1816），为鼓励后学，草塘房还首先发起，成立了"草塘义学田租"。道光二十五年（1845），芸窗房23世祖"茂馨等也捐出中门廊祠后享堂一所，辟为'芸窗义学祠'"并设立"义学祀田"。祠中不仅办学，还设立了本房开基祖及捐资办学有功人员的祖先牌位，定期开展祭祀活动（详后）。一时间，各个大、小房纷纷效仿，使得办义学与设学田，在东龙村变成了一个非常普遍的现象。据现年70多岁的李贤[2]报告，他所在的小房，过去只有5户人家，也照样办起了一处义学。所以，他与他的父亲、祖父三代人都入学读过书。清乾隆初年，为方便族中子弟进城赶考，27世祖泰恕还在宁都县城建了一所试院，专门用以接待东龙来县城应试的子弟。

[1] 本文中涉及的人员，凡未特别标注者，均为下祠李氏，上祠李氏均在括号中加以标注。
[2] 为保护个人隐私，本书中所涉及到的当事人身份、名讳，均作了必要的技术处理。

　　随着宗族的建树，东龙村的士绅阶层大批涌现。其出现之始，相对可靠的说法，应萌发于元末明初。[①]时有 15 世祖世宝，至正间由人才选授福建闽县主簿；16 世存闻、存旺，分别由人才授湖广衡州河泊所巡检、广东雷州海康县黑石寨巡察；17 世思明，明永乐间由人才授福建闽县巡检。但人数不多，所任职务也仅为下层吏员。从明代嘉靖至清代嘉庆年间，根据清道光《宁都直隶州志》"选举志"记载，几乎每届科考，都有东龙李氏子弟或中榜举人，或选为岁贡、恩贡、优贡。更有趣的是，在明末清初东龙读书风气正盛的时候，该村还出现了许多祖孙三代争先入学求功名的现象。如芸窗—朴斋房 25 世祖开蒉，自己选为优贡。他有 3 个儿子，11 个孙子，其中 12 人考中秀才。其孙泰俊，还由太学授礼部行人司司正，借补通政司经历，拣发贵州同知府事，摄石阡府龙泉县篆署安顺府通化营通判，题补铜仁府分驻松桃城同知，诰授奉政大夫。泰伟，由太学授州同知，改授北城兵马司正指挥，升刑部福建司主事，补迁湖广司主事，再升为本部奉天司员外郎，钦差南新仓监督，推升浙江司郎中，乾隆五十五年（1790）奉旨升授浙江处州府署理分巡温州兵备道兼督海防水利事务，诰授朝议大夫。其他子孙，有的授县丞，有的授州同。又慎斋房 22 世英越，自己授冠带，他有 6 个儿子，12 个孙子，23 个曾孙，其中有 37 人考中秀才。其子一元，入选嘉靖二十四年（1545）岁贡，授广东遂溪教谕，升南京国子监学录；孙大瞻由太学授苏州常熟主簿，升北直虎赉卫经历；大受，由太学初授南京东城兵马指挥司使，升广西浔阳府通判署桂平县事，崇祯元年（1628）进奉直大夫；大宏，由太学授国子监典籍；大亨，由太学任苏州吴县县丞，升泗州同知；震洰，由庠生恩贡授监纪推官。对英越家的这种科举盛况，当地村民至今还津津乐道，称其为"六子十八庠"。清初文学家、本村人李腾蛟在《邑庠生震瑞先生七十寿序》中也赞扬说："其时，吾家文学士凡四五十人，每宴会班一堂，衣冠甚伟。诸少壮高谈雄辩，往往以意气自豪。"[②]

---

① 从东龙李氏十修族谱与九修族谱的记载来看，似乎东龙村的士绅早在宋代就已经出现，时有开基始祖翊俊，任"韶州司户参军"；4 世祖四郎公，讳瑚，宋皇祐间由制科进士任徽州同知；5 世祖层五郎"博览群书，学术近古，为蔡季通高足"；9 世祖七三郎，讳公宝，中宋淳熙十年（1183）举人。但所有这些，都只是宗族传说，正史与地方志均不见记载，且因世远年湮，传说的内容抵牾甚多，不足为据。
② 李腾蛟：《邑庠生震瑞先生七十寿序》，清康熙，载《东龙李氏（下祠）十修族谱》卷一，第 120 页。

据笔者对《东龙李氏（下祠）十修族谱》所作的粗略统计，明清二代，东龙李氏（下祠）共中式文、武举人 5 名，庠、廪、增生 170 名，贡生 12 名。在这些学子中，被授予各种官职者 27 名。尽管这些人的品级都比较低，最高的也只做到正四品"巡道"。但值得注意的是，他们中，担任训导、教谕、国子监典籍、学录之类的，竟有 13 名之多。他们的解职返乡，无疑会对东龙的村落布局、建筑物的艺术造型以及相关的民俗文化带来巨大的影响。

然而，自 27 世，亦即清代嘉庆末年起，东龙村开始"士习侈靡"、文风凋谢。村里人将其归罪于错听了堪舆先生的话，把村里的环境弄坏了：一是把文峰塔移建到了狮山上。据说建塔时，还在山上打了四枚大铁钉，从而把狮子钉死了，使水口把得不紧实。二是错把胡公庙移到了山脚，把将军庙移到了村内，"让将军进了村，时势自然要变坏"。但根据族谱所载，文峰塔、胡公庙迁址，乃清代雍正初年的事，且胡公庙内迁后，只过了 50 年，到乾隆四十三年（1778）就已迁回原址重建。[①]而从雍正五年（1727）到乾隆五十五年（1790），东龙李氏（下祠）仅举人就中了 3 个，堪舆之说，自然难以成立。

调查中，笔者还发现，东龙李氏的人才开发，实际经历了二次高潮。第一次高潮自明代中期开始，以英越为首的慎斋房继承了祖先们留下的大批遗产，开始在族内下力气培养子弟，从而使族中人才倍增，学子成群，社会地位迅速提高。但随之而来的，是明王朝的衰亡与清兵的入关，以李腾蛟为首的许多李家子弟都自觉参与了这场抗清护明的斗争。其结果使族中的人、财大损。抗清失败后，该房逐渐走向衰落。但仅仅沉默了数十年，自清代乾隆初年开始，以开冀为代表的朴斋房后裔又迅速崛起，并带动了整个宗族的兴旺，使东龙李氏宗族很快又步入了第二次发展高潮。

建祠修谱

宗祠与族谱，是宗族权力的象征，也是一个村落历史久远的标志。

东龙村，因宗族形成较早，所以宗祠建造的时间也比周围其他村落相对更早。据族谱记载，村里最早建起的宗祠是上祠，其落成时间为明代洪武初年，建起后历

---

① 《胡太公庙志》，乾隆四十三年，载《东龙李氏（上祠）九修族谱》卷一。

经乾隆二十三年（1758）、道光九年（1829）、光绪十九年（1893）多次重修，现在保存基本完好。该祠建在村西北"兔形"山脚下，地处龙脉的上方，为能高瞻远瞩，宗祠建得不大，但气势高昂，设计者们誉其为"老鹰形"。相传老鹰的本能是远走高飞，所以，这个祠堂管辖下的族民也大多迁居外地。接着建起的是下祠，该祠建在龙脉的下方，与上祠处于同一条轴线上，为了不阻挡上祠的视线，其造型设计为宽敞而略显低矮，设计者们誉其为"鸡婆形"。据说鸡婆生育能力强，但不能远走，所以下祠一直人丁兴旺，且留在村里的人相对较多。

关于下祠的始建年份，族谱未提供准确时间，但据清乾隆三十年（1765）李自洁《辨清祠宇说》记载："查前明正统甲子年（1444）东祖手纂家谱，并未见宗祠只字，到清馆祖辛亥（1491）重加修订，始有家庙图。"说明下祠的始建时间应在明正统九年（1444）东山公创修下祠李氏族谱至明弘治三至四年（1490—1491）清馆公二修下祠李氏族谱之间。而其结构与平面布局，据清乾隆四十五年（1780）由师迁撰写的《祠宇记》记载，该祠乾山巽向，"广四丈，深六丈，覆瓦十万。负栋之柱，架梁之椽，皆大木，朴素无雕刻，丹漆一准旧制。中有堂，左右有间，上建有寝室，室内有坛，坛不用木而用石，贵坚朴也。坛阶三级，奠牌必以先后之序不可紊也。中立有十三郎公牌位，上溯初祖翊俊公牌位，下逮三七郎、三八郎以及有功、有爵者牌位。左右各立两房（即东、西房）历代考妣牌位。""寝室有匾，曰孝思堂，示子姓入易思孝也。堂有阶，子孙跪拜必阶下，礼在则然也。中有石凳方墀，春秋主祭者立此，严对越也。墀左右有廊，子孙与祭者立此，序昭穆也。此祠以内之规模也。祠外有宽广甃墀，墀前有照壁，壁外有余基，壁内植古柏数株，隆冬岁不改柯易叶，取诸此也。仕进者竖标必于此，重阅阀也。""祠左下空地，东山祖所捐地基，乾隆三十一年，东山祖项下建造上栋，为东山祖私祠。又出银两修建下栋。其上栋一厅一廊，左右两间，系东山位下子孙私照。下栋一厅一廊，左右两间，永为十三郎祖位下厨房。"[1]而在此之前，据清乾隆三十年（1765）李自洁《祠宇说》的记载："祠左下栋空地上构有房屋二栋，祭祀斯文、族长宿于上栋，下栋为厨房、义仓。"可见在清乾隆三十一年（1766）东山祠建起之前，这里便已经建有与下祠配套的建筑，以供斯文、族长祭祀前的斋戒之用。祠的右墙外，康熙之前还建有"龙

① 李师迁：《祠宇记》，清乾隆四十五年，载《东龙李氏（下祠）十修族谱》卷一，第 062 页。

城会馆"一所①,专供家在外地的族人清明回乡祭祖和平日办理公私事务时居住。

除了上、下祠之外,在各房集中居住的地方,还先后建了51个分祠与房祠(其中上祠2个,下祠49个)。

总祠(当地又称大祠)、分祠(亦即六大房以上的大房祀祠)与房祠(即小房祀祠,当地又称众厅)无论在结构,还是功用上都有较明显的区别。总祠、分祠是专供祭祀及执行族规、举办宗族重大活动的场所,平时不让人随便进出,更不得住人(仅慎斋房例外)。所以,祠宇多正面开门,内部空间的分配为上、下正厅较大(上厅正中辟大神龛,供安置主享及配享神位用),而左、右正间较小(仅供临时放置物品用)。总祠的旁边过去还特意建造了一个小厅,专供守祠人食宿及祭祀人员祭祀前斋戒之用。整座建筑的环境气氛显得格外庄严。其建造费用多采用族民认股出资(名义上为"捐赠")等股份制的办法筹集。而房祠,则除了祭祀之外,还是族民日常生活的场所。这里平时有人居住,节日时,本房人可以在此聚会。春节时,大家还要在这里举行团拜、聚饮。同时,本房人的婚、丧仪式(非正常死亡及年龄不满60岁的亡者除外)也一概要在这里举行。故这类建筑更注重实用功能,在空间分配上一般下厅较大(这里是族民聚会的地方),而上厅较小(这是专供祭祀的地方,正中辟一个较大的神龛,供安置主享及其宗子神位用,两边有两个小神龛,供安置昭穆神位用。后来,因所有配享者均与主享一起被放入正中神龛,故右边的小神龛多闲置,左边的小神龛则常用来放置观音等祠宇守护神),两边除正间、落廒(即厅两边的次间)之外,还建有厢房及数量不等的横屋。大门多开在侧面,以加强房屋的隐蔽性。这类祀祠,多数由祠主在生时亲手建造,去世前常留有遗嘱,吩咐子孙日后拟将上厅辟为享堂,门厅、下厅及上厅(含左右正间)留作公用(上厅左边正间多用作丧事时,子孙守孝之用;右边正间多用作房内子弟结婚时的临时新房),其余房间分配给位下子孙各自掌业。

除总祠之外,各个大房、小房也都有各自的祭祖活动。其祭祀仪式,与总祠基本相同而程序略有简化。祭祀时间、祭祀规模各房有别。其中,育斋房是以祖宗的生日作祭日。其他房则多选在清明的前后进行(但不许与大祠冲突)。与赣南其他地方不同的是,东龙村的各房祭祖,常常不是以祠堂为单位,一年祭一次。而是依

---

① 该馆在李腾蛟的《里居志》中已经提及。

照有否祭产，分别给每个设有祭产的祖先单独设坛，轮流祭祀。所以，祭产项目多的祠堂，其祭祀活动常常要持续一二十天（育斋房则几乎每月都有）。参与祭祖的人员，各房视祭产的多少及祖先遗产的厚薄而宽狭不一。以芸窗房为例，由于其祭产较为丰厚，且祭产均为芸窗祖亲手置办，所以，祭祖时，不仅房长、斯文、耆老可以参加，而且轮到当值的小房内的所有男女老少，甚至出了嫁的女儿、订了婚的媳妇、外甥都可以一起参加"饮春酒"，同享祖上的恩赐。

与各地一样，东龙村除了祠祭之外，也有墓前醮祭（俗称"扫墓"）。但除了育斋房有单独的醮墓活动之外，其他各房（包括大祠）都是祠祭与醮墓结合进行，即祠祭开始时先醮墓、请神、宣化祭文，然后再将祖先迎入祠堂，接受祭祀。

至于修谱，据十修族谱保留下来的历次谱序记载，下祠族谱始修于明正统九年（1444），其倡导兼主修者是 16 世祖思常与思恒。由于此时宗族刚刚建立，且距离始祖翊俊开基东龙已有 477 年之久，世远年湮，祖宗情况，大多失考。故该谱对先祖世次只作了概括性的叙述，而存字派（即 15 世）以下则详载其生殁所出。由此可以看出，该谱虽文字较为简略，但虚构的成分较少，史料价值较高。同时，也能看出，该族 15 世以前的历史多属传说，只有 15 世以后的历史才相对可靠。只可惜此谱编成后，未及印刷，便束之高阁，直到弘治三年（1490）才由其子彦谆、彦谟、彦滢等重新发起，并亲自主持"二修"。这次修撰，完全遵循一修的原则与体例，只是对 18 世春字派以下的人丁作了必要的补充。为了提高该谱的档次，谱成之后还延请赐进士、奉直大夫、翰林院学士、太子少傅、经筵讲官兼国史总裁尹直为之作序，并印刷存档。

从明弘治三年（1490）的二修到清康熙三十七年（1698）的三修，中间经过了一段十分曲折的过程。正是从这段曲折的过程中，让我们看到了东龙李氏宗族如何由不成熟走向成熟。据族谱记载，此次修谱，起始于明嘉靖四十年（1561），主修为 19 世祖春熏与 20 世祖英华、英越等，这次修谱，不仅补充了上次未能登入的英、一、大（即 20—22 世）三世的世传，而且还确定了春字派以上合传，英字派以下分房立传的修谱体例，这个体例一直沿用至今。只可惜该谱刚刚完稿便遭遇到绿林之变（时闽、广之寇两度袭扰石城及宁石边境），谱稿大多遗失。到明崇祯八年（1635），届时距离二修已有 140 多年，族中耆老多次开会议论，意欲重修，仅因族中各派意见不统一，修谱之事为之搁浅。直到清康熙元年（1662）才由 23 世祖昭卿、24 世祖希炟主持，开始了新一轮的续修。在这次续修中，希炟为弥合上、下两祠在世系源流上的分歧，特意杜撰出一篇矛盾百出的《世纪源流》，并随意删去了以往与之说法不同的谱序，从而遭到了族民的反对，修谱再次搁浅。康熙六年（1667），清代知名文学家李腾蛟开始接手修谱。为了正本清源，他特意为该谱撰写了《原派总考》，并请其学界好友、赐进士、詹事府中允、前翰林院检讨方以智为之作序。但可惜谱稿未完，李腾蛟便溘然仙逝，以致到康熙三十七年（1698）才由德愿接手编定付梓，印刷共花费 400 余金。其费用除三七、三八祖位下众产分别出银 23 两与 19 两之外，其余"领谱分资每部 1 两 1 钱，刻字每百字 3 分，各人照字分摊，又每百字多派 4 厘，以补众用"。总之，这次修谱，前后费时 133 年，历经 5 任之手才得以完工，这在中国修谱史上，也算是奇迹。但经过修谱中的反复校量，使得东龙李氏族谱，在源流问题上所坚持的"宁缺毋滥"的原则，得到了族民的一致认同，这不能不说是李氏宗族逐渐走向成熟的一个标志。

康熙三十七年（1698）之后，该谱又经历了乾隆五年（1740）的四修。但经过这次修谱，族中各房开始出现抵牾，以致到乾隆四十五年（1780），各房便各行其是，有的单独续修房谱，有的则予以停修。直到嘉庆二十年（1815），才由族长景伯出面，调停各方矛盾，并推举文饶主持，开始全族性的第五次修谱。这次修谱，不仅重新厘定了族规，而且在修谱体例上也作了重大改革，一是在正传之外，另立了外编，以把那些不守族规，但又不符合逐族的人收入另册，以严肃族规。二是把以往"殇不立传"改为"殇而有继可以立传"。三是在修谱经费的筹集上，由部分依赖众产改为全部自筹。在筹款方式上，定订了如下原则：谱序及 1—19 世的世传编印费用，由全族按丁摊派（此次，每丁各派 60 文）；20 世以下的立传及祀田、学田、寿文、墓志等的上谱费用，由各房自己办理，谱局按每盘字 80 文收费；印刷纸张按每部 5 千文收取。上述筹款方式一直沿用到现在。

上祠族谱始修于明洪武十二年（1379），到 1944 年，共经历了 8 次修撰。从上祠留下的部分谱序可以看出，该谱从一修到九修，除内容有详略差别之外，其体例基本保持不变，即自初祖念四郎到一字派（14—21 世），均采用合传的办法，而从 22 世大字派以后则"以房次分编"，"以其人既众，故分而著之"。在对待继承人的问题上，也与下祠一样，强调长子膝下无子，诸弟有义务将亲子继于长兄为嗣。但同时又规定"继同宗，止许继侄为子，否则递及再三，从三，以至疏远"（八修以 5 代为限，九修则放宽到 9 代）。"万不得已而抱养姑姐妹之子，则必年过 50，且须明告宗族，方许入谱。断不可以异姓继为己子，以弟继兄，以孙侄继伯伯，以免混昭穆而乱宗法。"

对照上、下两祠的谱序，我们可以发现，他们之间除了三修（即康熙元年至三十七年）族谱的时间一致外，其他各次修撰的时间均不相同。而第三次修谱的时间之所以会一致，看来并非出自偶然，结合下祠三修族谱时，主修希炟曾为此杜撰过《世纪源流》来看，其间，两祠可能有过合谱的念头，只是由于部分族民的反对而未能如愿。但长期分修所带来的是两祠人的派名各不相同，如14世，下祠为仲，上祠则为原；15世，下祠为季，上祠为经；18世，下祠为彦，上祠为成、宣；19世，下祠为春，上祠为玉……据说，由此造成了同村李姓人之间尊卑秩序混淆，相互间无法沟通。为统一字派，在上祠八修族谱时，便由斯文、耆老出面，与下祠协商，决定以下祠原有字派为基础，将上祠的字派与之逐个对应，统一更改。旧谱原有的字派，则一律改作私派，继续保留在各人的名下。东龙两支李氏统一字派的做法与笔者1998年在崇义县聂都乡看到的两支族源不同的张姓人（当地人分别称其为"老张"与"新张"）相互整合的情况十分相似[①]。由此可以说明，在客家传统社会中，为扩张宗族势力，同一区域内异源同姓人之间进行相互整合，是一种较为普遍的社会现象。

东龙李氏的众产，数量多，名目广，其主要种类有祭产、学租、义仓田、房份田、丁田及各种社会团体所拥有的田产，如庙会田、桥会田、图会田、子弟班田、冷酒会田、谷雨会田等。其财产形式以田租为主，另有少量的店租、池塘水面租金、山林实物等。

这些祭产起于何时？目前尚无确切的资料能加以说明。但它经历了一个由少到多的逐步积累过程，这在族谱中是可以找到明确答案的。如清泉祖的祭产，自清代初年经历了一场诉讼之后，祭产几乎全部卖光，由此而使得祭祀活动多年无法进行。之后经过了乾隆十五年（1750）、乾隆四十五年（1780）、嘉庆十五年（1810）、嘉庆十七年（1812）4次大规模的扩产，才达到《东龙李氏（下祠）十修族谱》所记载的规模。至于这些祭产的筹措办法，从东龙的实际来看，方法有四。一是祖上遗留，如石桥祖的祭产，其基础便是他留下的合溪坝精租30.25石，之后，经过子孙不断扩张，"祭产愈丰"。二是由子孙们共同捐助，如26世元棋"康熙间为23世祖朴吾、凝端、济泰聚资起，用祭祀外生值羡余买田租52.5石，作永久祭祀用"。三是有个别祖先，因缺嗣或后代子孙家道中落，无力办祭，由其本房亲属集体捐资，置办祭产。如芸窗房25世泰俊，据十修族谱保存的《雪伍公开祭小引》记载："（公）

① 刘劲峰：《崇义聂都乡的客家宗族与民俗文化》，载《客家研究辑刊》，2001年第2期。

一生醉心功名，富于才且好学，精心艺力，多为人所不能及。半生作吏，老死于官。就木京邸，殓物外无余积，一棺一仆而已。子孙困于财，不能为之设祭。”“顾于宣统二年（1910）春，谷价昂贵，脉祖芸窗太公位下发给义仓，按丁发谷三十五斤。吾房计丁六十七，约谷二千有奇，售价十八元。朝宗即谋于房长宗祥公并暨合房各父老”，主张以所得之钱“子母生息，晋为雪伍祖设祭之基本金”[①]，众人均表赞成。之后，又有学歉捐租14石，谷先、宗祥、儒缨、凤来、训贤、民作、恢先、儒振、贞吉、载行各捐租2石，继先、御民、育英共助租10.25石，亿利助租1.25石，合成60石租，以作祭祀之用。四是以“容许祖牌入祠附食”的方式向后裔收取祭祀费。如石桥房27世泰暐，道光间捐资21千文助程履祖考妣配享清馆公，又捐资25000文助程履祖进州城九族祠配享子鱼公，又捐7000文助程履祖考妣配享草塘祖，又捐7100文助程祖牌位入固厚桥会馆，又捐7000文助胞兄著环公考妣配享草塘公，又自捐7000文归大祠配享草塘祖新附食。

除了祭祖的产业，村中为举办各项社会活动还建有专项基金。为保证资金在使用时能长期保持权利与义务的统一，其筹资多采用股份制的方式进行，且明文规定股份可以继承、转让，当团体解体时，其资产可按股份数发回给股份所有者。东龙李氏中的专项基金产业，名目繁多。依照其用途划分，有为公共事业而设的基金，如图会、桥会；有为社会公益事业而设立的基金，如谷雨会（为谷雨节祭扫无主墓地专设）；有为活跃社会文化而设立的基金，如冷酒会（为文人以诗文会友而设）、子弟班（为村中业余剧团而设）等。

在众多团体众产中，最值得注意的是图会。据十修族谱中留下的一份始于康熙四十四年（1705），并经过康熙六十年（1721）、雍正十一年（1733）、光绪三十三年（1907）3次续订的《图会合约》记载，[②]东龙原属宁都上团里二图管辖。村内分成1—10甲，由族长承担图长之责。以后经过调整，一些甲分割到了外图。“而里役经催，费用浩繁，图长独力难以承当。为图长久解决之策，由四甲李日华户所属守政、北江、静轩祖（即育斋房中的长、三、四房）位下任出一股；五甲李世昌（后改名日兴）南畴祖位下三心祖（即20世心松、心竹、心梅）任出一股；九甲李三茂

① 《雪伍公开祭小引》，载《东龙李氏（下祠）十修族谱》卷三十二，第095页。

② 《图会合约》，载《东龙李氏（上祠）十修族谱》《里役志》卷三十二，第001—006页。

（后分开为鼎贵、鼎茂两户）所属草塘祖与罗源逢振祖任出一股；闲轩祖与讷庵祖（南窗祖位下的两个小房）任出一股；十甲李殿元所属的思明祖位下出一股，思宗（忠）祖位下出一股，合为六股。每股各写精租 10 石（作价银 16 两），六股共得租田 60 石（权作价银 96 两），公佥杰士当年以 60 石谷现收现粜，生息扩充"，到康熙四十三年（1704）便以本息之金购得田租 93.375 石，议定"以新买田租六股轮收，即从甲申年李日华收起，甲、乙、丙、丁、戊、己六年由六股所属之房轮收，庚、辛、壬、癸四年则归六股合收贮众"，"遇贮众之年，仍佥诚实无私者始终管理，扩充置产"。由此，则 4 个甲的里役便可全由图会的轮收之谷雇人承担，从而免去了族民的劳役之苦，也给朝廷、宗祠省去了诸多辛劳与担忧。到康熙六十年（1721），清朝廷又实行"拢图并甲，概从民便"的政策，东龙李氏因原系同宗共图，为便于丁粮的追征催收，将分拆到一图的坦夫祖房（取名李明陈户）收回本图，与李日华、李鼎贵、李茂盛（即茂贵）等 4 户一起编为二图十甲，取里名"李五常"，规定凡里甲当年有公务或大造等费，不论各户丁粮多少，俱照五股均派，各户"不得以丁粮多寡增多减少，并不得过期推托，否则，即将所欠本利一并在各股轮收的图会田租中扣除"（因这时李明陈户虽户籍已收归二图，但其过去为里役聚资所置的产田却还在一图，故各户里役费仍照所摊之数各自承担）。雍正十一年（1733），再将上届未曾收入本甲的李鼎元户（原名李世昌）的丁粮也一并收入本甲当差，同时重新调整了图会内股份，规定"朔后凡遇大当经催造册，所有费用俱殿元、茂盛、日华、日兴（原名李明陈户）、鼎贵、鼎元六股均派"，其费用来源便是所立图会的轮收之谷。值得注意的是，从这份图会合约中可以看出，雍正十一年（1733）之前，加入图会的只有下祠所属的各房，而不见上祠的踪迹。雍正十一年之后（具体时间不明），上祠李氏才加入图会，被编为图会的第 5 甲与第 6 甲（半甲），图会股份也由原来的 6 股变为 10 股。到光绪三十三年（1907），上祠又突然退出图会，并将其所属一个半甲应分的田租概行拆去[①]，使图会所余租谷减为 83.5 石。由此可见，上、下两祠的关系，始终处于若即若离的状态中。

村落布局

　　传说，东龙李氏的开基祖之所以选中这里作为自己的开基地，是受了猎狗的启示。然而，真正能反映堪舆思想的，还是这里的山川形势以及适于人们居住的自然与社会环境。清康熙十二年（1673），至圣裔孙、翰林院学士加一级孔敏英在为上祠李氏二修族谱所写的《序》中，便对这种环境进行了高度的评价，称其为"架上金盆""真桃源洞软"。文中写道："王子毅，特拔士也，时有朱、李、王、卜之学。双江虽多才，而四子之名特著。""余顾谓王子（毅）曰，子谓□阳风高，曾登（东）龙拜舅氏里居否？其风俗形胜细细为予言之。王子（毅）曰，舅舅家风俗以厚生正德、教稼明伦为竟竟彰明，轨物沐秀于里，豆笾庠（序），鼓吹休明，播音于风琴雅管，彬彬礼乐遗风，不让三代焉。其形胜则四面皆山，高峰顶上中开大墈，豁然平旷，良田美池，阡陌交通，步履所至，湛然如大明镜。肖之曰，架上金盆，诚似也。两涧清流，一隘疆分，文峰东秀，御屏西峙，金星仙桥，玉堑天马，龙峡高耸，崔巍嵯峨，阁建凌霄，桥巩文昌，屋舍俨然参差者，万瓦康庄。衢辟曲径者，四路贞松挺翠，绵亘数里。桃、梅、梧、柳，绿竹间成一荫，如虬如龙，似画似图。鸡犬桑麻，都非恒境，宏信宿者屡矣。每当旋归，流连不忍去之。予听之，不禁击节曰，桃源洞软，仁厚里也。人生诸务可已，惟山水友朋，不可当面错过。何日得至东龙而坐李君春风中也。"[①]

　　东龙村坐落在一块四周被大山包围的椭圆形盆地上，在地理上具有很高的封闭性。东龙村紧靠东龙岭与南桥岭。这两座山岭都发源于石城东北部的武夷山支脉牙梳山，在东龙北面的石城小松镇境内结起海拔991米的灵华山，而后由北向南，一路奔腾，于东龙村的东北面进入本村地界。入境后便"兵分两路"，一支由东北奔向东南，在村落的东面形成高耸入云的东龙岭，俗称"虎嶂"。该岭向村内延伸的部分，形成五条曲折的山梁，形如五匹奔驰的骏马，村民称其为"五马归槽"。另一支则由东北奔向西南，在村落的北面结起雄伟的南桥岭，该岭向村内延伸的部分，安稳停蓄，形如蹲踞的玉兔，村民称之为"兔形"。由于这两座山岭势远形深，林木苍翠，其向村内延伸的部分，又各具其形，村民们认为这里龙气旺盛，乃真龙之所在。

---

① 孔敏英：《东龙李氏（上祠）九修族谱序》，清康熙十二年，载《东龙李氏（上祠）九修族谱》卷一。

与东龙岭、南桥岭隔地相望，则是由东龙岭、南桥岭继续向南及西南延伸而形成的尖峰、糖罂寨、玉尖峰、上高山，这些山岭高低错落、耸秀峭峻，如同大海汹涌来潮。而在村落的中部，则又从"五马归槽"中分出一支低矮的小山梁，匍匐在糖罂寨与南桥岭之间，名之曰"凤形"。

东龙村的水溪共有三条，一条发源于村西北的南桥岭，出山后便沿着"兔形"的山脚，弯弯曲曲地从村子的西北部流过。另两条则发源于村东南的尖峰山，出山后便分成两支，一支沿着糖罂寨的山脚，经过南坑，由东南向西北流淌；另一支则沿着"凤形"山脚，由东向西径流。三条小溪在村子的西面先后汇合，从而把整个村落环抱在一起，真可谓天设地成。除了小溪之外，为了消除来自村东北和村东南两个山坑里的风煞，当初，李氏先祖在建造村落时，还在聚居中心挖掘了大小 100 口池塘，使得所有房祠、民居几乎都依塘而建。为了区分水面与人居两个空间，许多建筑物的外面都建有院落，并筑有镂花的围墙或照壁。

东龙李氏宗祠有上祠、下祠之分，两座宗祠地位相同，故建在同一条轴线上。据当地村民报告，先祖们之所以选中这里建宗祠，除了来龙好，远有朝山近有案，左右砂手齐备，高低远近适宜之外，还在于宗祠前面有一片开阔的水田，田中间有一口面积不大的水塘（该塘是聚财的象征），符合"明堂开阔，座位端正"的要求。又为了保证宗祠周围的环境永久不变，从宗祠建起之日起，宗族就规定，在后龙山及宗祠四周，任何人不得随意兴建其他建筑。故直到如今，不仅后龙山保持完好，而且在宗祠周围，除了建祠前就已经存在的开基始祖墓及清代初年为解决家住外地的族民回村祭祖方便而建起的"龙城会馆"（现已倒塌）、同治年间为纪念族中 36 位因公死难者而建的"忠义祠"外，极少其他建筑。

除了属全族人所有的上祠、下祠之外，族中还建起了数量多达 51 座的分祠、房祠（现保存完好与基本完好的有 29 座）。它们多依照各房人居住的位置，建在民宅的中间，如慎斋祠、育斋祠、朴斋祠、雪堂祠、芸窗祠建在店下；用我祠建在布头；坦夫祠、守政祠、位上祠、俊人祠建在上、下大屋；南窗祠建在中村；升闻祠建在排上；仁方祠建在墩上，从而在房祠的周围形成民居团团包围之势。

在居住空间的正中，以三口大塘及一条东西走向的商道为中心，是东龙的集市。它既是村民进行商品交易的场所，同时也是村民们休闲娱乐的场所。调查中，笔者看到，每当雨天或傍晚时刻，许多村民在这里闲坐、聊天，有的聚在一起玩扑克、麻将。所以，就空间性质而言，它是稠密的居住区中一块难得的村民共享空间。

斜对着宗祠，在"凤形"山脚的墩上，有村里最大的一处神庙：玉皇宫。相传该庙香火是清嘉、道年间由27世祖仁士公从广昌驿前接来的。说它是宫，但实际却是一处亦佛亦道的民间宗教活动场所。整座建筑分上、下两栋三厅，廊厅奉的是王灵官；前厅的神龛空着，留待建醮时悬挂道教"功德"[①]使用；上厅楼下为观音殿，供奉观音、金童、玉女；楼上为玉皇殿，供奉玉皇、李老君、托塔天王李靖。也许是因为庙里的神明大多姓李的关系，东龙人对这个庙的感情特别深，每年都要在这里举行隆重的庙会活动。因此，这个庙也就成了全村神明崇信的中心。与宗祠一样，玉皇宫前面也是一片开阔的田野，周围民居很少，目标十分显著。而这种安排，显然与宗祠有着同样的目的。

除玉皇宫之外，在村落的四周边界及宗祠的西北角上，还分布着6个大小不一的佛、道寺庙，这就是屹立在东北角上的将军庙、七仙庙；屹立在南面糖罂寨上的永东寺；屹立在西部边境的宝塔寺（又名妙觉庵）；屹立在村北的三仙庙、胡公庙。这些庙里供奉的，不管是佛家三宝，还是道家诸仙，都是本村的守护神，所以被安排在村落的边界上。村中唯一供奉土地神的杨公庙和重修于明嘉靖四十五年（1566）的社公庙则被安排在村西头三条溪水合流的地方（当地人称之为"小水口"，见图1）。

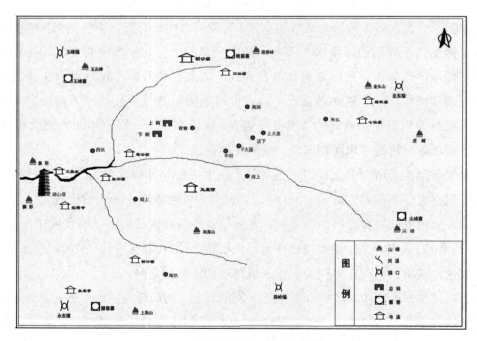

图1　江西宁都东龙村屋场分布图

---

① 民间称"神像"为"功德"。

　　需要特别指出的是，在6个守护神庙中，胡公庙是主庙，俗称胡太公庙或太公庙，所以被安排在紫微星所在的村北路口，从这个路口可以前往本乡马头村，并经马头村前往宁都县城。太公庙里供奉的是宁都当地最著名的地方神：胡雄。据清道光《宁都直隶州志》记载："南唐胡雄，有神术，流贼入寇，雄坐城上，自称胡太公，跨一巨足，下掩城门，贼吓走。雄殁，土人祀为神，即今太公庙。"[①]同书"祠庙"亦载，博济庙，俗名太公庙。宋崇宁中赐额，进封博济昭应王。又引乾隆辛酉《宁都县志》（1741）曰："神生后梁龙德辛巳四月八日，体貌魁异，隆准广额，顾目见耳，言行谆笃，邑人敬畏，寿终八十三。每著灵异，元至正壬辰（1352），伪汉熊天瑞率众攻城。至螺石，见城外兵多，遂退。使人觇，实无兵，乃进。及交锋，熊军见白发老人巡城，飞炮射矢，不敢逼，或言胡太公乃阴兵也。"[②]而东龙人则讲得更加神奇，说胡公乃邻村马头人，曾给东龙人做过长工，死后成了神。由于他在东龙生活过，所以对东龙人特别有感情。传说东龙有一座最好的祖婆墓，叫"倒插金钗"，邻村某姓人一直很垂涎它，总想把这处宝地弄到手。于是便想了个办法，将自家祖先的骨头从墓中挖了出来，烧成灰，用水调和成浆，并于某个晚上偷偷在"倒插金钗"的墓顶上打了个洞，把调好的骨灰浆灌进了墓堂。这事谁也没有发现。但过了几天，族长突然做了个梦，梦中，胡公变成一个白发苍苍的老头，赶来告诉他，"倒插金钗"已经被外姓人霸占了，族里很快要遭殃，要他赶快带族人去抢救。第二天，刚好是冬至，族长便带了些人去把墓室打开，这才发现他们自家祖先的骨骸上已经布满了别人家的骨灰浆。于是，他们请来道士，把祖先的遗骸及墓室清理干净，并重新安葬，这才避免了一场可怕的灾难。由于胡太公对东龙人有恩，所以大家非常敬仰他，拥戴他为东龙守护神之长。且庙里每年都要定期举行隆重的神明巡境仪式（俗称"游神"）。

　　将军庙位于村东北通往石城县的东龙隘上，是该村仅次于胡公庙的一座守护神庙。庙内供奉的是石城县最著名的地方神：宋代石城通判赵彦覃。据清道光《石城县志》记载："宋理宗绍定二年己丑（1229）六月，城被土寇张遇龙所破，通判赵彦覃督兵讨平之。奉命开桃花礤矿，既而矿砂熔，银不出，无以复命，忧卒。矿所

---

① 刘丙、梁栖鸾：《宁都直隶州志》卷三十二《杂志》，清道光四年，赣州地区志编纂委员会办公室重印。
② 刘丙、梁栖鸾：《宁都直隶州志》卷二十八，清道光四年。

在乡人感其平土寇功，立庙祀之。"①由此，赵通判成了石城县有名的地方神，庙祀遍布石城县城、长乐、桃花礤、高田、福村各地。

三仙祖师庙位于村西北来龙的龙头上。相传建庙之前，曾有村中某人在这里安了一架水碓，谁料安起水碓后，一连四五年，每年村里都有几个青壮年因后脑勺长疔疮而死亡。为此，村里请了一个堪舆先生前来查勘。堪舆先生一看，赶忙叫人把水碓拆掉，同时告诉大家，这里是个生龙口，如果有谁能得到这块地方做阴宅，不出三代，家里就要出一名"七省都督"。但这样一来，祠堂的形势也完了，后代人全要成为流浪者与乞丐。大家一听，认为绝不能容许私人占有这块地方，于是，便决定在这里建座三仙祖师庙，以维护村里的环境。据说庙刚刚建起那几年，这里非常热闹。每到农历七月，从月初到月尾，每天都有许多来自省内省外的乡民带着金像（即菩萨），打锣敲鼓，前来朝拜。由此，得罪了周围其他庙的一些菩萨，一次，各地庙祝同时给庙里抬来了7副扛盛②，把庙里的福气冲破了。自始，外地的朝拜者不再来，三仙祖师庙也就渐渐冷落了下来。

由此，以聚居点、集市、宗祠、玉皇宫为标志，村中形成了3个相互独立的空间，这就是以村东南房祠、民宅为中心的人居空间（内含经济交易与村民休闲空间），以村西北宗祠为中心的祖先祭祀空间、以村西南玉皇宫及村北胡公庙为中心的神明祭祀空间。3个空间之间，用阡陌、道路相连接，从而组成一个统一的村落整体。

东龙村水流逶迤曲折，从西面流出盆地。出水处，俗称水口。水口的北面有山从南桥岭延伸而下，形如一头站立的大象，象鼻一直延伸到水口边，故名之为"象山"。水口的南面，则有从东龙岭起伏亘绵，绕过村子南边之后，于村西形成一个低矮、浑圆的小山，其形状如同狮头，故名"狮山"。两山相隔，只有数尺之遥。东龙小溪的出水，就从这只有数尺宽的狭缝中通过，人称"狮象把水口"，但水一出村，便跌入一条十多丈高的狭谷，大有泄泻之虞。而水流泄泻，对于丁、财都是十分不利的。同时，水口所在的地方，在八卦罗盘上属于辛位。按照堪舆师们的说法，辛位上若有山峰峻峭，即可多出文才。为增高其势，据说明代嘉靖年间，曾由东龙李氏的外甥、时任都察院副都御史的陈勉捐资，在水口外的一座小山上建起了一座

---

① 清道光《石城县志》卷三《祠庙》。
② 一种需要两个人抬的大型礼盒。

七层高的砖塔，取名为"文峰塔"。与此同时，23世祖一举，也捐租13亩修整水口，并在出水的地方独资建起了一座石桥，取名为"接龙桥"，以示连接起东龙岭、南桥岭两支龙脉，锁住外泄的水流。接着，又在水口的四周遍植杨、柳、桃、梅、梧桐等观赏树木。经过这一番改造，不仅把水口把得严严实实，而且还使这里成为村中最好的一处休闲景观。

据说该塔因年久失修，加上其位置距离村子较远，塔建好后并没给东龙人带来多大好运气，反而让塔脚下的王沙村人占了人才的便宜，数年之中竟出了几名进士。为此，清雍正五年（1727）他们便听信了来自会昌县一位姓乐的堪舆先生的话，由大宗祠（即下祠）所属的育斋房、慎斋房、芸窗房、淡轩房、草堂房、南窗房、振甫房及上祠所属的清甫房共同筹银七百五十九两三钱五分，把塔从王沙迁建到了东龙水口边的狮山顶上，并把塔下原有的一座寺庙，更名为"宝塔寺"。在这位堪舆师的指导下，翌年，他们又在接龙桥（后改名"玉虹桥"）的桥头，建起了一座两层高的文昌阁，以供奉专掌文人禄运的文昌梓潼星君。相传文昌梓潼乃蛇神[1]，故文昌阁里供奉的菩萨面目狰狞，足下还踩了一条蛇。直到现在，东龙人也称该庙为"蛇阳庙"，而不称"文昌阁"。20世纪40年代，文昌阁倒塌，菩萨被安置到了宝塔寺。

除了水口之外，位于村东北的古隘是东龙通向石城的窗口，同时也是东龙村来龙的地方。自明代中期开始，就有村民先后献资，在古隘上建了一座石凉亭，并在凉亭不远的地方，建造了"将军庙""七仙庙"。庙、亭相互辉映，使这里成为东龙村继水口之外的又一处好景观。清康熙五年（1666）村里采用集资、献地的办法，从凉亭到村头，在长达1华里的道路两边种植起两排青松。最迟到明代下半叶，东龙村便已形成多处村落景观。村里的一批文人墨客，将可供游览的景观概括成巽峰插天、虎嶂乔峦、七星环冢、双涧抱村、凌霄胜阁、虹桥锁水、永东古寺、玉栋擎云等"八景"，清初，又加上塔映湖心、龙冈古隘两景，凑成"东龙十景"。

---

[1] 李昉：《太平广记》卷四五八"梓潼"条称："梓潼县张垩子神，乃五丁拔蛇之所也。或云。巂州张生所养之蛇，因而祠。时人谓之张垩子，其神甚灵，伪蜀王建世子名元膺，聪明博达，骑射绝伦，牙齿常露，多以袖掩口，左右不敢仰。蛇眼黑色，凶恶郫褺，通夜不寐，竟以作逆伏诛。就诛之夕，梓潼庙祝，亟为垩子所责，言'我久在川，今始方归，何以致庙宇荒秽如是耶'。由是蜀人乃知元膺为庙蛇之精也。（出自《北梦锁言》）"中华书局，1961。

东龙村周围有 4 个石寨（即村东南的尖峰寨；村西南的糖罂寨；村西北的玉尖寨；村北的鳅篓寨）与 4 座隘亭。据 1942 年《东龙李氏（上祠）九修族谱》、1995 年《东龙李氏（下祠）十修族谱》的记载，早从元末明初开始，这里就不时遭到匪寇的袭扰，故谱中曾有上祠 15 世祖经禄"督本村乡勇御之，境赖以安"[①]的记述。清顺治二年（1645），又有"石城民吴万乾纠集佃民号田兵，邀联客纲头目，与阳都（今江西宁都）、瑞金、汀州等处客户相为声援"，"是年，六围石城"。[②]东龙，距石城只有咫尺之遥，自然也遭到了田兵的攻击。其间，经过村民顽强抵抗，村庄虽保无恙，但人员却伤亡惨重。顺治六年（1649），闽寇张自盛又率兵来攻。东龙因经过 3 年前的那场血战，元气已经大伤，故村庄很快被占领。是时，张自盛在东龙村盘踞 80 天之久，烧杀抢掠，无所不为，使东龙村遭到惨重的损失。吸收这次教训，顺治十七年（1660），全村人便齐心协力，在墟中心修筑起了两个大土围，以作为村中的第二道防线，"一闻寇警，妇女即携婴儿入住，乃得安堵"[③]。只可惜经过一段安稳日子之后，到雍正五年（1727），他们便听信了乐先生的话，认为该土围有碍地势而将它尽行拆毁。清代咸丰年间，太平军活跃于江南各地，宁都、石城一带也频频告急。为防备万一，李氏只好"采择崇山峻岭，照丁派工，建立石砦，如城一般，设法守之。各备粮食、柴火，以安身家。共备枪、炮、碾石，以御贼寇"[④]。据报告人称，当年，该村曾以河流为界，将全村划为 4 个片，每个片都在附近险要的山顶上建了一个石砦（今称"石寨"），每个石寨留前后两道门，寨里面以宗族小房为单位构筑起了许多简易住房，还寻找到了水源，整理了各屋场通往石寨的道路。以备隘口一旦失守，便统一进入石寨，凭险抵抗。

又传说不知哪朝哪代，东龙村附近，曾出了一个名叫"子昧婆"的女巫。她具有无边的法力，不管谁的东西，凡是她想要的，只要念几句咒，东西就会自己跑到她家里来。因此，她嫁到东龙村不久，村里便变得富裕起来。她的家公是个穷秀才，一生都想通过科举，进入皇宫，过把富贵的瘾，可就是文运不佳，每次考试，都名落孙山。自从子昧婆嫁到他家之后，他的家境有了很大变化，可是入皇宫之事，一

---

① 李凤岐：《经禄公重修墓志铭》，清光绪十六年，载《东龙李氏（上祠）九修族谱》卷一。

② 刘丙、梁栖鸾：《宁都直隶州志》卷十四，第 272 页。

③《族规》，载《东龙李氏（下祠）八修族谱》卷一，1918 年，自印。

④ 李朝赐：《纪事》，清同治八年，载《东龙李氏（上祠）九修族谱》卷一。

直让他念念不忘。一次闲聊时，他把自己的心事告诉了子昧婆，并伤心地说："我这辈子什么都不遗憾，遗憾的只是连皇帝身边的东西也没看过一眼。"子昧婆说："你想看皇帝身边的东西，这很容易。"当晚，她便念起咒语，真的把皇帝用的金凉伞变到东龙来了。子昧婆的家公看了非常高兴，便把金凉伞竖在屋背的甑箅岭上，恭恭敬敬地奉了起来。这就是东龙民谣"东龙府，南坑县，甑箅岭上有座金銮殿"的由来。再说第二天，皇帝上朝，突然发现自己的金凉伞不见了，便龙颜大怒，命令臣子们马上给他找回来。朝廷里的巫师一算，知道是东龙的子昧婆偷了，皇帝立即发兵来清剿东龙。子昧婆听说朝廷的官兵打来了，知道是自己给东龙人闯下了大祸。第二天，她便化装成一个老太婆，手提一桶"枫叶扁"（一种身体扁平的淡水鱼），肩扛一条草鞋凳，来到东龙隘前打起了草鞋。当朝廷官兵来到东龙隘前时，看到一个老太婆正不慌不忙地在那里打一只足足有一丈多长，二尺多宽的大草鞋，觉得很奇怪。便上前问她："这么大的草鞋做给谁穿？"子昧婆回答："谁都可以穿。"还告诉他们："东龙村的人，个个长得人高马大，手长脚长，力大无比。你们看，这里的隘口这么小，连鱼儿通过都会挤扁。如果不是力大，怎么能挤进村去？"官兵看了看她身边带着的这些枫叶扁，一个个吓得伸出了舌头，只好自动收兵。而当官兵一走，子昧婆便赶紧作法，把金凉伞送回了朝廷。皇帝听说东龙打不下，又看到金凉伞已经物归原位，便只好不了了之。这个故事尽管有些荒诞，但说明了东龙地势的险要及当地人对其生存环境的足够认识。

与其他一些宗族族规不同，东龙李氏（下祠）嘉庆年间订立的族规还特别提出了崇斯文、筑土围与蓄峦林。前一条说明了东龙李氏对培植乡村知识阶层的重视，并在祭祖及日常生活中为他们提供了许多优厚的待遇。而后两条则显露出东龙人对于本村的自然环境与社会环境十分敏感，即所谓"吾乡近闽、广，震都之患，必相波及"，"设有不虞，将若之何？远识计，宜急择善地营建成土围，虽承平必加修葺，庶外警猝告，妇子得相保系，不致流离播迁。祖宗墓址可长据也"。"来龙水口，必蓄松柏，以为护荫望气者，其郁葱有兴象焉。龙鳞古柏，屈曲蟠盖，耆老之征也。青枝翠叶，亭亭力长，童儒之征也。"①这些条文，少了一些理论上的冷漠，却多了几份情感上的关爱，这在以往的族规上是较少看见的。

---

① 《族规》，《东龙李氏（下祠）八修族谱》卷一。

礼仪生活所见的活地理

所谓"布局"只是一个静态的描述。村民的礼仪生活才充分表现动态的地理概念。仅从每年的节日活动，可见村落地理所表达的社会结构。

例如，正月闹元宵。春节的第二天（俗称大年初二），吃过早饭后，本村的一些中年妇女便要来到胡公庙，先给胡公及杨公上香、进供，再就地给每盏花灯糊上彩纸。入夜，花灯队人手一盏灯，先在胡公庙进行一场简单的起灯仪式，然后就在彩旗、锣鼓的引导下，挨家挨户去给每个村民贺春，随同而来的一位能说会道的礼生，则给村民送上几句"添丁进财""新春大发"之类的吉祥语，当地称之为"喝彩"。喝了彩，主人会送上一个红包，并请花灯队的人进门喝茶、饮酒。除了花灯队之外，南坑自然村还有几支龙灯队，其起龙、游龙等仪式与花灯队基本相同。

正月十四至十六，闹元宵进入高潮。之前，宗祠会召集各房开会，作出全面安排。而后，各大房便以所在自然村的小房为单位，制作好游灯时要用的主要道具：桥梆灯。所谓桥梆灯，是用一根长约2—3米的宽木板，木板上安置3盏或5盏大灯笼，组成一架灯。各房扎灯架数依照上一年度新增丁口的数量而定，每位新丁必须有一架灯。

十四、十五两个晚上，以鸣铳为号，各房的花灯依次先在本小房及大房中试游，当晚便把灯放置在本小房和大房的祠堂内，以示向祖宗报喜。十六晚，当神铳响起，全族性的游灯便拉开帷幕。游灯先从李氏始祖翊俊最早开基的布头开始，沿着东龙李氏向外拓展的路线，经过上大屋、下大屋、店下、高排、排上、中村、南坑、墩上、背寮、西坑等自然村（樟木、小斜笼因距离村庄太远，且又是民国以后才由墩上、南坑一带扩张到那里的，故游灯队伍一概不去。该村的灯，须事先扛到其大房所属的自然村等候）。每到一个村，村里的桥梆灯便在锣鼓的迎送下，主动接到上一村的后面。如此，游完西坑，便形成一支拥有七八十盏灯的浩浩荡荡的灯队，直向李氏宗祠涌去。进祠后，千灯闪烁，万头攒动，鼓乐声，声声悦耳，鞭炮声，震天动地，场景十分壮观。休息片刻，灯队举行集体拜祖仪式。拜过祖先，集体游灯告一段落，各村锣鼓队把本村的彩灯接回村，在村内添了新丁的家庭里巡游。每当彩灯进屋，主人便会用新点上的蜡烛把属于自家那盏灯里的旧烛换下，并把旧烛插到厅堂上，以示延续灯火，俗称"换烛"。最后，大家把灯迎入小房祠堂，供奉在房祖神台前。参与游灯的人则聚在宗祠里吃夜酒。酒、菜及制作灯具的费用均由上年添了丁的家庭分担。

游灯后，龙灯与花篮，均要在杨公庙前把彩纸撕下，并当即焚化到小溪中，当地人称其为"送神"。至此，一年一度的闹元宵便告成功。

又例如，在四月初八的太公庙游神。村里每年都要把胡太公抬到全村各地去巡游，以驱除村中的邪秽。农历的四月初八之前，刚好是马头东岳庙散会的日子，故每到三月三十日的下午，庙里当值的甲就要派出几名青壮年到马头去把戏箱接过来。四月初一起，戏班在胡公庙前的戏台上正式开台演戏，一直要演到四月十一。这期间，每天都有大批善男信女前来上香进供，就地看戏。台上所演的戏均为祁剧，剧目要经当值甲的甲首严格挑选，其中，反映李唐王朝的宫廷戏，如《皇亲国戚》《打金枝》等，是每年的必演剧目。

庙会期间的管理及经费筹集，采用"甲"的方式进行。这里所说的"甲"与保甲制度中的"甲"，意义并不相同。它是由村民组织起来的一种"会"的形式，会内共设330股，每股规定一定数额的钱、粮。凡愿意按数量缴纳钱、粮者，不论是本村或外村人，也不管是本姓人还是外姓人，均可入会（以股满为限）。入会者，以30个人组成1甲，全庙共为11甲。庙会的组织工作由各甲轮流承担，轮到当年组织庙会的甲，当地称"当值甲"，简称"当甲"。其余不当值的甲称为"客甲"。庙会期间，每个客甲的成员都会轮流被请到庙里去吃一次中餐（每天轮1个甲，每甲设置5席，每席只坐6人，空下2个座位留给本庙主神），俗称"吃甲酒"。由于当初入会时，每个成员都缴纳了钱、粮，庙里用这笔钱、粮置买了田产，故以往庙会的一切开支均由庙产支付。如今，庙产没有了，但庙会与吃甲酒的形式却依然被保留了下来。所不同的是，如今吃甲酒，每人都要支付相当于酒席钱3倍的费用（具体数目，由当甲作出规定），以解决庙会期间的所有开支。

四月初八，是传说中的太公生日。吃过早饭，当值甲要选派几人前往庙里上香，然后把胡太公及其左右两将从神龛中请下来，用新毛巾、新脚盆及用新鲜泉水冲泡的茶叶水分别给他们洗澡，换上新衣，放入事先准备好的神轿中。待选定的时辰一到，神轿就在彩旗、锣鼓、八仙（由演员装扮）的簇拥下，从胡公庙的左边出门，然后沿着背寮、上大屋、下大屋、店下、布头、高排、排上、南坑、墩上、西排，在村内巡游一周（该巡境路线与正月十六由宗族组织的游灯路线完全相同，说明该村宗族管辖的范围与神明管辖的范围高度一致），最后从胡公庙大门的右边回庙。游神历时一天。途中，每逢有庙，神轿就要进去停驻一会，集体上香后，再由随行道士给该庙庙神上一道表文，以示沟通。游神经过的地方，也早有村民在路边或门口设下香案，虔诚迎送。回庙后，神轿先在大厅歇息一会，供村民顶礼膜拜。然后由道士给胡太公上道奏表，再杀鸡、上供，请神归位。

除了胡公庙之外，在东龙村的四周，还散布着其他一些守护神神庙，如将军庙、三仙祖师庙、相公庙、七仙庙、永东寺、宝塔寺（妙觉庵）、谷雨庙等。这些庙宇也都有规模大小不等的活动。

将军庙的庙会采用了比较古老的活动方式，即每年从正月初一、八月十五开始，村里人都要在将军庙前搭台，请村里的陈姓艺人表演两次木偶戏，每次以5—8天为期。由于将军庙过去也用股份制的方式办过"甲"，置了庙产，所以，庙会的一切开支均由庙产负担。1949年以后，庙宇倒塌，庙会不再举行。

相公庙是专为东龙村南部边缘的南坑自然村设置的一座守护神庙，庙里供奉的是七郎祖师。每年的农历七月，这里也要举行庙会，方式是请村里的陈姓艺人唱7—8天的木偶戏。庙里过去也以股份制的形式成立了5—6个甲，购置了田产，故一切开支（含吃甲酒）均由庙产负担。

七仙庙与谷雨庙是两座很小的庙宇。七仙庙专管小孩种痘之事，故每到发痘①季节，村里的妇女都会主动到庙里去上香进供，祈保小孩平安。谷雨庙的功用则有点类似于县城的厉坛，每到谷雨时节，凡入了谷雨会的人都会主动聚集到庙里，用会里的钱买些香、烛、纸钱，分别给无主墓上坟醮祭。同时，还要在庙里烧下许多纸钱，请谷雨神分发给那些无人照管的孤魂野鬼享用。

永东寺与宝塔寺是两处佛教庵堂，里面主要供奉三宝、观音及地藏菩萨，但宝塔寺同时又供奉了水口神及从文昌阁转移而来的"蛇阳菩萨"。两座寺庙过去都有尼姑住持，现在，尼姑走了，由村里临时安排斋婆看管。长期以来，两寺都没有单独举行过庙会，但每当三月十九、六月十九、九月十九观音生日时，村里的妇女会成群结队地前去朝拜。节日期间，有的村民也会自发前去寺庙祈福。

玉皇宫是村内历史最短的一座神庙，传说该庙香火是清嘉、道年间由27世祖仁士公从广昌驿前引进的，但由于作为该庙主神之一的太上老君与托塔天王都姓李，故该庙备受李氏宗族的偏爱，以致很快就发展成村里的一座主庙。每年的正月（或七月），这里要举行一场盛大的醮会。醮会选在当月的吉日进行。届时，醮会理事会（成员多为李氏宗族的大小头目）要提前二天张榜告示，村民见到告示后便会立即清扫堂室，洗刷锅碗瓢盆，并洗澡换衣，全家戒斋。醮会期间，圩上也禁止荤腥上市（一旦发现荤腥上市，庙里的管事有权对其处以重罚）。

---

① 痘，即天花。

醮会分成儒、佛、道三坛同时进行。儒坛设在玉皇宫楼上的玉皇殿前，由村里的全体生童在这里念诵七天六夜的《玉皇经》。佛坛设在楼下上厅的观音殿前，由村里永东寺、宝塔寺（妙觉庵）里的尼姑在此念诵七天六夜的《观音经》《三宝经》。道坛则设在下厅，由本村的六七个道士在这里念诵七天六夜的《玉皇经》《三官经》《文殊经》《罗祖经》《关圣经》。开始的七天，三个坛同时诵经，不同的是，儒、佛二坛，自始至终都只用木鱼之类的小型道具，俗称"静念"；而道坛则鼓乐喧天，俗称"响念"。且在这七天六夜之中，道士们还要分三次（每次均安排在下午），到各家各户及村内各池塘去巡游。每个村民的家里，也都事先设好香案，案中间用竹筒盛一升白米，米上插一道由道士事先做好的神主牌，以香、烛、素果供养。道士巡游时，逐个在神位前施礼、念咒，并在每口池塘的塘边插上一支信香。最后一次巡游时，道士要把所有的神主牌收走，集中在庙堂上等候火化，竹筒里的白米，则归道士带走。

醮会的第七天，亦即最后一天的晚上，三教集中在玉皇宫门口的空坪上举行"放蒙山"（又名"施食"）仪式。由一位道法较高的主坛师，坐在高台上，向孤魂野鬼们讲经说法，劝他们奉公守法、改恶从善，同时祈请上界神明大发慈悲，普度他们早离苦海，尽快超升。接着，便在村子四周的高山上点起松明火把，在坪上架起的餐桌上放置酒、饭等物，以款待孤魂野鬼，最后还施以孤衣、冥钱，严令他们尽早离村，以确保村落平安。最后款送神明，并把从各户收集来的神主牌与醮场上的纸扎用品一起送到水口外焚化，醮会即告结束。第二天，全村人买鱼买肉，开斋庆贺。

与胡公庙的庙会不同，玉皇宫的庙会只有本村的李姓人才有资格参加，且醮祭经费也按在村人丁数统一摊派。

七月十五还有拔河。拔河，当地又称"攀（读作 bān）藤"。传说东龙村因东西长，南北狭，头尾小，中间大，整个村庄看上去像是一条行驶中的大船，故人们称其为船形。据说有神仙托梦给东龙村某代祖先，告诉他，东龙这艘大船载的人太多，但河水很浅，所以每年都要用人力去拉动一次大船，才能驱除笼罩在大船上空的阴霾，使大船能永远直航。于是，每年农历七月十四至十六，便要举行这场"攀藤"活动。

整个活动过去由宗族主持。此前两天，几个身强力壮的年轻人要到属于东龙村人所有的竹山上去选砍一些品质好的大毛竹（砍竹既不要付款，也不要事先向山主打招呼），到东龙人的稻田及菜园里去收些稻草与蔬菜（也不需要事先协商），并到胡公庙去取一些信民们贡献来的食油和稻米。油、米、蔬菜则用来做夜宵，招待砍竹的青年。第二天，不用通知，凡是村里会做篾匠的人，都会自动集合到宗祠前的大坪上，将毛竹剖成竹篾，与稻草一起，编成一根三四十米长的竹缆绳。

29

十四日晚上，待铳声响过三遍，村里的男女老少便一齐来到圩场的水塘边，并以街道池塘边的小路为界，自动分成东、西两组（只以居所为界，不管人数多少）。待斯文长一声令下，两组人便各持缆绳的一端，展开角力。竞赛为期三天，每天以"三局二胜"决出胜负。拔河中，如果双方能把缆绳拉断，便是最吉利的一件事。是时，大家都会欢天喜地，各抢一段缆绳回家。如果三天中，未能把缆绳拉断，则该缆绳便归属于胜利的一方。由胜利方的领头人将缆绳当场砍断，分给每家每户。据说经过拔河比赛的缆绳，用来照明时具有避邪纳吉的效果。

小结

中国传统乡村聚落空间的形成是一个动态的过程。从宁都东龙村来看，明代以前，它实际是由曾、刘、李三姓共同组成的一个多姓村。明代以后，随着李姓人的逐渐强大，原先的外姓村民被一个个赶走，从而演变成李姓单姓村。

从东龙村村落空间布局的个案看，该村依据自身所具有的地理环境特点，将居住区与宗祠专属区分别安排在该村东西两条主龙脉之上，把总祠、分祠以下的支祠、房祠建在贴近本房族民的各个居住点内，而村庙则安排在村落的四周，土地庙、社公庙、宝塔、文昌阁安排在大、小两个水口上，并以一年一度的游神活动来不断界定与强化村落的界线，从而形成以祠堂为核心，以村庙为保障的地域乡村聚落空间建构模式。这种乡村建构的形成既受到来自民间传统信仰（含土地信仰与宗教信仰）仪式的影响，同时也受到来自儒家礼教制度的约束。而在该乡村落聚空间模式建构中，商人与士绅起到了关键的作用，他们既是该空间建构模式的主要倡导者，同时也是该空间建构模式的忠实执行者。

回到历史的发展，东龙村的宗族却迟至明代初期才开始萌芽，中期逐渐形成。在此之前，对村民生活起重要影响的是位于村落北边来龙上的村庙：胡公庙。尽管我们对胡公庙的始建时间还没有找到准确的资料，但从地方志的记载，以及村民活动中，可以猜测其为所在地拜祭活动之重点。入清以后，随着李姓势力的进一步增强，村落四周的村庙不断增多。尤其值得注意的是清代中期从外地引入的"玉皇宫"，它的出现，逐渐替代了"胡公庙"的部分社会功能（如上元或中元建醮），从而成为村中的主庙。这个庙的多数主神，都选定为"李"姓（在族谱中，他们都成了东龙李氏的远祖），且能参与该庙祭祀活动，并充分享受其福祉者也限定为本村李姓人。宗族的权威与神明拜祭的权威在这里取得了完美的统一。笔者认为，这正是李姓宗族逐渐走上成熟，乡村空间建构中宗族权威不断增强的标志。玉皇宫建醮仪式的筹建采用的是宗族运作方式，而"胡公庙"等其他村庙的祭典采用的是较为开放的"甲"的运作方式，容许外村外姓人加入其中，可见两套不同参与者之间的密切配合。

东龙李姓人，尽管都一致声称是开基始祖翊俊公的后裔，但村中却分出了上下两祠，且两个祠堂的人无论对祖先的认同，祭祖方式及族谱的撰修都存在明显的差别，相互关系始终处在若即若离的状态中。种种迹象表明，这两支李氏的结合应是明清时期社会重组的结果。他们不断地创造历史，通过传统和礼仪，影响社会记忆，于是才有了诸如李氏家族远祖均能与唐代王朝血脉一一挂上钩；思常公因得到仙女赠予的"聚宝盆"而一夜致富；胡公庙的主神因曾做过东龙人的长工，受到东龙李氏的恩惠而对东龙人百般关爱，堪舆先生因得到东龙李氏的热心款待，从而在建筑选址、定向等操作层面上帮助东龙李氏战胜其他各姓等故事。

（本文 2011 年在香港中文大学主持召开的"中国乡村与圩镇的构建：神圣的角色"国际学术研讨会上首次发表[①]）

参考文献：

[1] 东龙李氏（下祠）十修族谱 [Z]. 自行印刷，1995.

[2] 东龙李氏（下祠）八修族谱 [Z]. 自行印刷，1918.

[3] 东龙李氏（上祠）九修族谱 [Z]. 自行印刷，1944.

[4] 劳格文 . 客家社会丛书：八，刘劲峰 . 赣南宗族社会与道教文化研究 [M]，香港：法国远东学院等，2000.

[5] 刘劲峰 . 崇义聂都乡的客家宗族与民俗文化 [J]. 客家研究辑刊，2001，2.

[6] 刘丙，梁栖鸾 . 宁都直隶州志 [M].1824. 江西：赣州地区志编纂委员会办公室重印，1987.

[7] 杨柏年，黄鹤文 . 石城县志 [M].1824. 江西：石城县志办等重印，1982.

[8] 李昉等 . 太平广记 [M]. 北京：中华书局，1961.

① 刘劲峰：《村落的空间建构：江西宁都东龙村个案研究》，载劳格文、科大卫主编《中国乡村与墟镇神圣空间的建构》，社会科学文献出版社，2014。

从对抗到包容：
江西铜鼓县族群互动的田野考察[1]

铜鼓是罗香林先生关于客家五次大迁徙中第四次大迁徙时的主要集结地之一[2]。自清代康熙初年伊始，就有大批客家人从闽、粤、赣三角地区出发，来铜鼓垦荒种山、造纸、伐木……他们来到当地以后，是如何与当地人共处，并最终融入当地社会中去的？其间，他们有过哪些摩擦与竞争，有过哪些宽容与合作？这些族群间的互动对铜鼓地方文化的发展有什么影响，并能在族群问题上，给我们以怎样的启示？所有这些，对正确认识客家族群，无疑都是十分重要的。为此，从 2004 年冬开始，笔者与法国高等研究实践学院教授劳格文博士、香港中文大学副教授谭伟伦博士一起，先后三次前往该县进行田野考察。其间，我们走遍了该县的所有乡镇与一些具有代表性的村落，并通过个别访谈、召开老年人与知情人座谈会、现场观察等方式搜集了有关族群互动的大量资料。

一、背景资料

铜鼓，是江西西北部的一个边鄙小县。它位于湘、鄂、赣三省之间，境内高山连绵，在全县 1547.69 平方千米的总面积中，山地就占了 87%。雄踞于县西南的大沩山、县西北的山枣岭及县北的大龙山、罗卜山，县东南的九岭山像一座座天然屏障，将该县与湖南的浏阳、平江及本省的修水、宜丰、万载等县隔开。大山之中，是一片高低起伏的丘陵及一些大小不等的山间盆地。发源于排埠血树坳的定江河（古称武宁河）与发源于大沩山紫草坪的金沙河（古称东津水）由南向北，分别从该县的东、西两边穿过，出境后汇成修水河，注入鄱阳湖。两河之间横亘着一条由大沩山分支

---

① 本文第二作者：魏丽霞。
② 罗香林：《客家研究导论》，1933，上海文艺出版社，1992 年影印本。

而出的新开岭，从而将该县分成东、西两个自然区域。

　　该县因地处偏僻，故政治、经济开发较晚。清代以前，全境隶属义宁州（含今江西省修水县）。明万历五年（1577），因这里"山川交错，森林郁敝，地控荆湘，水通彭蠡"①，曾作为军事要地，设置为铜鼓守备营，但行政上仍归义宁州管辖。清宣统二年（1910）废铜鼓营，改设为铜鼓抚民厅。1913年，州、厅改县，才将义宁州下所辖的上武乡第25—28都，上崇乡53、54都及55都的一部分正式划出，建制为铜鼓县（图2）。目前，该县共辖永宁、排埠、温泉、大塅、三都、带溪（以

图 2 江西铜鼓县地图

① 《铜鼓县志序二》，载《铜鼓县志》，南海出版社，1989。

上位于铜鼓县东部）、棋坪、港口、高桥（以上位于铜鼓西部）等 9 个乡（镇）及大沩山、花山、茶山、龙门等 4 个林场，有居民 13.6 万人。在这 13.6 万人中，约有 30% 自称是在这里生活了 25—35 代的当地原住民，其所操语言为湘赣语，生活习俗亦与江西及湖南北部的居民基本相当，俗称"本地人"。约有 65% 是明末清初从广东东部、福建西部及江西南部迁移到这里开垦种植的客家人，因清雍正三年（1725）朝廷为抚慰这批移民中居住已久，并置有产业的人，特批准另立"怀远都"，收容其入籍，故当地统称他们为"怀远人"或"客籍人"。另有 5% 左右是 20 世纪六七十年代因各种原因，由湖南、湖北、四川等地迁居到这里来的新移民，由于受政策的影响。加上他们在地时间短，居住分散，故迁入后很快就融入了当地社会，未形成新的族群。

明代以前，铜鼓境内原本人烟稀少，明万历二年（1574），这一带又发生了以李大銮、杨青山为首的湘赣边农民大暴动，为镇压这次暴动，朝廷调集千余精骑，激战 3 年，方将烈火扑灭下去，兵民为之死伤无数①。紧接着，这一带又发生过响应张献忠的异籍棚民暴动②及清康熙十二年（1673），吴三桂、耿精忠的先后叛清，饶州参将程凤、广信参将柯升、南瑞总兵杨富纷纷倒戈，"所至土匪蠢应，江西尤甚"。故自康熙十三年至十七年（1674—1678），在长达 5 年的时间里，赣西北成了清军与叛军激战的主要战场之一③，生灵涂炭。再加上清康熙四年（1665）、康熙十七年（1678），这一带还发生过两次大饥荒，故而当地的居民死的死、逃的逃，人口锐减，土地荒芜。此正如清康熙五十八年（1719）袁炽道《（东浒袁氏）八修族谱序》中所称："概自闽变饥荒，人民离散。甲寅兵燹，家户残沦。"④清康熙十四年（1675）5 月官府统计，宁州（义宁州之前称）东接新吴，西抵星沙三百余里，抛荒田土、山塘二千八百七十多顷，缺赋一万余石。"民无遗类，地皆抛荒"，"官虽设，无民可治，地已荒，无力可耕，无赋可征"⑤。故在康熙十七年（1678），反清势力刚

① 《铜鼓县志》，南海出版社，1989，第 266—267 页。
② 谢重光：《福建客家》，广西师范大学出版社，2005，第 137 页。
③ 赵尔巽：《二十五史·清史稿》，上海古籍出版社、上海书店，1992 年影印本，第 45 页、第 1087 页、第 1089 页。
④ 袁绍行等：《（东浒）汝南袁氏十三修族谱卷首》，铜鼓袁氏家族，1936。
⑤ 维新：《义宁州志》卷十二，义宁州衙，1889。

被镇压下去，政局初定，宁州知州班衣锦便奉檄召民垦荒。据铜鼓学者赖文峰根据清雍正三年（1725）留下的一本详细记载了宁州 248 户移民情况的《怀远都图册本》所作的统计，自班衣锦发出招贴的第二年起，就陆续有人抵达宁州，康熙三十九年到四十五年（1700—1706）达到高峰，其迁移数达到在册总数的 82%。在这 248 户人中，有 30.2% 来自福建的上杭、武平、永定、连城、长汀、清流；有 44.8% 来自广东的程乡（今广东梅县）、镇平、兴宁、长乐、龙川、河源、和平、大埔、连平；有 22.1% 来自江西南部的安远、雩都、信丰、会昌、崇义、赣县、龙南、上犹、遂川；还有 2.8% 来自客家地区之外的湖南桂阳，湖北江夏、嘉鱼，江西东乡等地[①]，说明这批移民以闽、粤、赣三角地区的客家人为主。

客家人从闽、粤、赣三角地区进入宁州，主要经由赣江水道，所以在靠近赣江中下游地区的宁州东南部（即今铜鼓之东部、修水之南部）成为客家人最早的落脚地。加上这里紧邻宜丰、万载，是明末清初受战争摧残最烈的地方，战乱平息之后，只有少量本地人返回了家园，以"插草为标"的方式占据了定江河两岸一些地势平坦、耕作条件较好的地方，并在这里建立起了一些聚居村落。而广大的丘陵山区，则大多处在荒芜之中，从而为远道而来的客家人留下了大块落脚生根的地方。铜鼓的西部地区，则由于环境较为封闭，安全系数较高，故成为战乱年代人们逃灾避难的地方，早期多为本地人据有。清代中期以后，由于移民越来越多，土地日渐紧张，部分客家人才开始迁往西部，与本地人相互杂居。从而形成当今铜鼓全境都有客家分布，但在东部地区居住的人数明显比西部地区更多的居住格局。

据笔者对棋坪、大塅、温泉、排埠、带溪等 5 个乡（镇）及三都之东浒，永宁之坪田等两个村落的重点调查，其土、客人口比例如下表所示：

位 置	镇（村）名	人口比例（%）		
		本地人	客籍人	新移民
铜鼓西部	棋坪镇	59.5	30.1	10.4
铜鼓东部	排埠镇	10.8	82.03	7.17
	带溪乡	46.5	49.1	4.4

---

① 赖文峰：《怀远人渊源稽考》，载罗勇等主编《"赣州与客家世界"国际学术研讨会论文集》，人民日报出版社，2004，第 73—78 页。

（接上表）

位　置	镇（村）名	人口比例（%）		
		本地人	客籍人	新移民
铜鼓东部	大塅镇	19.23	80.1	0.77
	温泉镇	29.63	70.37	
	东浒村	69	9	22
	坪田村	2	90	8

　　从上述统计中可以看出，客籍人在铜鼓西部地区的棋坪镇，所占比例相对较低，而在东部地区的各个乡（镇），除带溪乡外，其所占比例均高达70%以上。而乡（镇）以下的各个村落，则依照自然条件的不同，各自所占比例有很大差异。其中，在地处定江河畔的东浒村，本地人所占比例高达69%，而在太阳岭下的永宁镇坪田村，则客籍人多达90%，本地人与新移民加起来仅占10%。这就是说，在安全条件较差的东部丘陵地带，基本上是客籍人的天下。

二、族群关系的历史变迁

　　移民从远在数百千米之外的闽、粤、赣三角地带来到位于赣西北的宁州，他们与当地原居民之间的关系，经历了错综复杂的变化。这种变化，概括起来，大约可分为区域隔离、激烈对抗、全面竞争与相互融合等四个阶段。四个阶段没有截然的分界，尤其是第三、四阶段，相互间有许多交叉。

（一）区域隔离阶段

　　清代初年来到宁州的这批客家移民，是应官府的号召，来这里垦荒种植的，用现在的话说，属于"经济移民"。他们的到来，不仅为铜鼓的经济开发提供了大量的技术与劳动力资源，而且还为本地人分担了他们长期以来难以承受的赋役负担。故而在移民初期，本地人对他们是持欢迎态度的。此正如清雍正元年（1723）《州主刘详列客户黄克章等口供》中所提到的："自甲寅兵燹以后，宁民无口，田地荒芜，钱粮无着，前任州主宪檄招徕开垦。我等闻风而来，挈妻带子，替州中辟草披榛。

那时各家巴不得我们种些花利完粮。"①

　　但"欢迎"终归是暂时的，由于本地人与客家人之间原本语言不通，习俗不同，且这时，本地人具有当地户籍，是被国家承认的正式公民，而客家人却没有户籍，是不被国家承认的异民。社会地位与文化背景的强烈反差，使得两者具有很强的戒备心理，故而相互之间不通婚、不接触，而以族群为中心相对聚居。以温泉镇为例，据当地邹医师报告，温泉镇分为石桥、黄毗两个小流域。最早来到这里的是本地帅姓人，故一来就占据了黄毗河水口、港下坳、凤山、大塘、温汤湖等大片沿河平地，并在此建立起了许多聚居村落；稍后来的是本地人吴姓，他们则占据了石桥、黄毗两河汇合成温泉河之后，从双港口到石脑一带的沿河平地，也在这里聚族而居；再后一点的是本地人戴姓，选择了黄毗河中游一带的沿河平地及附近的丘陵作为自己的聚居地。与吴姓、戴姓几乎同时来的本地人刘姓、欧阳姓，则分别以石桥河中游地区的金星、荷塘及光明、院庄为中心，分别抢占了自赤涩坳至青墩一带较平坦的地方，作为自己的聚居地。以上各姓人，都是在当地具有五六百年居住历史的老居民，故经过他们的瓜分，黄毗、石桥中下游沿河两岸的土地几乎一无所剩。比他们更晚到达铜鼓的客家人，只好选择远离他们的两河上游及山区边沿地带立脚定居。尽管这些移民祖籍不同，但语言、习俗一致，社会地位相同，所以能数姓人杂居到一起，从而形成一些纯客家村落，如由客家邹姓、黄姓、钟姓、肖姓组成的新开岭村及由卢姓、李姓、钟姓、曾姓组成的金锡、石桥等村。一般来说，客家人的村落距离本地人的村落都比较远，而客家人与客家人之间，为了便于相互照应，则居住得相对集中，从而形成土客间一种自然的隔离状态。

　　有意思的是，这个时期，即便有的客家人因种种原因，误入了本地人占据的村落，过不了多久，他们也会因无法忍受本地人的歧视而主动从村子里撤了出来，大柳溪的王姓就是一个典型的例证。据其后裔告诉笔者，他们的祖先是康熙三十年（1691）从广东梅县迁居到温泉镇的。刚来时，为了耕种方便，他们便在黄毗村旁边的山脚下搭了间草棚居住。但住下后，发现周围住的全是本地的戴姓人。王姓与他们语言、习俗不同，既互不来往，更不通婚。所以住了不久，便离开黄毗，迁居到了带溪乡的陂田南湾，与客家人住在了一起。

---

① 《华国堂志》首卷《开籍全案》，义宁州华国堂（抄本），1894。

仅仅过了几十年，这种区域性的隔离状态就被打破。其原因，一是客家人口数量迅速增长，其增长原因，一方面是客家人十分注重生育，以至迁来不久，家庭内部便迅速繁衍，小家庭迅速发展为大家庭。以排埠镇为例，康熙年间，这里迁来陈、林、江、邱等几姓人。其中，陈姓开基祖友公来后不久就生下了祚生、祚明、祚联、祚兰等4个儿子；邱姓开基祖端我生下了东山、南山、嵩山、华山等4个儿子；林姓开基祖瑞及生下了燕山、连山、衡山、恒山、嵩山、俊山等6个儿子；江姓开基祖启先也生下了于云、于华、于连、于洪、于禄、于朋等6个儿子；只有蓝姓生育较少。像排埠这样的情况，铜鼓的其他乡镇也普遍存在。另一方面是清代初年，包括铜鼓在内的宁州南部地区依然地广人稀，这对于人多地少的闽、粤、赣客家人具有很大的诱惑力。自此，有亲的投亲，无亲的靠邻，大量的移民涌入了宁州。以至到康熙后期，来此垦荒者，"历年久，生齿繁，略计壮幼万有余丁"，"阖州之民约计异民十居其二"①。二是客家人来到徙居地后大都能发扬艰苦奋斗、勤俭持家的精神，充分利用当地资源，迅速发家致富。永宁镇卢姓成彦支的开基始祖灿琼兄弟发家致富就是一个很好的例证。据其后裔报告，灿琼兄弟的祖籍在福建永定县，那里是我国最早种植烟草的地区。清代康熙年间，听说客家人已经把福建的烟草种植技术带进了铜鼓，于是，兄弟三人便身带烟刨，兴致勃勃地来铜鼓"淘金"。他们来的时候，身无分文，于是便先给一个姓刘的老板当佣工，当积到一点钱后便出来单独闯荡。兄弟三人走街串巷，既搞烟叶代购代销，又做黄烟制作与零售。凭着自己的勤劳和精明的经营手段，很快就积蓄起了一笔资金，于是，他们便在铜鼓街上开起了小店。其店面由一个逐渐发展到七个，经营范围也由烟酒逐渐发展到布匹、百货、日杂无所不营。发家之后，他们接来了家眷，并从本地帅姓人手中买下了大片的房屋与耕地，建起了属于自己的庄园。除了卢灿琼兄弟之外，带溪乡还有一位叫凌保恒的农户，他们也是从福建迁到这里的客家人，夫妻俩起早摸黑，男耕女织，手头积满十个铜钱就换成一个铜板，积满十五个铜板就换成一块银元，放入瓷罐中。存到一定数量之后，便把瓷罐埋入土中。如此日积月累，很快就在当地买下数间房屋与十多亩田地。正是通过自己的发奋努力，客家人的经济实力迅速壮大。据雍正三年（1725）《怀远都图册本》记载，是年，图册中开列的248户客民所拥有的土地，仅"粮米"

① 《华国堂志》首卷《开籍全案》。

便已达到 864 石 9 斗 1 升 5 合零 6 杪①。人口与经济实力的增长，使得客家人由山区逐步向着平地扩展，土客关系由此发生剧烈变化。

客家人通过艰苦创业，在徙居地迅速致富并由此带来土客关系变化的情况，很早就引起了一些士绅的注意。清乾隆年间，由周埥撰写的《泉邑物产说》就记载："泉②邑故多荒棘。康熙间，粤、闽穷民知吾泉有山可种，渐与只身入境，求主佃山，约以栽插杉苗，俟成林时得价而均之。山主宁不乐从？佃者依山搭寮，以前五年为辟荒，则自种旱稻、姜、豆、薯、蒎等物。后五年为熟土，始以杉苗插地，兹长未高，仍可种植作物。如此前后十年之内，专利蓄余，彼已娶妻作室，隐厚其基。逮二十年后售木受价，或百或千，山主得之于意外，尝以耗靡竭之；佃家得之辛勤，更以节俭饶之。于是，佃家日益饶，主家日益竭。佃家始而佃，继而并主之业，以成业主；主家始而业，继而委业于佃，至欲求佃者之佃而不可得，此则主家之自贻伊戚，无足惜也。然且粤、闽之人，比户可封，生齿日繁而相续流至者愈多；土著之民，荡产日久，又以溺女恶习相沿，男女数相敌，贫者有四五子而不能授二三室者，故人丁日衰。又彼既蓄富而愿望益敀，孝心灵秀之钟，每择故家吉壤购求；而土著无赖子孙贪彼多金，往往私将祖父坟山出售重资，以供坐食，甚或迁骸洗圹，以便其安葬者。呜呼，祖产可析，祖骸亦可析，哀我泉人惨兮倍于兵燹矣。"③周埥文中所说的，尽管是与铜鼓相距有百余千米之遥的江西遂川县的情况，但与笔者在铜鼓调查所得，竟然十分相似。

（二）激烈对抗阶段

客家人口与经济实力的迅速增长，使本地人感到了恐慌。于是，从康熙后期开始，便由当地豪绅出面，抓住客家人在当地没有正式户籍这个弱点，故意设置种种障碍，意图把他们赶走。此正如《州主刘详客户黄克章口供》中说到的："（本地人在客家人来后）见（土地）渐次成熟，渐次欺凌，要客民出批田银两。种了几年，那土主又贪图别佃银两，捏说欠租。田系田主，勒令退佃，种种苦累。今见太平日

---

① 赖文峰：《怀远人渊源稽考》，载罗勇等主编《"赣州与客家世界"国际学术研讨会论文集》，人民日报出版社，2004，第 76 页。

② 泉指清代龙泉县，即今江西遂川县，也是明清时期客家人的主要徙居地之一。

③ 赵尔巽：《二十五史·清史稿》，上海古籍出版社、上海书店，1992 年影印本，第 45 页、第 1087 页、第 1089 页。

久，人民众多，田地价高，又要思想驱逐我们，说要土主出结。肯出结者，听住种作；不肯出结者，就以退佃逐回。这些土主巴不得要退佃，岂肯出结？就是肯出结，也要用钱买嘱……又要客户置买田产，宜顶户轮差。这相公不容我等入籍，要我们另立客户，不许子弟考试……"①这就是说，当时，本地人一方面从经济上排斥他们，不许他们自由租佃；另一方面又在社会福利上排斥他们，不许他们的子弟参加科举应试。而在"朝为田舍郎，暮登天子堂""书中自有千钟粟，书中自有黄金屋，书中自有颜如玉"的封建社会，客家人不能参加科举考试，就意味着他们永远没有出头的日子，世世代代都只能生活在社会权力之外，这是客家人所不能接受的。为此，从康熙六十一年（1722）开始，以黄克章为首，有刘正恩、谢际云、张鸣冈等4户人联名向义宁州提出申诉，要求按照清政府"有田产坟墓满二三十者俱准入籍考试"的定例，准予他们"编都立图入籍，与土著一体当差"。当时，清王朝正励精图治，着眼于发展生产，故对农业人口的合理流动采取了较为宽松的政策。州宪得到申诉后立即呈文上报府宪、抚院、布政司，主张"于各乡中择空缺之都图，使该乡就近之客民，品搭田粮，各立都图，每都分编十甲，与土著按年轮充地练，应例承赋完粮。其先八乡土著都图之不相合者，亦听收回作新都。""各客户置有田粮，现在完赋者概以编立都图，使俊秀子弟皆得一体上进，不致禁锢终身。"该消息传出后，立即遭到以刘振邦为首的一批本地士绅的强烈反对。他们先是以"逆谋乱籍，激窜良民"为由，联名状告义宁知州刘世豪庇护客民"分图分甲，紊乱版图，为州烈祸"。继而又诬蔑刘知州系福建上杭县人，庇护客民参加考试，并集合州士民聚集云崖寺胡姓祠堂日夜会议，遍贴匿名关文，拦截"钱粮不许上纳，书役不许上衙"，诸童不得参加文童考试，声言"诸童如有投卷立刻打死"，致使当年的文童会考，经三次改期，仍无法进行。最后，他们还联络当地所有绅衿，以"既许客民入籍，合属绅衿俱欲告退衣顶"来要挟官府。由此，土客双方严重对抗，持续时间达3年之久。直到雍正二年（1724）正月二十一日，怡亲王交出户部尚书张廷玉所上奏折，内称："浙江之衢州等府、江西之广信等府皆与福建连界，江西之赣州与广东连界。闽、广无籍之徒，流移失业者，荷锸而来，垦山种麻，搭蓬居住深山之中，或数家为一处，或数十家为一处，呼朋引类，滋养生息，日久愈多。既不能驱令回籍，又不听

①《华国堂志》首卷《开籍全案》手抄本。

编入县籍，去来任意，入出无常。倘遇年谷不丰，辄结党盗窃，为地方害。江西之袁、瑞等府尤甚。愚以亲民之官，莫如守令，请敕下浙江督抚，查明有作蓬之州县，秉公拣选才守兼优之员，保题补授……至于安插棚民之道，自应编入本县册籍，并取其五家连环互结。又严行保甲之法，不时稽查，其中若有膂力技勇与读书向学之子，许其报明本县上司，分别考验，加恩收用。"[①]该奏立即得到皇帝的朱批，着该部发与浙江、江西督抚详议具奏。是年，朝廷颁布了《棚民保甲法》，规定"浙江、江西、福建三省棚民……已置产并愿入籍者，俱编入土著，一体当差。"[②]该法案的出台，为客家人的入籍提供了法律依据。翌年，经抚院批准，该州采用另立都图、另给学额的权宜之计，迅速解决了客家人的入籍及子弟入学考试问题。新立的都图，取名"怀远"，以隐喻招携之义，下分四都八图八十甲。首次入编该图册的，计有来宁州已满 20 年，有庐墓田产者共 248 户（其中约有 60% 分布在今铜鼓县境内，其余 40% 分布在今修水县境内）。其余无田产庐墓仍耕山者，俱编入保甲管理，其"留住之地方，皆责成本处地主、山主出具保结并非来历不明之辈，始许容留。而牧主官员每年底亲往查点一次，倘有作奸犯科，而地主、山主不行举首者，一体治罪"。此外，又规定入籍怀远都的子女，其秀者令为义学，课习 5 年，俱得一体考试，卷面另注"怀远"字样。在给客家人开图立籍的同时，官府还依法查究了煽动阻考的本地豪绅刘振邦、熊充兴，生员徐建烈、刘显祖等人。至此，一场因立籍而引起的土客对抗方告基本平息。

（三）全面竞争阶段

入籍与子弟应试问题的解决，使入迁铜鼓的客家人从此获得了公民的资格，并可享受到公民应有的社会权利，为他们顺利地融入当地社会提供了有力的保障。之后，土客之间尽管还有过一些局部性的摩擦，发生过诸如嘉庆、道光年间州差包兑勒索、欺压客民的事件[③]，但从总体而言，土客之间的关系逐渐趋于和缓，两大族群为了各自的生存与发展，在经济、文教领域中开始了全面的竞争。

1. 经济领域的竞争

铜鼓因地处丘陵山区，其地理环境与闽、粤、赣边客家中心地区十分相似。但闽、

---

① 《华国堂志》首卷《开籍全案》手抄本。
② 张廷玉等：《皇朝文献通考》卷十三，上海图书集成局，1901。
③ 《全善局志》，义宁州全善局，1889，木刻本，第 1—15 页。

粤、赣边临近沿海，近代以来受沿海经济的影响相对较大，故客家人迁入铜鼓之后，不仅能依据当地的条件，大力垦荒造田，使铜鼓的粮食种植面积大大扩大。而且还把烟叶、蓝草、苎麻等经济作物的种植技术以及闽笋、夏布、黄烟、蓝靛的加工技术也引入铜鼓，加上当地原本盛产茶叶、油茶，从而使铜鼓的山地农业迅速发展，以至不久便成了赣西北茶叶、烟草、油茶、夏布、蓝靛、闽笋等经济作物的主要产地之一。

丰富的竹、木资源是铜鼓经济发展的重要条件，但过去因人烟稀少，加上山路崎岖，运输困难，木材大多自采自用，只有少量木材，能以段木的形式，运到州城出售。客家人来后，看中了这一极具诱惑力的商品，不少人便以租山的办法，把整个山头的木材买下，而后雇人砍伐，采用放羊、放小罗把、放小排、放大排等分段运输的方式（从事这项危险行业的，大多为客家人），把木材运到上海、南京、武汉等大中城市销售，从而大发其财。永宁镇卢立猗的迅速致富就是一个非常典型的个案。据其后裔报告，卢立猗，祖籍福建永定县，青年时代就曾随父亲到鄱阳、浮梁一带做竹木、茶货生意。父亲死后，他看到铜鼓的木材资源非常丰富，便带着儿子移居到铜鼓，利用自己以往的从商经验，做起了木材生意，并很快就积累起了大量的家财。康熙五十三年（1714），他买下了西湖埫周围姚、段、刘三姓人的百多亩田产，办起了客家人的第一个田庄。次年，又回到老家，将母亲、兄弟、妻子、儿女等一起接到铜鼓，开始了新一轮的创业。看到卢立猗做木材生意迅速发家，许多本地人也纷纷加入这个行业，以至于到清末民国初，全县专营与兼营木材生意的，便达到100多家，年销木材达1万多两①。本地人中，有的因自己拥有大片山林土地，故生意做得比客家人还大，温泉镇的戴鉴清就是其中的一个。据当地村民反映，民国初年时，戴鉴清的木材年经销量达到2000多两，约占到全县年总销量的1/5，年获纯利达4万多元。

除了木材，造纸也是铜鼓传统经济中一个非常重要的产业。尽管铜鼓的造纸业起源很早，但在客家人未来之前，铜鼓的造纸业规模小，纸张品种单一（以造火纸为主）。客家人来后，把闽、粤、赣边的造纸技术与销售渠道一同带入铜鼓，从而促使铜鼓造纸业有了新的发展。据清道光《义宁州志》记载，是时，武乡（即今铜

---

① "两"为传统的木材计量单位，每两木材约合公制1.45立方米。

鼓东部及修水南部）的纸张已有火纸、花笺纸、表芯纸、疏纸、谷皮纸、土棉纸、硬壳纸等十多个品种，年产火纸、花笺纸、表芯纸上万担[①]。其中，做得最成功的当数排埠的客籍人蓝生芳。据当地林姓退休干部报告，蓝生芳，祖籍广西，后由广西迁入广东，清康熙年间，再由广东迁入万载。万载也是个山区县，所以，一到万载，他们就利用山区资源，开起了纸槽，并很快发家，成为当地的望族。后因人口繁衍过快，村庄容纳不下，清乾隆年间，他便与父亲一道，由万载迁入铜鼓排埠镇的梅洞村。到了梅洞之后，他看到那里的荒山、荒地比万载还多，便将多年积蓄下来的钱财，用来广置山林、土地，大办纸槽。经过他的苦心经营，到清末民国初，他便拥有了蓝家祠边、排埠下街、永庆汤家、小感、梅洞及万载黄沙田、西坑等24个田庄，有横亘45华里的山林和72个纸槽（其中，48个为长年槽），年产纸张达15000多担，产品广销湖南长沙、平江、浏阳、江西万载、宜春及上海、南京等地，从而成为湘、赣边界上最大的纸老板。

土客的竞争在商业战线上也表现得非常强烈。过去，这里因地处山区，交通不便，人烟又稀少，所以，居民的经济生活以自给自足为主。境内各乡镇，除了带溪、排埠有一年一度的庙会，可供人们从事商品交易之外，广泛流行于江南各地的圩市，在这里竟一个也找不到。自从客家人迁来之后，随着当地人口的增加与山地经济的发展，手工业与商品批零业也开始成为土客人相互竞争的目标。据当地学者赖文峰对永宁、大墩两个镇的调查，早从康熙年间开始，永宁镇上就有钟、邱、李、肖、陈、湛、王、沈、麻等10姓26户客籍人在这里从事手工业和商业经营活动。乾（隆）嘉（庆）年间，当地大木材商卢立猗之子卢秀麟接管了巨额家产之后，又毅然将经营的目标转向商业，投巨资在永宁柳林街上开了近百家店铺，分别从事百货、食杂、典当等业务，人称"卢半街"（这些店铺在日军侵华战争中被炸毁，卢家从此衰落）。到1947年前后，永宁街市上共有手工业店铺28家，其中13家由客籍人经营，4家由本地人经营；有饮食服务业店铺53家，其中34家由客籍人经营，13家由本地人经营，1家由土客合营；有布匹、百货、食杂、烟酒批零店78家，其中，62家由客籍人经营，13家由本地人经营，1家由土客合营。在这些店铺中，营业资本量在50万—80万元（法币）的有15家，其中，客籍人7家，本地人8家，而资本量在80

① 赖文峰：《永宁镇的街市与传统经济》，载刘劲峰、赖文峰主编《铜鼓县的传统经济与民俗文化》，法国远东学院，2006，第227页。

万—90万元的有2家，100万元的有1家，140万元有1家，均为客籍人。在大塅镇，最早在镇上开设店铺的也是客籍阙、黄、赖、吴、陈、朱、张、罗、蓝等9姓人，后来，曾姓人加入其中，且所开店铺最多，人称"曾半街"。到1947年前后，大塅街上共有店铺110家，其中，63家由客籍人经营，约占店铺总数的57%；26家由本地人经营，约占店铺总数的24%。由此说明，在铜鼓工商界，无论就店铺总数还是资本总量而言，客籍人均占据了优势。

2. 文教领域的竞争

在客家人未到铜鼓之前，当地的教育事业比较落后，域内除了帅、刘等少数几个大姓断断续续办过几期"私塾"之外，义学、书院均一无所有。有钱人的子弟需要读书，都要到州城去。自雍正三年（1725）官府规定客籍子弟可以一体考试，客籍人的办学热情顿时高涨。乾隆二十八年（1763），以木材生意先富起来的卢立猗、卢秀麟父子投入巨资，在今铜鼓县郊，仿苏州园林样式，建起了号称"修江第一园"的曲水园，园内建有供子弟修业用的敬业山房。乾隆四十年（1775）卢秀麟又联络当地客籍邱、李、卢、张、沉、温、肖等7姓18人，发起成立了铜鼓第一所义学：奎光社文会，延师教习客籍子弟。会内还以接受客籍人捐资的方式，置买了270石田租，以为读书奖励之需。办会之后，客籍人中很快便有2人中式文科举人，5人中式武科进士，37人中式武科举人。在此基础上，道光十七年（1837），又由卢瑞英发起，并经州、府批准，由客籍44姓149人捐钱2384千文、田租33石，将奎光社文会改建成铜鼓第一所书院：奎光书院。书院内还设立了资助客籍子弟应试路资及奖励科举中试者的助学团体：奎光宾兴社。

受客籍人的影响，咸丰五年（1855）本地人袁、时、胡、周、陈、王等8姓人也共同捐资，在大塅芭蕉垄建起了供大塅周围本地人子弟读书的云屏书院。同治元年（1862）又由戴石庄发起，上崇、上武两乡本地人共同捐资1000余石租谷，建起了供两乡本地人子弟读书的至诚书院。院内也照样成立了助学团体：至诚宾兴会。

土客族群在文教领域的竞争，大大促进了铜鼓文教事业的发展，使得土客士绅大批涌现。据统计，从清代乾隆年间到清代末年，铜鼓境内共中式文科进士3名，武科进士11名；文科举人22名，武科举人87名[1]。其中，客籍人中的文科进士有1名，

---

[1] 《铜鼓县志》，第709—716页。

武科进士 9 名；文科举人 10 名，武科举人 49 名。其入仕数量，大致为土客各占一半。

（四）相互包容阶段

土客族群在经济、文教领域的全面竞争，不仅大大提升了客籍人的经济与社会地位，同时也加深了土客间的相互了解与相互信任。故从清代中后期开始，土客之间的关系便愈来愈密切，由此进入了一个相互合作、相互包容的新阶段。

土客间的相互合作、相互包容首先体现在经济领域中。由于受资源的影响，当地从事竹木、造纸的非常多。但这些行业内部的分工都很细致，需要多人合作才能很好地完成任务，于是土客间的相互依赖、相互合作便成为必不可少。如有许多由本地人开的纸槽，但里面的领班及主要技术工作都常要请客籍人来担任；又如前文提到的木材巨商戴鉴清，他的生意虽然做得很大，但其中为他出谋划策并负责下乡收购木材的却是客籍人。及至后来，土客之间甚至还有合伙做生意的，如民国初年，永宁街上就有本地人帅明玉与客籍人湛秀升合伙开设的"怡记"油行，本地人戴刚、吴元三与客籍人罗添福合伙开设的"义盛祥"南杂店。如果没有土客之间的相互包容、相互信任，这种局面是根本不可能出现的。

土客之间的相互包容、精诚合作，在政治斗争中也有显著表现。发生于清代后期的一场土客共同为灾民申雪的风潮就是一个非常典型的个案。案件发生在清光绪三十二年（1906）的宜丰县天宝镇，这里因地处平川，是当地重要的粮食产地。而与之有一山之隔的铜鼓大塅镇双坑则是山多田少，居民以造纸为业，粮食一向要依赖天宝供给。这年，当地遭遇天灾，但镇上的米商却乘机囤粮不卖，由此激怒了饥民，大家集体要求米商放粮开粜。而米商何大毛为保护奸商利益，竟召集义勇以武力镇压，以致在天宝万寿宫杀死无辜饥民 57 人。经查，这些被杀的饥民均为大塅镇双坑人。为此，以客籍士绅黄子俊、本地士绅胡子斌为首，共同联络土客社会名流 30 余人，向官府提起诉讼。而天宝劣绅也在知县马肇修的暗中支持下，反诬双坑饥民集体抢粮。双方相持达一年之久。为了给死者申雪，黄子俊、胡子斌等土客士绅同心协力，有钱的出钱，无钱的出力，分赴省衙、京城告状。在历尽种种艰难困苦之后，案件终于在客籍人陈宝箴之子、吏部主事陈三进的亲自过问下，得以秉公决断，使肇事者得到了应有的惩罚。

婚姻，是构建族群社会网络关系的纽带，同时也是考量族群关系好坏的一杆标尺。在笔者刚刚进入铜鼓调查时，许多人反映，民国以前土客之间是不通婚的。事情果真如此吗？为寻找答案，笔者选择本地人居住相对集中的三都镇东浒村，依据村中保存下来的 1936 年编纂的《（东浒）袁氏十三修族谱》，对该氏历代婚姻网络进行了一次全面梳理。发现其 20 世以前，与外界的通婚均无一例外地在本地人中进行。其第 20 世的生活年代多为 18 世纪的下半叶，亦即清代康熙朝前后。当时，客家人刚刚进入铜鼓，土客之间尚处在互不了解，互不信任的阶段，这时，土客不婚是十分合理的。但到了第 21 世，族谱中便出现了"贵道，娶蓝氏为妻"的记载，而到第 24 世，更是连续出现了"宗菁，娶 23 都卢氏为妻""宗汉，娶西向梅氏为妻""宗玳，娶赖德扬女为妻"的记载。谱载，贵道，出生于清康熙二十一年（1682）；调查得知，23 都（辖地为今永宁、温泉二镇）的卢氏、三都西向村的梅氏及铜鼓全境的赖氏均为客籍人。如果我们把第 21 世出现的土客联姻个案理解为客家女子勤劳，能下田干活，对家境贫寒的本地男子具有较大的吸引力的话，那么，到袁氏第 24 世之所以会连续出现几期土客结亲案例，就不能这么简单地去理解了。族谱"祀田"中，香谷公留下的一张字据给了我们很多的启示，内称："水田一丘，额租 3 石 5 斗，先是香谷公以该田系花鼓墩祖莹来脉。相传先人曾采堪舆接骨之法，于田中窖碗十数丈，预防伤残，后为（客籍）梅姓所有。至咸丰间，有昵于风水之说者，数姓以重价索买。公闻而有感，幸与梅厚，因购得之，嘱其子晟、昌善守勿失。"这张字据充分说明，至少到清代中晚期，作为本地人的袁氏与客籍梅氏的关系已经到了相当密切的程度。所以，身为举人的香谷公才会说出"素与梅厚"的话，而梅姓也会在"数姓以重价索买"的情况下，痛痛快快地把这块宝地让回给袁姓人。由此，袁姓第 24 世连续出现多期与客籍人联姻之事，也就不难理解了。

及至清末民国时期，土客之间的联姻更加频繁。据陪同笔者调查的年届 50 多岁的袁姓本地人报告，仅他所在的小房，自清末到现在共发生男女婚姻 21 例，其中有 11 例是与客籍人联姻的。

三、土客包容与铜鼓社会文化的多元化趋势

土客之间的相互包容、相互合作必然要带来包括语言、民俗在内的社会文化的深刻变化。

语言，是人们交流思想的工具。土客间的长期互动，必然会在语言上留下深刻的印记，这是毫无疑义的。但语言变化的速度到底会有多快？这是笔者十分关注的一个问题。在我们刚到铜鼓时，向导曾告诉我们，当地的客籍人比本地人更多，所以，以语言为表象的客家文化现已基本同化了本地文化。事情果真如此吗？带着这个疑问，我们分别到铜鼓东、西两边的乡镇，去听取当地人的日常交谈。这才发现，

就语言而言，无论是铜鼓本地话还是客家话，其实如今都还完满地保存着，这正如排埠林先生所报告的，铜鼓人的语言，其实有很大的灵活性。在客家人聚集比较多的地方，如永宁、排埠、三都等地，多以客家话作为通用语；而在棋坪等一些本地人聚集得比较多的地方以及在某些特殊的行业（如道士）中，则常以本地话作为通用语。但不管以哪种话作为通用语，大家说话一般都会看对象。也就是说，凡与本地人交谈，即便是客籍人也会说本地话；而与客籍人交谈，则本地人也会说客家话。正是基于这个原因，所以在当地，不管是本地人还是客籍人，大多具有说两种语言，甚至三种语言（客家话、本地话、普通话）的能力。当然，语言的多样性也会带来语音的不纯正，我们在棋坪一个姓戴的道士那里就发现了这个现象。戴道士是客籍人，但因他从事的是道士行业，又处在四周都是本地人的社会环境中，所以无论在外面，还是在家里，他都说本地话。但在他的本地话中，我们却时不时可听到诸如"阿公""阿嫲"之类只有客家话中才有的词汇。由于笔者不是研究语言的，所以无法对铜鼓的语言现象作更深入的剖析。但笔者似乎已经感觉到，随着土客交往的日益增多，语言的日渐融合在所难免，但其融合的速度远比我们想象的要慢得多。

包括婚俗、葬俗、神明崇拜在内的民间礼仪习俗的变化也是土客文化日渐融合的一个重要标志。由于土客之间的通婚愈来愈频繁，所以两者在婚姻礼仪上也愈来愈接近，其婚礼一般都要经过问名、传庚、纳币、择期、迎亲、圆房等六道大的程序，每道程序的过程也大致相同。所不同的是，在一些细节上，本地人与客籍人仍各自保留了自己的风格。如在"传庚"中，本地人的做法是，男女双方都要互换生辰八字；而客籍人的做法，则只要女方把生辰八字交给男方即可。但不管是本地人还是客籍人，在得到男女青年的生辰八字后，不仅要请八字先生①勘合，而且还要把写了男女青年生辰八字的红纸放在祖宗祭坛上。如果在一个星期之内，家里不发生意外之事，婚礼才可继续进行。合完生辰八字后，无论本地人还是客籍人，都要先通过"看妹子""踩家舍"等两道小程序，满意后才可最后定下婚事，名之曰"纳币"或"定亲"。但客籍人的定亲仪式，只有男女双方的父母、亲属参加。而本地人则必须由母亲带着出嫁的姑娘一起去参加。仪式过后，母亲将女儿带回家。第二天，男青年再到女方家把将出嫁的姑娘接到男方，并从这天开始，便可与出嫁女同房，视若正式夫妻。

---

① 专门从事测字的民间艺人。

在迎亲过程中，客籍人在花轿出女方家的大门时，新娘的兄弟要冲出门，将花轿一次次地拖回，名之曰"回龙"，以避免女方家的龙气被新娘带走，而本地人却没有这套做法。花轿到了男方家门口后，客籍人的做法，要请一名家绅①，左手提雄鸡，右手拿菜刀，在轿前"斩轿煞"，然后由新郎打开轿门上的锁，用脚踢三下轿门（新娘也要在花轿内回踢三下）。最后由穿着盛装的"牵轿娘"在轿前撒花米、作揖，并把新娘牵入洞房。而本地人的做法，则由一名10—12岁的学童，左手提只雄鸡，右手端杯美酒，在轿前唱"辞轿神"歌。随即，由同来的女方至亲将新娘扶上事先放在门口的一个斛桶上（桶前点一对红烛）站立一会，再在两个手持红烛的学童的引导下，将新娘背入洞房。洞房中的新床，客籍人欢迎大家都去坐，甚至还欢迎男孩在床上打滚，名之曰"暖床"；而本地人，却只允许新郎、新娘坐床，其余人一概只许坐凳。如此等等，难以尽述。

葬礼亦是如此。尽管铜鼓本地人与客籍人的葬礼，都要经过入殓、吊孝、祭奠、建醮、做七等六项大的程序，每项程序的过程也大体相同，但细节却差异颇多。如，本地人特别注重亡者的断气时辰，以避免亡者在不利于子孙的"落枕空"②时断气。如果遇到时辰不利，他们要不停地呼唤即将断气者的尊名，或者给他灌参汤，以延续其生命。而客籍人则不注重这点。亡者断气后，无论是本地人还是客籍人，孝子们都要执长香到社庙前去"报社"（即禀告社公），并取干净水来给亡者沐浴、着装，再将尸体连同垫布一起放入棺木，名之曰"入殓"。但尸体放入棺内的位置，则土客各不相同。客籍人的做法是，无论男女，尸体的脚跟都要贴紧棺木小头的一边，让尸体的上方留出较多空间，再填以砖块等物。而本地人则有"男天女地"之分，也就是说，如果亡者为女性，则脚跟要贴紧棺木小头的一边。如果是男性，则头顶要贴紧棺木大头的一边，让下方留出较多空间，并填以砖头、木块等物。入殓之后，无论本地人还是客籍人都要为亡者做场超度仪式，规模视家庭经济条件而定，或一天两晚，或两天三晚。所请的仪式专家，本地人爱请道士，客籍人则爱请香花和尚。此外，无论本地人还是客籍人，都有二次葬的习俗。这种习俗，在江西其他地区少见，

① 即男方请的礼仪先生。

② "落枕空"的时刻是根据亡者的属相推算出来的。不同属相的人，"落枕空"的时刻也不相同。传说亡者如在落枕空的时刻断气，子孙不久就会遭遇到灾祸。

而在闽、粤地区则常见，显然是本地人吸收了客籍人的习俗。而"报社"，则在闽、粤、赣边客家地区均未发现，又显然是铜鼓客籍人吸收了本地人的习俗。

就文化传统而言，信仰的因素尤为重要，因为传统之所以被称为传统，往往是由于这些传统包含了神圣的感召力，且这种神圣的感召具有较稳定的传承性。所以，在客家人刚到铜鼓时，无论是客家人还是本地人，基本上都是各拜各的神，各烧各的香。其中，本地人经常祀奉的神明有傩神、慈王、乌江菩萨、三军社令、罗普圣王将军；而客籍人祀奉的则有观音、天后、定光、关帝、五显灵官。为了传承自己的信仰，传说许多客家人迁来铜鼓时，都从家乡带了神明来。其中，蓝姓人传说，他们的开基祖旭彩、旭理从福建上杭迁到铜鼓时，便随身带来了天后娘娘、高元帅、观音等菩萨；而另一支蓝姓开基祖则从长汀带来了定光古佛。相传定光古佛走到大莲寺旁边时，突然显灵，任大家怎么抬也抬不动。于是，大家只好给他就地安位，使他成了大莲寺的主坛菩萨。罗姓人也传说，其开基祖从广东迁来铜鼓时，担子的一头挑着行李，另一头则挑着观音。来到铜鼓后，他们还特意建了个观音厅，予以供奉。族中规定，凡女人怀了孕，均必须先敬奉观音。由此说明，在移民初期，本地人与客籍人的信仰，具有较显著的个性特点。

清代雍正、乾隆之后，随着土客互动的增多，相互杂居局面的出现，一种包含了土客原有信仰，并以地域为主要特点的新的神明信仰系统逐步形成。这种地域性的神明信仰对象，多由地域内的成员结构来确定。一般来说，在本地人居住较集中的地方，如棋坪镇、三都镇的东浒村、排埠镇的上排埠村，其祀奉对象多以本地人原先信奉的神明，如傩王、慈王、乌江菩萨、三军社令为主，尽管客籍人原先信奉的神明也会夹杂在其中，但一般都放在较次要的地方。而在客籍人居住较集中的地方，如永宁、温泉、三都等镇，则以祀奉客籍人原先敬奉的神明，如定光、天后、关帝为主，本地人原先信仰的神明，也一般放在较次要的地方。也就是说，只要是在同一个地域内，本地人原先信奉的神明，客籍人也会去信奉；而客籍人原先信奉的神明，本地人也照样去信奉。如在棋坪街，大家共同信奉的神明是乌江菩萨。所以，每年春节杀猪时，不管本地人、客籍人都会去迎请乌江菩萨到家里来享供。后因乌江菩萨被太多的人邀请而分不开身，客籍李、王两姓便另外建了一个新庙，但庙里祀奉的依然是乌江菩萨。三都的东浒村，是本地人集中居住的地方，村里信奉的主神是傩王、三军社令，但每逢庙里打醮及为消除虫灾而游香火龙时，大家仍然忘不了要到大莲寺去把定光古佛抬来镇坛。由此说明，土、客族群的信仰界线已日渐模糊。

更有意思的是，在铜鼓区域性的神明整合中，有的地方还会对神明历史进行一些有利于族群关系的改造。带溪古大帝、铁扇公主和三元将军的传说便是其中一例。带溪是个土客人数各占一半的乡。在这个乡里，区域性的神明有原先本地人信奉的三军老爷、白马神，也有客籍人信奉的五显灵官（俗称"古大帝"）及唐、葛、周三元将军。为了使这些神明能与客籍人和本地人都挂上钩，不知从何人、何时开始，便对这些神明进行了地方化的改造，从而制造出本乡一位姓胡的女子（本地人），自愿嫁给五显灵官为妻，从而羽化成铁扇公主，时刻在古大帝庙里陪伴着五显灵官的神话。对于唐、葛、周三元将军，当地也把他们说成是带溪大浆村人，从小结拜为兄弟，以后又一起从军，投拜到了黄飞虎的名下，后在伐商破诸天阵时阵亡，一同被封为将军。经过这番改造，使得每个神明都既与客籍人有亲，同时也与本地人有缘。与此相类似的，还有东浒村的三军老爷。依照本地人居住较集中的棋坪镇的传说，三军是阎王老爷的儿子，他每年都要奉命到阴司去走一遭，以领取当年必须由他分布下去的灾难。有一年，他领到了虫灾，心想，如果把这些虫灾布下去，铜鼓子民当年便要颗粒无收，于是，他毅然把虫灾布到了松树上。百姓们感谢他，便尊他为福主，让他专管人间丰歉之事。但到了东浒以后，由于东浒村的四周住的都是客籍人，所以关于三军的来历也发生了巨大的变化，以至于出现了两种完全不相同的传说。一则传说，三军是大塅港口的三个农民，因协助许真君刺杀孽龙而被封为福主，一个被分在竹子坝，一个分在正坑，一个分到了东浒①。另一则传说，则说三军是三个同胞兄弟，从小父母双亡，靠烧炭为生。有一次，三人不小心烧到一窑檀香木，香气惊动了天庭。观音便化装成一个满身是疮的孤老太婆下来察看。三兄弟看到老太婆可怜，就把她接到家里来供养，并采草药给她洗疮。当他们刚想把洗过疮的水倒掉时，老太婆却要他们把洗疮的水喝下去。不得已，他们只好喝了。谁知这一喝，竟让他们具有了神力，并在按照老太婆的要求，各食了一个蜜桃之后便成了福主神。前一则传说具有明显的地方色彩，并能把东浒的神明与同一个地域内土客籍人共同信奉的正坑福主与竹子坝福主连为一体。而后一则传说则显然是把闽、粤、赣边客家地流行的关于"五侯"的传说②及茅山道士学法的传说③一起加到了这

---

① 东浒村在1941年以前，与竹子坝、正坑、港口一起同属大塅管辖，故同在一个区域。
② 刘劲峰：《崇义县聂都的客家宗族与民俗文化》，载《客家研究辑刊》第2期，第102页。
③ 胡循荣：《蔡江乡的寺庙与庙会》，载刘劲峰主编《宁都县的宗族、庙会与经济》，法国远东学院，2002，第15—45页。

位本地人信奉的神明上。从而更加体现出铜鼓神明信仰之中土客文化的交融。

四、讨论

什么是族群？这是族群与族群文化研究者首先要面临的一个问题。对此，人类学家、社会学家对它有不同的定义。有的从族群内部的共同特征出发，强调语言、种族和文化的特征。如有一派认为，族群是指在一个较大的文化和社会体系中具有文化特质的一种群体。其中最显著的特质就是这一群体的宗教、语言的特征以及其成员或祖先所具有的体质的、民族的、地理的起源。但也有的社会学家和人类学家更加强调族群成员中的自我认同，认为族群是由其本身组成成员认定的范畴，造成族群最主要的是其"边界"，而非语言、文化、血缘等"内涵"。一个族群的边界，不一定是地理的边界，而主要是"社会边界"。在生态性的资源竞争中，一个群体通过强调特定的文化特征来限定我群的"边界"以排斥他人。①

结合对铜鼓的族群及族群互动的田野考察，笔者认为，上述两种定义中，后一种定义更适合于铜鼓的实际。概言之，铜鼓客家虽以"怀远"定名，但客家的这个族群之所以产生。其动力是明末清初由闽、粤、赣边向赣西北的大移民，而根源却是由明清时期的土地私有制和与之不相配套的户籍制度所造成的身份歧视。一方面是本地人占有了充足的土地资源，但却因劳力不足，资源不能很好地利用，因而无法承受由此而产生的沉重的赋役负担。希望有人来帮助自己垦荒种植，分担赋役，但却又不愿他人与自己共享社会福利，从而生出排斥他人之心；另一方面则是客家人应召前来垦荒种植，并逐渐占有了一定的土地资源，承担了赋税，但却因长期入不了当地户籍，享受不到公民权利而遭到本地人的歧视与排斥。由此，社会上便人为地产生出两大利益集团。两大集团为了维护各自的利益，便要借助语言、习俗等文化符号，通过强调自己的文化特征来划定边界，以增强成员的自我意识，凝聚人心，应对社会的挑战，族群由此产生。试想，尽管移民与铜鼓本地人在文化上存在一定的差异，但若不是因为明清时期有严格限制人口自由流动的所谓版籍制度及由此带来的社会歧视，移民进入当地后，如果能顺利地获得当地户籍，并享受到公民应有

---

① 周大鸣：《论族群与族群关系》，载《广西民族学院学报》（哲学社会科学版），第2期。

的社会权利，也许他们也能像 20 世纪六七十年代的新移民一样，很快就融入当地社会。由此，铜鼓的本地人与客籍人（或称"怀远人"）这两大族群也许就不会产生。

有意思的是，依据对雍正三年（1725）《怀远都图册本》248 人的档案梳理，可以发现，其成员尽管绝大部分来自闽、粤、赣客家地区，通行的是客家话与客家民俗，但不可忽略的是，其中亦有 2.8% 是来自非客家地区，其中，2 户来自湖南桂阳，2 户来自湖北江夏、嘉鱼，2 户来自江西东乡、都昌。最值得注意的是来自东乡、都昌的这 2 户人，如果就语言、习俗来讲，他们与铜鼓本地人是最接近的（均属湘赣文化区域），但他们却照样成了客籍的一员。由此说明，在族群界定中，社会的边界比文化的边界更加重要。

正是由于"社会边界"是族群产生的最根本的原因，所以在"社会边界"非常明晰，族群对抗十分严重的情况下，文化的特征也表现得最明显、最稳固。因为只有这样，它才能充分发挥团结"自我"，排斥"非我"的作用。而一旦"社会边界"变得模糊不清，那么坚守"自我"文化阵地的警觉性也会逐渐松懈，从而随着族群成员相互交往的增多而变得愈加宽容。正是基于这点，笔者认为，铜鼓怀远都的成立及铜鼓客家人入籍、子女参与科举考试等问题的解决，是铜鼓族群与族群文化由对立走向融合的转折点。

有的学者对于族群的接触与互动及由此引起的族群文化的逐渐融合表现出一些担忧，认为"人类的文化体系本来就有强势与弱势之分，强者铺天盖地而来，将各地区文化的表现形式都变得面貌相似。弱势文化被压抑到隐伏的脉络里去，只有在特定的情况下，才会表现出来"[1]。故而呼吁人们要格外地尊重与保护弱势文化。笔者以为，这种呼吁自然是非常合理，也是非常必要的，它对于保护弱势文化，使之不迅速消失能起到一种延缓的作用。但要想完全阻止族群文化间的相互吸收、相互融合似乎是不太可能的。更何况，只要不是企图凭借公权力，刻意要消除某种文化，或者某种文化载体的力量已小到可以忽略不计的程度，凡在自然生态下，族群与族群文化的互动总是会双向进行的。所以，文化的融合并不意味着某种文化会被吃掉或被替代。铜鼓的调查便充分说明了这一点。故而，笔者较赞同丘昌泰博士就台湾

---

[1] 丘昌泰：《台湾客家人"福佬化"现象：族群同化理论的观察》，载陈世松主编《"移民与客家文化"论文集》，广西师范大学出版社，2005，第 183 页。

福佬客问题所持的一种比较乐观的看法："台湾毕竟是一个多元族群融合的社会，地域的狭窄与交通信息联络的便利性使得族群与族群之间的界线日趋模糊，福佬客的出现，正象征着台湾已成为一个多元族群的族群融合社会，福佬客正是福佬文化与客家文化相互融合的结果，这种新混血的族群，对于台湾未来的客家研究，不仅增加了更多的挑战性，也增加了不少趣味性。"[①]

（本文2006年在［台北］中央大学主持召开的"全球视野下的客家与地方社会国际学术研讨会"首次发表［丘昌泰：《客家族群与在地社会》，台湾中大出版中心，2007］。）

参考文献：

[1] 王维新 . 义宁州志 [M]. 义宁州衙，1889.

[2] 陈世松 . "移民与客家文化"论文集 [C]. 广西：广西师范大学出版社，2005.

[3] 杜一鸿 . 龙泉县志 [M]. 龙泉县衙，1771.

[4] 周大鸣 . 论族群与族群关系 [N]. 广西民族学院学报（哲学社会科学版），2001，2.

[5] 袁绍行等 .（东浒）汝南袁氏十三修族谱 [M].1936.

[6] 劳格文 . 客家社会丛书：十八，刘劲峰 . 宁都县的宗族、庙会与经济 [M]. 香港：法国远东学院等，2002.

[7] 张廷玉等 . 皇朝文献通考 [M]. 上海：上海图书集成局 .

[8] 义宁州华国堂 . 华国堂志 [M]. 抄本 .1894.

[9] 义宁州全善局 . 全善局志 [M]. 木刻本 .1889.

[10] 铜鼓县志编纂委员会 . 铜鼓县志 [M]. 海南：南海出版公司，1989.

[11] 赵尔巽等 . 二十五史 · 清史稿 [M]. 影印本 . 上海：上海古籍出版社、上海书店，1992.

[12] 刘劲峰 . 崇义县聂都的客家宗族与民俗文化 [J]. 客家研究辑刊，2001,2.

[13] 罗勇等 . "赣州与客家世界"国际学术研讨会论文集 [C]. 北京：人民日报出版社 .

[14] 劳格文 . 客家社会丛书：二十九至三十，刘劲峰等 . 铜鼓县的传统经济与民俗

[①] 丘昌泰：《台湾客家人"福佬化"现象：族群同化理论的观察》，第184页。

文化 [M]. 香港：法国远东学院等，2006.

　　[15] 谢重光. 福建客家 [M]. 广西：广西师范大学出版社，2005.

　　[16] 罗香林. 客家研究导论 [M]. 影印本. 上海：上海文艺出版社，1992.

人际关系与社会秩序的重建：
关于客家人崇宗敬祖行为的社会学分析①

凡研究客家与客家文化的学者都会不约而同地谈到客家人中普遍存在着的"崇宗敬祖"情结，认为它是"客家文化中的一个突出特点"，"既彰显在其民俗诸表层事象上，更潜伏于其深层心理意识之中"。因此，就一定意义而言，"不了解客家人的祖先崇拜，就不能真正地了解客家人"②。

然而，客家人的崇宗敬祖情结到底来源于何处，它与整个中华民族的传统文化到底有什么关系，崇宗敬祖行为在客家地区的普遍根植对客家社会的发展到底具有怎样的意义？笔者以为，对于诸如此类问题的探索，对我们更加深入地认识客家与客家文化具有重要的帮助。

一

客家人的崇宗敬祖行为是非常广泛的，它体现在客家人日常生活的方方面面。其中，就亲情层面而言，客家人对生我养我的父母亲有着十分深厚的感情，把对他们的养生送死看作是人生的头等大事。以至于在他们在生的时候，要一心奉养，而一旦他们不幸去世，则要为之举行一系列繁琐的丧葬仪式。此间，不但要请僧侣、道士设坛作斋、诵经礼忏，以超度他们的灵魂早升天国，还要不惜花费其大半生的积蓄，延请堪舆先生为死者相基测地，起建豪华阴宅。此外，逢年过节，必到祠堂祭祀；清明、冬至，必到墓地醮奠，以示永不忘祖。此正如（清）道光《宁都直隶州志》所载："（石城）亲丧，凡袭殓衣衾之具，竭力为之，贫者亦不敢苟且。亲有善，必述于贤达，乞志铭以表，莫敢忘。""清明则醮于墓，祭于祠，时节必荐，

---

① 本文第二作者：魏丽霞。
② 林晓平：《赣南客家人的祖先崇拜》，载闽西客家学研究会《客家纵横》第 2 期。

即佣作亦然。贫极不轻去其乡，以先人坟墓所在，不忘醮奠也。"①（清）《惠州府志》亦载："（兴宁）亲丧，凡七日，饭僧度厄，名曰报本。击鼓屠牛待宾朋，名曰看斋。以金银珠翠结锦棚璎珞，导僧过市闾，布银牌、红帛于地，招少年走马，垂手取之如拾芥，致观者一邑毕至，名曰抢红。以大轿尾其后，设死者魂帛冠裳轿中，覆以帛盖，生虽屠贩舆台，死必张盖褥仪，名曰游魂。导僧水滨，鬻禽鱼纵之，名曰放生。为死者修福灭罪，日费二千金，少亦四、五金。倘贫乏不能举，或沮于日制不得举，久之资赢疏禁弛，必补为之，以偿夙志。""（葬亲）亦惑于堪舆家，数数迁易"，"甚至剖其棺，火其尸，纳骨于瓦瓶，名曰金城，迁葬而之。"②正是由于这股注重葬仪、讲究祖墓方位习俗的盛行，使得明清时期，客家地区的民间宗教发展迅速，诸如夫人教、先天教、普庵教等道教派别在农村中广为流行。堪舆学也在客家地区异军突起，继杨筠松之后，出现了诸如廖均卿等一批在国内外具有很高知名度的堪舆大师。

就祭祀层面而言，客家地区的尊祖，不仅有每年春、秋两季的固定祠祀、醮墓，而且祭祖活动还贯穿于客家人所有的民俗礼仪活动中。每逢重大的民俗节日，其最首要、最不可或缺的仪式项目就是祭祖。在各项生命仪礼中，祭祖也占据了重要的地位，如婚礼中的"辞祖""拜祖"，生子做满月时的"报丁"等。乃至于举行游神、打醮等集体民俗活动时，乡民们也不会忘记在城隍、土地的旁边立上一个"家先"神位，让先祖们与众神一道接受大家的祀奉。

大建宗祠，广修族谱，增置族产是客家人崇宗敬祖的又一个突出表现，此正如清代学者杨龙泉在《（宁都）志草》中所记载的，"族必有祠""巨家寒族，莫不有宗祠，以祀其先。旷不举者，则人以匪类摈之。报本追远之厚，庶几为江右之冠焉"。③正是在这种思想的支配下，使得客家地区的祠堂建设颇具特点，一是其建筑规模宏大，一般均有三间三进或五间五进之多，祠内雕梁画栋，装饰极其豪华。二是祠堂数量众多，一族之内，除总祠之外，复有分祠、支祠、房祠。各种不同层位的祠堂，林林总总，栉比鳞次，在乡村中形成一道亮丽的祠堂风采。三是祠堂地址及坐向的选

① 刘丙、梁栖鸾：《宁都直隶州志》卷十一《风俗志》，道光四年，赣州地区编辑委员会，1987 重印，第 239 页。
② 蒋廷锡等：《古今图书集成》《职方典》一三二九卷《惠州府部、惠州府风俗考》，1735，中华书局，1934 年影印本。
③ 刘丙、梁栖鸾：《宁都直隶州志》，第 230 页。

择十分讲究方位，认为其位置、坐向的好坏，不仅会影响到全族人的丁口繁衍，还会直接关系到本族子弟今后的仕途前程。所以在堪舆先生认为丁、财、贵俱全，龙、砂、穴均佳的地方，常常是祠宇林立。甚至有的姓与姓，房与房之间，为了争夺一块宗祠宝地，竟会大打出手，以至酿成一幕幕血腥的悲剧。与祠堂建筑相匹配的是广置族产、大修族谱。其族产数量之多，有的竟占到当地耕地总面积的一半以上。而族谱的修撰，自明、清以来，也大多形成制度，即 30—35 年必有一修，且族谱中，源流、传记、族规、族约等宗族文件一应俱全，俨然是一部宗族大词典。

除了这些有形的祖先崇拜之外，在客家人中间还广泛流传着"同姓一家亲"及三五个姓氏结拜为异姓兄弟，同组一个宗族的泛亲族意识。其间，只要是同姓，相互间便互称"老华"，并以亲属的名义相互来往，甚至于还把与自己毫无血缘关系的同姓人的祖先也当作自己的祖先予以崇拜。宁都黄陂乡高田村廖姓人的亲族行为就是其中一个非常典型的例证。这群人自称是清河堂廖銮的后裔，以往，每逢大年初一，村里的男性青壮年都要天没亮就起床，赶 30 多里山路，前往黄陂村拜祖。有一年，由于出发晚了一点，当他们赶到黄陂时，祠堂大门已经被关上了。大家拜祖不成，只好垂头丧气地回家。而在他们回家的路上，居住着另一群与他们没有血缘关系的武威堂廖姓人，他们看到这群因没有赶上拜祖而垂头丧气的清河堂廖姓人，便戏谑他们说，反正一笔写不出两个廖字，就在我们祠堂拜祖也是一样的。谁知这一说倒恰恰中了这群人的下怀，于是他们便堂而皇之地拜起了武威堂廖氏的祖先，第二年，则正式加入了武威堂廖氏宗族[①]。而在吉安市遂川县的大汾乡，则有刘、赖、古三姓人合建一个宗族的案例。据该族保存下来的 1949 年由赖重明撰写的《三氏宗祠记》记载，这三姓人都是清康熙三年（1664）分别从粤东惠州、兴宁等地迁徙到大汾乡的客家人。来后，为求得相互间的支持，三姓的开基祖自愿结拜为异姓兄弟。到民国年间，三姓后裔繁衍到百余男丁，经济上也有了很大的改善，于是，他们便在当地修建了"三氏宗祠"，组建起了一个名副其实的异姓宗族。宗祠里供奉着三姓开基始祖，由三姓人长年共同祭祀。祖牌的两边还悬挂着一副楹联，联曰：三氏同居，尔祖无异我祖；七岭拓业，前贤还冀后贤。为了维护宗族的稳定，族中还共同修撰

---

① 廖近远等：《黄陂中坝的宗族、圩市与庙会》，载刘劲峰《宁都县的宗族、庙会与经济》，法国远东学院等，2002，第 62 页。

了族谱，制定了族规，并在相当长的一段时间里，三姓互不通婚，俨然与血缘宗族一模一样①。这种数姓人结为异姓兄弟，视若同宗的现象，在客家地区并不少见，如在赣州市的上犹、龙南县一带，便有"钟、陈、赖、邬、甘"五姓（他们同属颍川堂）曾结为异姓兄弟，以往长期互不通婚的传说，而在崇义丰州一带，则有"缪、夏、余、舍、鲍、包、官、徐……"等十二姓（他们的祖先均来自粤西地区）结拜为异姓兄弟，过去不仅合建过祠堂，且相互间也一度不得通婚。尽管这些案例，让人看了觉得有些滑稽，但对于我们更深入地理解客家人祖先崇拜的社会意义，却有不少帮助。

二

为什么崇宗敬祖行为会在客家人的日常行为中占据如此重的分量，它与中国人的传统价值观及客家人所处的社会生态环境到底有怎样的关系呢？

准确地说，崇宗敬祖行为不是客家人独有的，它是整个中华民族道德观、社会价值观的集中体现，是客家人对中华民族传统文化的继承与发扬。

1. 中国传统文化中的灵魂不灭观念及原始人的亲族意识是客家人崇宗敬祖行为产生的思想基础

据考证，中国人的灵魂不灭观念及亲族意识早在旧石器时代便已经产生。在距今一万八千多年前的山顶洞人遗址上，考古人员发现在山顶洞人尸体的周围撒上了许多赤铁矿粉末，并有装饰品殉葬，表明这时候已经有了埋葬亲属尸体的习惯，并在埋葬时要举行一定的仪式，以安慰死者的灵魂。最迟到夏、商之际，以祖灵崇拜为中心的敬鬼事神活动已经形成制度，人们普遍认为，祖灵是能庇护自己及后代，并能祸移全族的神秘力量，此正如《尚书》中盘庚告诫其臣民中所说的："古我先后既劳乃祖乃父，汝共作我畜民。汝有戕则在乃心，我先后绥乃祖乃父，乃祖乃父乃断弃汝，不救乃死。"意思是说如果你们心中有作恶的念头，我先王在天之灵就会告诉你们的先祖，他们的鬼魂就会绝弃你们，不顾你们的死活。正是在这种人死要变成鬼，而鬼既可作祟于生者，又可保佑生者的观念驱使下，使得人们要不惜重金去讨好死者，使祭鬼、祭祖形成一种普通的社会风尚。魏晋以后，随着佛、道在

① 李星联：《遂川大汾的圩市经济与民俗文化》，载刘劲峰《吉安市的宗族、经济与文化》，法国远东学院等，2005，第519页。

中国的普遍流行，佛家的地狱观念也开始被大多数人接受，许多与之有关的丧葬礼俗，如七七斋、焚纸钱、相墓术等亦在中国普遍流行，以至于宋代以后，随着宗教世俗化的广泛流行，民间的尊祖行为也被裹上了一层浓厚的功利色彩。他们用中国传统的阴阳二分法来解释人死之后的归宿，认为其阳的部分（亦即灵魂），既可以附着在祠堂的灵牌上，接受子孙的祀奉，同时又可以来往于人间与天堂之间，与诸神沟通，从而护佑子孙趋福避祸；其阴的部分（亦即躯体）则可回归大地，与大地滋养万物生长一样，在阴间护佑子孙的繁衍。由此推而广之，他们又得出男为阳，主财主禄；女为阴，主生育的结论。而所有这一切，后来都在客家人的崇宗敬祖活动中得到了全面的继承，从而在其尊祖活动中增添了许多世俗的内容，如在福建宁化、江西石城、宁都等地的中元节祭祀中，普遍流行一种"送祖先赴墟买子孙"的仪式，即于中元节的前一天，大家要天不亮就起来祭祖，并在祖牌前焚烧大量的金银纸锭，嘱咐祖先赴墟时"要多买子孙，少买姑婆"（意即"多买男孩，少买女孩"）①。在闽西、赣南的许多地区，还广泛流传女祖先被天葬的传说，认为其子孙后代的迅速繁衍主要得益于女祖先受到了上苍的恩赐，寻找到了一处自然的好去处。而在江西安远、龙南一带，则盛行争抢女祖先遗骸的风俗，一些迁居到外地的子孙，常会偷偷摸摸地回来盗挖女祖先的遗骸，期望女祖先能迁到他们的定居地，以更多地护佑他们的子孙繁衍昌盛。由此说明，宋、元以后，客家人的祭祖，除了认同的需要之外，更有一种强烈的功利目的。

2. 慎终追远的儒家孝道观是客家人崇宗敬祖行为之所以能够长期延续的基本动力

儒家孝道观是中国传统文化中特有的现象，在长达数千年的历史长河中，这种观念一直在思想领域中占据着统治地位，并深深地支配着中国人的日常行为方式。据有关学者考证，这种观念早在商代以前便已经有了萌芽，春秋时，孔子正式提出"孝悌"概念，并把它作为一种人格标准，放在了道德修养的首位，指出"孝弟也者，其为人之本与""君子笃于亲，则民兴于仁"②。意思是说，奉行孝道是启发内在仁

---

① 李镇东：《小布乡的墟市与庙会》，载刘劲峰《宁都县的宗族、庙会与经济》，法国远东学院等，2002，第115页。曾材：《宁都城厢的民间家神》，载刘劲峰《宁都县的宗族、庙会与经济》，法国远东学院等，2002，第296页。
② 《论语·学而》，《论语·泰伯》。

义之心，培养自己成为一个有理想、有道德的人的根本途径。之后，孟子又进一步发展了他的思想，认为一切人际关系中情感与行为的表达，都应以"仁义忠孝"作为衡量的标准，"入则孝，出则悌，守先王之道"。"事，孰为大？事亲为大。""事亲，事之本也。"①并首次明确指出，"孝悌"的最终目的，是调节人际关系，维护社会的稳定，即所谓"人人亲其亲，长其长，而天下平"。孔、孟的这种孝道观，后来被历代统治者广泛采纳，并经过不断补充与发展，形成"以孝治天下"的统治思想。这种思想经过长期根植，发展成中国传统社会的共识，并成为中华民族相互认同的基础。

3. 宗法制度的变革与中国明清时期政治管理体制中的二元结构为崇宗敬祖行为在客家社会中的普遍推广提供了十分有利的条件

宗法制度是我国古代实行的一套以血缘关系为基础的族制系统。它起源于殷商，而成熟于周代。其主要内容是确立嫡长子继承制，即天子世世相传，每世的天子都以嫡长子的身份继承父位，为下一代的天子，奉祀始祖，此为大宗。嫡长子的同母弟与庶兄弟为诸侯，称小宗。每世的诸侯也由嫡长子继承父位，为下一代诸侯，奉祀始祖为大宗，他的诸同胞弟及庶兄弟封卿大夫，称小宗。每世的卿大夫亦以嫡长子继承父位，为卿大夫，他的诸弟为士。而士的嫡长子仍为士，其余诸弟为平民。从根本上来说，宗法制度是人类社会中最为现实的一部分关系，如财产关系、亲缘关系、等级关系的系统总结，目的在于建立起一套以嫡长子为中心的稳定的社会秩序。

由于这套制度的建立是以血缘关系为基础的，所以崇宗敬祖便成了宗法制度中最核心的问题。《礼记·大传》记载："君有合族之道，族人不得以其戚戚君，位也。庶子不祭，明其宗也；庶子不得为长子三年，不继祖也。别子为祖，继别为宗，继祢者为小宗。有百世不迁之宗，有五世则迁之宗；百世不迁者，别子之后也，宗其继别子之所自出者，百世不迁者也。宗其继高祖者，五世则迁者也。尊祖故敬宗，敬宗，尊祖之义也。有小宗而无大宗者，有大宗而无小宗者，有无宗亦莫之宗者，公子是也。公子有宗道：公子之公为其士大夫之庶者，宗其士大夫之适者，公子之宗道也。"这就是说，依照宗法制度，尊祖是有等级之分的。别子为宗统的正支，虽经百世，仍然可以祭其始祖，是为大宗。而别子的嫡长子以外的诸子属于同一宗

---

① 《孟子·滕文公下》，《孟子·离娄下》。

的旁支，他们是不能继别的。至于诸子之子更不能继别，只能继祢，即继诸子。这种继承关系，传至五代就与别子没有关系了，所以不能再祭别子的祖先，而只能祭本支的祖先，这就是所谓的五世则迁。由五世则迁推而广之，则从自己算起，上下九世之内的成员才是一家人，九世之外，"亲属竭矣"，可以视同路人。

正是由于有了这种五世则迁的制度，所以《礼记·王制》中明确规定，只有士以上的统治阶级才有权建筑家庙，即所谓"天子七庙，三昭三穆，与太祖之庙而七。诸侯五庙，二昭二穆，与太祖之庙而五。士大夫三庙，一昭一穆，与太祖之庙而三。士一庙。"而一般庶民不能建庙，只能祭父母"于寝"。由此，直到唐代，作为庶民，哪怕财富再多，权位再高，未经皇帝特许，也不准私建家庙，开坛祭祖，否则，便视为"僭越"。如，唐代著名将领李晟，德宗时平朱泚，以功累官至司徒，封西平王。但像他这样的高官，当时也不能随意建庙祭祖，直到贞元四年（788），皇帝"诏为晟立五庙，追赉高祖芝以下附其主，给牲器、床帷，礼官相事"①，才敢公开祭祀其高祖以下的各代祖先。入宋以后，这套宗法制度因遭到理学家们的非议，情况才逐渐发生变化。先是程颐提出"高祖自有服，不祭甚非。天子至于庶人，五服不异，祭亦如之"②。即主张从高祖以上至于始祖，虽然亲尽无服，也应每年一祭，以示慎终追远。接着，朱熹也提出"君子将营室，先立祠堂于正寝之余，为四龛，以奉先世之主"③。但需要指出的是，宋代理学家们的这些主张，当时只在士大夫中产生了一些影响，而在广大的基层社会中并没有普遍推行。且朱熹当时设计的所谓祠堂，也只是位于居室外正厅之中的神龛，祠中祭奉的也只是自高祖以下的四代神主。这就是说，他只把先王之制中"小宗之祭"推行到了民间，这与我们现在所看到的宗祠及以宗祠为核心组成的庞大宗族体系有着完全不同的意义。

我们现在所看到的遍布于客家城乡各地的大小祠堂及祠堂内不仅祭祀各房开基祖，还祭祀该族始祖的现象主要出现在明清时期。而造成这种现象的重要原因之一，是由于这时期整个社会的管理体制已由过去单一的官府直接管理向着直接管理与间接管理相结合的二元化体制转变。也就是说，明代以前，所有征赋派役及维持地方

---

① 《二十五史·新唐书》第一五四卷《李晟传》，上海古籍出版社影印本，1986。
② 《伊川文集》，转见郑振满《明清福建家族组织与社会变迁》，湖南教育出版社，1992，第229页。
③ 《朱子家礼》卷一。

秩序等一应公务概由朝廷派遣的地方官吏直接完成。而入明以后，随着里甲制度的全面推行，国家对地方的管理，实际只到达县一级，县以下的基层管理工作，均交由里甲负责。此正如明人何乔远在《闽书》中所记载的："里甲之役，其始催征钱粮，多援公事而已，后乃以支应官府诸费，若祭祀、乡饮、迎春等事，皆其措办。"而这样做的后果，是使得"浸淫至于杂供私费，无名百出，一纸下派，刻不容缓。加以吏皂抑索其间，里甲动辄破产"。以致逃户与日俱增，里甲濒临解体，国家赋税发生严重危机。为了解决这个问题，最迟到明代中晚期，各地便相继对里甲户籍实行定额管理，其赋役征收、地方治安等行政事务一概交由里长、甲首层层定额承包，从而使得家族组织开始介入地方事务，并逐渐与里甲组织结合到一起，发展成乡村自治中的核心力量。此正如石城《琴江古松廖氏八、九修族谱》中所记载的："予石邑延袤共计百里余，通一邑之图籍，里分共计二图九里，每姓各为一甲，合十甲为一里。其余各姓随附于各里之大姓，名为帮甲，以附输，此户役之由来也。"1995年，笔者在江西宁都县古夏村进行田野调查时，也发现该村李氏家族内至今还遗存着"甲房"的称呼，检点该族所保存下来的1938年《古夏李氏十四修族谱》，谱内所录明万历三十八年（1620）订立的《条规》中便明确记载："常年里递一图十甲，无与外姓，依期设立三约于祠，各甲签立约长，交见年输纳，将纳过官票散还各纳户存照，诚良法也。"[1]说明这时期，里甲与宗族组织结合到一起的现象在客家地区已变得十分普遍。正是这种国家直接统治与间接管理相结合的二元结构模式的存在，使得乡村宗族的政治权利得以不断膨胀，并由此而大大刺激了宗族的进一步发展，崇宗敬祖行为亦在整合移民社会，调整人际关系方面愈来愈显示出其强大的社会作用。

三

我们说，客家人的崇宗敬祖行为是对中华民族传统文化的全面继承，就这个意义而言，客家人与周围的非客家人并没有什么本质上的不同。但由于客家人具有不断迁徙的苦难经历及他们到达迁居地以后所面临的各种复杂而艰苦的生态环境，从而使得客家人的崇宗敬祖行为及以祖先为标志聚集起来的宗族群体更具有许多自身

---

[1] 刘劲峰：《赣南宁都县洛口乡古夏村的民俗文化》，载房学嘉《梅州地区的庙会民宗族》，法国远东学院等，1996，第246页。

的特点。

根据笔者近年来对赣南地区宗族社会的考察，尽管这里带有血缘关系性质的宗族组织，早在南宋时期便已经在部分在地时间较长的姓氏中陆续形成，如位于赣南东北部的宁都洛口乡古夏李氏，据该族十四修族谱记载，其开基始祖李德辅于五代初年从广昌辙头坝迁入宁都漕顿（今古夏村），经过近200年的发展，到南宋淳祐二年（1242），其七世孙公瑾开始组建宗族，创修族谱，并在族中设立义馆，捐余俸，置学田，延明师教育族中子弟。可以说，这是笔者目前在客家地区所看到的，从过去一直坚持到现在，历史较为悠久的宗族之一。但像这样的宗族，在客家地区，数量并不很多，原因是经过多次社会动乱，人口流动频繁，许多历史上建立起来的宗族，均因"人口四散逃离"而逐渐瓦解。所以，目前我们在客家地区所看到的宗族，大多是明清时期重新组建起来的。

由于客家社会说到底是个移民社会，其民来自四面八方，且各地移民到达徙居地的时间长短不一，繁衍速度有快有慢，居住方式各不相同（有的相对聚居，有的分散杂居），由此而使得其宗族结构方式也呈现多种多样的局面。就一般性而言，笔者将其归纳为三种。第一种是以大家庭为基础，经过不断繁衍，不断分枝而形成的宗族组织，我们姑且称之为血缘性宗族。在这个宗族内部，谱系关系真实，个人资料可靠。族中资产以祖先遗留为主，而祠堂祭祀对象，多为实实在在当地开基的始祖。这种宗族，一般产生于居民在地时间较长，变动较少，人口繁衍较快，族人以血缘关系相对聚居的地方。宁都洛口乡古夏村李氏家族就是其中较为典型的一个案例。

第二种是以一个人口较多，谱系关系较清楚的旺族为骨干，在它的周围再聚集起一些弱小的，与之不具备血缘关系的同姓家庭，从而形成一个带有强烈依附色彩的同姓群体，我们姑且称之为依附性宗族。在这个宗族内部，宗族谱系，祠堂祭祀及宗族管理均由骨干家族一手包办，弱小家族只在其中起一点配角的作用。江西崇义县聂都乡的刘氏宗族就是一个很好的例证。据调查，散居的该乡的刘氏村民（以男性计算）共有1000多人，他们都是明清时期从闽、粤、赣各地迁入此地的移民后裔。其中人数较多有3支，1支来自江西大余，1支来自广东兴宁，1支来自本县麟潭乡。在这3支刘姓人中，又以来自麟潭的这支刘氏，政治、经济实力较强，他们于清咸丰年间迁入该地之后，不久便兴旺发达起来，以至到第二代，刘崇德便以捐纳形式取得了"例授修职郎，候补知县"的头衔，并以他为首，广置田产，组织起一支人数不多的血缘宗族，以定期祭祀其迁居始祖。其余各支刘姓人，因势孤力薄，均无能力单独组建宗族。为了寻求保护，他们只好投靠到麟潭刘氏宗族的门下，每年的春节、清明、冬至，都主动前去参与麟潭刘氏宗族的祭祖，并承担祭祀中的各项劳务工作，俨然是其中的一分子。[①]与此相类似的还有吉安渼陂的梁氏宗族，在这个宗族内部，主体部分由开基祖繁衍下来的血缘支族组成，而在血缘支族的周围，又分布着一些"另类"（当地称他们为"亚族"）。据说，这些亚族是由当年开基祖买来的异姓子弟繁衍而来的后裔组成的（他们均被改姓为梁），他们在宗族中没有地位，在宗族事务中没有丝毫的发言权[②]。这种现象，在江西崇义县聂都乡的吴氏宗族、罗氏宗族中也曾存在[③]。

第三种是以地缘为基础，由若干个互不相干的同姓或异姓支族，在平等互利的原则下组成的一个宗族联合体，我们姑且称之为联合式宗族。在这个宗族内部，各支族之间毫无血缘关系可言，其祠堂资产，均由各个支族（有的地方又称大房）以股份制的形式筹集，管理由大家共同承担，利益则依照股份数平均分配。安远县"星聚堂"陈氏宗族就是其中的一个例证。据调查，该族共包含了分别来自九江、金陵、会昌、宁化、抚州等地的十多个不同祖源的陈氏移民后裔。明代中、后期，在"粮户归宗"的情况下，这些不同祖源的陈氏后裔，分别以姓氏、地缘为基础，组合成孟兴、胜兴、茂兴、清盛、文华、茂盛、世兴、世昌、永兴、复兴、兴盛、元亨等12户，以户为单位向县衙缴粮服役。在这12户人中，除孟兴、胜兴、茂兴3户，自称是琏公的共同子孙，并有较清楚的谱系关系之外，其余各支陈氏均对自己的祖源情况混沌不清。清嘉庆乙亥年（1815），在各地大办宗族的情况下，为适应形势的需要，他们以孟兴、胜兴、茂兴3户为基础，组成"星聚堂"陈氏宗族，在总祠底下，以户为单位，分别建立起12个大、小房。并依照股份制的原则，由12房人共同筹资兴建祠堂、修撰族谱、置办祭产。每年的春、秋二祭，亦依照筹资份额的多少，规定每次祭祀时子孙参与宴饮的人数。为了增强宗族的凝聚力，他们又以孟兴、胜兴、茂兴3户的原始房谱为基础，虚构出"照公生九子，曰琏、曰存、曰待、曰学、曰官、

① 刘劲峰：《江西崇义县聂都乡的客家宗族与民俗文化》，载《客家研究辑刊》，2001，第2期。

② 刘宗彬等：《渼陂的梁氏宗族与村落文化》，载刘劲峰《吉安市的宗族、经济与文化》，法国远东学院等，2005。

③ 刘劲峰：《江西崇义县聂都乡的客家宗族与民俗文化》，载《客家研究辑刊》，2001，第2期。

曰湘、曰贵、曰智、曰兴，分为九大房，而琏公又生三子，曰孟兴、曰胜兴、曰茂兴，共十二户"①的谱系关系，奉照公为总祠祠主，其余九个儿子为配享，每年定期举行祭祀活动。与之相类似的还有安远版石镇的刘氏宗族，在这个宗族内部，也包含了十多支来自不同祖源的刘氏后裔，其移居版石的时间，有的称来自南宋，有的称来自清中期。由于他们在地人数比较少，故长期以来未能形成独立的宗族。清代后期，为适应周围环境的需要，他们也以平等的方式，组成起一支联合宗族，并修建了本族祠堂。为了明确相互间的关系，他们将汉景帝立为祠主，每年定期祭祀。并以汉景帝为中心，构建起一套全新的宗族谱系。在上述两个宗族中，祖先崇拜，对于他们已经没有了任何血缘上的意义，唯有的只是文化上的认同及由这种认同产生出来的相互间的依赖与支持。

据笔者调查，在赣南客家人中，除了宗族中的各个房之外，真正以血缘关系构建起来的大宗族，数量很少。而大量存在着的，均是联合式的宗族。

也正是由于客家地区的宗族，大多为联合式宗族，族民相互间的血缘关系并不十分密切，从而形成客家人在宗族祭祀中更注重崇拜远古祖先的特点。这种特点不仅在中国大陆地区的客家人中存在，而且在海峡那边的台湾客家人中也同样存在。②

为什么明清时期，大量联合式宗族会在客家地区蓬勃兴起呢？笔者认为，这与客家地区的生存环境有着密切的关系。

如前文所言，客家社会，说到底是个移民社会。而移民社会的最大特点是内部结构复杂，居民来自四面八方。尽管宋代以前，已经有大量北方移民定居到了产生客家群体的闽、粤、赣三角地区，但之后，这里发生了一系列的社会动乱，其中最为严重的有宋末元初元军对以文天祥为代表的南宋抵达力量的清剿，元代中期元军对钟明亮、蔡五九等农民起义军的进剿，明代正德、弘治年间金泽、王阳明所率领的明王朝军队对闽、粤、湘、赣四省边界畲瑶民的围剿以及因南明小朝廷残余势力的反抗与三藩作乱，清兵对这一带军事力量的清剿。加以苛赋日增，使得这里的在籍人口四散逃亡，旧的以血缘关系聚居的状态及由此形成的血缘宗族难以完整地保

① 刘劲峰：《单姓异族村的治理——江西省金村调查》，载肖唐镖《村治中的宗族》，上海书店出版社，2001，第524—532页。
② 庄英章：《闽客祖先崇拜之比较》，转见汪毅夫《客家民间信仰》，福建教育出版社，1995。

存下来。而以后迁入该地的新居民，由于在地时间较短，且刚来时，大多不带家眷，所以也很难在短期限内形成一个由完整大家庭逐步发展起来的血缘宗族。而山区恶劣的自然环境及新、老居民相互杂居，不同文化、不同经济利益之间经常发生碰撞的复杂社会环境，又迫使他们不能各自为政，必须相互结合到一起，以求得相互间的支持与帮助，实现由移民社会向定居社会的顺利转化。由此而使得明清时期，以姓氏、地缘为基础的联合式宗族得到迅猛的发展。

由于客家人来自四面八方，生活习俗各不相同，统治阶级称之为"客家异籍，礼义罔闻"[1]。加上经过一次又一次的战乱，居民聚了又散，散了又聚。所以，在其刚刚聚集起来的地方，新居民与新居民之间、老居民与老居民之间以及新、老居民之间关系松懈，"人心不古，若以尊而凌卑者有之，以众而欺寡者有之，相伐相贼，富而不仁，肆其贪欲，惟日不足，人之有患者，非惟挤于壑，而且下石焉，友爱孝悌之风，荡然扫地"[2]，社会处于一种无序的状态中。为了建立起一套新的社会秩序，自明代中期王阳明镇压了闽、粤、湘、赣四省边界畲瑶民暴乱之后，统治者就在不断强化以里甲为核心的乡村区域自治系统的同时，在赣南、闽西、粤东等客家中心地区大力推行礼化教育，鼓励并推动宗族构建，一些官吏还亲手操刀，为辖区内的宗族题写楹联，撰写谱序。不久，官府又在这一带推行"粮户归宗"政策，将乡村区域自治与宗族管理结合到一起，从而把每个家庭、每个人都置于宗族的监管之下，由此而大大刺激了各类宗族在客家地区的迅猛发展。

明清时期，由于阶级分化，使得闽、粤、赣边界地区"流寇"不断，乡族械斗频频发生，社会经济遭到严重破坏。为此，许多地方均以姓氏、地缘为基础，构筑寨堡，组织地方武装，以拥兵自保。这种形势的出现也为宗族的发展提供了极好的机会。

正是由于明清时期，客家地区各种形式的宗族有了蓬勃发展的时机，而祖先崇拜又是宗族形成的基础及宗族得以长期稳定的必要条件，由此而使得客家人头脑中固有的崇宗敬祖情结得以进一步强化，并在其不断强化的过程中逐渐淡化其原有的血缘因素，转化成一种文化上的认同。

---

[1] 张尚瑷：《请禁时弊详文》，清同治十一年（1872），《兴国县志》，兴国县志编辑委员会重印，1986，第321页。

[2] 李仕仪：《（古夏李氏）二修族谱序》（1372），载《（宁都古夏李氏）十四修族谱》，1938。

　　从以上分析中，我们可以清楚地看到，客家人崇宗敬祖行为的产生与不断加强不是一个偶然的现象，它不仅是客家人对中国传统文化的继承，而且也是客家人在特殊历史条件下的生存需要，其目的在于以祖先认同的方式去调整周围的人际关系，建立起全新的社会秩序，以利于客家人能依靠群体的力量去战胜险恶的自然与社会生态环境，确保自己能在当地立足生根，并顺利地实现由移民社会向定居社会的转变，这便是客家人始终把崇宗敬祖看得高于一切的根本原因所在。

　　（2005 年在四川社会科学研究院等联合主持召开的"移民与客家文化"国际学术研究会上首次发表[①]）

参考文献：

[1] 林晓平 . 赣南客家人的祖先崇拜 [J]. 客家纵横 ,2。

[2] 刘丙等 . 宁都直隶州志 [M].1824. 江西：赣州地区编辑委员会重印，1987.

[3] 劳格文 . 客家传统社会丛书：十八，刘劲峰 . 宁都县的宗族、庙会与经济 [M]. 香港：法国远东学院等，2002.

[4] 论语·学而，论语·泰伯 . 文渊阁四库全书 . 影印本，台湾：台湾商务印书馆，1983：87.

[5]《孟子》〈滕文公下〉〈离娄下〉. 文渊阁四库全书 . 影印本 . 台湾：台湾商务书馆，1983：87.

[6] 二十五史：新唐书 [M]. 缩印本 . 上海：上海古籍出版社影印，1986.

[7] 郑振满 . 明清福建家族组织与社会变迁 [M]. 湖南：湖南教育出版社，1992.

[8] 肖唐镖 . 村治中的宗族 [M]. 上海：上海书店出版社，2001.

[9] 汪毅夫 . 客家民间信仰 [M]. 福建：福建教育出版社，1995.

[10] 钟音鸿等 . 兴国县志 [M].1872. 江西：兴国县志编辑委员会，1986.

[11]（宁都古夏李氏）十四修族谱 [M].1938，自行印刷 .

[12] 劳格文 . 客家传统社会丛书：二十二，刘劲峰等 . 吉安市的宗族、经济与文化 [M].

---

① 《人际关系与社会秩序的重构——关于客家人崇宗敬祖行为的社会学分析》，载陈世松《"移民与客家文化"国际学术研讨会论文集》，广西范大学出版社，2005。

香港：法国远东学院等，2005.

[13]刘劲峰.江西崇义县聂都乡的客家宗族与民俗文化[J].客家研究辑刊，2001，2.

[14]蒋廷锡等.古今图书集成[M].影印本.北京：中华书局，1934.

[15]劳格文.客家传社会丛书：一，房学嘉.梅州地区的庙会与宗族[M].香港：法国远东学院等，1996：246.

江西崇义县聂都乡的客家宗族与民俗文化

聂都，是江西西南边陲上的一个山区乡村。它北、东、南三面分别与大余县的河洞、内良及本县文英、关田相接，越过文英与湖南汝城相望，西南与广东仁化毗邻。由于该乡地处山区，又介于湘、粤、赣三省之间，宗族与文化均具有显著的地方特色，1998 年元月，笔者前往该乡进行了为期 10 天的田野调查。

一

聂都，地处赣江上游，是赣江主要支流——章水的发源地。南岭山脉与罗霄山脉在这里交汇，四周高山林立，树木葱茏。万山环抱之中，是一块面积达 10 余平方千米、环境非常封闭的山间盆地，该乡一半左右的村庄就分布在这块盆地及其四周的丘陵山冈上。群众因这里有南北两条山脉交汇，且整个盆地如同一口平躺着的铁锅，四周的高山流水都汇聚到盆地的中央，聂都人自豪地称其龙气旺、财源足，原本是块能出"天子"的好地方，只可惜盆地四周石灰岩溶洞太多（现已开发出来，供人们游览的就有莲花岩、罗汉岩、仙鹤岩、狮子岩、金鸡岩、昌合岩等十余处之多，其余未经开发的小溶洞更不知其数），财气泄得厉害，所以才觉得难有作为。

据明嘉靖《崇义县志》记载，聂都，历史上属大余县招贤里管辖，明弘治、正德年间，粤、湘、赣、闽四省边界爆发了声势浩大的畲、瑶民暴乱，位于大余、上犹、南康三县交界地区的左溪、稳下、长龙、铅厂、聂都、文英、上堡、恩顺、桶岗一带是这次暴乱的三大中心之一，故正德十二年（1517），王阳明在弹压了这次暴乱后，便依据这一带"山高林深、地广人稀、号令不及、人迹罕到"的特点，奏请大余、南康、上犹三县边界之地设立崇义县[1]，自此，聂都改由崇义县管辖。为加强地方防卫，立县后，王阳明又在该县通往广东、湖南两省的要道上分别设立了铅厂、上堡两个巡

---

[1] 《王阳明全集》卷 10《立崇义县治疏》，上海古籍出版社，1992。

检司，专司"巡捕盗贼、安靖地方"之事。嘉靖二十六年（1547）崇义知县陈俊以聂都与广东仁化之长江、福溪相近，遂将铅厂巡检司移驻聂都。从此。聂都便成了赣粤边境上一个重要的军事要塞，并随之发展成崇义西南部的边区小镇。

目前，该乡共辖聂都、乌洞、沉井、夹洲、河口、竹洞、小陈洞、白溪、小岭、龙西、莲塘等 11 个行政村。1985 年统计，有 1415 户，7941 人。全乡占地面积 135 平方千米，其中 90% 以上为山地，耕地仅 10615 亩。因山高水冷，水稻一年只能种植一季，其余兼种红薯、玉米、大豆。传统副业有竹笋加工、香菇种植、土纸生产等。除此之外。该乡地下分布有钨、锡、钼、稀土、大理石等各种矿藏。但由于藏量有限，运输困难，故采矿业目前尚未形成规模，乡村经济较为落后。（图3）

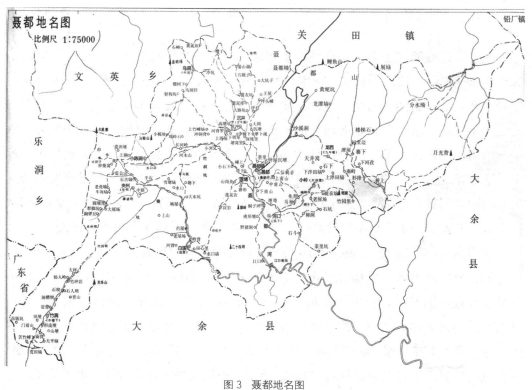

图 3　聂都地名图

聂都圩是全乡政治、经济、文化的中心，它位于盆地正中，周围数千米之内有聂都、沉井、莲塘、小岭、河口等 5 个居住较集中的村落。据当地群众反映，聂都村因地势平坦，水源充足，所以开发历史最早，相传最先来到这里的是一伙聂姓人，"聂都"

由此得名。接着，又有谭、黄、骆、史、句①等 5 姓人相继来此居住。明弘治、正德年间，金泽、王阳明等奉命弹压畲、瑶暴乱，伤及部分无辜，聂都人死的死，逃的逃，这里便成了一片废墟。之后，罗、吴、张、黎、刘等姓陆续迁入，经过长期发展，聂都逐渐恢复元气。至今，居住在这里的共有大小 26 个姓氏，其中人数较多，影响较大的有吴、罗、周、张、黎、刘 6 个主要姓氏，人称"聂都六大姓"。

吴姓是六大姓中人口最多的一个姓氏。据该族保存下来的清乾隆二十八年（1763）《聂都吴氏重修族谱》"吴氏增修新丁记"的记载，该氏祖居安徽宣城，宋重和、绍兴年间，瑕、曜两祖先后莅职南安（今江西省大余县），"因见风俗淳美而为之家"。至元代末年，鹗公之孙惠宽始由大余迁往聂都之夹洲。明正德间，辉公、贤公复由夹洲分迁到白溪、聂都圩等地。这两支吴氏到达聂都圩后，无论经济实力、政治地位及家族人口都迅速发展。据族谱中保存下来的明嘉靖四十五年（1566）《镇宁楼记》、康熙三十九年（1700）《鼎建祠宇记》等一系列原始资料的记载，最迟到明代后期，该族已人文蔚起，家财愈万，以致在明嘉靖四十三年（1564）、隆庆元年（1567）、万历十一年（1583），族中便有宗德、宗甫等人先后获得了"乡饮介宾""乡饮正宾"等荣誉头衔。明嘉靖四十五年（1566）又由宗德发起，群力相助，"不吝千金之费"，构筑起供全族人共同使用的军事防御设施——镇宁楼。至清康熙三十九年（1700），族中男丁已达到 233 人，于是，他们采用按丁派款的办法（每丁派钱 240 文，米 8 升），筹得数百金，于当年鼎建起了"吴氏祠堂"。乾隆十年（1745），修造了族谱，制定了相应的族规、族约。由此，一个初具规模的吴氏宗族组织在聂都形成。清乾隆后期，吴氏家族开始步入鼎盛阶段，"每遇蒸尝，少长咸集济济焉，人浮于祠堂乎，后者几无地以伸尊祖敬宗之意。"在人口迅速增长的同时，族内的矛盾也日益增多，于是，乾隆四十九年（1784），由族中部分子弟解囊，筹得"六百余金"，在离总祠不远的地方建起"吴氏亚祠"，"以与总祠耀相争辉"②。如今，该姓共有男女总数 1500 余人，主要分布在聂都圩及村口、莲塘、沉井、白溪、小陈洞等村庄，与各姓杂居。

罗、黎、张、刘 4 姓是聂都圩内除吴姓之外的第二大姓，4 姓人数相差无几。

---

① 句，读音 goǔ。
② 《聂都吴氏族谱》之《鼎建亚祠记》，聂都吴氏家族自行印刷，1896。

据清同治九年（1870）《罗氏三修族谱》所刊道光二年（1822）《重修族谱叙》记载，罗氏祖居吉安泰和，"明永乐间，子政公自泰和游至南安，见其人有仁让之风，观其景有清和之气，莫过于聂都狭口，于是营立宫室，创买田产。"正德十三年（1518），开立崇义县后，绮公便由狭口迁居到聂都旌孝坊（今聂都圩背），并在此建造起了水楼。万历十三年（1585），其子仰圣公又率侄捐土建造了"罗氏祠堂"，并"创层楼于祠左以护龙脉，建大厦于祠右以爰居处"。至此，罗氏家族也初步形成。然而，家族组成之后，在长达一个多世纪里，该族既没有修造家谱，也没有制定相关的族规，直到清雍正年间汝珍公方命唯容手书草谱一册，以垂后世。乾隆十二年（1747），文毅公又命拔贤继书五卷散布各房。再过 30 年，到清乾隆四十七年（1782）才正式修撰族谱，制订族规。由此可见，罗氏家族尽管形成时间较早，但从初创到成熟，中间经过了相当漫长的过程，乃至仅仅过了半个多世纪，族中便"迨后世远年湮，枝繁叶茂，以致人心不一……祠右圣公之大厦竟一旦倒塌而为平地矣"①。直到道光二十年（1840），才又由族中部分子弟捐资，在圣公所建大厦遗址上造起了"罗氏亚祠"。目前，该族共有男女将近 1000 人，主要分布在沉井及聂都圩附近，与吴、黎等姓人杂居。

黎姓，据光绪二十三年（1897）《崇义聂都黎氏三修族谱》记载，黎姓相传是五代百胜军防御使、虔州刺史黎球的后裔，世居庐陵（今江西吉安市）。北宋治平年间，大十郎与母张氏从庐陵徙居文英横坑，不久又由横坑徙居聂都小陈洞。明正德间，仲瑶后裔本庆公由小陈洞迁居聂都圩，仲珍后裔本锋公、奉容公则分别迁至白溪、沉井开基。乾隆四十八年（1783），由本庆公七世孙高赀主持，聂都黎氏开始修造家谱、制定族规，并在圩上建起了"黎氏祠堂"。至今，该氏已在聂都圩附近繁衍了 15 至 17 代，有男女 500 多人，主要分布在莲塘、白溪、沉井等地，与各姓杂居。

张姓，是聂都圩最有意思的一个姓氏。该氏目前有男女 700 多人，主要分布在聂都圩附近的上、下南山及龙西村。从田野调查得知，这些张姓人实际来源于两大支，一支被称为"老张"，现有男女约 600 人。由于该族族谱早在"文革"之前已焚毁殆尽，所以族人现在只知道自己的祖先来自瓦子街（有的说来自庐陵瓦子街，有的说来自福建瓦子街），而对始祖名讳、何时迁来则一无所知（访问中，有的说在当

---

① 《聂都罗氏三修族谱》之《罗氏新建亚祠记》，同治九年，聂都罗氏家族自行印刷。

地繁衍了 30 多代，有的说 20 多代，有的则说只有 10 多代），而 1985 年由崇义县地名办编辑出版的《崇义县地名志》则认定他们是"明洪武年间由福建迁居到聂都上南山"，但依据不明。又一支，人称"新张"，据该姓保存的清光绪《始兴周所上陆村张氏五修族谱》记载，该姓世居广东始兴，明万历初年由始兴迁到江西大余县。清康乾年间，文羡公复由大余迁居聂都上南山，至今已传 12 代有男女 100 余人。相传，"老张"因在聂都居住的时间长，人又多，经济条件较好，所以很早就在聂都建造了祠堂与水楼（具体年代不详），并撰修了族谱。而新张来的时间较晚，人口繁殖速度较慢，故直到现在也还没有形成独立的宗族。为了让自己能在当地立住脚，历年以来，"新张"对"老张"多有依附，两者关系一直比较融洽。1998 年，在村民张才的母亲 60 寿诞时，"新张""老张"全部聚集到了一起，决定以两族现存年龄最大的人为准则，把聂都所有张姓人的字辈都统一起来，相互间以兄弟、伯、叔相称。笔者问他们，这是否意味着他们将组合成一个新的宗族？他们的回答是肯定的。笔者又问："如果这样，将来祖先名讳及宗族世系如何确定？"他们说，"新张"的旧谱现在还在，"老张"尽管旧谱无存，但对五代以内的祖先名字还记得清楚。所以，将来重修新谱，肯定要以新张的族谱为基础，再把"老张"的祖先名字依照已确定的辈分排列进去。笔者以为，这正是拙作《石城珠坑客家聚居区的形成与发展》①中被称为"结构性宗族"的一种最为简单的整合方式。

周姓，是以往聂都乡内社会势力最强的一支宗族。相传清代初年，该族曾出过一个武举人，由于他膂力过人，又蛮不讲理，所以周围各姓人都怕他，周姓因此成了当地的一个强势宗族。但该族族谱多数已经散失，目前仅存的一部也缺头少尾。故对其源流情况，绝大多数人不够清楚。据现年 81 岁的周某报告，聂都圩上的周姓人，实际来源于三四个不同的开基祖。其中，较有影响的是两支，一支来源于吉安瓦子街，明代末年，华国公由吉安迁至聂都垄里，至今已传 15 代。另一支来源于信丰县，清康熙年间由信丰迁入聂都乌洞，不久又由乌洞分迁到中洞、上洞，至今亦传了 13 至 14 代。两支周姓人中，前者于清代初年因贩卖木材赚了大钱，所以社会势力迅速膨胀，乾隆十年（1745）便在圩上建起了祠堂，组建了宗族。乾隆十四年（1749）又在祠堂旁边兴建了水楼。从而成为聂都圩上一支有影响的家族。其余周姓人因人数较少、

① 刘劲峰：《赣南宗族社会与道教文化研究》，法国远东学院等，1999，第 71—129 页。

经济实力较弱，所以都普遍依附在这个家族之内。目前，该族共有男女600人左右，主要分布在聂都圩以北的沉井、小陈洞一带。

在聂都6大姓中，刘姓是来得最晚的一个姓氏。据现年60多岁的刘某华、70多岁的刘某钧介绍，聂都的刘姓，实际上有许许多多个不同的开基祖。其中，人数较多的主要有3支，一支来自大余，一支来自南康，一支来自本县麟潭乡。3支刘姓中，来得最早、发展最快的要数麟潭刘氏。为深入了解这支刘姓人的入迁时间，笔者到该氏祖居地进行现场考察，并在其旧宅前发现了一方同治六年（1867）由例授修职郎侯选知事刘德崇竖立的功名石①。调查得知，刘德崇是麟潭刘氏聂都开基始祖的儿子。由此推断，该支刘姓人迁聂都的时间当在清代咸丰前后。由于这几支刘姓入迁聂都的时间都比较晚，所以至今尚未形成统一的宗族，也没有建立总祠。但所有刘姓人都一致认为他们的祖先当初都是从广东兴宁分迁到各地去的，祖宗根源相同，且麟潭刘氏中还出了士绅，故大家对其多有依附。中华人民共和国成立前，每当麟潭刘氏在私厅②祭祖时，聂都所有刘姓人都会自愿加入其中。目前，该姓共有男女1000人左右，主要分布在聂都圩、沉井、小岭、龙西等地。

除了上述6姓之外，过去在聂都圩具有较大影响的还有黄氏。据现年60多岁的吴某民介绍，相传黄氏过去是聂都的第一大姓，族内财主很多，所以很早就在圩上建起了祠堂与水楼。传说中还说，该族一次就出了99个武举人，这些举人企图揭竿起义、改朝换代，所以私下雇请工匠为他们制作了战旗、战袍。工匠们觉得很奇怪，到处打听他们为什么要做这么多旗帜？结果，族中一个小孩说话不小心，把他们准备与皇帝分日③的消息泄漏给了工匠。工匠听了很害怕，赶紧报告了官府，官府再逐级上报到朝廷。朝廷下令在大年三十这天派兵去剿灭他们。聂都黄姓虽然也打探到了朝廷要派兵来剿灭他们的消息，只可惜打探消息的人很粗心，把大年"三十日"看成了"斗日"，而所有黄姓人始终弄不明白，"斗日"到底是哪一天？所以全族人进山躲了十几天以后，见村里毫无动静，便在大年二十九的晚上偷偷回到了村，

---

① 当地习俗，凡族中有人取得了功名，家族便要为他在宗祠前竖立旗杆。功名石就是用来固定旗杆的基石，上面刻有功名人的姓名、职衔及取得功名的时间等有关信息。

② 所谓"私厅"是指建立了享堂的私人住宅。

③ 当地方言，即准备夺取朝廷政权。

想安安稳稳地在家过个春节。谁知只过了几个时辰,官兵便团团围住了村子,把全村人杀得一个不留,从此,黄姓人就在聂都灭绝了。至今,尽管山岗上还住了几户黄姓人,但经调查,他们都是清代中期以后才陆续从外地迁到此地的,与过去的黄姓毫无关系。黄姓的毁灭是否与金泽、王阳明平息畲、瑶民暴乱有关?因资料欠缺,留待后考。

从以上调查得知,聂都及其周围村庄的居民大多是明代正德以后陆续从福建、广东与本省吉安、大余、信丰及本乡各深山老林中迁徙到这里来的,属于典型的多元性移民村落。其乡村发展历史与"聂都是在王阳明平息畲瑶民暴乱之后,从废墟上重新建立起来的"民间传说完全一致。

值得一提的是,笔者的调查与《江西省崇义县地名志》的记载[①]有不少出入,今以吴姓为例:据地名志的记载,聂都吴姓,以开基祖为标志,共分为7支。其中,第1支为清乾隆年间,由大余分迁至沉井之王子塘、大圳、井塘之深砻建村,已传9代。第2支为顺治年间,由大余迁至莲塘磨形村建村,已传13代。第3支为清乾隆年间,由福建分别迁入沉井之坪石、沉塘建村,已传9至11代。第4支为清康熙年间由福建迁至莲塘小石下建村,道光年间复由小石下分迁到沉井之上竹嵊,分别已传12至16代。第5支为清康熙年间由福建迁河口虎形塘建村,已传9代。第6支为清乾隆年间由信丰县迁竹洞庙背建村,已传10代。第7支为公元1931年,由湖南桂东迁小岭子下建村。从以上记载可以看出,所有聂都吴姓人中,来得最早的数莲塘磨形吴氏,始迁时间为清代顺治年间。但据乾隆二十八年(1763)《聂都吴氏重修族谱》中所保存下来的明嘉靖四十五年(1566)《镇宁楼记》、康熙三十九年(1700)《鼎建祠宇记》、乾隆二十五年(1760)《聂都吴氏重修祠记》等一系列原始资料的记载,该氏于1566年已在聂都圩上建起了水楼,1700年建造了宗祠,且当年为建祠出钱出物的男丁已达到233个,可见这时的吴氏宗族已有了相当的规模,地名志的记载显然与之相距甚远。

但从另一个角度看,地名志对各支吴氏的来龙去脉记载得那么详细、清楚,说明它绝不是某个人杜撰出来的。联系到崇义聂都是明代中晚期才重新开辟出来的村落,村民来自四面八方,且历史上,这里一贯有"多养僮婢"的陋习(详见下文),

---

① 崇义县地名委员会办公室:《江西省崇义县地名志》,1984,第177—184页。

以及笔者在调查中亦曾多次听当地群众反映，聂都各姓人的来源实际上非常复杂，仅吴姓一姓人中，便有的自称来自"兰陵堂"，有的自称来自"渤海堂"。由此说明聂都的吴氏宗族也并非如族谱所述，全部来源于一两个祖先，而是以一个骨干家族为主，先后有许许多多个不同的支族依附在他们的卵翼之下，从而形成一个非血缘的多元化的结构性宗族。

与吴姓情况相类似的还有黎姓、罗姓、周姓，说明结构性宗族的组织形式在聂都具有普遍的意义。这种宗族社会在聂都起始于明末清初，之后，经过一段漫长的过程，直到清代中期以后才逐渐走向成熟。

二

由于聂都地处闽、粤、赣三省交界处，自然环境相对封闭，所以域内所保留下来的传统民俗事象，内容非常丰富。

（一）水楼

水楼是聂都历史上独具特色的一种民间防御性建筑。其平面为方形，高3—4层，每层面积约200—300平方米。内部不分间。底层为厨房，二层以上为住房、粮仓。顶上有望楼。水楼四周分筑内、外两墙，内墙用土砖、外墙用大块麻石垒砌而成。外墙厚度约4—5尺，墙上设枪眼。内外墙之间留出一条宽约4—5米的深水塘，塘面上架吊桥一座。该楼平时作贮粮之用，一旦有"寇警"，族人可悉数进入楼内躲避，并借以御敌。据新编《崇义县志》记载，此种水楼，以往在聂都圩上共有5座，为"明成化间吴、罗、周、张、黄五姓人各自集资建造。东为黄氏、南为罗氏、西为吴氏、北为周氏，中央为张氏，互为护卫。据传为防匪而造……清光绪二十四年三月，粤兵窜扰聂都时被毁"[①]。但经实地调查，这种水楼，在聂都圩实际有6座，除张、黄两氏水楼各有1座，始建年代不详外，吴氏水楼有2座，1座始建于明嘉靖四十五年（1566），另1座始建于清乾隆年间，2座水楼均毁于咸丰六年（1856）太平天国起义军之手；罗氏水楼1座，始建于明正德初年，毁于清光绪二十四年（1898）；周氏水楼1座，始建于乾隆十四年（1749），毁于民国年间。

---

① 江西省崇义县编史修志委员会：《崇义县志》，海南出版社，1989，第524页。

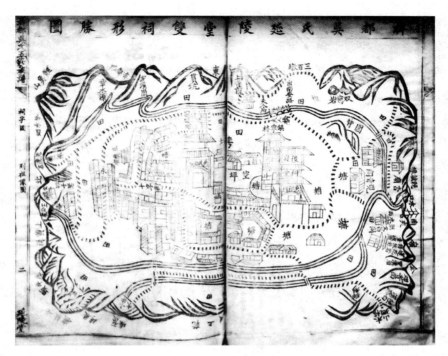

图 4　清光绪二十二年《聂都吴氏五修族谱》"镇宁楼"图

考水楼乃是一种仿"城"建筑，很早以前便在北方边关一带出现。明代初年，由于东南倭寇与北方游牧民族相继侵扰，边关处处吃紧，朝廷曾多次下旨，要求各地卫所加紧修筑屯堡，以作防御。叶盛《修复屯堡保障军民疏》中记载："查得宣府各卫，旧纂修底册内，访奉总兵官武安侯等劄付。永乐四年四月二十一日节该钦奉敕谕，屯堡务要壕堑坚深，日夜遣人望高哨瞭，不可顷刻少怠。钦此。永乐十九年六月二十七日节该钦奉，敕各处城池，务要十分整理得坚，屯堡务要修理得停当，摆布如法，便如一座城一般。朕将亲来巡视，钦此。永乐二十年十月初八日节该钦奉圣旨，但是沿边及各难守屯堡，即将人口马匹，尽数收拾坚固屯堡居住，务要坚壁清野，使寇无所得，必然就擒，钦此。臣等切惟戎狄为患，自古有之。欲声其罪状，则不可胜诛。欲绝其种，则势有未可。久安长治之策，惟在备御之有其道耳。""臣等近因巡历边口，询审年高迈闲见在庄屯居住军旗人等。共称本年贼抢之时，其有屯堡或有墙壁稍完，人畜藏躲在内，贼人虽是窥伺，不敢进入，亦得保全。但弃家上山者，不分险易，俱被搜杀，惨毒难言。""欲乞圣明特该部计议，行令严督都司卫所屯等官省令此等原有屯堡及庄疃去处，趁此春和土融及秋成农隙之际，各随见住居民，大以成大，小以成小，或酌量并辏，俱要高筑墙壁，脚阔五尺，顶收三尺。其愿有筑墩挑壕及申禀上司，筑立拒敌堡者，听各为保障。"①由此，城、寨、关、堡等一类防御性建筑在全国各个卫所之间普遍推广，以至于连西南少数民族地区也不例外，证见明嘉靖间王琼《为飞报番蛮攻扑城堡事》，内称："仰唯我祖宗朝于番夷巢穴之中设立关堡，屯兵戍守，惟欲限隔华夷，经安生民。若其听抚，固当怀之以恩，如或攻堡杀人，即当摄之以威。"②从明代中期一直到清代初年，闽、浙、粤、赣一带局势动荡，"矧今天下，如汀州之在福建，赣州之在江西，处州之在浙江，潮州之在广东，皆常有寇盗"③。所以，类似于屯堡之类的防御性建筑，在这一带得到广泛应用，并逐渐深入民间。崇义聂都水楼的出现就是其中较早的例证。据《聂都吴氏重修族谱》中保存的明嘉靖四十五年（1566）由湖蕃左使刘节撰写的《镇宁楼记》记载："设险，大事也。易曰，天险不可升也，地险山川丘陵也。王公设险以守其国，又曰重门，击柝以御暴客，盖取诸豫。豫者，备也。是故于都邑之地建

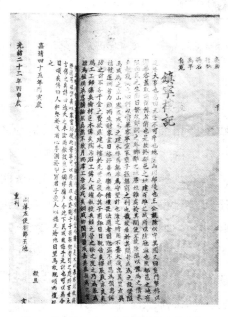

图5　明嘉靖四十五年刘节《镇宁楼记》

---

① 陈子龙等：《明经世文编》卷60，中华书局，1962，第480页。
② 陈子龙等：《明经世文编》卷110，中华书局，1962，第1015页。
③ 徐格：《议处郧阳地方疏》，载陈子龙等《明经世文编》卷81，中华书局，1962，第722页。

百雉之城。所以防寇盗也。然都邑之地有限，而民之生齿日繁，故郊关之外，乡鄙之地，群姓杂处其间，使不设险以豫，（寇盗）未免不起窥伺之心，何以防暴客、宁家室、垂子孙无穷之利也。故居于其间者，或为之设堡隘焉，或为之立山寨焉，或为之建水楼焉，无非为守望计也。"《镇守楼记》所载建楼目的、功用以及水楼内外建筑设计与叶盛奏疏中所述内容完全一致，证明两者之间具有不可分割的联系。

图 6　（清）光绪《崇义县志》"聂都水楼图"

与水楼建筑相类似的还有现今尚存在于闽、粤、赣客家地区的大量"土楼""土围"。据报道，这类建筑，现存时代较早的有"建于明嘉靖九年（1530）左右的（福建永定）高东永固楼"①及建于明代万历十年（1582）的江西龙南杨村"乌石围"，而以清代初、中期所建数量最多。尽管这些土围形制有方、有圆，规格有大、有小，清代初期以后，围内还大量增建祠堂、水井等一类附属设施（这种现象的出现与该地区明清之际宗族组织大批形成及作为宗族象征的祠堂在族人心目中的地位不断提高有密切的关系），但其储粮、居住、避寇、御敌等主要功能并未有丝毫改变，自然可看作是屯堡一类防御性建筑的继承与发展。

（二）亚祠

亚祠是聂都民间建筑中的又一个显著特色。所谓亚祠，即次要祠堂。它与赣南其他地方的分祠、房祠不一样，不是总祠下面的从属单位，而是与总祠同处在一个层面上，其祭祀对象、祭祀日期乃至祭祀仪式都与总祠完全相同，所不同的只是参加的人员各异。为什么聂都各姓要在总祠之外，另建亚祠呢？今以吴氏为例。据现年60多岁的吴某民介绍，聂都吴氏实际不是由同一个开基祖繁衍下来的。其中至少有两支属于辉公后裔，相传辉公共生了4个儿子，长子福通失嗣，次子福亮，后裔迁居四川，故现在留在聂都的只有三子福珊、四子福厚两房人。另一支是贤公的后代，贤公只生了一个儿子，名叫福宽。福宽虽然先后娶了几个妻子，但没生到一个儿子，于是便买了外地一个张姓的男孩接嗣，从而形成福宽房。由于这房原本是外族人，所以其他两房人都瞧不起他们，祭祀中常常与之发生争吵。为此，乾隆四十八年（1783），福宽后裔便自行集资，另建了一个祠堂，取名为"吴氏亚祠"。

买外族人的子女接嗣是明清时期崇义一带甚为流行的一种习俗。据清光绪《崇义县志》记载："崇邑多养僮俾，有越省异郡而来鬻者；不择善恶，不问从来，不惜多价买之，赐以姓氏，与所生子女雁行，甚至兄弟争买，以为奇货。"②由此说明，吴某民的口述具有一定的可靠性。正是因为聂都的大多数宗族并不是由血缘家庭自然发展而成的，所以内部缺乏牢固的血缘纽带，加上宗族形成之时及形成之后又没有一套完备的管理体制为之保障，所以不久之后，各个宗族陆续进入一种无序的状

---

① 胡大新：《永定客家土楼研究》，北京燕山出版社，2000，第10页。
② 廖鼎璋：《崇义县志》卷三《风俗》，1895。

态，内部矛盾重重，宗族运行十分困难。尽管各姓族谱对这种现象的出现多采取回避态度，略而不记，但字里行间也不可避免地流露出一点痕迹来，如光绪二十二年《聂都吴氏族谱》所存乾隆四十九年（1784）《鼎建亚祠记》在谈到"每遇蒸尝，少长咸集济济焉，人浮于祠堂乎，后者几无地以伸尊祖敬宗之意"时，也不得不襄叹"非隘也。众使然也"。《罗氏三修族谱》所存道光二十一年（1841）《罗氏新建亚祠记》也自称"迨后世远年湮，枝繁叶茂，以致人心不一"。

聂都吴、罗两氏亚祠的兴建正是聂都宗族社会不完全成熟，内部结构日趋松散的结果。也许正因为如此，所以进入20世纪50年代以后，聂都各姓宗支便迅速瓦解，以至于对宗族之事，现已被大多数人淡忘。

（三）庙宇与庙会

聂都的民间神明崇信活动异常活跃。据吴民、刘华等一批老人介绍，历史上，聂都所建庵堂庙宇特多。仅聂都圩周围数华里之内就有佛教寺院1个，大小民间庙宇15个。

佛教寺院名叫古祝圣寺，又名"祝神寺"，它位于聂都圩西北龙源、铅坑两条溪水汇合处。据清光绪《崇义县志》记载，"祝圣寺，在沙溪洞，僧洞明建"。与祝圣寺相距不远，还有座云峰寺，"云峰寺，在沙溪洞，宋悦禅师开基，万历间云峰和尚重建"[1]。洞明、宋悦究为何方人士？史料失载，故此二寺亦不知始建于何时。目前，祝圣寺尚余大殿一所。殿内供奉三宝，观音、罗汉等佛像。每逢佛祖、观音、罗汉生日，寺内均要举行庙会。由周围信士自愿参加。

民间庙宇则有五侯庙、夫人庙、土地庙、七姑庙、董公庙（又称"莲塘庙"）、五显庙、小井庙、石燕庙、王公庙、水安庙、河口庙、龙王庙、灵山庙等。这些庙宇大致可分成两种不同的类型，一种是供聂都圩附近所有村民共同信仰的社区大庙，如五侯庙、夫人庙、土地庙等，另一种则是属于各个自然村或自然村之间小范围内各姓人共同信仰的水口小庙，如：圩镇上的七姑庙、灵山庙，莲塘村的董公庙、七姑庙、五显庙以及沉井村的王公庙、石燕庙、小井庙等。

五侯庙位于聂都圩场的中心地带，过去称"五侯福主庙"。清光绪《崇义县志》卷三记载："五侯庙，在聂都圩，乾隆四十八年重建。"关于五侯的来历，当地人传说，

---

[1] 廖鼎璋：《崇义县志》卷三《寺观》。

五侯指的是刘(分大刘、小刘)、张、龚、周等五个结拜兄弟,他们一起结伴到聂都开荒,农闲时则上山伐木锯板,补贴家用。有一年的冬天,小刘与龚、张、周三人又一起上山去伐木,留下老刘在家做饭。可大家已经在山上做了好几个时辰的工夫,老刘却一直没有把饭送到。四个人又饥又冷,便点燃地上的沉香末,打算暖暖身子。谁知火一点燃,香气便直冲云霄。玉帝闻到香气,以为人间有事相求。赶紧派太白金星下凡视察。太白金星下来一看,只见是几个心地善良,但生活却一直过得很贫寒的农夫,于是有心要救度他们成仙,便在他们的身后变化出一棵大树,上面结起五个硕大的仙桃。这几个人见身边长出了这么几个漂亮的大蜜桃,自然口馋,便爬上去,把五个大仙桃全摘了下来,每人各吃了一个。剩下一个,原本要留给老刘的,但小刘吃了还觉得不过瘾,便把剩下的那个也全吃光了。谁知这一吃,大家再也不想吃饭了。不知道过了多少个时辰,老刘终于把饭送到了。可在场的人一个个蹲在地上,谁也不想吃一口。老刘觉得很奇怪,经过一番盘问,才知道他们刚才吃了大蜜桃,便埋怨他们为何不留个给他吃。小刘回答说:"埋怨也没用,仙桃已经吃光了,要桃核倒还有一个。"说完,捡起地上的桃核便向他嘴里丢去。谁知这一丢,桃核竟不偏不倚,一下子就钻进了老刘的口里,吞下了肚。于是,五个人都成了神仙,并做了整个聂都的保护神。

又相传五侯庙原先并不建在聂都乡,而是建在距聂都还有十多里路远的白溪村(现在当地还有一个小庙)。而聂都圩当年还是个荒滩,臭气熏天。但每天都有五只仙鹤会从白溪飞到这里来歇息,于是,大家便说:"仙鹤呀!仙鹤!如果你喜欢这块地方,就请让这里香了起来,我们便在这里给你建座庙。"谁知这么一说,聂都荒滩竟一夜之间真的香气浓郁起来。这样,大家便凑钱在这里建起了一座宏伟的五侯庙,并从白溪把香火分了过来。自从有了这个庙,附近的居民便日渐增多,大片荒滩也终于全部被开垦了出来。

五侯庙已于20世纪50年代被毁,所以庙貌已无法知晓。但现年70多岁的刘某钧却还清清楚楚地记得,神像全是清一色戎装打扮,庙柱上还刻了一副对联:"昔居唐代,为藩为屏,功立皇室昭万古;今镇聂都,作保作障,泽庇恩民永千秋。"

从神的形象及庙柱对联可以看出。五侯原来根本不是来聂都开荒的一般平民,而是传说中的5位唐代藩屏功臣。可是,他们怎么一下子由朝廷重臣变成了5个同时来开发聂都的异姓结拜兄弟,并与聂都圩的开发历史联系到一起呢?这的确是个非常有意思的文化现象。

作为社区神庙,五侯庙有固定的庙会,庙会从每年正月初四开始,一直延续到正月十五。为期18天。庙会由群众自愿组织起来的一个固定的社团（名称也叫"庙会"）负责。社团内共分12个班（除聂都圩分上、下两班外，其余10个班与现在的10个行政村基本吻合）。每班有24名执事，轮班负责当天庙会的全部事务。轮到当班的这个村的村民，家家要具香烛、牲醴前来献供，并与执事们一起颂唱"请神歌""谢神歌"。

　　与赣南许多地方不同的是，聂都的五侯庙会既不演戏，也不游神，除了每天白天要献供，献供时要唱"请神歌""谢神歌"之外，晚上还会游龙灯。龙灯以班为单位扎制（每班所扎龙灯数量越多越好）。扎龙灯之前，各班要在正月初三晚上先来五侯庙请神，然后把庙里的香火接回村，并在水口庙前就地扎龙。龙灯扎好后，每天都在本班所属各屋场的各家轮流舞龙。轮到当班这天，则要具鼓乐、龙灯前来五侯庙参神。正月十五的晚上（即庙会的最后一天），各班所有的龙灯都要聚集到聂都圩，在圩场内外玩上一天，然后把游龙时收到的香烛及五侯庙里的对联、榜文一起带到聂都河边，与龙灯一块焚化，名之为"送神驱瘟"。

　　除了五侯庙，聂都圩附近较有影响还有一座"夫人庙"。夫人庙，顾名思义，应是祭祀闾山教师祖陈、林、李三奶夫人的，它的兴建，显然与聂都历史上闾山教的兴盛有十分密切的关系。为了证实这一推断，笔者曾对清乾隆二十八年（1763）《聂都吴氏重修族谱》中保留下的一份《辉祖左昭、右穆配享席胙》进行了统计，发现该"席胙"开列的47名祖先中，竟有16名冠有各种各样的法名、奏名，约占其总数的30%。其中最出名的一位名叫福通，据当地人传说，他的法力非常高强，既能上天，也能入地。有一次，他与广东仁化县的一位法师斗法，竟把这位法师斗得一败涂地。该法师为了报复他，趁他外出时，偷偷把一根烧红了的犁头伸进了他的祖堂。于是，福通很快病倒，不久便离开了人世。福通死了以后，阴魂不散，使广东仁化县的长江村连臭了三个月。当地人没有办法，只好给他建了座庙宇，时时祀奉。为此，族谱中留下记载："明正德间去凡成神，粤之仁化邑长江吴坑建立庙宇，乡人祀之。"

　　类似于福通这样的法师传说，在罗、黄、黎、周等姓人中也非常普遍。由此可见，聂都历史上的闾山教信仰的确已达到无以复加的程度。但清代初年以后，聂都的闾山教便逐渐走向衰落，至今已基本绝迹。

　　正是由于这种变化。才使得这些供闾山教徒们专祀的神明逐渐演化成一般性的地方福主神，神仙名字也由陈、林、李三位夫人变化成群众所关心的，能够为民消灾治水、送子赐福的龙母娘娘、送子观音以及谁也说不出功用的陈氏夫人、李氏夫人（群众误认为他们是龙母的两个女儿）。

调查中，笔者在夫人庙前发现了两块残碑，其碑文正好说明了其中的变化过程。其中一块残碑署款为清乾隆二十年（1755），尽管碑文字迹多已模糊不清，但仍可看出其中断断续续地记载：“聂都有石梁曰章源，俗称夫人桥，桥之阳盖有夫人庙……祝多男者……予曰，若所祀者，夫人果何神耶，或曰神之像有三……或之曰，当吴逆□化时，其□□流为民患……”另一块署名为清嘉庆三年（1798）《重修夫人庙碑》，碑文则记载：“庙久已败坏，予心耿耿，因而询诸乡老，佥云，夫人乃龙母娘娘也，与五侯皆苍生之保障。而夫人尤为祝多男者，此借佑赐者也。”对照这两块碑文，前者作于清乾隆年间，此时，聂都的闾山教业已式微，所以，当地群众已不知道三夫人究为何神？祝者为何多为男者？留下的只是一串串的猜测与疑问。而清嘉庆年间镌刻的这块碑，则直指夫人便是龙母，同时堂而皇之地赋予他为民求子生财，保障一方平安的福主功能。对于夫人庙为何“祝多男者”这一乾隆时期人们觉得迷惑不解的奇怪现象，撰碑人也给予了合理的解释：“此借佑赐者也。”也就是说，龙母既为当地免去了水旱灾害，同时还为村民提供了接嗣，作为恩赐的最大受益者，男人们自然要踊跃去报答龙神。

聂都夫人庙神明身份的戏剧性变化，正好说明，神是人创造的。各个区域内不同神明崇信对象的选择，始终与当地的社会与自然环境密切相关，环境变了，神明的功能亦要随之变化。只有这样，它才能最大限度地反映出当地村民的共同要求，并以此作为其继续存在的依据。

那么，聂都人的共同要求是什么呢？除了一般性的祈求多子多福、国泰民安之外，根据当地的自然条件，他们更希望最大程度地减少洪涝灾害，让他们过上美好生活。而据当地群众反映，聂都由于四周高山林立，中部地势低洼，所以，每当春、夏两季，常常暴雨倾盆、山洪暴发，水灾连绵不断。据当地史料记载，从雍正十年（1732）至光绪三年（1877），聂都所发生的严重洪涝灾害就有 6 次。其中，雍正十年的那场洪灾，曾将古头圩（聂都圩旧址）冲得一无所剩，“市民饥溺，无以为生”[①]。正因为如此，所以在聂都民俗文化中，龙文化占据显著的地位，其表现：一是当地的龙王庙很多（仅河口一个村就有 3 个龙王庙）。二是各地的龙神菩萨很多（几乎

---

① 《辉祖左昭右穆配享席胙》“郡庠生万炳”条，《聂都吴氏重修族谱》，聂都吴氏家族，1763。

大小庙宇，均少不了供奉龙神）。三是民间祭祀福主，既可以不演戏，也可以不游神，但万万不可缺少游龙灯。

站到这个角度去认识，夫人庙中的三夫人之所以会演变成龙母，也就在情理之中了。

区域性大庙之外，各地还建了许多仅供本自然村或本小区各姓人共同信奉的水口庙，其活动形式与区域性大庙基本相同。

三

通过对崇义聂都的田野调查，笔者得到以下启示：

1. 聂都是明正德以后重新开发出来的一个村民聚居点，其中一半左右的村庄坐落在地势较为平坦的山间盆地及其四周丘陵山岗上。生产、生活条件相对安定。住在这里的村民，大多数是明清时期从四面八方迁来的移民后裔，姓氏多达26个。每个姓氏的内部又包含数个来自不同开基祖的后裔，各姓各族不分彼此，相互杂居。所以，从村民结构上看，这是个典型的多元杂居村落。Mautice Freedman 关于"华南最有代表性是单姓村"[①]的结论显然与聂都乡的情况不尽相同。

2. 宗族组织是中国传统社会的基础。在数千年的历史变迁中。原本以血缘为纽带的宗族组织，常常会通过与地缘关系、利益关系的结合，演化出各种错综复杂的再生形态。作为具有典型移民特征的客家社会更是如此。从对聂都乡的田野调查资料来看，由于该乡的绝大多数居民均为来自四面八方的明清移民的后裔，所以由他们组合而成的宗族，也一般不是经由大家庭自然繁衍而成的血缘性宗族，而是由若干个血缘关系并不明确的大、小家庭直接整合而成的结构性宗族。在其整合过程中，血缘的亲疏居于次要的地位，而相互间的地缘关系、利益关系及在此基础上形成的文化认同起到了决定性的作用。

除了宗族组织之外，区域性的共同的神明崇拜是中国传统社会中的又一种社会结构模式，它与宗族组织不仅可以同时并存，并且还可以起到相互支持，相互补充的作用。从聂都乡的情况来看。该地区区域性的神明崇拜大致是与聂都的开发同步出现的，甚至可以说。在聂都尚未得到全面开发之前，区域性的神明崇拜就已经初

---

① （英）莫里斯·弗里德曼：《中国东南的宗族组织》，上海人民出版社，2000。

步形成（五侯庙的传说可以证明这点）。相比之下，聂都宗族社会的形成时间则要比区域性的神明崇拜晚得多。且由于各个宗族内部，支派错综复杂，在其整合过程中，他们不是如石城珠坑的结构性宗族一样，以平等的态度重新创造出一个能为大家共同接受的远祖来作为宗族祭祀的对象[①]，而是采用弱者依附强者的办法，以强者的直接祖先作为大家的共同祖先，用这种办法构建起来的宗族，结构较为松散，故整合之后，仅仅过了半个多世纪，族内便会因强弱关系的变化而人心不一、矛盾重重，运转十分困难。这时，区域性的神明崇拜，恰恰成了宗族组织的补充，并在协调社会矛盾，维护社会安定方面起到宗族组织所不能起到的作用。

3. 在传统的区域性神明崇拜活动中，人们对崇拜对象的选择总是与当地的社会与自然环境紧密联系在一起，并力求能最大限度地反映当地群众的共同生活情趣及共同的生活要求。只有这样，区域性的神明崇拜才有可能被区域内的所有人共同接受，形成文化上的认同。聂都五侯庙里的五位功臣之所以会自然而然地演化成五位共同来聂都开荒伐木的异姓结拜兄弟，夫人庙里的三夫人之所以后来会变成能呼风唤雨、化财送子的龙母娘娘、送子观音，原因皆出于此。

4. 在客家研究中，一般认为，广泛流行于闽、粤、赣地区的围屋是客家人最具代表性的传统建筑形式。但据笔者对聂都水楼的考察，认为这种类似于屯堡的建筑形式乃是明清时期为适应社会需要而形成的一种特定条件下的防御性建筑。它的出现，不仅与当时闽、粤、赣地区特定的社会环境有关，同时也与此时全国的社会背景有关。所以，历史上，它不仅在客家地区存在，而且在客家以外的地区也曾经存在过。尽管由于地理条件及文化背景的不同，在不同地区，这种防御性建筑在外观上会以各种不同的样式出现，规模亦会有大有小，但其结构形式及主要功用都是一致的。

（本文原载广东嘉应大学《客家研究辑刊》2001 第二期）

补记：最近查阅清道光四年（1824）由余保纯等编修的《广东省直隶南雄县志》，发现位于江、广交界的广东南雄县也有一座"五侯庙"。该志卷 12"坛庙"记载：五忠

---

① 刘劲峰：《赣南宗族社会与道教文化研究》，《石城珠坑客家聚居区的形成与发展》，法国远东学院等，1999，第 71—129 页。

侯庙在保昌县（今南雄市）西北一里，宋绍定中建。五侯谓周、刘、张及二钟，亡其名，俱洪州人。嘉定中李原窃发，郡守赵善偊祷于城下，贼遂遁，境赖以安，赐额曰"孚应"。与南雄"五忠侯庙"相比较，二座神庙祭祀的都是地方上的五个神明，只是名讳已由2钟1刘1张1周变成了2刘1张1龚1周，身份也由5位暗中助战有功的"阴兵阴将"变成了"5位结伴到聂都开荒的移民"。志书记载南雄"五侯庙"始建于宋，年代比聂都"五侯庙"要早得多。且二地相距不远，聂都境内的居民又多数为明清时期从闽、粤二地迁来移民。显而易见，聂都的"五侯"信仰是受到了粤北文化的影响。

参考文献：

[1]王阳明全集[M].上海：上海古籍出版社,1992.

[2]聂都吴氏族谱[M].光绪二十二年，自行印刷.

[3]聂都罗氏三修族谱[M].同治九年，自行印刷.

[4]劳格文.客家社会丛书：八，刘劲峰.赣南宗族社会与道教文化研究[M].香港：法国远东学院等，2000.

[5]廖鼎璋等.崇义县志[M].赣城古香斋梓，1895.

[6]江西省崇义县地名志[M].崇义县地名委员会办公室，1984.

[7]江西崇义县编史修志委员会《崇义县志》，海南：海南出版社，1989.

[8]陈子龙等.明经世文编[M].影印本.北京：中华书局，1962.

[9]聂都吴氏重修族谱[M].乾隆二十八年，自行印刷.

[10]莫里斯·弗里德曼.中国东南的宗族组织[M].刘晓春，译.上海：上海人民出版社，2000.

[11]胡大新.永定客家土楼研究[M].北京：北京燕山出版社，2000.

从福建仕渡村村落布局看闽赣文化的交流

一

仕渡村是汉族福佬民系中一个颇具特色的村落。它位于诏安县南部，距县府所在地的南诏镇仅有 1 千米之遥，东邻大美、溪边园村，北接岸上村，南面隔西溪与南山相望。发源于诏安八仙山的西溪由西北向东南，从村境的西部缓缓流过，并于距村庄不远的桥东镇沃井城与东溪相汇后径入大海。

自明代嘉靖年间诏安建县后，仕渡一直归属于三都管辖。是时，三都设置 18 约，仕渡建制为南关约仕渡寨。清宣统年间，诏安全县改设为 15 个自治区，仕渡改制为遵化区仕渡保，下辖仕渡、岸上、斗门头、东步园、大美、溪边园等 6 个自然村。民国年间，改区为乡，仕渡改制为遵化乡仕渡保。1949 年中华人民共和国成立后，改保甲制为区村制，仕渡建制为诏安第一区仕渡乡，所辖范围由 6 个自然村缩减为仕渡、大美、岸屿、溪园 4 个自然村。之后经历农业合作社、人民公社等乡社合一体制，村名时时更替，至 1984 年才正式定名为仕江村（下辖仕渡 1 个自然村），隶属于深桥乡（现改名为深桥镇）管辖。

仕渡地处诏安南部东、西两溪交汇入海的三角地带，相传元代以前，这里还是一片荒芜的海滩，滩涂的外沿有一个小小的渡口，渡口边有几户徐姓渔民在此搭寮居住，故名"徐渡"。在离徐渡不远的岸屿（现更名为岸上村，下同），至今还保留着一处叫"问潮屋"的小地名，据说便是当年渔民观测大海潮起潮落的地方。元末明初，有一位沈姓读书人，因不满朝政腐败，自愿放弃仕途，退隐到了与徐渡仅有一溪之隔的南山麓，过起了躬耕自学的生活。它就是当今仕渡人尊为开基祖的梅港公。

相传这位梅港公是唐代名将沈世纪的后裔，据 2000 年新编《沈氏东城宗谱》记载，沈世纪，名勇，原籍河南光州固始县。初为河南某县案牍，后投身军旅。唐总章二年（669），泉潮土著人骚乱，沈世纪奉旨随同陈政、陈元光父子进驻古绥安地，一举荡平寇氛，成为助陈元光开辟漳州的六部将之一。沈世纪之后，其 12 世孙彬公又率长、三、四子离开漳州，移居到浙江松阳开族。彬公再传 5 世，有太乙郎名廷辅者于宋高宗建炎年间，为躲避金兵，随宋室南渡，经建州移居到汀州。廷辅公传下八子，取名为椿、楸、松、柏、桂、榕、根、枝。次子楸公再由汀州清流县嵩溪迁居到漳浦县所属之南诏，成为当今南诏沈氏的开基始祖。

梅港公，谥号梅圃，为楸公的八世孙，其父桔林，号士达，曾任元代都指挥使，后来为国捐躯。梅港公自幼天资聪慧、勤奋好学。他在南山寺隐居时便看中了徐渡这块滩涂，晚年即携一家老小，从南诏镇迁居到了这里，并在现在祀先堂所在的位置建起了仕渡沈氏的第一座祖屋。梅港公名下共生了东桥、梅塘两个儿子，到徐渡后，东桥又生了儿子刚齐，而梅塘则生了东山、敦素、东屿、忠诚、福场、亭角、东皋、懿德等8个儿子。于是子生孙、孙生子，子子孙孙不断繁衍，家族势力也为之迅速壮大。以致到清末民国初，其居住地便由徐渡发展到四周岸屿、大美、斗门头、溪边园、东步园、阳山、近居、乌屏、径尾、塘西、灰窑头、大石古、大人埔、赤鼻村、新起寨、旧庙、宫口、腊洲、大石湾、大埭、柳厝埭、尾乡等20多个村庄，有的还迁移到东山县东沈村、宫前、沃角、陈城，广东潮州、澄海，有的则漂洋过海，到台湾、香港、澳门等地区，甚至远赴新加坡、马来西亚、印度尼西亚等国家生根，沈氏梅港家族亦因此成为诏安下水片最有影响的一支旺族。随着沈氏家族势力的迅速膨胀，徐渡亦于明代中期，以谐音方式，改称为"仕渡"。目前，该家族已在仕渡繁衍到26代，总人口达到3万多人，其中长住仕渡堡内的有东桥、梅塘2个大房以及下属刚齐、初三、睦族、清江、尖峰、南峰6个小房的后裔，共有600余户，3000余人。

仕渡经济一贯农、商并重。尽管该村位于东、西两溪入海口的冲积平原上，地势平坦、灌溉便利，但因村中人多地少（据20世纪80年代统计，人均仅3分地），且地多沙卤，作物产量较低，"五谷所登，不足自给，民间糊口，半资外运"[①]，故自古以来，就有许多村民利用大海便利，从事对外贸易，时称"行北船"；有的则进城经营工商业，开设金店、药铺、洋行、孵坊及买卖食杂用品等。在获取到丰厚的经济利益后，不少人又将财富转化为土地资本，大量购置耕地，从而摇身一变，成为坐食一方的工商地主。据当地村民报告，仅溪山祖一人，清末民国初便在四都一带购进了数百亩耕地；终慎祖名下，也在大坂埭、抛口埭、成州埭独占了良田数百亩。又据20世纪50年代当地进行土地改革时统计，是年，仕江乡各个公堂在外地占有的耕地面积就达到6000多亩。这些公堂所收的公租，除了用于祭祖、游神、打醮，奖励子弟读书之外，每年还能向族民发放"积谷"，其数量视各房经济状况而定，人均多则一二百斤，少则三四十斤。

---

① 陈祖荫：《诏安县志》上编卷二《地理》，诏安青年印务公司，1942，第3页。

正是由于有了家族经济强有力的支持，才使得仕渡的文教事业有较快的发展。相传自明代中晚期开始，这里就开设了许多私塾。1932年，由祀先堂出资，仕渡开办了全县第二所新学，并以其祖先的名义，将新学命名为"梅溪学堂"（不久，更名为"梅溪小学"，现名"仕江小学"）。随着文教事业的发展，族中人文荟萃，科举蝉联者前后接踵，不胜枚举，号称当地的"文武世家"。

二

仕渡村环境清新秀丽、村落布局十分巧妙合理，村子四周被一道弯曲成花瓣形的厚厚的城墙包围，素有"仕渡堡"之称。关于该堡的始建年代，当地人认为是清乾隆年间由该村武进士沈作砺主持修建的，根据是土堡南门城楼上至今还保存了一方石匾额，匾额上清楚地篆刻着"迎薰门清乾隆壬戌桂月立"。也许正是依据这点，所以1942年编纂的《诏安县志》卷7"武备"便留下"仕渡堡，在三都，清乾隆七年筑"的记载。但检点其他地方志书，"仕渡堡"之名其实早在清康熙三十年（1691）修撰的《诏安县志》中就已有了记载（具体建筑年代缺如）。其时，它与官筑的悬钟城、铜山镇、南澳镇、川陵土堡及民间自发修筑的南陂土堡、岑头土堡、甲洲土堡、溪南土堡、象鼻土堡、上湖土堡、梅洲土堡、后港土堡、张塘土堡相提并论，从而成为是时诏安境内著名的14个军事城堡之一。这些城堡的建筑年代，官建者大多成于明代初年，而民间自建，具有明确纪年者，最早的一座（梅洲土堡）成于明正德二年（1507），而最晚的一座（甲洲土堡）成于明嘉靖二十五年（1546）。建造这些城堡的目的大多与当年防备倭寇有关，据该志卷7"武备"记载："考蒲葵关百里而控漳引潮，则蒲治之南诏场也……唐嗣圣三年[①]左郎将陈元光筚路蓝缕，以建州治，立行台于四境，命分营四时躬巡，南诏保其一也。自下游抵潮之揭阳，宋置沿海寨，元为万户府，俱调官兵屯守。时代湮没，故垒无传，明初乃谓南诏场。弘治甲子（1504）冬，寇盗充斥，地方骇骇，始调漳州卫所官军置守御南诏千户所。嘉靖十年（1531）设诏安县治。从县治而东30里至悬钟千户所，洪武二十年（1387）江夏侯周德兴为备倭而建也。所之城外又有南澳游营，专治水军。距南澳总戎一苇航之与柘林、铜

[①] 据刘昫等《唐书》（一名《旧唐书》）卷六记载："嗣圣元年（684）春正月甲申朔，改元。二月戊午，（武则天）废皇帝为庐陵王，九月，大赦天下……改元光宅。"所以，嗣圣只有元年，没有三年。

山诸营所鼎峙相望，百里以内剖以二所，兼连营镇……此何论弹丸之安堵，以之保障遐荒，折冲瀚海而有余矣。""县治丛山阻海，盗贼出没，设险守要，置为关隘、墩堡，或调官兵协守，或召民兵共守关隘，以防奸细、备寇盗。近卫所则拨旗军轮守，无卫所则拨乡兵把守。城堡旧唯巡检司及人烟凑集之地设有土城，自嘉靖辛酉（1561）以来盗贼生发，民自为筑，在在有之。"①仕渡位于县城的南郊，距大海仅有咫尺之遥，是海寇出入诏安县城的必经之地。自明代初年以来，这一带寇警时发，军民死伤惨重，如"弘治十七年（1504）十月十五日，有贼百余人诈称公使入城，杀伤甚众，掳七十人而去""嘉靖三十五年（1556），有倭寇自漳浦六都登岸，屯住江头土城，流劫诏安，焚掠无数。""三十七年（1558）三月，有倭寇数百人自潮州突至三都径尾屯聚，杀伤男妇二十一人""十二月，倭由四都至县治四关外，烧毁房屋二百余间，杀死男妇一百余口。又连劫港西土楼，杀掠五十余口""三十八年（1559）二月，倭寇数千自潮州来屯西潭村，烧毁房屋一百五十七间，掳男妇九十余口，杀死四十三人。又破岑头土围，烧屋杀人无数""四十年（1561），许朝光自铜山登岸，围攻畲安土堡，杀掳六百余人"②……正是在这种严酷的斗争形势下，仕渡人才不得不像其他地方的人一样，修筑起坚固的土堡，以抵御寇盗的进犯。由此可以推定，仕渡堡的始建年代当不会晚于明代中晚期，清乾隆七年（1742）只是后来的一次重修而已。只是这次重修，到底是整体修缮，还是只重修了南门城楼？因资料欠缺，现已无从查考。

从现存建筑考察，仕渡土堡不仅墙体厚实、用料考究，具有坚固的军事防卫功能。且土堡的选址、造型及内外空间的布局也与自然与社会环境十分和谐统一，充分显示出了我国古代传统建筑对形势派堪舆意象的理想追求与完美运用。

形势派堪舆意象在中国古代传统建筑中的运用主要体现在建筑的规划设计中，力求建筑物本身与所在地的自然与社会环境，亦即龙、砂、水、穴之间能相互配合，协调一致。同时依照所在地的来龙气势与结聚状态规划城乡规模的大小、形状与具体建筑物的所在位置，即所谓"大聚为都会""中聚为大郡""小聚为乡村、阳宅及富贵阴地"③。

---

① 秦炯：《诏安县志》卷七《武备志》"关隘"，诏安县衙编印，第4—5页、第22页。
② 秦炯：《诏安县志》卷七《武备志》"兵燹"，第29—31页
③ 林徽因等：《风生水起》，第137页。

诏安的龙脉"亘自五岭龙门九牙山来，至大峰①再立祖山，大峰之西出，来县西曰小篆山，俗称犁头山，嵯峨高大，为县龙之祖""由大峰山发脉向西南，于县治东北发为檬林仔山，山势葱茏，崖石并立。九侯山、初稽山与檬林仔山连络，为县邑之镇山"。由大峰发脉而来的小篆山再一路奔腾，至县西之赤岭再发为本祖出卿山，"其势如五星聚讲②，其一支入西山饶平界；一支入县治，曰桂山，曰乌石鼓山，曰寨山，曰浮山，曰县治主山良峰，耸拔奇丽。谶云，良山青，出公卿，朝暮有紫云；一支系平路至斗头山、五老山而止"，一支趋县西南，为"焦岭山、分水关山、龟山、琉璃山、大南山、小南山、象头山"③。（图7）

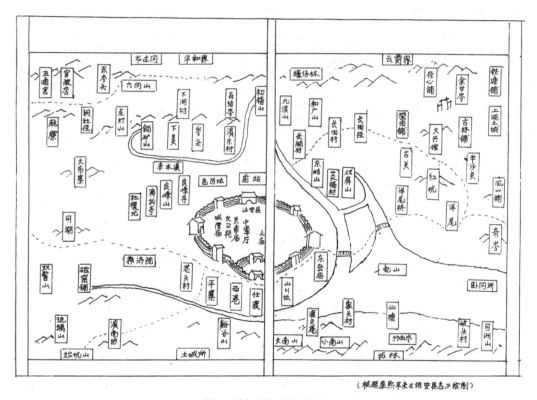

（根据康熙年末《诏安县志》绘制）

图 7　诏安南部地理形势图

① 大峰山位于福建平和与云霄、诏安三县交界区。
② "五星聚讲"为风水专用词，指的是山势似金、木、水、火、土五星团聚而起，森森玉立如人之相。
③ 秦炯：《诏安县志》卷三《方舆志》"山川"，清康熙三十年编纂。

与龙脉走向一致，"县治水脉亦发自西北，至县城停蓄，始趋龙汀甲沔腊诸洲，西北汇饶潮境诸细流入海者，特雄壮"。[①]

依据该县龙脉走势，县城南诏镇有两条来龙相会，为境内最大结穴之地，堪当建县立州。故在民国《诏安县志》中，主编叶观海先生评价说："尝云东南来脉，过海而止，则元气其之蟠演者几何？然诏之水虽近于归巨海，诏之山贯远发大峰，登高望之，则洪涛在其南，侯山峙其北，雄关西殿，清溪东绕；渐岳一峰拔地千寻，蜿蜒磅礴，直走铜陵、苏峰，大帽矗立拥护，与潮汐相浮沉，非灵鳌举首戴之，几于蓬壶方丈，从风云去矣。自宋以来，名贤辈出，濒海尽处，尤产大儒，直谓海滨邹鲁可也。"[②]

由良峰发脉而来的主龙，在县城稍作停蓄之后，余脉又一路向南匍匐而行，在一片如湖水般的宽阔平地上又突起一座海拔为235英尺，形如龟背的墩阜结穴（其位置在今内井祠的东北面）。龙穴的西面和东面分别有来自饶（平）、潮（安）境内的西溪和来自县城的东溪左右环抱，两溪在离龙穴不远的桥东镇沃井城温柔相会，而后径入大海。故其前后左右，皆如汪洋巨浸，既澄静不流，又无冲刑之势，实为一处不可多得的风水宝地。为此，仕渡土堡的设计者们便依据所在地的自然风貌，以龟形墩为中心，将整个村落规划成坐北向南，占地面积不足0.5平方千米的"出水莲花形"[③]土堡。其中，龟形墩为该村的主山，它在风水布局中起到了将周围龙气引入土堡的作用，堡内的所有宗祠、寺庙及民居建筑均以它作坐山或靠山，呈辐射状地向外绽放。村落的四周则围筑一道上宽55厘米，下宽65厘米，高55米，用黏土、贝壳粉、沙子、黑糖搅拌后夯筑而成的坚固土墙。为与周围环境相协调，土墙造型为不规则的圆弧四边形，外观酷似一朵盛开的莲花。这道土墙，从军事意义而言，是抵御寇盗的坚固阵地；从日常生活而言，又是一项阻挡海潮侵蚀的防灾减灾设施；而从堪舆意象而言，它更是在村落建筑实体与堡外空旷原野之间架起了一道人工屏障，起了标识村落范围，分割土堡内外空间，并用以聚藏堡内生气的作用。在土墙的外面还完满地保留了7块小高地，并在土墙内外开挖了7口大小不一的池

---

① 大峰山位于福建平和与云霄、诏安三县交界区。
② 陈祖荫：《诏安县志》上编卷二《地理》，第6页。
③ 当地村民因不了解土堡过去的历史，而将土堡造型比喻为"带埭葫芦形"。

塘。这 7 块小高地分别为北门外的西港埠，东门外的林厝埠，西门外的大坂埠及南门外的咬尾埠、埠下墩、大墓埠、东城埠。这些小高地既是村落的案山及左右砂手，同时又象征扶持莲花的片片莲叶。而 7 口池塘，则是城东北土墙内的柳枝塘及与之仅一墙之隔的园塘，城西北土墙外的奉先塘，城南土墙内的垫仔塘和土墙外的头塘、二塘、尾塘。因这些池塘的所在位置都是按照"北斗七星"的位置布局的，故名"七星坠地"。又由于它对城堡起到了烘托作用，所以人们又把它与城堡连为一体，合称"七星莲花"。从日常生活而言，这些池塘具有蓄水、排水的功能，它既能防火、排涝，同时又能调节当地小气候，使居住人口稠密的土堡内，空气更加清新、凉爽。而就形势派风水意象而言，有了这些池塘，能养育龙脉，使龙气更加生发雄壮。

在土堡的东、西、南、北四面，建筑者们各建了一道城门，分别称之为"长春门""紫来门""迎薰门""拱秀门"。其中，"迎薰门"为土堡的正门，它面向大海，为防备海上寇盗的袭击，城门建得非常牢固，不仅城上建有城楼，城门之内还加建了一座瓮城，以增加其防卫功能。所有的城门都面朝名山，其中，东门所朝的是高如剑牙的石鼓山、悬钟山；西门所朝的是形如五星聚讲的出卿山、五老山；南门所朝的是绵亘数里、形若巨屏的大南山与秀耸奇丽的小南山；北门所朝的则是作为县邑镇山的五侯山。据清康熙三十年（1691）《诏安县志》记载："（九侯山）九峰并立，有石门可通，顶上可坐数十人。中为棋盘，有天然桥、香炉石、风动石、云根石、观音石、鲤鱼石、三宝石，一石如复船。又有飞来佛、罗汉石、松涧泉"[①]，景观十分秀丽。为了定局与消砂、纳水的需要，各道城门都有不同程度的偏斜，且城门与城门之间，距离很不均匀，以致长春门（东门）与迎薰门（南门），迎薰门（南门）与紫来门（西门）之间，因相距过于遥远，为方便村民日常生活，又在东边城墙上，加开了一道便门，名之曰"水门"。在四道城门与一道水门的旁边，各开了一个排水口。排水口的旁边，则各建了一座土地庙（西门的土地庙与灵惠庙合二为一），以守住堡内的龙气与财气。（图8）

---

① 秦炯：《诏安县志》卷三《方舆志》"山川"，第8—9页。

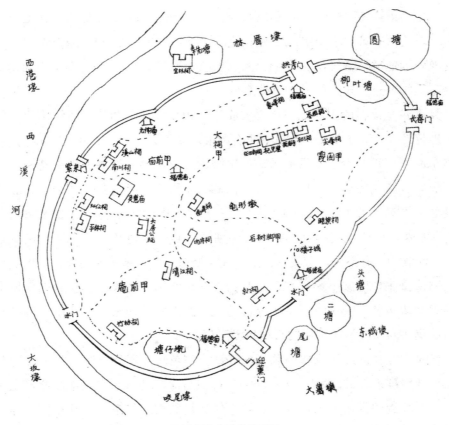

图 8 福建诏安仕渡村地形图

各道城门的方位与朝向表列如下：

名称	朝向	地理坐标	
长春门	E093°	N23.69437°	E117.17918°
迎薰门	SE130°	N23.69191°	E117.17645°
紫来门	NW292°	N23.69375°	E117.17588°
拱秀门	NW320°	N23.69477°	E117.17808°
堡东水门	SE135°	N23.69265°	E117.17801°

　　土堡之内，鳞次栉比，高低错落，密密麻麻地散布着大小数百座民宅及灵惠庙、振海寺、元帅庙等3座庙宇，19座祠堂。由于该堡坐落于县城南郊的一片开阔地上，入首龙较为低矮，结穴较小，所以堡内建筑，除灵惠庙、祀先堂两座主要建筑之外，其余建筑物都建得较为低矮，体量偏小。

　　灵惠庙是该村的主庙，俗称"大庙"，相传始建于明代，后经历代重修。由于该庙地位特殊，所以被安排在土堡西面风水最佳位置上（N23.69362º，E117.17634º）。它坐东面西，正对着诏安县的祖山：出卿山。该山向穴有情，气势磅礴，有万众朝拜之象。大庙主体建筑面阔3间，由门廊、正殿、川亭、拜厅、顶厅、后库等前、后两栋6个建筑部位组成，硬山顶，三架五瓜抬梁式结构，总长23.96米，占地200平方米。整栋建筑雕梁画栋，气势恢宏。庙门两边及顶厅石柱上还篆刻着两副对联。前联为"海不扬波黄耈喜；地虽斥卤贤豪生"（相传为明代晚期内阁大学士、著名书法家张瑞图亲笔题写），后联为"九侯峰高龙脉长，感百谷朝宗挺生人杰；玄钟雷动涛声壮，看风帆上下永念神功"。两副庙联形象地表达出了村民对居住环境的自我认同及对村庙神明的百般感激之情。

　　祀先堂是仕渡沈氏家族的总祠，其地位与灵惠庙不相上下，故被安排在土堡北面又一处地理最佳的位置上（N23.69411º，E117.17778º）。它坐南面北，正对耸拔秀丽、苍翠欲滴的县治主山良峰山。其主体建筑结构与灵惠庙大致相同，梁、枋、雀替及屋脊、瓦檐上也布满了花鸟虫兽、人物故事等各种彩塑装饰，做工十分精巧。顶厅石柱上亦篆刻着一副藏头对联："梅开茂盛文明见；圃傅衍派世泽长"，深刻表达出了梅圃公（派名仁公）后裔对先祖们的敬仰之心。

　　除了总祠之外，堡内还建了大大小小的18座分祠，他们分属于梅港祖下的各个小房，其名称、方位、朝向等各项主要信息表列如下：

祠名	朝向	地理坐标	祠主	所属房、裔
东门祠	SE117º	N23.69254º E117.17769º	12世东门祖	东桥祖房
宝林祠			17世宝林祖	东桥祖房
大房公祠	W268º	N23.69324º E117.17648º	11世刚齐祖	东桥祖房
初三祠			12世初三祖	梅塘祖东山房
顺德祠			12世顺德祖	梅塘祖东山房

（接上表）

祠名	朝向	地理坐标	祠主	所属房、裔
睦族祠	SE112º		12 世睦族祖	梅塘祖东山房
清江祠	W286º	N23.69285º E117.17672º	12 世坑美祖	梅塘祖东山房
尖峰祠	N346º	N23.69421º E117.17832º	12 世尖峰祖	梅塘祖亭角房
象峰祠	NW323º	N23.69461º E117.17783º	12 世象峰祖	梅塘祖亭角房
南峰祠	W286 º	N23.68350º E117.17704º	12 世南峰祖	梅塘祖亭角房
溪山祠	W288º	N23.69400º E117.17616º	16 世溪山祖	梅塘祖亭角房南川裔
南川祠	W289º		15 世南川祖	梅塘祖亭角房尖峰裔
岭祖祠	N340º	N23.69445º E117.17819º	15 世秀岭祖	梅塘祖亭角房象峰裔
竹林祠	SW232º	N23.69218º E117.17623º	? 世竹林祖	梅塘祖亭角房南峰裔
内井祠	W285º	N23.69312º E117.17693º	13 世内井祖	梅塘祖睦族房
征四郎祠	N340º		? 世征四郎祖	梅塘祖东山房初三裔
平林祠	W280º	N23.69336º E117.17599º	? 世平林祖	梅塘祖初三房
灿公祠	W288º	N23.69358º E117.17606º	18 世祖沈灿	东桥祖后裔

从上表可以看出，这些分祠尽管散布在堡内的各个角落，但它们都按照各自的方位，呈辐射状，面朝土墙之外，从高处张望，犹如莲花绽放时开出的一支支花蕊。

以土堡南门为终端，堡内修筑了由东门至南门，由西门至南门的两条主干道，并从主干道上分出了长长短短的十多条支线，从而把堡内的祠堂、庙宇、民宅有机地连结到一起，形成了一张密密麻麻的交通网。

经过土堡设计与建设者们的艰苦努力，使仕渡村如同碧绿湖水中一朵枝繁叶茂、迎风绽放的莲花，它与四周的名山巨海相互映辉，显示出一派祥和、兴旺的景象。故有先辈评曰："吾乡，诏之名区也。良峰峙其北，天马[①]列其南，河水萦带，四面旋绕，昔之名师号曰'出水莲花'。坂曰叶坂，祝曰，有花有叶，富贵绵绵产。是乡者，英杰辈出，后先贯辉映焉。"[②]但时过不久，因族中人丁繁衍，而堡内居住空间十分狭窄，有的村民便私自挖坂填溪为埕，并企图在新埕上起建新屋。如此一来，土堡的环境风貌势必遭到破坏，使"坂挖叶伤而花不茂，室筑则溪狭而水不通。顾兹地理为伤实多"[③]。为此，清乾隆三十八年（1773）全族公议会禁，并勒示贞珉，规定"嗣后堡外不论东西南北，一概不许填埕筑室，违者公革止户，断不徇纵"。所禁内容具体开载为3条：一议堡外东西南北，所有圹地，不许筑屋开厕。一议叶坂各处圹塘，不许围埭移岸改筑，并不许坂内岸脚填砌稻埕。一议溪边塘墈各照旧址，不许再填，有碍水道，并不许堡脚堆积粪土。（见附录）正是由于有了这块禁碑，才使得该土堡虽历经数百年之久，其环境风貌依然完好如初。

1937年"七七"事变后，日本军国主义对华发动了大规模的侵略战争。1944年，仕渡土堡的西北段城墙被日本飞机炸毁，据说仕渡土堡的元气因此大伤，水灾频发、瘟疫流行，村民的生命财产遭受巨大的损失。战争一结束，他们就在总祠家长的发动下，依照旧址重新补筑了被损的土墙。但因经过这场战争之后，仕渡的经济已大不如前，所以新筑的土墙，厚度减了近半，质量大大缩水。

三

从以上描述可以看出，福建仕渡堡的选址及村落布局十分符合客家人一贯推崇的江西形势派堪舆对龙、砂、水、穴、向的理想追求，实际操作中更十分注重建筑主体与周围环境协调一致的规划原则。

堪舆，是人们对自我生存环境的认知与选择。唐王瓘《轩辕本纪》曾经记载："黄

[①] 天马，谓土城南面的南山诸峰。清康熙三十年《诏安县志》卷三记载："戴冠曰，琉璃、竹栖一派皆南山，惟拱学宫而驰者，形如天马。"

[②] 《通族会禁》，清乾隆三十八年（1773），详见附录。

[③] 秦炯：《诏安县志》卷三《方舆志》"山川"，第8—9页。

帝始划野分州，有青鸟子善相地理，帝问之以制经。"①《周礼》"夏官司马下"亦载："土方氏掌土圭之法以致日景，以土地相宅而建邦国都鄙，以辨土宜土法而授任地者，王巡守，则树王舍。"②说明与地理学有着连襟关系的堪舆术，在中国具有非常悠久的历史。汉代以后，堪舆正式成为该时期诸多占卜流派的重要一支，故《史记》"日者列传"记载："孝武帝聚会占家问之，某日可娶妇乎？五行家曰可，堪舆家曰不可，建除家曰不吉……"③。正是在这种条件下，托名西晋郭璞所著的《葬经》逐渐问世。而随着《葬经》的流行与罗盘的广泛使用，到唐宋时期，成熟的堪舆学在我国东南地区正式形成，其标志，一是作为一种理论，堪舆术已经有了一套完整的理论体系；二是依照不同的理论基础，学科内部又逐渐分化出二个不同的流派：其一是以唐末五代杨筠松为代表的"江西派"，又名"形势派"或"峦头派"。依照清赵翼《陔余丛考》的评述："其为说主于形势，原其所起，即其所止，以定向位，专指龙、穴、砂、水之相配。"④该派学说自称源出江西赣州，主张这派学说的曾文辿、刘江东、廖瑀等均为赣州客家人，所以，其始主要在赣、闽、粤客家地区流行，并进而发展为客家民俗文化的重要组成部分。之后，随着客家人的向外迁徙，形势派堪舆学说由赣、闽、粤边逐步传播到四川、广西、台湾、香港等周围各省区，乃至于东南亚各国。而另一派则以南宋王伋为代表的"福建派"，又称"理法派"或"屋宅派"。依照清赵翼《陔余丛考》的评述："其为说主于星卦，阳山阳向，阴山阴向，纯取五星八卦，以定生克之理。"⑤这派学说肇始于闽中，所以一度对福建乃至浙江部分地区的民俗文化产生过重要影响。

仕渡，位于福建南部，居住在这里的是清一色的沈姓后裔，他们说的是"福佬话"，其民间信仰也与闽南其他"福佬人"一样，分别尊唐代名将陈元光及其六部将为自己的远祖，并以交叉方式将他们奉为各个不同地域的保护神，说明其族群文化具有典型的闽南福佬人的基本特征。但在其相宅、建村等堪舆观念上，他们却完整地接受了赣、闽、粤客家地区普遍流行的以龙、穴、砂、水四要素的辩证关系来决定建

---

① 《云笈七签》卷一百。
② 《十三经注疏》，中华书局，1980，第 831 页。
③ 司马迁：《史记》卷 127《日者列传》，上海古籍出版社、上海书店《二十五史》影印本，1986。
④ 赵翼：《陔余丛考》卷三十四《葬术》。
⑤ 《十三经注疏》，中华书局，1980，第 831 页。

筑基址方位与朝向的形势派堪舆主张。更有意思的是，据当地人报告，从明代开始，来自赣州兴国三寮村的堪舆大师廖弼等人曾长期在漳、潮一带活动，并在当地留下了许多杰出的堪舆作品。2007年，笔者在诏安秀篆镇《游氏族谱》中便找到了一条"明隆庆五年（1571）辛未五月初五，青囊明师廖公弼号梅林自饶至篆"的记载，这次，廖弼是专程从粤北来为游氏勘测龙潭祖祠方位、朝向的，并为该族留下了一篇由廖弼亲自撰写的《嵌记》[①]，证明该传说言之有据。也许正是由于江西派堪舆在闽南福佬族群中具有很大的影响，所以直到民国时期，当地人不论建房、做庙，都会不远数百里之遥，步行二三天，前往赣州兴国县的三寮村，聘请堪舆先生前来为建筑物定位、定向。

由此可知，不同族群之间，尽管语言、风俗会有相当的差异，且为了维护族群的稳定，每个族群的文化都会显现出相对的保守。但随着族群间人际关系的不断加深，文化上的相互认知、相互借鉴乃至相互吸收，始终是不可避免的。正是这种既保守，又适度开放的族群作风，才使得族群文化能不断发展，显现出更加丰富多彩，更加鲜活无比的生命力。仕渡村村落布局中表现出来的形势派堪舆取向就是其中的一个实证。

（本文 2009 年在新加坡国立大学"华人族群关系与区域文化比较研究国际学术研讨会"首次发表[②]）

附录 1：

通族会禁

吾乡，诏名区也。良峰峙其北，天马列其南，河水萦带，四边旋绕，昔之名师号为"出水莲花"。坂曰叶坂，祝云，有花有叶，富贵绵绵产。是乡者，英杰辈出，后先贯辉映焉。兹因族姓蕃衍，室庐稠密，族内诸人，每挖坂填溪为埕，并希图起筑为屋。不知坂挖则

---

① 诏安秀篆《游氏家谱》《太祖传》。

② 黄贤强：《族群、历史与文化：跨域研究东南亚》，新加坡国立大学中文系、八方文化世界科技出版公司，2011。

叶伤而花不茂，室筑则溪狭而水不通。顾兹地理为伤实多，此西南之处所宜禁止填筑者如是。至于东北，梅祖之佳城在焉，闲圹之地乃明堂局面，所关非浅，起筑房屋必伤祖茔。爰是公议会禁，勒示诸贞珉，嗣后堡外不论东西南北，一概不许填埋筑屋，违者公革止户，断不徇纵。开载条规于后，永垂不朽云。

计开：

一议堡外东西南北，所有圹地，不许筑屋开厕。

一议叶坂各处圹塘，不许围埭移岸改筑，并不许坂内岸脚填砌稻埕。

一议溪边塘垞各照旧址，不许再填，有碍水道，并不许堡脚堆积粪土。

乾隆三十八年岁次癸巳端月日公禁

参考文献

[1] 沈氏东城宗谱 [M]. 诏安县：沈氏宗族，2000.

[2] 陈祖荫. 诏安县志 [M]. 诏安县：诏安青年印务公司，1942.

[3] 陈祖荫. 诏安县志 [M]. 康熙三十年. 诏安县：诏安县衙.

[4] 云笈七签 [M]. 上海：上海人民出版社、迪志文化出版社，1999.

[5] 郑元，注，贾公彦，疏. 附释音周礼注疏 [M]// 十三经注疏. 北京：中华书局，1980.

[6] 司马迁. 史记 [M]// 二十五史影印本. 上海：上海古籍出版社、上海书店，1986.

[7] 赵翼. 陔余丛考 [M]. 北京：中华书局，1963.

[8] 林徽因等. 风生水起 [M]. 北京：团结出版社，2007.

[9] 诏安秀篆. 游氏家谱 [M]. 诏安县：沈氏宗族，1999.

从福建诏安张廖氏的成长轨迹
看客家文化的多元取向

在福建漳南地区，生活着一群较特殊的客家人。说他们特殊，不仅仅是他们中的许多人具有内地客家人少有的，诸如张廖、张简、蔡陈之类的复姓，且其语言、生活习俗、宗教信仰乃至族群认同等方面均具有福佬文化与客家文化的双重特征。这批客家人来自何方？其所代表的族群文化是在怎样一种生态环境下成长起来的？为探索这个问题，笔者选择位于云霄、平和、诏安三县交界处的诏安县官陂镇，作了一次实地调查。

一、地理、人文背景

官陂，位于诏安县北部，距县城约50千米。它地处闽、粤两省接合部，介于诏安、云霄、平和三县之间，其东、南、西、北四面分别与云霄县之三星、高礁，本县之红星、太平、霞葛、秀篆及平和县之云中、庄上等乡（镇）相邻，跨过秀篆、太平与广东省的饶平县隔山相望。全镇占地面积140.77平方千米，其中90%以上为丘陵山地。诸山之中，以西北部的八仙座、龙伞崀及东南部的石笋山为最高点，海拔均在千米以上。由龙伞崀、石笋山延伸而出的犁壁石、尖峰头雄踞于该镇的西、东两面，成为该镇中面积最大、地势最为险要的两块高地。山谷之间，有官北溪、新径溪、马坑溪、吴坑溪等数条溪流从东、西两面汇入发源于平和县境内的东溪河，而后由北向南，经过霞葛、太平、建设、西潭、南诏等乡（镇），从宫口注入大海，从而成为贯穿于诏安县全境的一条河流。据分别修撰于1942年、1999年的《诏安县志》（以下分别简称民国《诏安县志》、新编《诏安县志》）记载，官陂，明代以前为漳浦县属地，嘉靖九年（1530）析漳浦二、三、四、五都，设置为诏安县，官陂为诏安二都六社中的官陂社、九甲社所在地。清末，诏安全境改设为12个自治区，官陂为12自治区之一。民国十九年，12区缩减为6区，官陂又为6区之一，下辖今官陂、霞葛、秀篆三镇。之后，行政区划时分时合，名称变更无常。直到1991年，正式设置为官陂镇，下辖马坑、大边、凤狮、彩霞、下官、陂龙、吴坑、光亮、光坪、官北（北坑）、新坎、新径、地坳、龙礤、公田、林畲、龙冈等 17 个行政村 72 个自然村 167 个角落[①]。2006 年统计，全镇共有耕地、鱼塘约 1.9 万亩，山地 172.7 万亩，有居民约 4.8 万人（其中农业人口约 4.5 万人）。在这 4.5 万人中，张廖氏约占 96%，其余依次为谢（约 600 人）、钟（100 余人）、吴、陈、王、江、马、赖、曾等姓人。（图 6）

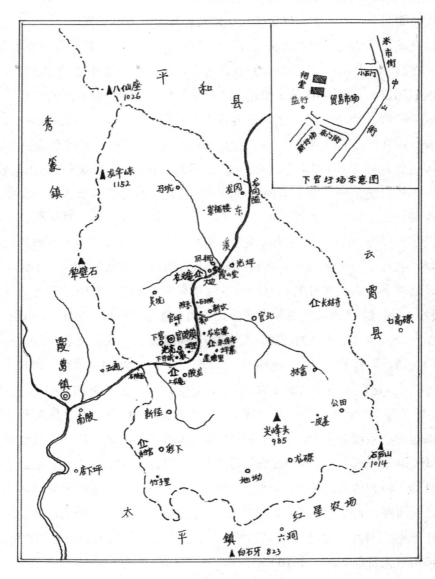

图 9 诏安县官陂镇地理形势图

---

① 通常情况下，一个土楼或一个山坑便算一个角落，其意相当于屋场。

官陂经济主要以农业为主。由于该镇山多地少（20世纪50年代初统计，全镇人均耕地为7分，如今只有3分，在大边、凤狮、马坑、公田、地坳、龙磜等山区村落则仅有1—2分），故耕地全部用于种粮，尚不足自给，只能利用部分缓坡山地栽种荔枝、龙眼、黄旦等水果（官陂所产的荔枝、龙眼，因成熟期短、上市早，故一度很受乡民青睐）及松、杉、毛竹等经济林木。为维持生计，农耕之外，绝大多数人要兼做米粉条、打草鞋、烧火炭、做碗及打担贩运方可勉强度日。

官陂及其周围地区，因"地极七闽，境连百粤""山林险恶，道路崎岖"[1]，物资的流动在过去十分困难。据当地人反映，建国以前，公路尚未开通，境内的物资流通，主要有四条道路。一是利用东溪水道，将东溪上游所产的物资运到诏安县城或宫口港，再从县城或宫口港把山里人需要的各种工业品运到这里。由于东溪上游水浅滩多，沿途还有一道又一道的拦河水坝，故在全长约60千米的水路中，水陆联运就多达4次，陆行路程长达14千米，行程十分艰难，非特别需要，商人一般不会选用这条运输线路。

水路之外，便是三条陆上运输路线，其一是从官陂到平和县大溪、安厚、九峰的石子小路，沿途须经过本镇的圹下、严眉山、赤岭、天子冈、枫树头及平和的新丰、下径，全程约30千米。到达大溪后，再往前，便可直抵安厚、九峰等地。从大溪、安厚、九峰运回的主要是大米和竹木器具，而运去的则是食盐、布匹与百货。其二是从官陂到广东饶平县的小路，该条路线有多个走向，其中最常走的，一是从上官出发，经吴坑、大水坑到秀篆所属的黄麻坳，再转向西北，由石下、庵前、河尾、北坑、牛角圩，到达饶平县的茂芝圩，全程约20千米。二是从下官出发，经石陂面与霞葛的五通、下村子、新营、陈吊岭、流塘、科下，太平的梅子坪、黄村、石田，越过老虎关，直达广东饶平县的山饶、浮山，再往前则可进入饶平之黄冈（食盐产地）及揭阳、汕头等地，全程约35—40千米，一至两天来回。运去的主要是大米、米粉丝、火炭，而运回的主要是食盐、海产品及洋纱、布匹等工业品。其三是从官陂到云霄县城，该线路分别从上、下官陂出发，经新坎、官北、林畲、公田，再翻过余甘岭，经云霄县的下河到达云霄县城，全程约35千米，当天来回。运去的依然是山区的特产，而运回的则有大豆、豆饼（做肥料用）、花生枯、春干（即个头很大的鱿鱼干，主要用作祭祀）、食盐。由于云霄县城所能买到的，都是官陂人最需要的物资，所以，官陂的挑担者去得最多。（图10）

---

① 许仲远：《奏设县治疏》，载陈祖荫《诏安县志》卷十六《艺文》。

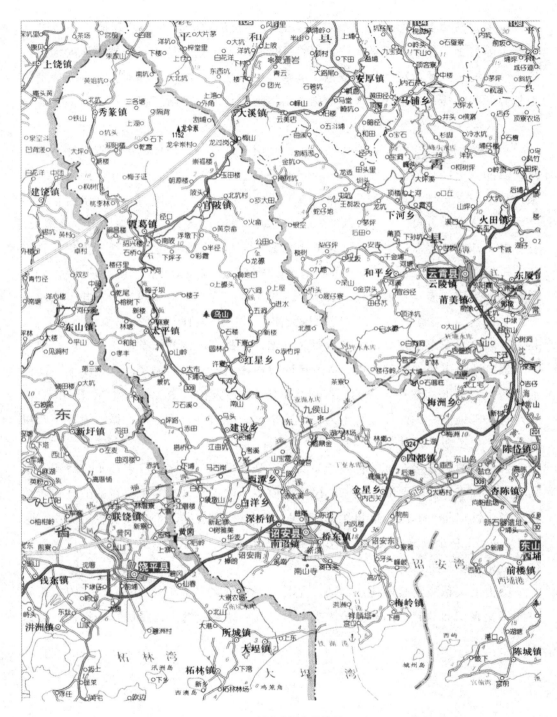

图 10 福建省诏安县地图

　　以上三条道路都要经过许多高山险隘，不仅道路崎岖难走，且途中还会时常遇到土匪打劫。其中，天子冈、三峻岭、余甘岭、老虎隘是土匪经常出没的地方。挑夫一旦遇见土匪，轻则货物被抢，重则有生命之虞。故建国以前，凡官陂一带的人都会学些棍棒、拳足功夫（当地称"扁担阵"），且外出打担时，一般都会邀集二三十人同行，以便集体自卫。

　　食盐是挑担者的主要运输物品，原因是诏安近海，又地处闽粤两省交界之地，其所属的东山镇及与之相邻的广东饶平都是食盐的主要产地之一。而我国自汉唐以来，食盐一直实行专卖（名曰"榷盐"），故江南一带的居民皆令食用淮盐。但淮盐质劣而价高，而闽、粤之盐，"因成于日晒，性刚能持久，其味倍咸，食之多力，且贫者得盐难，生盐可以省用，南赣人醃酱用生盐，谓气力重于淮盐一倍"。且康熙三十年（1691）以前，"诏安非行盐地，无商引正课及诸禁例，听民从便贸易"，"大抵盐虽诏产而甚直贱，计一石所产，直不过三分"。自康熙三十年起，福建设盐院专司盐政。乾隆之后，诏安设盐场大使，规定所产日晒大盐分配给本县及平和、长泰、海澄、龙岩等州县，由商客采买行销，于是，诏安开始有盐场与盐引行销。"然原额给引不及渔鲍肆饮用，向来民间以出产之地，私盐无禁，互相买卖，盐白而价贱。"[①]正是在这种丰厚的经济利益驱使下，自宋代以来"每年秋冬，田事既毕，（闽粤赣三地的乡民）往往百十为群，往来虔、南、汀、漳、梅、循、惠、广八州之地"，"私贩广南盐[②]以射利"，"捕不能得"。[③]

　　位于闽粤两省接合部的官陂、霞葛、秀篆、平和、云霄及广东饶平、梅州是宋代以来食盐走私的主要通道之一。民国以前各地以走私食盐为主要目的的打担者数量很多，仅官北一个村，20世纪40年代，在全村50余户、80多个男女劳力中，除2户地主、1户小商家中没有人外出打担贩私盐之外，其余男女劳力都从事过这项营生，足见其涉及面之广。

　　历史上，私贩食盐属违法活动，尤其是"自乾隆三十年（1765），（诏安）知县陶奉文督销商盐起，闽盐商势大振"，"凡市肆私腌海产，贫民挑贩埠盐，截途

---

① 陈祖荫：《诏安县志》卷九《赋税》。
② 此时，诏安尚未建县，故人们将产自闽粤交界地区的食盐一概泛称为"广南盐"。
③ 钟音鸿等：《赣州府志》卷二十九《经政志·盐课》。

搜室，官重治之，盐政遂严"。①所以，私贩食盐均要在十分隐蔽的状态下进行。而当时所采用的，多是分段贩运的办法。官陂、秀篆、霞葛位于这条贩运线的最前端，故私运物资一般均要从他们手中取得。据调查，官陂打担者所贩之盐一般从两个地方采集，一是从下官出发，经新坡、林畲、公田到本县红星农场所属的坪水去购买（有诏安四都人会把私盐挑到这里贩卖）。二是从上官出发，经霞葛、太平到广东饶平之黄冈镇去购买（当地人称，粤盐白，质纯，适宜于炒菜；而闽盐色黑味浓，适合腌制各种干菜，两者各有各的好处）。贩私盐多要走羊肠小道，且一般要昼伏夜行，不仅辛苦，而且十分危险。据现年 86 岁的张某均②先生报告，他贩盐去得最多的地方是坪水。去时只带扁担，天还没亮就要出发，中午之前要赶到坪水。到了以后，立即买盐，并把盐很快挑进云霄县水晶坪的大山里，在这里落足住店。半夜之后再经公田、林畲，大约在清晨七八点钟回到官陂。盐挑回后，小部分留在当地销售，大部分再由秀篆人贩卖到龙潭圩去。而在龙潭圩上，早有来自饶平茂芝圩的盐贩等候在那里，并把它立即贩卖到广东的大埔或平和的九峰圩去。到了那里之后，再由赣州来的盐贩子把它贩卖到江西各地。

正是在这种贫瘠险恶的生存环境下，锤炼出了官陂一带客家人剽悍、尚勇、好结义、爱打斗的特殊性格，以至为了生存，自明代中晚期开始，异姓结拜就在这一带蔚然成风。以万礼为首的"万氏集团"的出现，就是其中一个非常典型的例证。

据当地长老张某君先生报告，该集团首领万礼，原为平和县琯溪人，从小被官陂首富、张廖氏 9 世祖子可收为义子（一说结拜为兄弟），取名张耍。据说张耍来到子可家后，无论是族人还是子可的几个亲儿子都非常歧视他。所以，他从小便投身习武，并练就了一身非凡的功夫，长大后成了子可外出贩盐时的好帮手。在贩盐的过程中，他先后结识了道宗（俗名张云龙）、蔡禄、郭义、李万、叶冲、鲁英、廖猛（又名福祯）、黄靖、刘阿贤等一批好友，并结成"以万为姓"的异姓兄弟③。明崇祯十七年（1644），"因苦于缙绅之虐"，以张耍（此时已改名"万礼"）为首的"万氏集团"率领以二都九甲为中心的数千群众，聚集在犁壁山，举行了声势

① 陈祖荫：《诏安县志》卷九《赋税》。
② 为保护个人隐私，文中所涉及的当代人姓名，均作了必要的技术处理。
③ 罗昭：《天地会探源》（50），《中华工商时报》1994 年 10 月 19 日起分 139 次连载。

浩大的武装暴动①。暴动队伍转战东西，占领了官陂周围的许多乡镇，并一度攻占了饶平重镇黄冈。清顺治七年（1650），在郑成功部左先锋施琅的引荐下，参加暴动的数千名将士投奔了以郑成功为首的反清队伍，为此，张要被先后授予戎旗亲随协镇、前冲镇提督之职，永历七年（1653）因海澄大捷，功勋卓著，又被南明皇帝册封为建安伯，其他将领也恩赏有加。顺治十五年（1658），张要率兵攻破菁山、磁灶等26堡，接着又北上攻打南京城，不幸阵亡。战斗结束之后，郑成功将其灵位请进了忠臣庙，以示褒奖。但不久，因遭到诽谤，其灵位又被逐出了忠臣庙②。此事引起了"万氏集团"众兄弟的强烈不满，于是，在道宗的策划下，蔡禄、郭义率部叛郑投清。康熙十三至十四年（1674—1675），因响应吴三桂的反清复明军事行动，蔡禄被清廷杀害，而郭义则被长期囚禁。这一波三折的历史命运大大刺激了"万氏集团"重要成员之一的道宗禅师，后来，他便以官陂的长林寺、高隐寺为基地，授徒传教，从事以反清复明为主要宗旨的秘密结社活动③。

以结万为姓的"万氏集团"在官陂周围地区的出现是该地区地理与社会环境相互作用的结果，其后发生的一系列戏剧性的变化，对当地宗族社会的发展及各种民俗事象的产生有着重大的影响。

二、官陂镇的张廖氏宗族

（一）张、廖氏的族属渊源

据《（上祀堂）族谱》大佐德佑房张浚川古抄本及《官陂张廖氏（上祀堂）族谱》同治七年玉田楼抄本（以下分别简称《族谱》古抄本、《官陂张廖氏族谱》同治抄本）的记载，相传张氏的族属渊源可追溯到唐总章年间随陈元光入闽平王许之乱的张龙、张虎，功成名就之后，张龙带兵回了河南，而张虎则奉命镇守漳州南路。经五世，有明山公的五世孙（佚名）于宋隆兴间因回河南省祖而留在了河南。又再传五世至元甫公，因宋帝避元于闽，又挈妻带子来漳州寻祖，"直至西林而宅焉"④，

---

① 陈祖荫：《诏安县志》卷五《大事》。
② 卢若腾：《台湾外记》，转见罗昭：《天地会探源》（37）。
③ 罗昭：《天地会探源》（36）、（37）、（50）。
④ 《张氏源流纪略》，载《（上祀堂）族谱》，大佐德佑房张浚川古抄本。

于是，元甫公讳纶，便成了张氏云霄派的开基始祖。元甫再传五世，有天正公之子愿仔公感西林"虽号形胜，未足以当其远大之谋，借游学以遍历都邑，择其优者。至官陂仰视土田胜景，山高而水清，平原浅草间一大都会也，徘徊留之不能去。时有廖三九郎者，见其英姿特达，意为非常之人，延至其家，尊为西席，稔知其行事，遂赘以女廖氏，田产财宝付公收管，公忠心义气，以婿而当子"①。

相传愿仔公被廖三九郎招赘为婿后，改名元仔，第二年，即洪武乙卯（1375）就生下一男，取名友来。②"居无何（几），廖家有为恶、为大逆者，国法欲捕若人而诛之。时若人业已脱逃，累及通族。众相告语，以为此事谁敢出身？惟友来公一人系以张当廖，胆略过人，（故）谋之捕兵，欲将友来公执之以塞其祸。（元仔）公乃对众云，事势至此，不有人以当其任，族诚不得安。悌吾之一生得此血脉，实以一生而肩张廖之任，今欲以吾儿见塞责，吾安能忍？公等毋庸多议，吾请从此逝矣。于焉不避艰险，挺身作廖姓之人到官辩直……不料官司拖累多年，回至中途，染病沉重，临危之下亲书嘱友来公曰，父感外祖之恩，舍身图报，未尽其义。我殁后，尔生当姓廖，代父报德，死当姓张，以存子姓，生殁不忘张廖两姓，后乃克昌。书毕而卒……廖姓阖族感公代难鸿恩，劝廖公立友来公为亲孙，对天而誓曰，得我祖业而承我廖者昌，承我祖业而忘我廖者不昌。友来公能继祖父业而愿仔公以张承廖之志绵绵蕃衍于无穷矣。"③由是，一个包含了张、廖两姓的复姓宗族便在位于我国东南沿海的诏安县官陂镇应运而生。

（二）张廖氏的发展

相传官陂及与之毗邻的秀篆、霞葛及平和县的大溪一带，宋元时期均为畲族钟姓人的地盘。元代以后，汉族客家人张、廖、刘、杨、蔡、李、谢、邱、陈、郭、王、游等姓陆续迁入此地，并把畲族钟姓的大部分人压缩到了乌山、林畲、犁壁山、五洞、六洞等相对偏远的地方。就官陂而言，据说在元仔公到来之前，这里已有刘、杨、谢、钟（畲族）、蔡、江、颜、李、郭、许、白、廖、黄、吴、陈、邱等18姓人在

① 《正祖张元仔公传》，载《官陂张廖氏（上祀堂）族谱》，同治九年玉田楼抄本。
② 当地长老张某山认为，元仔公从入赘到嘉靖开户，历经二百年，才传了三代，甚不合理，故友来公的出生时间应是宣德乙卯（1435）年。
③ 《正祖张元仔公传》，载《官陂张廖氏（上祀堂）族谱》，同治九年玉田楼抄本。

此居住。在这些姓氏中，以刘、杨、谢、江、蔡等姓势力较大，他们不仅人比较多，且财力也较为丰厚，族中出了不少的百万户、十万户。至于廖姓，因其立足官陂的时间不长，势力不大，所以在村中经常受到大姓的欺负。以至廖三九郎去世未久"廖姓人又遭奸人含沙射影，（族人）密相议，以为我辈愚蠢，此处难以久居，遂将田产秘密出卖给乡富，让宅于（友来）公，一夜挈眷离去。次早，公往视之，但见竹篱茅舍，不见故人，感泣久之"①。

廖氏族众悄然离去后，友来公深感势单力薄，难以完成父辈的嘱托。祖妣邱氏得知后，告之"《国风》首咏《关雎》，旋歌《螽斯》，可多逑淑女，以宜尔子孙也。于是，公乃承命娶吕、柳、江、章氏，各生一男，共有四子，超群出类"②。（一说"友来公先娶江氏为德配，三年无出，后娶柳、吕二氏，膝下犹虚。未几，廖氏祖妣故，逝前复训三儿媳曰，心常而善愿者，天必从之。尔等嫡庶无争，切须记之。三年制满，再娶章氏，连生四子，四位祖妣各抱一子，江抱永安，柳抱永宁，吕抱永传，章留永祖③"）。

友来公所生的4个儿子，后来各自繁衍。其中永安生下了元钦、元仲、元志、元聪、元宗5个儿子；永宁生下了元亮、元通、元吉、元真4个儿子；永传生下了元振、元信2个儿子；永祖生下了元勋、元丰、元偬3个儿子。之后，子生孙，孙又生子，子子孙孙不断繁衍，张廖氏内部人口迅速膨胀，以至仅仅过了二百多年，到第10世族中男丁数量便已达到500余口④。第11世，由于受清初乡民武装暴动的影响，人丁数大幅下降，但人口总数依然维持在一个较高的水平之上。

12世以后，由于资料欠缺，我们无法对其人口的发展作出准确的判断。但分别镌刻于乾隆三十五年（1770）、三十八年（1773）、五十三年（1788）及道光二十六年（1846）的彩霞村《重修永宁宫缘碑》、陂龙村《重修上龙庵缘碑》、上官（含大边、凤狮、光坪）《重修龙光庵碑记》《重修（龙光庵）缘碑》可以为我们了解该时期张廖氏在官陂各地所占人口的比重提供一个有力参考。《重修永宁宫

---

① 《二世友来公传》，载《官陂张廖氏（上祀堂）族谱》，同治九年玉田楼抄本。
② 同上条。
③ 廖丑：《七坎箴规（七条祖训）的由来》，载《西螺七嵌与台湾开拓史》，第447—453页，1998。
④ 据1979年由台湾云林县张廖氏宗亲会编辑出版的《廖氏大宗谱》所作的统计。

缘碑》上共出现缘首 70 名，其中张（廖）姓共 61 名，占缘首总数的 87%；《重修上龙庵缘碑》（三方）共出现缘首 365 名，其中张（廖）姓为 235 名，约占缘首总数的 64.2%；《重修龙光庵碑记》共出现缘首 290 名，其中张（廖）姓 255 名，约占缘首总数的 87%。由此可知，到清代乾隆年间，张廖氏的势力在整个官陂镇已占到绝对优势，只是因地而宜，他们在不同地方所占的比例略有重轻，其中人口分布最集中的是上官的大边、凤狮、光坪及南部的彩霞等四个村庄，其所占比例最高，而在除坪寨、莲塘里之外的陂龙村则是张廖氏最后光顾的地方，故人口比例稍低，但即使这样，其比例也仍占到了一半以上，以至于在这个区域内，唯一能与之抗衡的仅有蔡、刘两姓（其缘首数量共 99 名，约占缘首总数的 27%）。由此说明，到张廖氏的第 13、14、15 世，亦即公元 18 世纪的后半叶，已基本占据了官陂的绝大部分地盘。只是在个别地域（如陂龙），张廖氏以外的其他姓氏（如蔡姓、曾姓、钟姓），尚保持有一定的人口或经济实力。进入 19 世纪之后，情况进一步改观，以致镌刻于道光二十六年（1846）的《重修（龙光庵）缘碑》上出现的 101 名缘首全部变成了清一色的张廖氏，其他姓氏则一概消失。而在位于官陂南部的陂龙村，据镌刻于光绪癸巳年（1893）的《重修上龙庵缘碑》的记载，在 297 名缘首中，张廖氏共有 291 名，约占到缘首总数的 98%，而蔡、钟两姓共有 6 名，比例降到 2%，刘、田、林、谢、黄、李、陈、许、江、王、罗、童、游、方等姓则在善缘名单中全部消失。由此说明，此时的官陂镇已基本由一个多姓村转变成了张廖单姓村。

在以手工劳作为主的农业社会中，人口的繁衍意味着劳力的增加与财富的增长。尽管传说张廖氏二世祖友来公在被立为嗣孙时曾一度继承了始祖廖三九郎的部分遗产，但此时的他在整个官陂镇中仍处于微不足道的地位，其财力远不敌刘、杨、颜、郭、蔡等姓。第 4 世以后，随着族中人丁的增长，其财力也逐渐上升，乃至第 6 世，张廖氏中才先后涌现出一批家财万贯的富户。最早富起来的当数位于坪寨的永祖房后裔，据族谱记载，到 6 世祖天与公手上，便积累起了千租之产。[①]紧随其后，永安房到第 9 世，也出了号称官陂首富的张子可，并首扛大旗，捐租、捐地兴建了规模宏大的长林寺。

在人口与财富迅速增长的基础上，张廖氏开始逐渐介入社会事务，据《族谱》

---

① 《二世友来公传》，载《（上祀堂）族谱》，大佐德佑房张浚川古抄本。

古抄本记载，早在友来公时，便以张顶廖，取里班名为"廖良"，"时二都官陂，原属埔邑山陬僻处，人多顽梗，逋粮抗役，公教子淹洽诗书，敦豪强为醇厚，邑侯闻之，推公四子为粮长，于是粮完盗息，二都六社遂成仁里"①。到第8世，永安房中的继明、纯吾便分别获得了"邑宾"和"乡饮大宾"的称号，以后，又有11世祖素卿，12世祖德尊、爵升、鼎梓、钦岳、钦荣、文升、德为、志高等多人也分别获得了这项殊荣。

随着张廖氏社会地位的提高，族中的士绅阶层也不断涌现出来，据1979年《廖氏大宗谱》记载，到第6世，就有日旺祖"官授通判"，接着，又有第7世祖兆基金选侍卫，历官瑞安协镇。此后，族中所出人才愈来愈多，但其数量最多的当数10、11、12三世。是时，因"苦于缙绅之虐"，张耍率二都九甲的数千乡民举行武装暴动。暴动后，队伍集体投奔郑成功，为此，不少将士被授予了官职。不久，蔡禄、郭义率部叛郑投清，一些将士又被清廷再次授予官职。而在被授官职的人员中，有不少是张廖氏的后裔，如10世祖张耍，被郑成功授予前冲镇提督，敕封建安伯；10世祖廖兴，讳朗，投诚清廷后被授为左都督，世袭南靖镇守，其弟拱辰，讳推，被授予诏安营守副。"10世祖上拔，适命六洞开镇，授公参将，奉命督理，讵奴陈鹏谋害终躯。其子国程，捐资召募为父报仇，后率兵投诚总兵李都督，题补海澄公为左营，奉旨带兵移往河南光州地方。因伪藩郑伯踞台湾，蒙海将军施题请平台有功，实授浙江宁波府定海中军游击事，膺任八载，以原品致仕，诰授荣禄大夫。（国程）弟国亮，时适郑藩作乱，群雄蜂起，里社十庶立为乡长，出为捍御之，由是利泽施于人，声名于时，嗣后膺任协镇。"②此外，还有"12世祖钦华，讳廖晖，康熙间任职南宁中军府"，"12世祖樊襄，康熙间膺任总兵左都督"。③

此后，官陂便不断有张廖氏大小官员致仕返乡。他们的返乡不仅给张廖氏人的脸上增添了不少光彩，同时也为推动地方文教事业的发展起了很大作用。据现已搜集到的各房房谱的记载，康熙、雍正、乾隆前后，官陂张廖氏各房"大办私塾"蔚然成风，其中，较有代表性的几所学校有：永安日旺后裔、10世祖国宠公捐资建立

---

① 《二世友来公传》，载《（上祀堂）族谱》，大佐德佑房张浚川古抄本。
② 《日享公说明》，载云林县张廖氏宗亲会《廖氏大宗谱》，1979，第18—23页。
③ 张忠文、张君辉：《官陂乡贤》，2000，第7页。

的"丹桂斋";永祖元偬房后裔、10世祖妣董氏构筑的"书馆";永安大佐房后裔、11世祖益垣开办的私塾"观兰堂";永祖元偬房后裔、12世祖应元在官北开办的武馆"白水仙";永安大佐房后裔、12世祖德宽开办的私塾"玉峰轩";永安元仲房后裔集资开办的"拳头馆"。

为鼓励子弟积极进取,从乾隆戊午年(1738)开始,永安房"上祀堂"便从祖先蒸尝田租中拨出专租,用于资助学有所成的子弟。甲戌年(1754)又由公签通族家长、14世祖宝公主持,分别订立了"道文公给赏文武科甲条规"与"日享公给赏文武科场条例",规定对登贤书者、恩拔岁例捐经与捷南宫者,每名分别公贴旗匾银三十至四十五两正。对参加院试、乡试者,每名贴水脚银五钱至三两不等。对院试进泮者,每名贴衣巾银六十元正。同时还规定,凡子孙沐先泽登仕籍者,照禄秩所得官品级拟银两充公,以广上开数条取用,扩大前徽,永垂奕祀。[①]

正是由于有了宗族的大力支持,所以,从11世之后,张廖氏子弟入学读书及考取功名的人数日见增多。据《官陂张廖族谱》同治抄本记载,仅永安房大佐公派下,13、14两世取得庠生、国学、太学生资格的便分别有39名、48名之多。而在科举取士中,明清两代,张廖氏共中式文科贡士6名,武科进士2名,武科举人22名,荣登仕籍者16人。其中,社会影响较大的有13世祖廖国宝,中式乾隆十六年(1751)武科进士,被授予御前侍卫、直隶马兰镇曹家路都司,后升任广东万州营游击,敕赠武翼大夫;18世祖廖锦华,中式光绪十二年(1886)武科进士,被授予蓝翎侍卫、四川重庆镇标右营都司。就时代而言,张廖氏的科举中式以清代,尤其是清乾隆年间为多(乾隆间中式文武进士、举人、贡士共16名,占科举中式人员总数的53%),而明代以前,人数寥寥(仅有1名文科贡生)。从科举取向而言,则以武科占绝对优势(武科中式共24名,占科举中式人员总数的80%)。这种现象的出现显然与官陂的社会环境及张廖氏族人的价值取向有着密切的关系。

(三)明末清初的渡台垦荒

官陂因山多地少,随着域内人口的迅速增长,乡民的生存危机也日益加重。为此,从第5世开始,张廖氏便一面加紧开发当地资源,一面不断地向外迁徙。其早期的迁徙目的地主要集中在与之相邻的潮州(含今饶平、揭阳、大埔等地)、海丰一带,

---

① 《道文公给赏文武科甲条规》《日享公给赏文武科场条例》,载《(上祀堂)族谱》,大佐德佑房张浚川古抄本。

这些地方均比官陂开发更晚，境内有较多的土地可种。其次为广西及周边乡镇，还有两支分别迁到诏安县城东门及城郊西潭，并融入福佬人之中。明末清初以后，其迁徙目标则主要转向了宝岛台湾。

官陂张廖氏的迁台主要集中在两个时期：

第一期为明末清初，是时，因张耍领导二都九甲乡民暴动，暴动后不久，这些人便随张耍加入了郑成功的反清队伍。顺治十八年（1661），郑成功率师收复台湾，军中大量官陂籍张廖氏将士也随之东渡入台。其中数量最多的，是元聪、元仲房与元志大位房的后裔，据说大位房8世祖三龙公共生了7个儿子，其中6个儿子都随郑成功去了台湾。康熙二十二年（1683），郑成功之孙克塽降清，台湾正式列入清朝版图。之后，退出军队的大批将士便留在台湾，成为台湾岛上的第一批垦荒者。只是由于年久事寝，现在他们中的大多数人已失去了下落。

第二期为清康熙二十三年（1684）之后，时因台湾已经与大陆统一，沿海局势平静。为发展经济，清廷中止了行之已久的迁海禁令，下令展复沿海边界，开放海禁。由是，大量入台者回乡探亲，并带回台湾人少、地沃、生存条件优越的信息。许多大陆人闻讯后便纷纷邀伴结伙，买舟渡台。一时间"沿海内外，多造船只，漂洋贸易采捕，纷纷往来，难以计数"；"数省内地，积年贫穷游手奸宄罔作者，实繁有徒，莫从施巧，乘此开海，公行出入汛口"①。

在这批入台者中，有不少是官陂张廖氏后裔。笔者依据目前所能搜集到的一些房谱与族谱上的记载，统计从第8世到15世，官陂张廖氏至少有258人迁入了以台中、云林为中心的台湾各地（详见附录）。在这批迁台者中，年代最早的为永祖郑坑（理文）房的8世祖振旭，迁徙年代约为明代末年。其次是9世祖卓云，谱载其生子而嫡、嫡二，父子共同渡台。人数最为集中的则是第13、14两世，其数量约占到迁台总数的70%以上。他们中，有的是父子多人共同迁台，如元仲房13世祖新猷生世听、世最、世醉、世耍、世勤、世挺等6个儿子，父子一起渡台；有的是兄弟多人渡台，如元志房13世祖罩、聪、住、拙、爵、足兄弟6人共同渡台；有的是夫妻一起渡台，如元仲房14世祖茂峰，夫妻共同渡台；有的是母子迁台，如元仲房14世祖世卿，

① 施琅：《海疆底定疏》，载王铎钱校注《靖海纪事》，福建人民出版社，1983，第132—136页。

与母亲共同迁台；有的是全家人渡台，如元仲房 13 世祖近鲁，妻陈氏，生 3 子世讨、世抄、世不，全家一起渡台。

三、张廖氏族群文化的几个主要特点

（一）族群认同

族群认同是族群文化形成的基础，而祖先认同又是族群认同最核心的内容。关于张廖氏的来源，当地最流行的说法，认为其始祖本姓张，号愿仔，明洪武年间因避难来到官陂，后被官陂富户廖三九郎招赘为婿，田产财富悉付其收管。为报答廖三九郎知遇之恩，张愿仔（后改名张元仔）临终前嘱咐后嗣："生当姓廖，代父报德；死当姓张，以存子姓。生死不忘张廖两姓。"由是，一个包含了张、廖两姓的客家复姓宗族在官陂应运而生。

至于张、廖两姓的先世来历，由于官陂张廖氏从传说中的张愿仔入赘廖家到清乾隆四十一年（1776）张朝玉为上祀堂撰修第一部房谱，其间历经"四百零二年，传代一十八矣，而（族中）未有修谱者"[1]。由此，族民对家族早期历史的记忆已经非常淡薄，对张、廖两姓的先世来历更是众说纷纭。其中，对张姓的来源，有人认为来自云霄县之下河，这里是客家人聚居的地方，且又地处官陂通往云霄县城的主干道上，故无论从地理、经济，还是语言、风俗来分析，都与官陂张廖氏有着较为密切的联系。而另一些人则认为出自云霄县之西林，这里是闽南语的通行区域，至今还有许多张姓福佬人居住在这里。尽管无论是语言还是日常风俗习惯，官陂张廖氏都与他们有着明显的差别，但因西林张姓在闽南地区是个强宗大族，手里掌握着许多社会资源，所以，从清乾隆三十四年（1769）张朝玉为上祀堂撰修第一部房谱开始，张廖氏就认准西林为自己的祖先发源地。为了证明自己与西林张氏同宗共祖，朝玉还特地为该族撰写了一篇《张氏源流纪略》，自称其来"自伯纪公讳虎。始公之先，本河南祥符人氏，唐仪凤间从陈元光经略全闽，封威武协应上将军，镇守漳州，因家于漳"，"数传至明山公……有五代孙宋隆兴时回河南省祖，遂往河南不回。（又）传五世至元甫公，兄弟同登进士，共仕于朝。因宋帝避元于闽，元甫公遂挈其妻子

---

① 《张氏源流纪略》，载《（上祀堂）族谱》，大佐德佑房张浚川古抄本。

来漳州寻祖……故至西林而卜宅焉", 同时详细开列了从漳州始祖、云霄始祖到张愿仔之间的传代关系, 即:

1. 漳州始祖

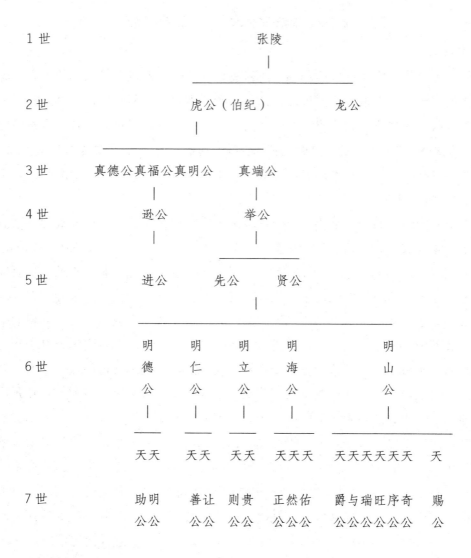

| 1 世 | 张陵 |

2 世 虎公(伯纪) 龙公

3 世 真德公真福公真明公 真端公

4 世 逊公 举公

5 世 进公 先公 贤公

6 世 明德公 明仁公 明立公 明海公 明山公

7 世 天助明公天 天善让公天 天则贵公天 天天正然佑公天 天天天天天天爵与瑞旺序奇公公公公公公 天赐公

2. 云霄始祖

1 世 纶

2 世 举公(宗来)

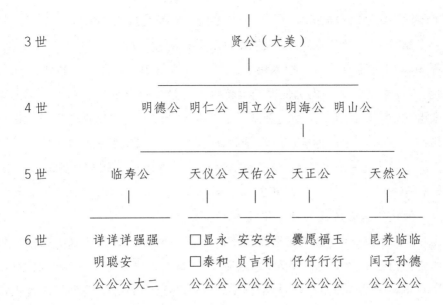

在这段关于张氏祖源的记述中，且不说整个唐朝，根本没有过"威武协应上将军"这个职衔①，且两宋之际，北方正经历外族入侵，战乱频仍，从而使得大批北人渡江南迁，之后便是长达百年的宋金南北军事对峙。其间，南方相对安定，而北方则纷争不断。这时，明山公的五世孙竟会逆大潮而行，弃安就危，由南方迁回北方，让人觉得不可思议。再看朝玉列出的张氏漳州1—7世与云霄1—6世的传代关系，从中可以很容易地发现，前者的4—7世与后者的2—5世，不仅名讳相同，其所传后嗣的数量也大致一样（除前者的第7世稍增加了几名后嗣之外），显然是相互复制的结果。

而关于廖三九郎的来历，则无论是《（上祀堂）族谱》大佐德佑房张浚川古抄本还是《官陂张廖氏族谱》同治九年玉田楼抄本均不见记载，谱上仅载其为"廖氏之人俊也，富而好礼，忠厚长者，居于官陂，廖之人无不以物望归之"②。直到1959年，在由台中张廖简氏族谱编辑委员会编印的《张廖氏族谱》（以下简称台湾《张廖氏族谱》）中才出现"（廖氏）祖籍陕西雒阴，后称武威，后汉昭烈帝时骠骑将军第二十七代孙廖圭公于宋时随军驻扎上杭，分传八支子孙，第五支移往二都，官陂是

---

① 黄本骥：《历代职官表》，上海古籍出版社，1980，第230页、第264页。
②《始祖廖公传》，载《官陂张廖氏（上祀堂）族谱》，同治九年玉田楼抄本。

其一脉"①。而到 1979 年的台湾《廖氏大宗谱》则进一步将这段历史演绎成"（廖圭）随宋朝陈元光开辟漳州，乃从戎随军，驻扎上杭。圭公字白光，生八子，其第五子讳义公，字居由，移居漳州防汛，后入诏安二都官陂垦荒山林，廖三九郎即其所传后裔"②。只有当地长老张某山先生依据当地传说，称陂龙村有位打鱼的老人家的家里收藏了一张祖先留下的纸条，上面清楚地写着"廖氏为汀州府宁化县礤下村人氏，分居来官陂坪寨李子园居住，为祖流传，子孙永远兴旺"。同时还排出了从官陂开基祖廖任到张廖氏始祖廖三九郎三代 12 祖的传代关系，即廖任生如常、杨荣、安献、感明等 4 子，杨荣再生士采、士宣、郭宁、士熏、士宁、舜宁、福宁等 7 子，郭宁即廖三九郎，从而认定官陂廖氏是从宁化迁入诏安的。

　　不管以上哪种说法更符合官陂张廖氏的实际。仅从他们在追祖认宗活动中，总是千方百计地要将自己的老祖与福佬人共同崇拜的开漳圣王陈元光挂上钩③，就足以看出，在人数众多，势力强大的福佬族群面前，作为客家弱势群体的官陂张廖氏，始终对他们存有一定的畏惧，以致在祖先认同上，也千方百计地想要与福佬人沾上边，意图以此来取得他们的信任，并进而得到他们的保护。这既是生存的需要，同时也是特定条件下的一种文化心理的表现。

　　除了祖先认同之外，官陂张廖氏的语言也具有其独特的个性，即他们所使用的语言，尽管从语音到词汇都基本保持以客话为主，但客话中却大量夹杂了闽南话的腔调，用他们自己的话说，他们"说的是客家话，打的是闽南腔"。

（二）居住方式

　　官陂因地处偏僻，"山林险恶，道路嶙峋，官司难以约束"④。其所在的漳南地区，以往"民俗相习顽梗"，"强凌众暴，视如饮食"⑤。为保障生命财产的安全，村民向来以血缘关系聚族而居。所以，张廖氏每到一个新的村庄，都要构筑或赎买 1 至 2 处土楼，以便安身。以至繁衍得越快，其土楼的占有数量也越多。据当地长老、

①《廖姓渊源》，载张廖简氏族谱编辑委员会《张廖氏族谱》，台湾新远东出版社，1959，廖氏 A3 页。
②《廖姓渊源》，载云林县张廖氏宗亲会《廖氏大宗谱》，1979，第 16—17 页。
③ 前述《沈氏族谱》记载，陈元光是唐总章二年入闽平逆。但不知何因，云林《廖氏大宗谱》却认定"（廖圭）随宋朝陈元光开辟漳州，乃从戎随军，驻扎上杭"。前后竟相差二三百年之久。
④ 许仲远：《奏设县治疏》，载陈祖荫：《诏安县志》卷十六《艺文》。
⑤ 许仲远：《奏设县治疏》。

离休干部张某君先生的调查，直到 2001 年，官陂境内尚存土楼 156 座。

与赣南、闽西客家地区一样，这些土楼多为土木或木石结构，外层墙体一般采用生土、卵石、贝壳粉与糯米（或红糖）搅拌后夯筑而成，墙体既结实又厚重（厚度常达 1—2 米）。其主体建筑层高一般为 2—3 层，平面布局有单圈与多圈之分。但不同的是，赣南与闽西地区的土楼内部空间多采用内通廊式布局，即"内部环楼几十个开间的卧房连成一圈，楼上各层设走廊相通。底层作厨房，二层作谷仓，三层以上为卧房，对称设置两个或四个公共楼梯，每户按竖向分配使用，（户与户之间）并无明确的分户标志。"[①]正对大门的中心位置一般都建有一个很大的祠堂，环楼的所有开间都要面向祠堂，从而对祠堂形成层层拱卫之势。所以，对于楼内居民而言，祠堂不仅是他们祭祀、聚会的场所，同时更是全楼心理场的中心。而官陂张廖氏的土楼内部空间结构却与之完全不同，他们采用的多为"两落一天井"的单元式布局，即楼内居民每户各占一个开间，每个开间均由前落、后落与天井三个部分组成，前落多为单层，一般用作厨房及餐厅；后落则为 2—3 层，下层作客厅，上层作卧房。每个开间自立门户，并各有楼梯将楼上、楼下连成一体。前落与后落之间开设天井，开间内所有房间的采光与屋面滴水都聚集到这里，故外墙上只见枪眼，而不见窗户。开间与开间之间用土墙完全隔断，从而在土楼内形成许许多多各自独立的生活单元。依照土楼规模的大小及楼内房间数量的多少，每个土楼开 1—4 个大门（开 1—2 个大门的，当地称之为"楼"，而开 3—4 个大门的，当地称其为"城"）并建 1 个或若干个祠堂。尽管这些祠堂也是楼内居民祭祀与聚会的场所，但其所在位置则因地制宜，不一定都建在土楼的中心位置上。官陂张廖氏土楼的这种空间布局与福佬人居住的土楼十分相似，它表明官陂张廖氏的居住理念已与内地客家人有了较大的距离，而更加接近于福佬人在军事行动上较注重团体成员的统一性，而生活上则较注意保留成员各自私密性的特点。

（三）民间信仰

民间信仰是根植于广大民间的一种文化创造，是普通百姓日常生活的一项重要内容，因而在族群文化中占有很重要的地位。

与内地客家人和闽南福佬人一样，官陂张廖氏的民间信仰系统也非常庞杂，其中，

---

① 黄汉民：《客家土楼民居》，福建教育出版社，1995，第 28 页。

仅跨村落的地域性神庙就达到 13 座之多。除此之外，每个村还有 1—2 座以守土护龙为主要职能的土地庙，每个土楼内又设置了一个或几个专门用来守护本楼安全的神坛。地域性神庙与土楼神坛里供奉的主要是明代小说《三国演义》中以忠、义闻名的刘、关、张三位英雄（其中以关帝为多）以及佛教中专管人间疾苦的观世音菩萨，其次是主管农业生产的神农大帝及主管生殖繁育的注生娘娘。闽西客家人中普遍敬奉的"三仙二佛"（即道教闾山派尊神系列中以临水夫人为首的陈、林、李三奶夫人及佛教中的定光古佛、伏虎禅师），粤东客家人普遍敬奉的三山国王及闽南福佬人普遍敬奉的望海娘娘（妈祖）、开漳圣王陈元光及其部将武德侯沈世纪、灵佑侯李伯瑶、辅德侯张伯纪、昭应侯许天正、辅顺侯马仁、祈山侯欧阳礼等在这里却较少见到，说明官陂张廖氏在神明崇拜上有其独立的主张。

官陂张廖氏之所以选择关帝与观音作为自己的主要崇信对象，与他们所处的生活环境有着密切的关系，诚如前面所提到的，官陂境内自然条件差，生存竞争非常激烈。在这种自然与社会环境下生活，单靠个人的努力远远不够，而必须得到社会力量的有力支持。而在张廖氏宗族团体没有形成之前，乡民们唯一能依靠的只有经过异姓结拜而建立起的跨姓氏、跨地域的社会团体。正因为如此，所以从明代后期开始，异姓结拜之风就在官陂一带十分盛行。

实践证明，凡属一种社会群体的建立，都必须寻找到一个具有长效机制的粘合剂，否则，群体就难以形成，或者即使形成，也难以持久。而明代小说《三国演义》中以"桃园三结义"为故事背景塑造出来的关羽形象及佛教中以"救苦救难"为主要目的塑造出来的观音形象，为平民百姓提供了学习的楷模，从他们身上体现出来的忠义、济困等封建社会道德也成了维系社会组织内部秩序，团结广大会众，以实现其理想追求的精神法宝。

自清代初年开始，为防止民众的反抗，朝廷对民间结社采取了一概禁止的政策。顺治初，规定"凡异姓人结拜弟兄者，鞭一百"；顺治十八年（1661）又下令"凡歃血结拜弟兄者，著即正法"；康熙十年（1671）清刑律将歃血盟誓、焚表结拜弟兄视同谋叛未遂行为加重惩治，明文规定："歃血结拜弟兄者，不分人之多寡，照谋叛未遂行律；为首者拟绞监候，秋后处决；为从者杖一百，流三千里；其止结拜弟兄，无歃血焚表等事者，为首杖一百，徒三年，为从杖八十。"[1]尤其是"乾隆

---

① 雍正《大清会典》卷 194《奸徒结盟》。

三十五年（1770）天地会首领李少敏（李少闵）与蔡鸟强在漳浦、诏安毗邻地区发展组织、策划暴动，被清政府发觉杀害"①之后，官府进一步加紧了对官陂一带的严密监视，异姓结拜活动也因此由公开转入地下。而作为民众信仰的关帝、观音崇拜却依然顽固地被保留下来，并更多地赋予了他驱邪保平安的内容，下官的万古庙就是一个很好的例证。

　　万古庙，位于下官兰秀楼内。据寺庙中保留下来的清道光十年（1830）重修碑记、清同治壬申年（1872）《缘碑》及光绪丁丑年（1877）蒲月沐恩弟子张□敬献的"万古庙"鼎式石香炉可以看出，该庙原本是为祀奉以张耍（后改名万礼）为首的阵亡将士而建的"本爵公祠"。据中国社会科学院宗教研究所研究员罗炤先生考证，张耍自从率部投奔郑成功领导的反清复明队伍后，历经大小无数次战斗，功果卓著，清顺治十五年（1658），在攻打南京的战斗中英勇牺牲，灵位曾一度入祀"忠臣庙"。后因郑成功听信了谗言，将万礼神位撤出"忠臣庙"，下令不得配享，从而激起了张耍结义兄弟们的强烈不满。②正是在这种情况下，才由其结拜兄弟之一的道宗主持，建起了这个祀祠，以祭祀以张耍为首的所部阵亡将士的英灵③。同时，道宗还在该祠的后面建了后楼，以讲经说法，授徒弘教。庙里现存的关帝像及庙门上"义高万古"的匾额，相传始建"本爵公祠"时就已经有了，且这尊关帝像还是道宗特意从外地接来的，祀奉的目的是因关帝对张耍有恩，据说有一次，张耍因打了败仗，慌乱中逃进了一座关帝庙，他一进去，蜘蛛就立即在大门上结起了网。清兵追来，看见大门上的蜘蛛网，以为里面没人，就没有进庙搜查，从而让张耍逃过了一劫。

　　道光、同治年间，由于官府严厉查禁异姓结拜活动，为躲避查禁，"本爵公祠"被更名为"关帝庙"，到光绪前后又更名为"万古庙"，从而使该庙既突显了民间信仰的性质，同时又保存下了其原有的崇忠、尚义的内容。

　　每年从正月初一开始，下官日享公后裔（即龙山、大佐、大任、大参、大位等房）都要抬着关帝到自己居住的区域里巡游。游神采用按同一路线，逐日轮流的办法，初一为庵背、尚墩，初二下井，初三湖里，初四四角楼、寨里、坎背、杨屋，

---

① 诏安县县志编辑委员会：《诏安县志》《大事志》，福建教育出版社，1999，第15页。

② 罗炤：《天地会探源》（37）。

③ 据张某山先生的长女婿报告，万古庙里的阵亡将士灵牌一直保存到20世纪60年代才被毁掉。

初五新安楼、石坳头、陈斜、下坑，初六下官坪，初七初八坪寨、莲塘里，初九陂头，初十坑里，十一七寨，十二彩霞。轮到游神时，所在村庄一大早就要派七八个德高望重的长者与道士和负责抬神的新婚青年一起赶往万古庙，经过请神、发文等程序，将关帝请进神轿，一路鞭炮迎进村。进村后，先将关帝放进临时搭建的竹棚里，村民则不论远近，每家均要具一桌供品（含五牲、春干、糖果、酒、菜及香烛等），在神前虔诚祭拜。拜过之后，再抬着关帝到所属的各个屋场巡游一周。每到一处，主人都要以鞭炮香烛恭迎，并点燃几支信香，插到游行队伍的香炉里，再从香炉里取出同样数量的信香，插到自家的大门与灶台上（俗称"换香"），以示驱邪纳吉。

前面说过，在官陂的各个寺庙中很少见到闽西客家人中普遍敬奉的"三仙二佛"、粤东客家人普遍敬奉的三山国王及闽南福佬人普遍敬奉的望海娘娘、开漳圣王陈元光及其部将等神明，但这并不意味着对这些神明的信仰在官陂就找不到一点痕迹。位于陂龙下井村的重兴庙和彩霞村的永宁宫就为我们提供了这方面的信息。

重兴庙位于下井城的西门口，这是一个占地约20平方米的单间土木结构建筑，庙里供奉的主神是开漳圣王陈元光及伯公、娘娘，两边则分别祀奉关帝、赵子龙与玉帝、靖天大帝。其中，关帝、赵子龙是从下井城印香而来的，而玉帝、靖天大帝则分别从永葆亭、吴坑印香而来。该庙神明多样性的安排，显然与下井居民大多分别来自吴坑、下官、庵背、新坎有关。而以闽南人普遍信奉的陈元光作为该庙主神，显然又在提醒我们，作为诏安客家人主要聚居区之一的官陂，同样也受到了闽南文化的深刻影响。

永宁宫则位于彩霞村西头的龙头山下。这是一座面宽三间的土木结构房屋，里面供奉的是三个号称是异姓兄弟的三山国王。村民中传说，这里的三山国王，原先是三只大鸟，因被猎人追赶而逃到彩霞村。一到这里，它们就变成了三个美貌的男子，并说自己分别姓陈，姓林，姓李，因随陈元光平定蛮僚而落籍官陂，被封为将军，各守一方，故称为"三山国王"。考三山国王原本是粤东潮州、梅州一带的信仰，所谓"三山国王"者，实际是巾山、明山、独山的镇山之神。也许是因为私贩食盐之故，历史上，官陂与潮州、梅州有较多的经济往来，所以三山国王信仰也随贩盐者传到了彩霞。有趣的是，三山国王一到这里，便与闽西客家人中普遍信奉的陈、林、李三奶夫人与闽南人普遍崇敬的陈元光平蛮僚的事件结合到了一起。三种文化相互交融，成了该村民间信仰中的一大特色。

四、小结

以上是笔者对官陂张廖氏所做田野调查而获得的一些基本资料。透过这些资料，我们可以看到：张廖氏是生活在福佬、客家两大族群接合部的一支具有鲜明地域特点的客家群体，无论从族群迁移、语言，还是生活习俗等方面分析，他们与闽西客家人都有着千丝万缕的联系。但由于他们生活在本族群的边缘地带，其人口数量远远低于当地的福佬族群。且福佬人在地时间长，所占有的政治、经济、文化资源都远比客家人多，而客家人则因在地时间较短，所在地域又山多田少，经济资源十分匮乏，以致田中所产，难以果腹，绝大多数村民在农耕之余均须依赖挑担贩运方能度日。而他们所能贩运的主要物资，如食盐、大豆、春干、大米等，都分别控制在本县四都、广东饶平及云霄、平和等地的福佬人手里，这就是说，官陂张廖氏除农耕之外，多数时间仍要向福佬人讨生活。正是在这样一种自然与社会环境之下，为了生存的需要，官陂张廖氏在与福佬人的长期互动中，只好不断地调整自己的文化，使之在语言、建筑格局乃至祖先认同等方面都自觉地接受与融入了福佬文化的因素，从而出现了客家文化福佬化的倾向。

这种客家文化福佬化的倾向与 20 世纪 70 年代初台湾学者林衡道先生依据其对台湾员林、永靖一带客家后裔所作调查而提出的"福佬客"概念十分吻合[①]。有意思的是，据说台湾的"福佬客"大多出自祖籍为潮州饶平，漳州诏安、平和、龙溪等地的客家人中。如果此结论准确，则笔者对官陂的调查说明这种"福佬化"倾向早在移民迁入台湾之前便在原乡有了相当的表现。只是与台湾的"福佬客"相比较，官陂张廖氏的"福佬化"程度远比员林等地的客家人浅显得多，其中最基本的一条，是官陂的张廖氏至今仍坚持以说客家话为主，只不过客话中掺入了大量的闽南腔而已。而造成官陂客家文化不至于全部被福佬同化的重要原因，是官陂张廖氏尽管无论在人口数量，还是经济、文教等方面，与福佬人相比，都处于明显的劣势，但他们居住的地方却能与同是客家人聚居的本县秀篆、霞葛，平和县之云中、庄上，云霄县之三星、高磜及广东饶平县之山饶连成一片，从而在闽、粤交界地区形成了一块面积较大的族群居住隔离区。这块隔离区的形成使得客家人在福佬族群之外有一

---

① 林衡道：《员林附近的福佬客村落》，载《台湾文献》，22 卷 1 期，1971，第 153—158 页。

块独立的生活空间，从而保证了他们在与福佬人的长期互动中仍能保留住本族群文化的许多精髓。而迁移到诏安县城东门及城郊西潭的二支张廖氏人就没有那么幸运了，由于他们人数较少，且居住的地方又处于福佬人的重重包围之中，所以，年深月久，他们无论语言、生活习俗、居住方式、宗教信仰还是族群心态均已全面福佬化，唯一保存下来的，只有每年的清明节还会回官陂祭扫祖墓而已。

官陂张廖氏族群文化"福佬化"倾向的出现，同时也告诉我们，作为界定族群重要标准之一的文化认同，其实并不存在一个固定不变的模式。以往人们所普遍认同的"客家人非常珍视自己的历史与文化，所以也就像固守家园一样地固守自己的方言，'宁卖祖宗田，不忘祖宗言；宁卖祖宗坑，不忘祖宗声'这一祖训被世世代代传承着"[1]的结论，也许在客家中心地区是合适的。而一旦客家人远离了中心地带而被孤立到其他族群中的时候，为了生存的需要，他们也不得不变更自己原有的文化形态，使之既部分吸收其他族群的文化因子，又部分放弃自己原有的文化因子，由此便造成了客家文化的多元取向。

（本文 2007 年在由广西师范大学主持召开的"族群、历史与文化亚洲联合论坛"国际学术研讨会上首次发表）

附录 2：明末清初张廖氏迁台人员一览表。[2]

世次	名号	所属房份	世次	名号	所属房份
13	士谋	元仲房文竹第五子	13	门	大佐子可房文宏长子
13	士内	元仲房有享长子	14	毋	大佐子可房苞九之子
13	士森	元仲房有享次子	13	浅	大佐子可房朝通之子
13	士碑	元仲房有享第三子	14	榗	大佐子可房浅长子

---

① 罗勇、潘炜：《文化与认同》，载陈世松主编《"移民与客家文化"国际学术研讨会论文集》，广西师范大学出版社，第 520 页。

② 本表根据张德深：《张廖世德堂族谱》2000 年手写本、《官陂清河世系录》永祖房北坑 1988 年抄本、《官陂张廖氏族谱 1—14 世祖》张某山现代抄本与 1979 年云林县元子公张廖宗亲会《廖氏大宗谱》上的记载综合绘制而成。

（接上表）

世次	名号	所属房份	世次	名号	所属房份
13	士怡	元仲房有享第四子	14	翰	大佐子可房浅五子
13	士向	元仲房子辉长子	14	魁	大佐子可房曲长子
13	士柱	元仲房子辉次子	14	庇	大佐子可房曲次子
13	士把	元仲房子辉第三子	13	永葶	大佐子可房钦之子
13	士宗	元仲房绳辉之子	14	炎	大佐子可房永葶之子
13	道从	元仲房廷谨长子	13	郎	大佐子可房斌之子
13	道成	元仲房廷谨次子	13	廷发	大佐子可房文华之子
13	道潜	元仲房廷谨第五子	14	晞阳	大佐子可房都阳之子
13	近鲁	元仲房瑞真第五子	14	裕贤	大佐子可房都阳之子
14	世讨	元仲房近鲁长子	14	国塘	大佐子可房廷闹之子
14	世抄	元仲房近鲁次子	15	士直	大佐子可房国好之子
14	世不	元仲房近鲁第三子	16	麟真	大佐子可房世涀之子
13	爵善	元仲房纯荣之子	11	为见	大位三龙房心宁之子
13	士锡	元仲房恬享之子	14	国敏	大位云龙房廷仲之子
13	士荡	元仲房恬享之子	12	朝缀	大位云龙房宗路长子
14	世祆	元仲房士拱长子	12	朝雅	大位云龙房宗路次子
14	世取	元仲房士拱次子	12	朝博	大位云龙房宗路三子
14	世递	元仲房士拱第三子	12	朝骞	大位云龙房宗路四子
14	世冉	元仲房士卿长子	12	朝训	大位云龙房宗路五子
14	世位	元仲房士卿次子	12	朝烈	大位云龙房宗路六子
14	世舜	元仲房士卿第三子	12	朝审	大位云龙房为标之子
14	世听	元仲房新猷长子	13	廷添	大位云龙房朝铁之子
14	世最	元仲房新猷次子	13	廷坠	大位云龙房朝鐼之子
14	世醉	元仲房新猷第三子	14	国敏	大位云龙房廷鼋之子
14	世耍	元仲房新猷第四子	14	国贵	大位云龙房廷锡之子
14	世勤	元仲房新猷第五子	14	国英	大位三龙房官生之子
14	世挺	元仲房新猷第六子	13	廷霭	大位三龙房朝让之子
14	世桧	元仲房凤仪长子	13	廷送	大位三龙房朝作之子
14	世檀	元仲房凤仪次子	12	朝着	大位三龙房为团之子
14	世川	元仲房凤仪第三子	13	廷兴	大位三龙房朝簟之子
14	世彪	元仲房济宽之子	13	廷森	大位三龙房朝仰之子
14	茂峰	元仲房君维第三子	13	廷庚	大位三龙房朝参长子
14	世堪	元仲房君维第四子	13	养生	大位三龙房朝参次子
14	志昂	元仲房君禄第六子	13	廷在	大位三龙房朝襄长子
15	承英	元仲房长爵次子	13	廷当	大位三龙房朝襄次子

（接上表）

世次	名号	所属房份	世次	名号	所属房份
15	承琛	元仲房会川长子	13	廷阔	大位三龙房朝胐之子
15	承琳	元仲房会川第二子	13	隐中	大位三龙房朝扩之子
15	承衫	元仲房会川第三子	13	廷悠	大位三龙房朝系之子
15	承登	元仲房孔修之子	14	国言	大位三龙房廷片长子
15	承答	元仲房次周长子	14	神送	大位三龙房廷片次子
15	承钗	元仲房次周次子	13	廷喝	大位三龙房朝显之子
15	承典	元仲房志谦长子	13	廷尔	大位三龙房朝显之子
15	承直	元仲房志谦次子	13	廷餐	大位三龙房朝弄之子
13	士陪	元仲房德尊之子	14	国成	大位三龙房泉生之子
13	如琏	元仲房魁晋之子	13	廷诰	大位三龙房子捷之子
14	承邋	元仲房如琏长子	15	士拔	大位三龙房国旺长子
14	承衍	元仲房如琏次子	15	士健	大位三龙房国旺次子
13	士岭	元仲房心快长子	13	质义	大位云龙房朝骞之子
13	士光	元仲房心快次子	13	廷苍	元志日旺房朝经之子
14	世谋	元仲房心存之子	13	廷营	元志日旺房朝荡之子
14	世顿	元仲房协聪之子	15	士参	元志日旺房时依之子
14	世卿	元仲房启能五子	15	士昰	元志日旺房时仰之子
14	世走	元仲房士光之子	15	天显	元志日旺房时占之子
14	世椎	元仲房捷夫长子	14	时绿	元志日旺房朝禄长子
14	世照	元仲房捷夫次子	14	时桃	元志日旺房朝禄次子
15	承谷	元仲房世捷长子	15	士曾	元志日旺房时机之子
15	承章	元仲房世捷次子	13	廷繁	元志日旺房祖述之子
15	承干	元仲房世捷第三子	12	朝孔	元志日旺房国葱之子
15	承路	元仲房世捷第四子	13	廷绪	元志日旺房朝问之子
14	世魏	元仲房启成长子	15	士宝	元志日旺房时戒之子
14	世怡	元仲房启成次子	13	廷碧	元志日旺房朝路之子
14	世楚	元仲房启成三子	12	朝晚	元志日旺房国霸之子
14	世霄	元仲房启成四子	13	廷苗	元志日旺房朝柱之子
14	乃谋	元仲房成群之子	13	廷叶	元志日旺房朝柱之子
15	承强	元仲房乃谋之子	14	时吉	元志日旺房廷锦之子
14	世照	元仲房捷夫之子	13	廷兴	元志日旺房朝椿之子
14	世椎	元仲房捷夫之子	12	朝近	元志日旺房国瑜之子
13	士的	元仲房有元之子	12	朝厅	元志日旺房国强之子
14	世渐	元仲房寔夫之子	13	耀宗	元聪道烈房文山之子
14	世见	元仲房寔夫之子	13	耀远	元聪道烈房文山次子

（接上表）

世次	名号	所属房份	世次	名号	所属房份
14	世禽	元仲房寔夫之子	12	达成	元聪道烈房赞考长子
15	承奢	元仲房志谦三子	12	达惠	元聪道烈房赞考四子
13	世祖	元仲房士牌之子	12	永泉	元聪道烈房赞徒之子
14	世宁	元仲房哲夫之子	12	拈老	元聪道昭房宦乃之子
14	世激	元仲房协隆之子	12	崇洞	元聪道昭房宦添之子
15	承和	元仲房世巽之子	12	崇祺	元聪道昭房忠信之子
14	世牵	大佐龙山房严之之子	12	崇琴	元聪道昭房心一次子
14	盈汉	大佐锡垣房绍安之子	12	崇问	元聪道昭房心一三子
15	进	大佐锡垣房盈宁之子	13	天海	元聪道昭房崇列之子
14	世周	大佐因垣房上谷之子	14	有孝	元聪道昭房天旺之子
13	罩	大佐因垣房榜长子	13	葱公	元聪道昭房
13	聪	大佐因垣房榜次子	11	宦仁	元聪道顺房荣吾之子
13	住	大佐因垣房榜三子	14	勤直	永宁日惠房有摅之子
13	拙	大佐因垣房榜四子	15	望昭	永宁日惠房旋声之子
13	爵	大佐因垣房榜五子	15	承提	永宁日惠房大郎之子
13	足	大佐因垣房榜六子	8	振旭	永祖房
13	明案	大佐因垣房德思之子	9	卓云	永祖元丰房理明之孙
15	平	大佐因垣房德思之子	10	而嫡	永祖元丰房卓云长子
14	凤雏	大佐宾垣房甕之子	10	嫡二	永祖元丰房卓云次子
16	温恭	大佐宾垣房国岁之子	10	仲	永祖元偬房友万之子
17	名日	大佐因垣房显铭之子	12	时总	永祖元丰房正宇之子
13	问	大佐益垣房德文之子	12	时饱	永祖元丰房友善之子
15	达显	大佐益垣房问之孙	12	时鳞	永祖元丰房云奇之子
15	子缎	大佐锡垣房世质四子	12	时笔	永祖元丰房可尊长子
15	子总	大佐锡垣房世质次子	12	时守	永祖元丰房可尊次子
15	拔潜	大佐锡垣房汤襘之子	12	时贤	永祖元丰房军实长子
14	文靛	益垣德尊房而强之子	12	时丹	永祖元丰房军实次子
14	炮	益垣德尊房而强之子	12	时聆	永祖元丰房军实三子
15	意	益垣德尊房秀金之子	12	时应	永祖元丰房襟正长子
13	君一	大佐枋垣房钦昭之子	12	时等	永祖元丰房襟正次子
14	交	大佐枋垣房君一之子	12	时思	永祖元丰房存性长子
14	件	大佐枋垣房君拔之子	12	时鞭	永祖元丰房存性次子
13	天调	大佐达卿房上珩之子	12	时桃	永祖元丰房存性三子
13	廷县	大佐达卿房分长子	12	时务	永祖元丰房及三之子
13	廷正	大佐达卿房分次子	12	时远	永祖元丰房可猜之子

（接上表）

世次	名号	所属房份	世次	名号	所属房份
13	永嘉	大佐子可房坤之子	12	时敏	永祖元丰房和侃之子
14	聚	大佐子可房永占长子	13	式章	永祖元丰房时敏之子
14	金助	大佐子可房永占次子	12	时仲	永祖元丰房益荣之子
14	士富	大佐子可房永占三子	12	时唐	永祖元丰房广生之子
14	士略	大佐子可房永占四子	12	时糯	永祖元丰房讯昭之子
14	士兄	大佐子可房永齿之子	12	时榜	永祖元丰房帝锡之子
14	烈美	大位子可房厚轩之子	12	寅生	永祖元丰房长兴之子
14	成帝	大佐子可房永配长子	12	成嘉	永祖元丰房可骏之子
14	抱	大佐子可房永配次子	11	义信	永祖元丰房
14	淡	大佐子可房永配三子	14	有湛	永祖元丰房大添之子
14	名	大佐子可房永配四子	13	文添	永祖元偬房三公之子
14	进生	大佐子可房永配五子	10	万成	永祖元偬房位胜之子
13	永相	大佐子可房朝钦长子	12	刚直	永祖元偬房万成之孙
14	元表	大佐子可房永相长子	13	成功	永祖元丰房振助后裔
14	朝正	大佐子可房永相次子	11	永尝	永祖元丰房英达之子
13	永苍	大佐子可房朝钦次子	12	时周	永祖元丰房可转之子
14	元甜	大佐子可房永苍长子	12	时甑	永祖元丰房育我之子
14	元梅	大佐子可房永苍次子	11	衷敬	永祖元丰房仁达之子
14	元桃	大佐子可房永苍三子	12	时北	永祖元丰房可才之子
14	元李	大佐子可房永苍四子	12	序魁	永祖元偬房绍曾之子

参考文献：

[1]陈祖荫.诏安县志[M].诏安县青年印务公司,1942.

[2]钟音鸿.赣州府志[M].同治十二年.台北：成文出版社有限公司，1961.

[3]罗昭.天地会探源[N].中华工商时报，1994年10月19日起分139次连载.

[4]（上祀堂）族谱[M].大佐德佑房张浚川古抄本.

[5]官陂张廖氏（上祀堂）族谱[M].同治九年玉田楼抄本.

[6]廖五.西螺七嵌与台湾开拓史[M].油印资料.

[7]台湾云林县张廖氏宗亲会.廖氏大宗谱[M].云林县张廖氏宗亲会，1979.

[8]官陂清河世系录[M].抄本.官北永祖元偬房，1988年.

[9]张忠文，张君辉.官陂乡贤[M].2000.

[10]施琅.海疆底定疏[M]// 靖海纪事.福建：福建人民出版社，1983.

[11]黄本骥.历代职官表[M].上海：上海古籍出版社，1980.

[12]张廖简氏族谱编辑委员会.张廖氏族谱[M].台北：台湾新远东出版社，1959.

[13]黄汉民.客家土楼民居[M].福建：福建教育出版社，1995.

[14]允禄等.大清会典[M]//雍正十一年文渊阁四库全书影印本.台北：台湾商务印书馆，1983:87.

[15]诏安县县志编辑委员会.诏安县志[M].福建：福建教育出版社，1999.

[16]林衡道.员林附近的福佬客村落[M]//台湾文献.台北，1971.

[17]陈世松."移民与客家文化"国际学术研讨会论文集[G].广西：广西师范大学出版社，2005.

下篇

江西南部地区的民间信仰

　　江西南部，历史上称之为"赣南"，现称赣州。它位于闽、粤、湘三省之间，面积达 3.94 平方千米，现下辖章贡区、赣县区、南康区、于都、瑞金、石城、宁都、兴国、会昌、寻乌、信丰、大余、上犹、崇义、龙南、定南、全南、安远等 18 个县（区、市），20 世纪 90 年代统计，全市有人口 780 多万，是客家民系的发祥地与客家人的主要聚居地之一。

　　位于赣江上游的章、贡两水贯穿全境，从贡江溯水而上，翻过武夷山，便到福建西部；从章江溯水而上，翻过大庾岭，则到了粤北，再顺北江而下，可直达广州。顺赣江而下，经鄱阳，入长江，溯泗水，则可直抵中原。故从地理位置而言，这里是中原与闽、粤边陲相沟通的重要交通孔道，历史上素有"逼闽扼粤"之称。

　　受地理形势的影响，无论是北方宗教南下，还是南方宗教北上，赣南都是必经之地，故境内宗教信仰开发较早，就寺院宫观而言，据清同治《赣州府志》《南安府志》和道光《宁都直隶州志》等地方志的记载，早在两晋南北朝时期，位于赣南中心区域的赣县就已有了佛教安天寺（后改名景德寺）、光孝寺、空山寺及道教上坛观、广济庙等四五个大型佛、道场所。赣县之外，还有于都的福田寺，信丰的宝塔寺，兴国的治平观，宁都的宝林寺、青莲寺、掬水寺。而到唐代，赣南各地的佛教寺院已达到 41 处，道教宫观 19 处[1]。历经宋元，到明清两代，宗教信仰更在赣南民间广泛普及，各种性质的庙宇在城乡各地纷纷建立，仅据宁都一个县的统计，清代道光之前，境内先后建立过的寺庙至少已达到 400 余处[2]。在明清寺庙中，只有极少部分属于正统的佛、道场所，其余绝大部分都是由个人、宗族或合村民众自己出资建造，自己派人管理的民间祭祀场所。与众多的民间祭祀场所相适应，各种不同流派的民间宗教派别也在赣南各地传开。据 1994 年以来，笔者在石城、宁都、于都、安远、

---

① 魏瀛等：《赣州府志》卷 11—16，1873，成文出版社影印本，1970。
② 刘劲峰：《地方志中的宁都寺庙》，载刘劲峰《宁都县的寺庙、庙会与经济》，法国远东学院等，2002。

会昌、上犹、崇义等地的调查，目前，赣南活动较为频繁的民间宗教流派，主要有以道教名义出现的闾山派、普庵派、龙虎山派和以佛教名义出现的斋公、斋婆。[1]

一、闾山派

闾山派道教，当地又称"夫人教"或"红头道"。它之所以被称其为"夫人教"是因该教派除尊奉正统道教的"三清"之外，还尊奉王姆及陈、林、李三奶夫人。而被称为"红头道"，是因该教在科演驱邪赶鬼等节目时都要身穿女衣，头裹红帕，因而与身穿黑色长衫、头戴黑色合掌帽的龙虎山"乌头道"有着明显的区别。

我对闾山教的了解是从安远开始的。这里的民间宗教非常活跃，无论闾山教、普庵教还是龙虎山教，门类齐全，且法坛的数量及科仪抄本也明显比其他地方要多得多。从他们的口传及科仪本《请神科》中罗列的师父名单来看，安远的闾山教是明代晚期由福建西部经江西的石城、宁都传入到安远的。故在清中期以前，该教派在石城、宁都一带也非常流行，清道光《宁都直隶州志》卷十一"风俗志"中就曾记载："（宁都）俗信巫，颇沿用古礼而皆失其意。邱维屏曰，其执红巾于手，则道布也。其缚草为船或为龙，则菹馆也。其帕袜，则蒙皮也。衣加以裳，则玄衣朱裳也。鸾刀而践牲，则守痊之遗也。夜呼伤亡而祭，则授号旁招也。奶娘舞，则女巫歌哭请大灾也。岁终和神，则按冬堂赠春招弭，而于岁会要期也。"[2]如今，石城、宁都一带的闾山教已经衰微，只有安远、兴国一带山区尚能偶然遇见。

据笔者调查，安远一带的闾山教与普庵教界限分明，闾山教只做菩萨点光、安龙奠土、驱邪镇煞、祈福禳灾、赎魂治病等清事类法事，当地人称"只做红事，不做白事"。闾山教的神职人员，当地人称他们为"老师"或"shang公"。他们自己也称："我们只管生，不管死；而普庵教只管死，不管生。"调查中，笔者曾观看了由安远县两个不同道坛的闾山教道士在高云山、里田、九龙等地主持的几场庆成醮与平安醮，发现他们有几个共同的特点。一是他们所使用的神图都是被称为武三坛的道教神图，神图由左、中、右三幅组成，上面所绘神像自上而下依次有：三

---

① 刘劲峰：《活跃在佛教寺院外的斋公与斋婆》，载谭伟伦《中国地方宗教仪式论集》，香港中文大学崇基学院宗教与中国社会研究中心，2011。
② 刘丙、梁栖鸾：《宁都直隶州志》卷十一《风俗志》。

清，南北二斗，盘古，王姆，黄幸三仙，陈、林、李三奶夫人，唐、葛、周三将军，五伤五郎（闾山九郎、横山七郎、蒙山八郎、翻坛破庙张五郎、云中张八郎）麒麟兵、狮子兵。在兵将团团包围之中，有一座四方鬼城。最下面是花公花母及历代祖师演法图，旁神为头陀。二是闾山教行文所用的法印为"太上老君敕印"及"道经师宝"印，文书落款多用"三天门下正教弟子""混元大法司行兵弟子"。所用法器主要有灵刀、锡角、马鞭等①。三是闾山教的醮坛法事既有诵经拜忏等一类较文雅的科目，同时又有行罡作法、解冤镇煞等一类具有较强烈的戏剧性动作的科目。依照他们自己的说法，具有道、法两门。其法事科目的选择，多依据法事性质、规模大小，并参照事主的要求决定。以安远长坜村3天4夜的观音庙庆成醮为例，其安排的科目，头天晚上为起坛、颁社、启师请神、菩萨点光。第一天清晨为菩萨上座，上午起幡、开营、藏身、奏表、上午表、朝幡、朝营；下午拜《观音忏》《消殄虫蝗祈丰保苗宝忏》，罗营；晚上装身奏表、发奏、安师。第二天清晨开更、开营；上午朝幡、朝营、迎鸾接驾、上午表；下午行罡、涌水、拜《诸神忏》、罗营；晚上翻坛破邪、碗花祭将、安师。第三天清晨开更、开营；上午朝幡，朝营，拜《雷神忏》《北斗忏》；下午诵《南无观音妙法弥陀经》、收营；晚上放河灯、过火链、蒙山施食、倒幡、谢师送神。从上述桥单可以看出，该场法事主要以诵经拜忏为主，所以在三天的时间里，诵经拜忏的时间占了一半以上②。其主要原因据说是因该庙为斋神庙，所以，凡需要动刀动枪的科目均不宜上演。而在同一个县的高云山圩岗村，在为回龙阁（三仙庙）举办的为期5天6夜的平安醮中，科目的安排就大不一样。5天中只安排了《太上玉皇赐福尊经》《南斗经》《北斗经》《太上七政四余文经》《太阳经》《灭瘟忏》等6部经忏，而戏曲性的科目，则除了常用的开营、朝营、起幡、朝幡、倒幡、迎鸾接驾、行罡涌水、翻坛破邪、碗花祭将、过火链之外，还增加了请蔴公、三十六解厄、上刀山、接扬州兵、送扬州兵、鼎兵、洪门过度、抽案等。四是主持这些科目的法师均依据不同的法事内容而使用不同的服装、法器，如诵经拜忏时身穿被称

① 刘劲峰：《安远高云山乡圩岗村的神明崇拜与醮坛科仪》，载刘劲峰《赣南宗族社会与道教文化研究》，法国远东学院等，2000。
② 刘劲峰：《安远新龙乡长坜、里田、九龙三村醮坛科仪初探》，载罗勇、劳格文《赣南地区的庙会与宗族》，法国远东学院等，1997。

为"海青"服的黑长衫，头戴"合掌帽"（又称"纯阳巾"）或写有"佛"字的圆桶形官帽，手持木鱼；迎鸾接驾、申文拜奏时则身穿用五色丝线精绣郁罗台、龙、凤、仙鹤、二十四星宿、道教八宝、八卦、金鸡、玉兔等图案的"大法衣"，头戴"合掌帽"，手持朝笏；而科演翻坛破庙、装身奏表等科目时，则上穿镶了大花边的女衣，下穿绿色八片裙，腰系红绸带，头裹红巾，额上戴一条"夫人箍"，手持灵刀、锡角。在科演这些节目时，主持人还会根据法事的需要使用大量的疏、表文书及符箓、罡步、手诀。由此可以看出，该教派不仅与道教正一派有诸多联系，且与该地区长期流传的巫风有着割不断的因缘。

二、普庵派

普庵派是以教主普庵禅师命名的一种亦佛亦道的民间教派。普庵，俗姓余，为宜春市慈化镇人。宋政和五年（1115）出生，年二十从寿隆院贤和尚出家，因天资聪慧又能勤奋学习，被临济宗十一世祖牧庵忠禅师收为法嗣。乾道五年（1169）圆寂。普庵殁后，凡有祷者，其应如响，元朝加赠"大德慧庆"之号。[①]

从历史记载来看，普庵，不但确有其人，而且还是佛教禅宗临济宗的一位正统传人。但民间却盛传其原先是名道士，后来弃道从佛。入佛门时，剃度师要给他剃发，但刚剃到一半，他突然记起自己原本是名道士，所以不愿再继续接受剃度。由是，在所有的画像中，普庵都是脑门中间光秃，而两边却长着浓密的黑发。

普庵派，以祀奉普庵为教派的主要特征。故凡科法建醮，都必须建内外二坛，外坛挂文图，内坛供奉普庵及"银台门下云中一十二部祖本宗师"。从整个教派形态分析，普庵教既有佛教的成分，又有道教的根底。如，该教使用的神图有两种，一为文图，图上绘有三宝、三官、三圣及普庵、龙树、真武、观音、哪吒等佛道神明，旁神为天、地、水、岳；一为武图，图上的内容与闾山教的武三坛基本相同。所用法印也有两种，一为供做文教用的"普庵师宝"或"普庵香水法院"，一为供做武教用的"太上老君敕令"。法事中所用的疏、表、关文也是佛道混用，如清醮过程中所发的24道文书，其上达神明计有：释迦牟尼文佛、玉皇大帝、三清、普庵、

---

① 江西宜春慈化寺：《敕赐南泉山宗谱》卷首《普庵年谱》，1806，江西宜春慈化寺修复领导小组手抄本。

炽盛光王文佛、南斗星君、北斗星君、太阳星君、太阴星君、三元三品三官大帝、梁老真仙、东极青华大帝、南极长生大帝、北极紫微大帝、中极黄帝大帝、神农五谷真仙、金木水火土五德大帝、本命元辰星君、西天东土诸祖宗师、驱瘟使者、遣耗神君、家居香火、仁恩福主。由此可以看出，他们尊奉的神明，既有佛界的，又有道界的，但以道界为主。道坛所用经忏科本，既有道士常用的《太上感应篇》《道德经》《南斗经》《北斗经》《玉皇经》，同时又有佛教常用的《观音经》《弥陀经》《金刚经》。其科演的节目，武教方面的内容与闾山教有着诸多的相似，而文教内容则与佛教关系非常密切，不但祈请的神明中有许多佛教的神圣，且科文中还夹杂了大量的佛教真言与咒语[1]。所以，这派的神职人员虽然自称是道教弟子，但私下里有时也不得不承认，他们借用了佛教的科仪，有的甚至还说："我们是道士偷吃了和尚的饭。"

受历史与地理形势的影响，整个赣南，在区域划分上，习惯分东、西两个部分，西部为赣江上游章江水系覆盖的范围，它包括清代以前南安府所辖的南康、上犹、崇义、大余4县（市），被称为河西片区。其余14个县（市、区）为赣江上游贡江水系覆盖的范围，清代以前分属赣州府及宁都直隶州管辖，被称为河东片区。两个片区的教派形态略有差异。

河东片的普庵教是与闾山教相并立的一种教派，两派尊奉的祖师、使用的神图、法器及承担的法事项目均不相同。其中，闾山教只做鼎兵、祈福、驱邪镇煞等清事类法事，故坛中只有武三坛图而没有文图，神职人员在节目科演过程中，做、唱、念、打，画符、挽诀样样俱全，其科目具有强烈的动感。而普庵教则只有文图，没有武图。从事的法事也是除了偶尔会做朝真君、谢土、解冤、造斗等几项简单的清事类法事外，基本上只做招亡、超度等幽事类法事。故在科演过程中，神职人员只有念和唱，有时做画符、挽诀等少量动作，场面较为冷清，内容较为单一。以一天两夜至两天三夜的超度法事为例，科目主要有起坛请师、请神、开冥路、诵经、拜忏、上表、缴钱、放蒙山、荐灵。如果亡者是女人，事主又有要求，便会加演一场"打莲灯"。在上述科目中，较有特色的科目是"开冥路"。是时，要在亡者的床前，用白米摆

---

① 刘劲峰：《崇义上堡的民间道教文化》，载刘劲峰《赣南宗族社会与道教文化》，第217—263页，法国远东学院等，2000。

出人形，再在大厅下方的地面上用石灰画出一幅先天八卦图，并在图中按卦爻的数目各点若干盏油灯。在灯图与棺木前的灵椅之间用蓝布架起一座天桥，桥的两边各悬挂18品香（象征18层地狱），两边共计为36品香（象征36重天）。仪式开始，主持人先请神，然后带领手捧灵牌的孝子们到亡者床前请灵。再按照仪式当天的时辰，选择生门进入灯图，在图中各个卦位之间游历一周，最后从生门出图，并通过天桥将灵牌放到棺木前一张带靠背的灵椅上。接着带领身背长钱的孝子们绕棺若干周。每绕一周，要把一串长钱放到门前的铁锅里焚化掉，此称"开冥路"。据说开了冥路，亡者的灵魂才能从病榻转移到灵牌上，以接受大家的供养，最后顺利地进入西方极乐世界。

而在赣南的西河片，我们几乎听不到闾山教这个名称。这里，80%以上的道士均自称是普庵教，其余20%，有的自称先天教，有的自称茅山教，但教派形态均与普庵教大同小异。

这里的普庵教与东河片的普庵教大不一样，他们既能做荐亡、应七、拦七、除灵、阴诞、洗检、缴引、秉水、点落枕灯、召魂、炼度、出山朝、秋祭、度孤、架阴桥交阴价等幽事类法事，同时也能做清平大幡、五龙清醮、平安醮、拜文疏、和神小设、赎魂、置花、上锁、起火膛、小退、治救、还鸭公愿、还地猄、打符、送煞、遣灰土、安龙奠土、接龙、安仙坛、安猎坛、安弥陀、谢灶、旺店、换脚、洗油汤、蒸风脱赛、破胎、治颠、做禾醮、生修、开朝、藏水等清事类法事[1]。用他们自己的话来说，他们是既能做文教，又能做武教，同时在有些法事中，还能文、武交替并用。以为期十五天的阳平大幡为例，其许香阶段及还愿阶段的前八天，都做文教。第九天起，法事由文转武，最后一天，又由武转文。他们做文法事和武法事时，无论神图、服装、法器都要进行转换。文法事用绘有三宝、普庵、龙树、真武、哪吒的文图，身穿袈裟、头戴僧帽，手持如意。而转成武教时，则要将文图改换成武三坛图，袈裟改换成大罗衣或女衣，僧帽改换成合掌帽或蓝头巾配夫人箍，如意改换成灵刀、锡角，俨然像一名闾山道士。但与河东片闾山教不同的是，河东片的闾山教，所用的幡为红幡，神职人员头裹红巾，仙桥常用红布或黄布架设，而河西片做武醮所用的幡布则一概

---

① 详见刘劲峰：《崇义上堡的民间道教文化》。

为蓝幡，神职人员裹蓝头巾，仙桥也多用蓝布架设，具有明显的尚蓝倾向。此外，河东片的闾山教，在做上刀山等节目时，所立的刀山为单柱，刀山柱要立在一个四方桌上，名之曰"独脚刀山"；而西河片的武教所立的刀山由两根柱子组成，外形像楼梯，故名"刀梯"。同时，西河片普庵教在做武教时还比河东片的闾山教多了二项法器：法钟、七星剑。钟的外形颇像藏传佛教所用的法钟，只是钟的把手由佛头改换成山字头，他们认为，其目的是要告诉大家，他们的武教来源于闾山教。

以上种种迹象表明，赣南西河片的普庵教、先天教、茅山教，尽管教派名称各以"普庵""先天""茅山"为名，但在法事应用上却共同糅合了普庵、闾山等民间各个教派的做法。而造成该局面的原因，大约与该地域的地理条件有关，这里紧邻湖南边境，山高林密，村与村之间的距离遥远。因此，历史上形成每个道坛都有其严格的行教区域。也就是说，在这个区域内，无论红事、白事，都必须由这个坛来做，别的坛不能插手。为了适应其需要，这里几乎所有的坛，都有一条不成文的规矩，即坛内的学徒，在完成了本坛的学业任务之后，还可以再拜其他坛的人为师，名之曰"撑师"。撑师之后，便可名正言顺地得到其他坛的科本、法器及师傅的言传身教。调查中，崇义"上垅坛"的罗栖东就曾告诉笔者，相传他们那个坛，过去只会做文教，后来，因祖上撑了别的坛的高手为师，所以后来才学会了做武教。而同这个县的"大岁坛"，据说其创坛始祖张宗兴原本是九灵庵上的一名斋公，后离开庵堂，专门做超度法事。不久，他认识了当地的茅山道士许圣二郎，于是，双方订下君子协定：张宗兴教许圣二郎做文教，许圣二郎则教张宗兴做武教，久而久之，两坛合二为一，于是，便有了"大岁坛"。

对于闾山教、普庵教、龙虎教三者之间的关系，当地还有这么一则传说，相传孙悟空、猪八戒、沙和尚三人护送唐僧西天取经回来，观音因他们护送有功，将他们一齐送到太上老君那里学法。经过老君指点，猪八戒学会了念经，沙和尚学会了做超度，而孙悟空则学会了驱邪赶鬼。后来，老君便根据他们的特长，安排猪八戒去做道士，专管念经拜忏；沙和尚去做师傅，专管超度；而孙悟空则去做老师，专管驱邪斩煞，为民祈福。于是，社会上便有了龙虎教、普庵教、闾山教这三个不同形态的道教派别。这个传说表明，尽管闾山、普庵、龙虎三个教派的教派形态各不相同，但在民众的心目中，他们都是太上老君的弟子，所以，同属于道教。同时也可看出，明清神话小说，对于该时期的民间宗教信仰，有非常大的影响。

正因为闾山教、普庵教均被认为同属于道教，所以他们的拜师、入教门、奏职及亡故均与龙虎教一样，要举行一场特别的仪式。拜师的仪式很简单，只要自己有学习的意向，在经得师傅同意后，签立一个简单的合同，并送上一个小礼包，日后便可随师傅去学艺。学徒期一般为三年，其间没有工钱，只管吃饭。学徒期满，要举行一场入教仪式，名之曰做"开山朝"或称"初度"。做开山朝时，要把周围的师兄道友一起请来，由学徒出资办酒席款待大家。其间，要设坛启师拜祖，向祖师奏投衔状。尔后签立正式的拜师帖，并由师傅给徒弟授法号，赠雷令、胜笏、法衣、科本。自后，该学徒便成了该教门中正式的一员，可以帮人做一些简单的法事，并取得适当报酬。但这时他还没有职名，故不能主坛，更不能收徒。如果要单独主坛，则必须经过一段实践之后，再申请奏职。奏职需要举行一场隆重的仪式，时间以两天三夜为多。仪式的举行需要由生徒亲自报请所在地的宗族长老恩准，并由该长老出面向村民筹集资金，并决定仪式举办的时间、地点。届时，同样要把周围的师兄道友一起请来，分别作保举师、证明师，并设坛启师请神、奏表，而后表演各种法事科目，科目除了一般性的武教科目外，还要增加行山取水、接扬州兵、登楼普度、传真付水、分兵、刀山奏职、安雷坛等项具有针对性的科目。经过奏职，该人得到了师傅授予的朝簿（又称投衔疏）、24 道诰牒文凭，有了郎名及诸如"上清三洞金精光箓内外行营斩鬼伏魔升授金阙光箓大夫"之类的职名，并有了属于自己的雷坛与雷坛兵，就可以单独主坛做各种法事①。正是由于神职人员经过奏职之后，有了官职，又有了雷坛阴兵，所以，在他们去世时，也要举行一场特别的"奏科"仪式。仪式以一天两夜或两天三夜为多。是时，主人既亡，家眷不能痛哭，而要悄无声息地派人去邀请师兄道友们一起到场。师兄道友们到场后，先设坛启师请神，再收兵、裹斗、罗营、安营，以示把道坛上的阴兵阴将先控制起来。然后，家人才能痛哭。接着依次科演申死状、锁庙、离房、起旗开岳、造席借衣、造桥接圣、行罡涌水、洁界、化缴连、化诰牒、造仙桥、开冥路、迁坟营、开土皮、查营、开庙、索案、支粮、灵前排衙、带兵骑棺、坟头散兵等项科目。在这些科目中，最具有代表性的是化诰牒与带兵骑棺。所谓化诰牒，是要把该神职人员入教、奏职时师傅交付给他的投衔疏及 24 张诰牒文凭一起放在一口大铁锅里，加盖密封后，用旺火将其炭化。

---

① 刘劲峰《流行于赣湘边界地区的阳平大幡科仪》，载刘劲峰《赣南宗族社会与道教文化研究》，法国远东学院，2000，第 306—314 页。

再将炭化后的诰牒装进一个白色的布背袋里,置于棺内亡者的身边。据说有了这些文凭,亡者到了阴间便可很顺利地谋取到城隍、社令一类的官职。而所谓带兵骑棺,是在亡者出殡时,要由一名道友化装成将军,身穿女衣,头裹红巾,额带"夫人箍",手持灵刀、锡角,衣领上插满原先插在雷坛上,现需要当场散去的阴兵兵旗,骑在亡者的棺木上,一路吹角、舞刀,浩浩荡荡直奔坟墓而去。到了坟头,将兵旗按五个方向插好,并分别祭供,奉劝他们护卫主人一起到黄泉去,名之为"散兵"。据说经过这项仪式之后,该亡者原先雷坛上的阴兵,除会留下少部分移交给接坛者外,其余散兵游勇都会随亡者而去。这样,地方上才能得到安宁。

三、斋公与斋婆

斋公、斋婆是赣南民间对佛教居家人士的一种统称。所谓斋,指的是斋戒,而当地人最简单的理解则是吃素、供佛,不沾荤腥。其斋戒种类,按照赣南的习俗,有所谓吃"太阳斋"(每天早晨吃素)、"花斋"(农历每个月的初一、十五全天吃素)、"观音斋"(农历二月的十七、十八、十九三天全天吃素)、"十斋"(农历每个月的初一、初八、十四、十五、十八、二十三、二十四、二十七、二十八、二十九或三十全天吃素)及"常斋"(即常年吃素)之分。前四种,因吃荤与吃素是交替进行的,且在规定时间里,只要不吃荤,并能在佛圣前燃香礼拜则可,没有其他的要求,故当地人只把他们看作是佛教的一般信士,称其为"吃斋的人"。而最后一种,则不但要天天吃素,且要接受三皈五戒,定期念经拜佛,故当地把他们看着是进了佛门的人,称其为"斋公"或"斋婆",而他们自己,则自称"俗家弟子"。由于三皈五戒必须在正式的寺院进行,皈依时还必须由一到二名出家僧尼做他们的皈依师与证明师,所以,俗民一旦接受皈依成为斋公、斋婆,他与该寺院便形成了一种契约关系,寺院有义务为他讲经说法,解决疑难,指导他们修成正果;他们也有义务接受皈依师的开导,依法修行,并竭尽全力扶持三宝,为寺院筹款献力。

在赣南地区,斋公、斋婆不但数量多,且教派形态五花八门,关系十分复杂。据笔者2005年在宁都、石城两县的调查,这里的斋公、斋婆,依据其从事宗教活动的内容及形式,至少可分为两大类,一类自称是修"净土道场"者,另一类则自称是修"经忏道场"者。所谓修"净土道场",是指专门以修净业、结福缘为主要目的,一心念佛修炼,以求往生西方极乐世界的这些斋公、斋婆,当地人又称其为居士或莲友。这些人中,大多数家里都立有简单的佛坛,按照佛门的规定,每日凌晨起床,从 4 时半起便要按照寺院赠给的《净土朝暮课本》开始做朝科，分别诵念《楞严咒》《大悲咒》《十小咒》《心经》《祝愿偈》《十大愿王》《三皈依》《韦驮赞》。午后 4 时起再做暮科，分别诵念《阿弥陀经》（或《礼佛忏悔文》）、《往生咒》《蒙山施食》《净土文》《三皈依》《观音赞》。每逢初一、十五或佛、菩萨圣诞，则要到所属寺院或专门为他们设立的念佛堂举行集体法会，并为寺院做些粗活，以示扶持三宝。由于斋公、斋婆们的年龄、文化程度及身体、经济状况各不相同，所以，对朝、暮科的施行也差别甚大，有些条件较好的，基本上还能照章办事；而大多数人，因受条件限制，只要能做到"早晚焚香，参承三宝，随意念佛"，指导老师也不会加以指责。

而所谓从事"经忏道场"者，则是指那些专为他人诵经拜忏，以帮助他人解冤释结，以求摆脱病痛之苦，延生求福；或超度亡者的灵魂，使其摆脱轮回之苦的这些斋公、斋婆。他们大多自称是佛教禅宗临济宗的传人，其宗教行为与流行于闽南、粤东地区的香花和尚有些相似，但又有明显的区别，其主要的区别在于，香花和尚平时可以破戒吃荤，而斋公、斋婆则必须坚持长年吃素；香花和尚可以在行业内传度，而斋公、斋婆则必须由寺院给他授三皈五戒。

宁都的经忏道场，一般可分为延生与往生两种。所谓延生，是指斋主家的大人，或小孩体弱多病，经过问卜，认为命中多带冤业，所以要选择其寿诞之日，为其启建延生道场，通过念经拜忏，来消除冤结，延年益寿。其道场时间的长短，一般依据斋主的经济条件而定，或 1—2 天，或 3—5 天。最长的可做到 15 天。道场名称，通常称"念婆婆佛"，只有少数为突出道场功用，而称其为"还寿生钱"，或"念千佛""念万佛"。所念经忏，通常为《消灾延寿药师宝忏》《金刚宝忏》。而往生道场，是专为超度亡魂而建，以使亡者放下万缘，心生正念，求佛亲蒙接应，往生净土。其经忏一般为《阿弥陀经》《十王宝忏》《阎王宝忏》。如果亡者是女性，家庭经济又比较好，则会加拜《水忏》《梁皇宝忏》《血湖忏》，并做一套《目连救母》。中华人民共和国建立以后，随着科学技术的进步及山区医疗条件的改善，如今大人小孩生病均会上医院找医生诊疗，此类法事基本消失。

在石城县的小姑乡，有个特殊的风俗，妇女凡年届五十岁，不管身体好坏，都要举行一场"开佛堂"的仪式，仪式中，要请斋婆中的佛头婆将自己事先准备好的佛珠、念佛袋、佛衣、佛裤等物传授给自己，并由佛头婆将自己引入佛堂，而后请斋公、斋婆与自己一起念 4 堂。其佛经内容只有"南无阿弥陀佛"一句话，每念完一句，就拨动一颗佛珠。念满 108 句即为一圈，念满 12 圈为 1 堂佛。4 堂佛念完，由佛头婆授给 4 张凭证，并连同冥钱、入教文书一起装入佛箱焚化。由此，开佛堂就算完成。以后，每年请念佛婆一起来念一次茶佛（每次茶佛念 3 堂佛），每三年请斋公、斋婆一起来做一次回佛（每次回佛念 4 堂佛）。做满 6 次回佛，最后再做一次"点佛"（这次"点佛"前后要做 5—6 天，除念"南无阿弥陀佛"外，还要加拜《梁皇宝忏》《水忏》，并焚化纸佛箱、纸佛楼及宝伞、焦面[①]等）。据说经过了这套仪式，该人就算功德圆满。以后亡故时便可依照佛教僧尼的身份，身穿佛衣，肩背佛袋，堂而皇之地进入到西天极乐世界里去了[②]。

民间佛教在赣南地区的兴盛，与历史上弥勒净土信仰在赣南的广泛普及有关，据清道光《宁都直隶州志》的记载，早在晋代，就有净土宗的禅师来赣南布道，并在宁都的莲花山上兴建起了"青莲寺"。明代后期，以弥勒净土信仰为根基的罗祖教及由罗教演化成的大乘教、斋教均先后传入赣南，并在赣南城乡各地广泛流传，由此而将弥勒净土的信仰深深地植根到了民众的日常生活之中。

以上便是笔者对赣南民间宗教信仰所作的一些粗略调查。从这些调查中，可以看出，所谓民间宗教，实际是一种世俗化了的宗教信仰派别，他的主要崇信对象是广大的下层民众，世俗的神灵观、具有浓郁民间曲艺色彩的象征性仪式与简单的修行方法是民间宗教信仰的一个重要特点。从事这项宗教活动的神职人员大多是半专业的，他们既是民间宗教信仰仪式的专家，同时又是普通的农民或工商业者，保留有自己的家庭与正常的家庭生活。正是基于这些原因，所以它在赣南城乡各地具有一定的信仰市场。

（本文于 2012 年在香港中文大学东亚研究中心与金门大学联合召开的"民俗传统与地方社会"学术研讨会上首次发表）

---

① "焦面"又称"鬼王"，是专门掌管孤魂野鬼的神明。
② 朱祖振：《小姑朱姓发展及其民俗》，载劳罗勇、劳格文《赣南地区的庙会与宗族》，法国远东学院，1997。

参考文献：

[1]魏瀛等.赣州府志 [M].1873.台北：成文出版社影印本，1970.

[2]刘丙，梁栖鸾.宁都直隶州志 [M].1824.赣州地区志编纂委员会办公室重印，1987.

[3]劳格文.客家社会丛书：八，刘劲峰：赣南宗族社会与道教文化研究 [M].法国远东学院，2000.

[4]劳格文.客家传统社会丛书：三，罗勇，劳格文.赣南地区的庙会与宗族 [M].法国远东学院等，1997.

[5]劳格文.客家传统社会丛书：十八，刘劲峰.宁都县的寺庙、庙会与经济 [M].法国远东学院等，2002.

[6]刘劲峰.活跃在佛教寺院外的斋公与斋婆——宁都县民间佛教文化调查 [M]// 谭伟伦.民间佛教研究.中华书局，2007.

传统视野下的身份认同：
以一位职业道士的丧葬仪式为例

职业道士是中国传统社会中具有特殊身份的人群，在民众的社会生活中扮演着重要的角色。为了确立道士在民众心目中的神圣地位，使其从一个普通俗民转化为能被民众广泛接受，被认为是具有可与神明直接沟通的特殊人才，其间要经过初度、加职、出朝等若干程序，并为之举行一系列特殊的仪式，以建立地方社会对其身份的认同。本文以江西崇义县上堡乡上垅坛普庵教道士罗栖东先生的丧葬仪式为例，详细记述该仪式的全部经过，并与当地一般民众的葬礼进行横向比较，以说明该仪式在中国传统社会职业身份认同中所具有的重要价值。

一、背景资料

罗栖东先生是笔者从事民间宗教仪式研究时的主要报告人之一。据其生前报告，其祖籍广东乳源，明代末年，因外出垦荒，先祖由乳源罗家集迁居到湘、粤、赣三省交界处的湖南汝城濠头乡漳溪村，之后又转迁到距其仅数里之遥的江西崇义县均源村白竹垅居住。祖父罗银亮曾中过秀才，从而成为山区中少有的几户殷实家庭。但好景不长，到其父罗河山的手上，因体弱多病，逐渐把家产消耗殆尽。罗栖东出生才九个月，父亲病逝，为生活所迫，他随母外嫁到邻近的湖南桂东县集龙乡。但继父家中很穷，养活不了他们母子俩，于是，七八岁时，他就改从外祖父、湖南濠头乡普庵教上垅坛道士刘周臣（法号刘远三郎）生活，13岁投拜其舅舅刘善政（法号刘运五郎）为师，授法号罗法逮，从而成为湖南濠头乡上垅坛的一名普庵教小道士。

上垅坛是一个具有400多年历史的老坛。该坛从张圣二郎创坛至今已传了21代，其中，前12代都是在张氏家族内部流传，到第12代坛主张扬三郎时，因张家已经衰微，族中无人愿意学道，为避免香火熄灭，张扬三郎只好收外戚廖阐一郎为徒，上垅坛因而由族内坛变为族外坛。1946年，已在上垅坛取得了一般道职的罗栖东又赶赴濠头参加了在那里举行的一场阳平大幡仪式，并在仪式场上投拜仪式主持人、普庵教漳溪坛坛主潘显九郎为自己的传度师，从而获得了"上清三洞金精光箓内外行营斩鬼伏魔升授金阙光箓大夫”的道职，授法号罗逵一郎[①]。1949年，罗栖东从其舅刘运五郎手中接下了上垅坛，第二年，潘显九郎因无人接班，又将漳溪坛交付给了他，于是，他便成了普庵教上垅、漳溪两坛的掌门人，并将两坛坛址从湖南汝城县濠头迁移到了江西崇义上堡乡。

2003年9月，年过77岁，行道60余年的罗栖东先生突发重病，他自感在世的日子不长，于是便在其所传授的9个徒弟中挑选了湖南桂东籍人士郭某攸为他的接坛弟子，并留下遗嘱：

为我仙逝所做的保奏法事要文武两坛同做，厅堂左边放棺木，右边打中台安道坛，时间二日三宵，第一天请神、收兵裹斗、离房、文投坛、发文、召亡、答祖、起武投坛、奏状、开经、回向、停更、拜文疏。第二天早起开更、投坛、早朝，早饭后召兵、迁坟、开土皮、逻营、分人行香、在家者礼忏。返山的早上召兵支粮，早饭后出山朝筵、造桥设送、骑棺散兵、散兵回来后顶坛、召祖师兵、翻坛、带兵上路。回到家中做和兵合众……言不尽也。除顶坛者外，要留人送师、送神主去白竹垅合炉。

整套仪式由弟子汤某全审定，郭某攸主坛，程某兴兼做礼生，主持杀猪陈牲，张某古专做武教。

同年10月2日（农历八月二十六日）卯时，罗栖东先生谢世。闻讯后，其传度弟子汤某全[②]、程某兴、张某古，口教弟子郭某攸、罗某明、林某根、李某明，本坛师兄郭某辉、师侄郭某金及上堡乡道教同行唐某恕、唐某玖、邓某权、李某正等13人赶到罗家，经过一番商定，将二日三宵的“保奏”科目排定如下：

10月3日（农历八月二十七）	启师造水、收邪落禁、收兵裹斗、锁庙离房、投坛发表、启请武圣、申文奏状、引亡摄召、资宗答祖、礼忏削罪、申文拜表、安神回向、停更歇宿
10月4日（农历八月二十八）	开更报晓、早朝安位、悬幡挂榜、行香参祠、跪诵真经、大闹洛营、午朝贡表、咒水燃香、巡棺救苦、归山解厄、秉水给引、诵经完忏、迎请车夫、辞灵接牒、焚钱化赞、施衣利孤

① 法号、郎号分别为崇义普庵教一般道士与高功（即大番师）的职名。详见刘劲峰：《赣南宗族社会与道教文化研究》，第227页。

② 为保护个人隐私，文中涉及到的当代人身份、名讳，均作了技术处理，下同。

（接上表）

10 月 5 日 （农历八月二十九）	召兵集将、团营扎寨、支粮赏将、出山朝筵、骑棺散兵、接灵返祠、和兵合众、贴桥上座、和合先朝、谢师送神

二、仪式内容

（一）启师造水、收邪落禁

启师造水是上垅坛各类法事的开场科目，理所当然地要由新的坛班继承人郭某攸亲自主持。是时，主坛师身穿道服，净手上场，先在坛前行香、稽首、跌筶定占，并用请尺在中台左下角下一道"紫微令"（又称"开尺令"），然后化纸作揖，手挽关诀开口请师、通意、祈保、变香炉、变水盅、变身。将坛案上放置的水盅放在香炉面上烟熏一下，以示确认水盅内外已沾满仙气，然后左手持盅、右手持灵尺在台前步罡造水。行完罢，用手指在台面上画道"金井令"，再将水盅置于金井内，一边念咒，一边在盅面上画解秽令、金刚令、紫微令（又称"光头紫微令"）、普庵令、收煞令、五雷令、四纵五横令、火斗令[①]……最后，在画四纵五横令、火斗令时，还要大喝二声"一画成江、二画成河、三画三重山、四画四重海""开天门、闭地府、塞鬼路、破鬼肚、串鬼心、断鬼头、除鬼腰、截鬼脚，吾奉太上老君急急如令敕"。同时跌筶定占，"造水"便大功告成。于是，一碗普普通通的清水便变化成了具有无穷法力的神水。

造水之后，接着藏魂。所谓藏魂，即要把主坛师及雷坛周围的所有人口、牲畜的灵魂都隐藏到神水中去，使鬼怪邪师看不见，找不到，以确保他们的生命安全。藏魂之前，主坛师照例先要为自己变身，以示将自己的凡身变化成普庵祖师的正身、观音的正身以及大幡师主、大幡师爸、口教师公的正身，从而进入到神明的境界。接着，再依次为在场的人口、牲畜变身，并俯身到水盅面上，向水里呵一口气，以示把所有人口、牲畜的灵魂都藏到了大海之中。

藏好魂，随即收邪落禁。所谓"收邪落禁"，目的是要收尽坛场内外的阴阳邪师、四季耗神及各种瘟瘴时气，以保证坛场的洁净，迎接神明及亡师灵魂的莅临。是时，主坛师手端瓷碗，将碗倒扣在地上，碗内放木炭一块，以象征火牢。接着手抓雄鸡

---

① 详见本书《萍乡老关镇关帝庙太平清醮》。

一只，将鸡按倒在地上，先请师、变鸡（把普通的家养鸡变化成能吞邪食魔的金鸡），再手挽五雷诀，以撒米的方式象征性地向外发兵收邪，并将所收邪耗先送入雄鸡口中，再转移到瓷碗内。最后用红纸盖住瓷碗，并在纸面上压块红砖，敕一道"金井令"，以示已将邪耗牢牢地镇压在火牢之中，仪式即告完成。

（二）收兵裹斗、锁庙离房

收兵裹斗、锁庙离房是崇义普庵、闾山、老君各派道士亡故时必做的一项科目。据罗栖东先生生前告诉笔者，道士的丧葬仪式之所以会与一般俗民不同，根本原因是道士生前曾入过老君衙门，授过道职，身边还有阴兵相随。而这些阴兵，在未被招募之前，均为世上阳寿未尽的孤魂野鬼。为了不使这些阴兵在得到道士亡故的消息后四散逃亡，故在道士断气时，家眷们切忌放声痛哭，而要保持静默，以等待同行道士前来为之"收兵裹斗"。

所谓"收兵裹斗"就是由主坛道士将亡故道士以前掌管的阴兵阴将全部召集到一起，赶进"兵营"（用竹筒做成的"兵斗"便是"兵营"的象征物）去，使其不会流落到民间为害百姓。在"收兵裹斗"之前，助坛师们要先在仪式场的右边安置一张中台，台上挂文武两坛功德（即神像），设"祖本宗师"牌位，神前设香烛、茶酒、素果等供品。同时用小毛竹制作兵桶一个、三角兵旗五面（旗上分别写"金城兵""木城兵""水城兵""火城兵""土城兵"）、纸灵牌三座（灵牌上分别写"归朝弟子罗逵一郎头中台光魂神主""归朝弟子罗逵一郎腰中爽灵魂神主""归朝弟子罗逵一郎脚中幽精魂神主"，以代表亡者的三魂七魄）。还要在道坛中台与住房中台之间架设起一块桥布。

仪式开始，主坛道士先在坛前请师、变身、变兵斗、变桥布，以示把自己的凡身转变为祖本宗师、十大都司①的正身；把兵斗变为琉璃宝殿、风和日暖逍遥境；把

---

① 十大都司，指的是道教天庭雷部之雷霆都司诸神。《（正统）道藏》第29册《道法会元》卷56《上清玉府五雷大法玉枢灵文》记载："雷霆都司，乃北帝专司之所，列官分职，佐玉机之政。凡世间水潦旱魃，悉请玉枢院禀听施行。至于雷霆斧铁，庆赏刑罚，有条不紊，悉有司存。"在赣南民间宗教的祭典仪式中，经常会请到雷神都司（或称雷部天将）。由罗栖东自撰的《万法归宗》"请师咒水"一宗记述："吾师东来东坐、中心结起莲花宝座，驻马停鞭，宽心且坐。皈依大道，元亨利贞。再来拜上道场会上文武圣贤，佛堂三宝、海会圣贤诸大菩萨，南海观音、普庵祖师、王、马、温、康、朱、殷、关、赵、庞、刘、苟、毕、邓、辛、张、陶八部雷神十员天将。"

兵斗中的米粒变成珍珠玛瑙；把桥布变化成通天透地的金桥，桥头直透亡师身边，桥尾直透三十三天玉皇、老君大殿。接着，由孝眷手捧事先准备好的三块小灵牌，随主坛师进入亡师的住房中。主坛师手挽祖本宗师诀，面对亡师遗体收魂三次，以示把亡师头上第一台光魂、身上第二爽灵魂、脚中第三幽精魂尽皆收在灵牌之上，藏在琉璃宝殿中，仰差三元将军①日夜守护。收魂后，在引魂幡的引导下，眷属们将三块灵牌分别通过桥布移送到道坛中台上，安放到预先准备好的兵斗中，顶上再盖上一块小红布。接着，主坛师一面念咒，一面在布面上画金井令、光头紫微令，并"口封五道将军②、十大都司，封住阳光不露，内神不出，外神不进"。而后出大门口，先挽三次铲诀，以示用铜铲、铁铲关上仙魂一重门、二重门、三重门，门门闭塞。再挽麒麟诀、狮子诀，以示把大门化为麒麟、狮子，吞食敢于来犯的魔鬼邪师。最后吹响锡角，号令三元将军拦截大门，守住亡师灵魂，名之为"拦门截障"。"拦门截障"后，主坛师手挽"障诀"，小心退场。

退场后，主坛师及其助手从亡师雷坛上拣出除"上圣宗师兵"以外的所有兵旗（计有左营天仙兵、右营地仙兵、王姆兵、福主兵、三清上圣兵、花公花母兵、罗逵一郎左右兵、罗逵一郎前后兵、罗逵一郎随同兵、东夷兵、南蛮兵、北狄兵、西戎兵、三晋兵等），坛前告神后一同来到亡师房中，一人吹响锡角，一人挥舞兵旗，口唱"召兵歌"，以示把亡师雷坛上的兵将全部召集到一起。召完兵，主坛师将兵旗全部插入兵斗，并将兵斗从中台移到地面上，先支粮，再围着兵斗唱"团营扎寨歌"以示安顿兵将。歌后，宣化"倒头集兵疏""支粮牒"，并杀只公鸡犒赏。

紧接着，主坛师从中台取出事先准备好的五面三角小旗，先坛前告神、通意，以示禀告神明：归朝弟子罗逵一郎已经辞世，为防止下司假传敕旨，逼勒亡师仙魂飘落他方，奉请祖本宗师号令三十六营神战兵及金木水火土五城兵马，在宅前屋后

---

① 三元将军，详见刘劲峰《赣南宗族社会与道教文化研究》之《流行于赣湘边界地区的阳平大幡科仪》，第280页。
② 五道将军，又称"五道大神"，是唐朝至五代时期民间信仰中广为流传的冥界神灵。《太平御览》载："北齐崔季舒，位至侍中特进……又其妻曾昼寝，见一神人，身长丈余，遍体黑毛，前来逼己。巫曰：'此是五道将军，入宅者不祥也。'"在道教轮回转世体系中，五道将军为东岳大帝属下分掌生死荣禄的大神，（宋）张君房《云笈七签》卷十《三洞经教部》记载："何谓五道？一道者，神上天为天神；二道者，神入骨肉形为人神；三道者，神入禽兽为禽兽神；四道者，神入薜荔，薜荔者，饿鬼名也；五道者，神入泥黎，泥黎者，地狱名也。"

布下罗围,严格盘查过往魂灵。然后手持兵旗在门前吹角召集神战兵、五城兵。召兵后,带领在场众道士绕宅奔跑三圈,并将五面兵旗分别插在住宅的大门前及四个屋角上,以示扎营守护。最后回坛安神,"收兵裹斗"即告完成。

稍稍休息后,主坛师再次坛前启师、通意,并手持五个小碗及五张小红纸,出到大门口,依照东、南、西、北、中五个方位请出五方兵将,去关锁各个方位大小庙宇的庙门,以防止庙神假冒仙师去闾山衙门顶替赴任。每锁住一方庙门,主坛师要用红纸盖住一个小碗。待五方的庙门全部锁齐,主坛师将五个小碗移到中台下面,用竹箩盖住,以示将各个大小庙宇的庙神都集中到中台下面接受供养,并当坛宣化"锁庙牒"一道。

锁庙后,主坛师吩咐家眷用雷坛上昔日收藏的符水为亡师沐浴、更衣、盛妆入殓。而后将棺木移到仪式场的左边,并在棺木前架设灵台,用引魂幡将道坛中台上的兵斗及斗中的兵旗、亡魂小灵牌一起接引到灵台上,安位后敬茶献酒,虔诚供养,最后在灵前宣化"离房疏""申死状"。

据汤道士介绍,过去做"离房",要比现在复杂得多。是时,要在大厅右边棺木前放张竹椅,亡师沐浴后,主坛师先要为亡师开道、造仙桥,再将亡师的遗体背到竹椅上端坐。椅前放踏凳,凳下放一个水盆,水盆中再点亮一盏具有五头火的油灯,其坐势与红楼普度的坐衙基本相当。由于此时尸体已经僵硬,为了软化尸体,主坛师要用锡角往亡师的耳内拼命吹气,直到其坐稳为止。后来,大家觉得用真尸气氛过于恐怖,便改用稻草人替代真人。再后来,就干脆改用灵牌了。

离房之后,孝眷开始放声哭泣,丧葬仪式正式开始。

(三)投坛发表

投坛,又名起文坛,这是任何一场文法事都必须科演的首场科目。是时,担任主坛的顶礼师先坛前禀佛、通意,随即唱香赞、灯赞、水赞、三宝赞,然后燃香洒净、安慰龙神、请五方天王洁界,最后恭对请圣。其所请圣明主要有上圣如来三宝、十方三世一切诸佛、诸菩萨、天曹地府、十殿冥王以及三清上圣、王母众仙、闾山九郎、三奶夫人、历代祖本宗师、州县城隍、本坊福主、社令真官等,请圣后接着祈保、宣化投坛表、追亡关,最后安佛下坛。

(四)引亡摄召、资宗答祖

引亡摄召、资宗答祖又称召亡、请祖,两项科目可连贯进行。科演之前,先要在门前架设一张中台,台上设香烛、素果,台前放置一只脸盆,盆内放清水、毛巾。仪式开始,顶礼师照例先坛前请佛、变身、变孝服,以示将亡师孝眷们的丧服变化成五彩祥云，遮盖孝眷人等灵神不见，灵鬼不知。接着，孝眷成服（即穿孝服），面向外跪伏在大门口。顶礼师从孝眷手中分别接过亡师与祖宗神主牌（亡师神主牌用白纸制作，正中贴一行红纸，上写"新逝显考罗公讳栖东老大人一位魂下"，背面贴亡者生殁年月时辰），安放于中台之上，接着恭对请神、通意，并以阿弥陀佛、地藏王、引路王的名义，挥动招魂幡，召请亡师及亡师历代祖先沐浴整装，"归灵就座，听法闻经，从此改往修来，修持戒定慧，断绝贪嗔痴。提正身，正法身，从人道而归佛道，歌扬法乐，引赴道场，参拜佛圣，哀求忏悔"。招魂后，眷属手捧祖先及亡师的灵牌，在手执招魂幡的顶礼师引导之下，先坛前参佛礼圣，而后将灵牌分别安放到祖宗台及亡师灵台上。

资宗答祖之后，随即在祖堂前杀一头大肥猪，并取下猪头、猪尾，由顶礼师一一呼赞，供奉于灵台之上，名曰"杀猪陈牲"。由于这套仪式属于儒家礼仪，一般道士无权主持。唯有罗栖东先生所带的传度弟子程某兴具有高中文化，并在小学毕业时做过毕业酒，拜过孔子，所以罗栖东事前留下遗言，嘱咐该仪式须由程某兴主持完成。

（五）启请武圣、申文发奏

启请武圣、申文发奏又合称武坛发奏，是每场武法事必须科演的首场科目，内容包括呈锣发鼓、投坛请圣、奏状、起旗开岳、装身行罡、造桥接圣等。

所谓呈锣发鼓，即要通过一道科仪程序将道坛上需要使用的道具，如锣鼓、锡角、师刀等变化为二十四蛮雷声、狮子吼声、阊山九郎、王姆仙娘、三位夫人、祖本宗师的号角声、斩邪驱魔的飞刀利剑。

是时，主坛师先要在坛前启师变身，接着，一边敲小锣，一边唱"呈锣发鼓词"，内容为：数说锣鼓根源，变锣、变鼓，并号令五方兵马速速赶赴道场下罗围，"围得邪神邪鬼莫交通"。最后，主坛师手持锡角、师刀，在坛前变角、变刀后，于门前接连吹角三声，以示叫开天门地府，迎请神明下凡。

呈锣发鼓之后，主坛师手挽关诀，在门前分别关请上、中、下三洞[①]诸师、诸圣及各路兵将。

---

① 道教经典分洞真、洞玄、洞神三部，合称"三洞"。言通玄达妙，其统有三，故云"三洞"。见《云笈七签》卷六引《道门大论》。

　　请圣后，接着在坛前祈保、奏状。所谓奏状，即向三界神明奏明本场法事的目的，祈请他们光照来临。是时，主坛师照例先坛前启师，然后一手拿师刀，一手持申坛状在坛前行罡，以示历经千山万水，将奏状送进老君衙门，祈请奏书仙官火速将其转送到各个仙宫神祠。行罡后，主坛师坛前宣状，并将卷成筒状的奏书竖立在中台上，让其慢慢焚化。最后挽白鹤诀、车诀，以示将奏状送入九天云霄。

　　发奏后，主坛师休息片刻，而后再次入坛启师告圣，并手持兵旗，出外召请五方兵马。接着吹响号角，号令各路兵马打开天门，扫清道路，名之为"起旗开岳"。

　　起旗开岳后，接着装身行罡。所谓装身，即主坛师要把自己的凡身变化成王姆、三奶夫人的正身[①]，以收尽坛场内外的邪魔鬼怪，迎接神明的到来，其内容包括造席、下罗围、借衣、变身、行罡、洁界化现等六项。

　　是时，主坛师先启师告圣，接着，便手持一床卷成筒状的草席，先造席，再抓住草席的一头，一个滚翻，顺势将草席铺在地上，称之为"下罗围"，又一个后滚翻，顺意将草席翻转到另一头，称之为"反转村头作村尾，反转村尾作村头"，寓意转动罗网，使邪鬼辨不清方向，乖乖就擒。

　　下完罗围，主坛师从内坛取出女衣、罗裙、夫人箍、法帕，先一一展示这些道具，说明他们不是非凡之物，而是从王姆仙娘那里借来的天上宝物。接着坛前换衣、变身藏魂，并手持师刀、脚穿新鞋，在席上行祖师罡、本师罡、王姆打邪罡、独脚魔王罡、王姆点兵罡。

　　行过罡，主坛师重新坛前启师，并请求东、南、西、北、中五方结界大王带领所部兵将，在通往仙境的道路两边结起千重万重山，以阻挡邪鬼邪师进入，同时将沿途的房屋变化成大小铁牛，将大门变化成食邪狮子的口和牙，将人口、牲畜变化成鱼龙，一齐都到金龟肚里去藏身，名之曰"洁界化现"。

　　洁界化现之后，接着造桥接圣。接圣仪式需由二名道士共同科演，其中一名道士头戴祖师帽、身穿道服、手持朝笏；另一名道士头戴夫人箍，身穿女服，手持师刀、锡角。仪式之前，先要在大门外架起一张中台（台上安放香炉及祖本宗师神位、兵旗），并在外中台与内中台之间拉起一块蓝色桥布，布面上铺三洞众仙手卷。主坛师先坛

---

① 详见刘劲峰：《流行于赣湘边界地区的阳平大幡科仪》，载《赣南宗族社会与道教文化研究》，第289—280页。

前启师，再唱"造桥歌"，祈请三元将军、土公土母、天兵天将及鲁班仙人伐木造桥。仙桥造好后，主坛师带领亡师眷属跪伏在大门口，逐个请神。跌筶应验后，分别挽祖师诀、本师诀、九郎勒马诀、金童玉女诀、白鹤诀、推车抬轿诀，并在幡旗引导下，通过仙桥，将外中台上的香炉、神牌、兵旗逐一转移到道坛中台上，以示将神明迎上了坛场宝殿。最后排宴、献供、宣化"下马疏"，安神下坛。

（六）礼忏削罪

礼忏削罪，又称颂经拜忏，目的是代亡者忏悔，以解除其在世时积欠下的各种罪孽，使灵魂得以超升。据了解，在为罗栖东先生举行的二日三宵的法事中，诵经拜忏一共安排了三次，内容有"水忏"一部，观音经、地藏经各一部。

（七）申文拜表

申文拜表是上垅坛各种仪式中最重要的一项科目，故科演时刻要请阴阳家精心选择。

仪式之前，先准备一个大装盘，盘底垫一块新红布，把事先写好的24道文书，即灵山表、玉皇表、天府表、地府表、水府表、岳府表、三元表、天师表、观音表、普庵表、星主表、真仙表、醮功表、福主表、中界牒、罗王关、监斋牒、常境牒、门神牒、面燃牒、司命牒、守幡牒、太岁申、城隍申整整齐齐地排放在布面上，文书面上覆盖一块红布，正中放置一道奏官文，两边分别压上新墨、新毛笔、新白纸扇等文房用品。文书摆好后，先放在中台上供奉片刻，名之曰"印牒"。接着，顶礼师身穿道服，先坛前启师告圣，唱香花水文赞，恭对请圣，而后出大门口召请功曹，并宣化奏官文，以通知奏官功曹火速奏报三界神明领受奏章。召完功曹，再回到坛前，手捧大装盘，在香炉面上过炼若干次，接着在坛前宣灵山表。宣表后，将24道文书连同文房用品一起护送到大门外的天香炉中焚化，最后，安佛下坛。

（八）安神回向、停更歇宿

安神回向、停更歇宿是法事第一天的压脚科目，内容均为向在坛的各路神明申明：当天的法事已经做完，祈请神明安心歇宿。因本场法事囊括了文武两坛，所以压脚科目也要分成两坛进行。其中，安神回向主要针对文坛神明，而停更歇宿则针对武坛神明。

（九）开更报晓、早朝安位

与安神回向、停更歇宿相对应，开更报晓、早朝安位是第二天法事的开场科目，内容是向文、武两坛神明奏报，新一天的法事即将开场，祈请各路神明漱洗整装，光照来临，而后虔诚上香、献供。

（十）悬幡挂榜

悬幡挂榜是向阴阳两众公示本场法事的基本内容，并以幡旗形式召请各路神明及孤魂野鬼一齐前来为本场法事作证盟。是时，顶礼师先坛前启师告圣，而后率亡师眷属外出竖幡、安位、张贴文武榜。

本场法事共竖了孤幡、胜幡、掌长钱幡等三杆幡竹，其中，孤幡用白纸制作，而胜幡、掌长钱幡则用蓝纸制作，幡竹上分别安置"南无沃焦山上鬼界城中面燃大士菩萨""坚牢地狱""南无三界守幡使者"等神位。安位后，逐一献香进酒，最后回坛安佛下坛。

（十一）行香参祠

所谓行香参祠，即顶礼师率亡师眷属到祖祠及邻近的庙宇去进香朝拜，并宣化请神表一份，以祈请祖先及各路庙神赶赴法场，一块作证盟。

在行香参祠的同时，一部分人在家诵经，另一部分则上山科演迁营、开土皮。

所谓迁营、开土皮，实际是为墓地选址，并为之举行一套简短的奠基仪式。是时，主坛师先在坛前启师、灵前告慰亡魂，而后吹角召兵，并手持兵旗、锡角、师刀，与亡师眷属一齐来到预先择定的坟场。到场后，主坛师先告慰五方龙神土地，然后吹角号军，排兵，并围着选定的穴位下罗围三次。布好罗围之后，宣山头榜，并将榜文悬挂在附近的树枝上，口请五方兵将到场日夜守护。挂完山头榜，孝长子跪在地上，用锄头在选定的墓穴位置上连挖三下，而后悄无声息地离开，主坛师则手挽"障诀"，小心退场。

开过土皮后，请来的匠人便可动工挖土建坟。

（十二）大闹洛营、午朝贡表、咒水燃香

大闹洛营，又称"乐营"，它与午朝贡表、咒水燃香一起构成文、武两坛法事的献供仪礼。前者主要针对武坛兵将，而后者则针对文坛圣明。是时，乐队要先打一阵闹台锣鼓，闹台后，主坛师先坛前启师请神，接着召兵、支粮。支粮后，坛班全体道士在主坛师的带领下，有的吹角，有的挥舞师刀，有的打锣敲鼓，一起围着中台不停地奔跑，以示为兵将取乐，故名"乐营"。

乐营后，坛场由武转文，顶礼师上坛燃香洒净，恭对请圣，礼佛献供，并带领坛班道士打锣敲鼓，围着中台奔跑跳跃，名之曰"走朝"。走完朝，顶礼师坛前宣化午表一份。

化完午表，顶礼师手持幡旗、水盅，分别到旁神位（即神坛左右两边的次要神明）、祖宗牌位、亡师灵位、门神位、福主位、幡神位前扬幡洒水，顶礼膜拜，名之为"咒

水燃香"。

与此同时，另一班人马则与眷属一道上山查营。所谓查营，实际是查验坟墓的工程进度与质量，看是否符合主人的要求。是时，主坛师照例要在坟头前启师请神，而后吹角召请五方兵马，敦促其尽忠守职，建营、守营不放松。

（十三）巡棺救苦、归山解厄

巡棺救苦、归山解厄是崇义上堡地区，不管一般村民还是道士，凡超度法事都须科演的项目之一，目的是为亡者解冤释结，使其灵魂尽早脱离苦海。

仪式之前，先要准备新伞1把、新席1床、白头布3尺3寸、白腰布4尺8寸、裹斗布2尺7寸、解结线1束、解结钱48枚、纸长钱48串、三角形归山旗48面、米斗1只、空斗1只、米筛1个、水盆1个、秤1杆、铜镜（或玻璃镜）1面、小油灯7盏、大利市（礼金）2个、归山席1桌。并将米斗、空斗、解结线、解结钱连同亡师神主牌一起放置在棺木前的灵台上。空斗中插秤杆、归山旗，挂铜镜。空斗与灵牌的顶上撑起一把新伞。台角上悬挂48串纸长钱，台下放木盆，盆中放剪刀、清水，并在盆中央点亮一盏清油灯，以代表金、木、水、火、土五种物质，棺木下面再点亮7盏小油灯（名之为"七星灯"）。

仪式开始，顶礼师先禀佛告圣，禀佛后先绕棺三周，再由领头孝子手捧亡师神主牌到坛前礼佛忏罪。忏罪后将神主牌、香炉一同转移到棺木前安位。之后，主坛师带领孝眷们一边唱"巡棺救苦歌"，一边围着棺木转圈，以安抚亡魂。每转一圈，顶礼师要在棺木前及棺木的四个角各稽首礼圣（圣即大圣光明藏菩萨、三宝如来、救苦观音、地藏王、阿弥陀佛）一次，亡师眷属则要分别跪拜一次。

巡棺后，顶礼师改换孝服（头上披白，腰上系白），带领孝子、孝孙及其余眷属先坛前禀佛，唱香赞、水赞、灯赞、三宝赞，叹"生老病死苦"。然后一边唱《十别》《48解》，一边带领孝眷绕棺。每绕一圈，顶礼师要从兵斗中取出一面归山旗，领头孝子则从台角上取下一串长钱，背在自己身上。途中，每走几步，顶礼师要稽首一次，孝眷则要跟着跪拜一次。转完一圈，顶礼师及领头孝子分别将手中的归山旗和长钱交给执事，送到门前的铁锅中焚化。紧接着，顶礼师从台上取出系了48个活结的解结线，由领头孝子解开其中的一个活结，顶礼师则从台上取出一枚解结钱，丢入台前的水盆中，并手挽一个"解诀"，一道冤结就算解开。如此循环往复，直到把48道冤结全部解完为止。

最后，坛班全体道士、乐手，有的头戴斗笠，有的身披簑衣，有的打锣敲鼓，有的做着各种滑稽动作，与孝子、孝孙们一起围着棺材奔走跳跃，称之为"走归山朝"。

走完"归山朝"，道士们退场休息，享用由眷属们提供的"归山席"。

吃完"归山席"，锣鼓开始"闹台"。顶礼师闻声，重新禀佛起坛，为亡师"散灯"。所谓"散灯"，即要把棺木下燃点的七盏小油灯逐盏熄灭。其间，每散一盏灯，顶礼师要唱一段祈保，念一声佛，如："一盏灯，弥陀佛，一盏明灯照幽冥，照破幽冥枉死狱，超度亡者出沉沦，南无阿弥陀佛。"孝眷们则要继续跟着顶礼师绕棺，并不停地跪拜……待七盏油灯全部熄灭，表明亡者的灵魂已经得到彻底解脱，归山仪式便告完成。

（十四）秉水给引

秉水给引是上垅坛专为亡故道士所做的一个专项科目，内容包括秉水、开道、游宫、化路引、化缴连、化诰牒、开庙、索案等。

所谓秉水，即用圣洁之水为亡师解秽、洒净。是时，主坛师先坛前启师咒水，变米，以示将符水变成观音手中的甘露水，波涛汹涌的东海水，把米变化成千万天兵、百万天将。变完米，接着变身、藏魂。最后手持水盅、米谷碗，从亡者住房开始，一直到厅堂，沿途一边念咒，一边不停噀符水、撒米谷，以示将屋内的妖魔邪气全部赶走。

秉完水，主坛师重新启师请神，而后手持兵旗、锡角，出大门外吹角召请东、南、西、北、中五方兵将，请他们"挥兵跃马到阶前，打开东（南、西、北、中）方长安道，条条大路通衙前。亡师打从大路过，老君衙内讨高官"。开道的同时，先后宣化开路关、衢天牒、里社牒、河头关，以示扫清沿途障碍，迎接亡师到来。

开通五道后，主坛师再次启师请神，通报："今有归朝弟子罗逵一郎先年投师学法，现福满归仙，伏请祖本二祖前来认识。"通意后宣化认识状，而后手持锡角、师刀在席上行罡，以示带领亡师先后游历上界东宫、花宫、茶酒宫、无忧宫、逍遥宫、长生宫等12个仙宫。每游一宫，均要先化门关牒一道、烧纸钱一张，以示叫开宫门。12仙宫全部游完，主坛师一个前翻滚，跳出席面，而后挽祖本宗师诀、沉天灭地诀断后，以示"仙魂骑鹤上天去，凡师骑龙下海藏，水牛犀角盖吾身，回头一诀断根源"。俗话称"人鬼分离"。

游完仙宫，主坛师取出事先准备好的"路引""缴连牒"及亡师开朝时取得的24道诰牒（总符宝诰、伏魔宝诰、玉皇宝诰、三清宝诰、斩鬼宝诰、参御宝诰、北极祛邪宝诰、横行十任宝诰、请军宝诰、资职宝诰、老君宝诰、公验文牒、九凤破秽公牒、行营公牒、无忌公牒、出身公牒、管兵公牒、合同公牒、老君牒、检验公牒、真君公牒、招军榜、朝簿），一一陈设在大装盘上。先请亡师家眷及村中耆老检牒，而后坛前启师、请神、通意，告之亡师生前曾投衙领受过诰牒，今让亡师随身携带，请老君衙门逐一验明，封官赐爵，荣耀其身，并请沿途鬼蜮一一放行。通意后，分别宣"路引""缴连贴"，并将"路引""缴连牒"及24道诰牒一齐放入一口事先准备好的铁锅中，锅面上再用另一口大小相同的铁锅覆盖住，让其暗中火化。火化后，将灰烬悉数倒进一个用白纸制作的路引袋里，放入棺木之中。

据说亡师身带这些诰牒，经过老君衙门验证后便可取得城隍、社令一类的官职，而不会像一般平民一样饱受地狱之苦。

化牒后，主坛师重新启师告神，而后吹角分别召请五方兵将打开各方大小庙宇的庙门，放出庙神。同时把藏在道坛中台下面，代表五方神庙的小碗上的红纸一一揭开，最后宣化"开庙牒"一道。

化牒后，主坛师再次祈师，求索左营兵、右营兵、五方兵、天仙兵、地仙兵，并号令诸州县城隍准备军粮，田君社令修桥铺路，河泊水官备下舡车，都督将军迅速调兵遣将，以备护送亡师荣登天堂。求索后，当坛宣化索案牒一道，以示将亡师往日的兵马一起交付给亡魂随同赴任。

（十五）迎请车夫、辞世接牒、焚钱化篑、施衣利孤

迎请车夫、辞世接牒、焚钱化篑、施衣利孤是崇义上堡地区每一场文坛超度仪式均要科演的通用科目，为道士举行的保奏仪式自然也不例外。

所谓迎请车夫，顾名思义，是为亡师雇请搬运财帛的阴间劳工。是时，顶礼师先坛前禀佛，念准提咒，接着宣化"脚牒"、迎请车夫。并给车夫焚化冥钱，为他们三献酒，祈请车夫沿途小心爱护财帛。

请完车夫，顶礼师重新坛前禀佛、念准提咒，并燃香洒净、恭对请圣、献酒上香。接着取出事先准备好的"度亡公据"，先在坛前香炉上烟熏一下，名之为"印牒"。印牒后，顶礼师手持引魂幡将亡师神主牌从灵屋取出，先接引到道坛礼佛，再转引回灵堂，放置在灵台上，然后宽慰亡魂，告之二日三宵的法事即将做完，明天要各奔前程，请其安心上路，赶赴天堂。最后宣化"度亡公据"一道，名为"辞灵接牒"。

辞灵之后，接着外出烧篑、化灵屋。所谓"篑"，其实是装满冥币的纸箱。是时，孝眷们先把灵屋、纸篑堆放到大门外，顶礼师先门外请圣，接着请四大天王带兵在灵屋及纸篑四周下罗围。发火后，祈请引路王菩萨接送亡魂：不要往东方，不要往南方，也不要往北方，"只要往西方，去到西方升天堂"。

化灵烧篑后，接着施衣利孤。

施衣利孤又称度孤，或称"放小蒙山"。仪式之前，先要在大门外安放一张中

台，台上设救苦天尊神位，神前供香烛、米酒、甘露茶、花米、花饭、松子（米果）、佛手（米果）、甘露粥。仪式开始，顶礼师先台前禀佛、燃香洒净、恭对请圣，再讲经说法，安慰孤魂野鬼改恶从善，早日脱离苦海。说法时，顶礼师要不停地把露粥、花米、花饭、松子、佛手等撒向远处。最后，由内而外，点燃36品香、36品烛、焚化36件孤衣，以示礼送孤魂野鬼各走远方。

（十六）召兵集将、团营扎寨、支粮赏将

召兵集将、团营扎寨、支粮赏将是道士出殡之前的最后一场武教科目。是时，天已大亮，主坛师先坛前启师，接着便出大门口吹角召兵集将。召兵后，用兵旗将所召兵将带回坛前一一点兵，并宽慰各路兵将驻营待命。

之后，主坛师从道坛中台上取下兵斗，放在坛前地面上，主坛师手持小锣，围着兵斗唱"团营扎寨歌"，以示把各路兵将集中到一起。

团营扎寨歌之后，接着在坛前铺开一张草席，主坛师手持米桶、背插兵旗，先坛前启师、宣化关粮牒。而后坐在席上一面点兵，一面用师刀将米桶中的大米一把一把地拨出桶外，以示为士兵支粮。

支完粮，主坛师再从坛内取出五个小碗，并在每个碗内倒入一些米酒，请解秽仙师、解秽童子为之作证盟，"若是红花有暗秽，雪山神水洒光明"。解秽之后，先敕令、通意，然后宰杀一只雄鸡，将鸡血分别滴入五个小碗，制成"红花"。最后将红花移到大门外，按照东、南、西、北、中五个方位，先后将盛了红花的小碗倒扣在地上，名之为"赏将"。

赏将后，接着置楼。是时，主坛师重新启师、通意，然后手持锡角、师刀唱"置楼歌"，以号令"闾山门下置高楼，置起高楼高万丈。楼下望楼上，枪刀器械白如霜。楼外置米仓，众军吃饭不用愁……"。最后，安师下坛。

（十七）出山朝筵、坟头散兵

出山朝筵、坟头散兵又合称"出殡"，其仪式内容与一般俗民的"出殡"有明显区别，因而显现出道士丧葬仪礼所具有的特殊个性。

出山之前，先要在棺木前架设一张餐桌，桌上供茶、酒、肉、饭，众孝眷跪伏在餐桌之前。主坛师先坛前启师、禀佛，接着，手持水盅、请尺，在棺木前敕符、念咒、挥洒法水，以示为亡者打开咽喉，词曰："悲天长夜苦，热恼香茫中，猛火入咽喉，常忧饥渴路。一洒甘露滋，二洒热恼润，三洒得清凉，法水难思议。大慈大悲，是故开喉真言今当持诵，唵三声娑婆诃。"

开喉后，主坛师先灵前吹角启动亡师灵魂，跌筶应验后，口报"仙魂威灵亲到座，

凡仪果供献尊前。孝亲虔诚无可献，壶觞美酒答亲恩。"接着，领头孝子跪伏在灵前，顶礼师手持酒壶，向亡师三献酒。

灵前奠酒后，主坛师移步到道坛，先排筵，再一边唱《十二月劝酒歌》，一边轮番献供，名之为"设送"。

设送后撤去餐桌，主坛师重新启师告圣，孝眷、亲友从领头孝子开始，一一向亡师献香、献酒，以示奠别。最后，由主坛师献灯、化钱，并取出事先写好的往生牒，宣牒后就地焚化。再从灵台兵斗中取出代表亡师三魂七魄的三块小灵牌，一一焚烧在锡角内，并用力将灵牌焚化后留下的灰烬吹向空中，以示送亡师的灵魂登上天堂。

奠别后，接着封棺，并把封好的棺木移送到大门外预先放置好的两条长木凳上。主坛师则在坛前改换女装：身穿女衣，腰系红裙，头披蓝帕，帕外裹夫人箍。并从兵斗中拣出罗逶一郎左右兵、罗逶一郎前后兵、罗逶一郎随同兵、东夷兵、南蛮兵、北狄兵、西戎兵等兵旗，插在自己的背上，接着请圣、请将军、变身、藏魂。另一名道士则继续身穿道服，手持水盅、米碗，与手举火把的眷友们一起，再一次由内而外撒米、喷水、追邪赶煞，最后顺势将大门关上。

主坛师出到大门外，先在棺前吹角召兵、排兵列阵，以排得"强兵在前，弱兵在后。老兵在前，新兵在后。长枪在前，短枪在后。红旗在前，黑旗在后。大炮在前，小炮在后。铜弓在前，铁弓在后。杀手在前，扶魂在后。南蛇在前，毒蛇在后。黄斑在前，乌虎在后，麒麟在前，狮子在后……列成阵势，火速护送归朝法官罗逶一郎赴吉龙山上迁坟下葬，安营落业"。排完兵，主坛师吹角请圣，并宣化出山朝疏。化疏后，主坛师背扛兵旗，手持锡角、师刀，骑在棺木上。另一名道士则手提雄鸡、菜刀，先当空启师、变鸡、变刀，然后口念斩煞词，在棺木头上一刀将鸡头斩下。八位事先雇请好的将军随之一声吆喝，立即抬棺出发。沿途，主坛师骑在棺上，一边变身，一边吹角号军。坛班道士则在后面敲锣打鼓，一路追随，场面十分壮观。

到了坟地，主坛师从棺木上跳下，吹角召兵、宴兵。随后，从兵旗中拣出罗逶一郎左右兵、前后兵、随同兵等兵旗，为他们安营扎寨，嘱咐他们跟随亡师一同赴任（这些兵旗在下葬时要一同葬入坟中）。其余兵旗则就地火化，叮嘱他们跟随三元将军速速回洛阳报到。最后，手挽障诀小心退场。

（十八）接灵还祠、和兵合众

棺木送到坟头之后，孝长孙手捧神主牌，与亲友及坛班道士一起，从另一条小道回转家中。在家的亲友则预先在门前烧起一个火堆，并准备米酒、果品、洗脸水、梳子。快到家门时，主坛师吹角传讯，在家的亲友闻讯一齐出外接灵。孝长孙及送灵亲友、坛班道士在门前跨过火堆，并象征性地洗脸、饮酒、梳头之后，一个个迈入家门，把神主牌送回到灵桌上。主坛师则吹角召兵，并取下雷坛上的兵斗，将灵台兵斗中剩余的左营天仙兵、右营地仙兵、王姆兵、福主兵、三清上圣兵、花公花母兵等兵旗全部转移到雷坛兵斗中，与原先留在雷坛上的"上圣宗师兵"兵旗混合到一起。之后，把雷坛兵斗放到地面上，坛班道士围着兵斗，一边唱"和兵歌"，一边有节奏地拍手，以示把兵斗中的新兵旧兵和合到一起。和兵后，将雷坛兵斗送回原处，等待雷坛继承人择日前来接坛、接兵。

（十九）贴桥上座、和合先朝

贴桥上座、和合先朝是相互关联的二项科目，故一般情况下均可合并在一起科演。

罗栖东先生的祖祠在距其住所约有三华里路远的均源村白竹垅。故仪式开始，主坛师要先在坛前启师通意，然后将写有亡师姓名及生殁时辰的红纸条从神主牌的背面撕下，卷好后放在一个垫了红纸的装盘上。主坛师与亡师眷属敲锣打鼓，将其护送到祖祠。

入祠后，主坛师重新启师，然后手托装盘，在祖龛前行七星罡。行罡后，"请祖本宗师下来贴金桥，贴银桥，架起金桥、银桥，承贴亡魂罗公栖东一位老大人一位形魂、二位香魂、三位灵魂，三魂七魄尽皆贴上家龛中，和得千年香火，万年香火，和得香火千千万万年。"而后面对祖龛，先挽桥诀，再挽和合诀，以示将亡者的灵魂送入祖堂，与祖先相互会面。最后，将写有亡师姓名与生殁记录的红纸条投入祖堂前的香炉中焚化，跌笅求准后，大家相互祝贺，回坛谢师送神、送煞。保奏法事即告圆满成功。

三、结语

以上所述，便是 2003 年 10 月 3 日至 5 日，江西崇义县上堡乡普庵教上垅坛为新逝道士罗栖东先生所做保奏仪式的全部过程。据调查，该仪式不仅适用于普庵道士，同时也适用于湘赣边界南部地区的闾山教、茅山教、先天教、老君教的道士以及安了猎坛、神坛的神婆、神汉及专业猎户。它与开朝、加职等仪式一起，共同构成了上述神职人员的职业生命链。

作为一名道士，罗栖东先生生前既是凡人，同时，在主持宗教仪式时又能变化成老君、王姆、三元将军、陈林李三奶夫人，成为民间中能与上界神明相互沟通的超凡之人。正是这种既出世又入世的双重身份，使得道士的日常生活与一般俗民比较，同中有异，从而显露出其独特的职业身份。如一般俗民，到别人家中，东西可以随处放，人可随处坐，但道士进了别人的家门，却只能坐在入口处的右边，且吃饭时，绝对不准坐上座，因为在他们的记忆中，上座永远是留给太上老君的。另外，一般俗民可以饮食无忌，但当地普庵教、闾山教的道士却严禁吃牛肉、狗肉，认为牛与狗都是他们的恩人，而先天教、老君教道士更是连鱼、大鹰也不准碰，认为鱼是忠，牛是孝，鹰为节，狗为义。

其亡故后的丧葬仪式也是如此。据笔者调查，在崇义上堡地区，老人去世后，家人都会为之举行一场以"超度"为目的的荐亡法事，内容均以文教科目为主。以2002年4月上垅坛为该乡竹溪村空坑下一位何姓人家所做的一日二宵的荐亡仪式为例，其安排的科目有：请师咒水、开坛发表、悬幡挂榜、召亡沐浴、资宗答祖、奉经礼忏、巡材接引、归山解厄、削罪报恩、颁请雪师、拔炼超升、迎请车夫、辞灵接牒、焚钱化篡、秉水押煞、开香火路、出枢还出、接灵归位、送师还宫。上述20个科目中，除颁请雪师、炼度超升是针对亡者为非正常死亡而特别科演的科目外，其余18个科目都是当地荐亡法事的通用科目。这些科目在罗栖东先生的保奏法事中几乎全部被保留下来，说明作为俗民，他也有一般人所需要的引亡摄召、解冤释结，以求亡魂早日升天的要求。但同时他又是入过老君衙、授过道职，具有与神明直接沟通，并能以神的名义，率天仙兵、地仙兵镇邪赶鬼、驱魔斩煞的超凡之人。为了证明道士的这些超凡能力，所以为道士举行的保奏仪式便要像开朝、加职时一样，科演一系列驱邪赶鬼的武法事，并请当地耆老为他们见证。更有意思的是，保奏法事科演的这些特定节目，与开朝、加职相比较，具有相互对应的关系。如开朝称入衙，保奏则称出朝、出山；开朝有戒法分兵，保奏则有坟头散兵；开朝有传度给凭，保奏则有秉水给牒，即把老君衙颁发的24道诰牒，重新交还给亡者，以便送到老君衙去验证。这一进一出，一给一散，恰恰表现了道士生涯的有始有终，并能通过这些仪式进一步加深公众对道士职业的认同。

在传统社会中，不仅道士如此，其他社会职业者，如工匠、戏子、礼生、堪舆先生，都有本行业特定的仪礼规范。以通过这些仪礼，规范行业人的行为，建立起行业内外对其职业身份的认同，维持地方社会有秩序地运行。

（2008年在（台北）中央研究院主持召开的"历史视野中的中国地方社会比较研究"国际学术研讨会上首次发表）

参考文献：

[1]道法会元 [M]// 道藏正一部：第 29 册 . 北京：文物出版社等，1988.

[2]张君房 . 云笈七签 [M]// 文渊阁四库全书 . 台湾：台湾商务书馆，1983：87.

[3]劳格文 . 客家社会丛书：八，刘劲峰 . 赣南宗族与道教文化研究 [M]. 香港：法国远东学院等，2000.

[4]罗栖东 . 万法归宗 [M]. 手写本 .1984.

[5]起师造水科 [M]. 罗逵一郎手抄本 .

[6]保奏科 [M]. 罗逵一郎手抄本 .1990.

[7]保奏科特卷 [M]. 罗逵一郎手抄本 .1991.

[8]超度科全集 [M]. 刘运五郎手抄本 .1935.

江西宁都县黄石中村舞傩考察记

傩，又名"难"，民同俗称"鬼脸戏"。它是我国古代非常流行的驱鬼逐疫祭祀仪式，其历史至少可追溯到商周时期。《周礼·夏官·方相氏》记载："方相氏掌熊皮，黄金四目，玄衣朱裳，执戈扬盾，帅百隶而难（傩），以索室驱疫。"《礼记》："月令"亦载："（季春之月）命国难（傩），九门磔攘（禳），以毕春气。""（仲秋之月）天子乃难（傩），以达秋气。""（季冬之月）命有司大难（傩），旁磔，出土牛，以达寒气。"

经过数千年的风风雨雨，虽然这种祭祀方式已在全国大部分地区消失，但傩文化的遗响却仍然相当普遍地植根于民间的巫文化和戏剧、舞蹈之中。近几年来，在江西南丰、婺源及广西桂林、贵州威宁等地所发现的傩戏就是其中一个很好的例证。

赣南位于闽、粤、赣三省交界之处，它南控闽粤，北接中原，长山大谷，地居险隘，是客家民系中最大的一块聚居地，且距离傩文化最活跃的江西南丰一带不远，傩文化的遗响是否在赣南客家文化中也有保留呢？带着这个问题，笔者在客家文化田野调查中时时留心观察。1999年，一个偶然的机会，笔者听说宁都黄石乡尚有傩班活动，每年农历正月、九月都要举行隆重的祭祀仪式。为探索其历史与现状，笔者于2000年2月13日至18日在宁都退休干部万某的陪同下，前往该乡做了为期六天的考察。

一

黄石，古称陂阳，它位于宁都县南部，距县城约40千米，其北、东、南三面分别与本县赖村、长胜、对坊相接，西面与瑞金市瑞林乡毗邻，全乡总面积78.8平方千米，人口约28000人。发源于石城北部山区的琴江河与发源于宁都北部山区的梅江河在该乡南部汇成贡江，经瑞金市瑞林乡流经于都、赣州，与章江汇合成赣江。

位于琴、梅两江合流所形成的三角地带的中心，便是黄石傩舞的发祥地——中村，由于它位于赣江上游，是古代中原通往闽越的咽喉之地，所以自古以来便成兵家必争之地。据清道光《宁都直隶州志》记载，三国时，孙权为拓展南疆，派兵平定百越，嘉禾五年，便在距中村仅一步之遥的营上新建了阳都县，宁都建县由此开始。作为宁都最早一座古县城的所在地，中村一带历史上的兴盛是可想而知的。然而，随着时光的流逝，宋末元初之后，这里便渐渐地衰落下来，以至不久便与整个宁都南三乡一起成为一块有地无人耕的荒野之地，从而为明清之际大量外地客民迁居此地创造了良好的条件。据现场初步调查，中村及其周围江口、璜村、田坑、石头、高坑、水口、陂塘、沙子岭、王元坑等八九个行政村，除璜村郭姓、江口崔姓属明代以前的老居民之外，其余刘、黄、丘、罗、官、廖等姓均为明清时期从福建长汀、上杭一带及本县北部地区入迁此地的客民，与清代著名学者魏礼《与李邑侯书》中"阳都属乡六，上三乡皆土著，故永无变动。下三乡佃耕者悉闽人，大都福建汀州之人十七八，上杭、连城居二三，皆近在百余里山僻之产"的记载基本吻合。这些村均处在丘陵地带，四周山冈连绵，但山体均不算高大，日照充足，故村民以种植粮油作物为主。

我们到达黄石之后，经过打听，原来傩班从正月二日起便沿着一条固定不变的路线，到中村四周 50 多个村庄、100 多个屋场轮流演出了。计算日程，傩班当天应到了与黄石乡相邻的对坊乡陈坑塘。于是，我们便雇了两辆摩托车，直奔目的地。

当我们来到陈坑塘时，傩班已经结束了在该屋场的演出任务，正准备转到下一站——对坊街，于是，我们随傩班一起前往对坊。

傩班共由五人组成，其中一人属演员，他是傩班最核心的人物，主要从事舞傩时的演出与祭祀。中村傩班的固定演员现在只有两个：一个叫郭某习[①]，现年 67 岁，小学文化。另一个是他的徒弟郭某春，现年 54 岁，未上过学。由于郭某习年事已高，加上子女均反对他从事这项职业，所以从去年起，他便退出了演出，一切交由郭某春继承。其余四人，一人负责打鼓，一人挑香烛，一人挑米，一人管理道具。

经过艰苦跋涉，下午 3 时，我们终于来到对坊街一位郭姓人的众厅前。这时，周围群众早已手提装满了香烟、供品（鸡、鸭、鱼、肉、白米）的竹篮站在门口等候，看见傩班到来，大家赶忙点燃爆竹，躬身相迎。

傩班被迎入众厅之后，来不及休息，便立即从戏箱内取出随身携带的木雕神像（独脚魔王、河仙兵、海仙兵、和合三仙、左旗头、右旗头）、傩面具（飞天雕子、赖公、

---

① 为保护个人隐私，文中涉及到的当代人身份、名讳，均作了必要的技术处理。

钟馗、王卯、姜太公、冬易仙、判官）以及米斗、兵旗、宝剑、香炉等，依照固定的模式，摆放在厅堂上方的四方桌上，组成临时神坛（图11）。

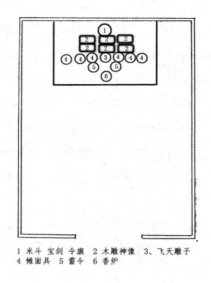

1 米斗 宝剑 令旗　2 木雕神像　3、飞天雕子
4 傩面具　5 雷令　6 香炉

图 11 中村游傩神坛示意图

在场群众则争先恐后地在坛前焚香点烛、上供礼拜。然而，信徒们刚刚把香烛点燃，傩班中的挑香人便会立刻起身，将香烛熄灭（仅留一对烛、三炷香在神坛上），并把熄灭的香烛放入随身携带的箩筐中。据说这些香烛需由他带回福主庙，供庙里全年使用。

礼拜之后，傩班便依次表演傩舞。中村傩舞现今保存下来的节目共有七套，名为《赖公射月》《王卯醉酒》《判官点书》《姜太公钓鱼》《打冬易》《打保安》《钟馗斩鬼》（又名《斩金鸡》）。但依照历年留下的规矩，只有准备留宿的地方才会七套节目全演，其余地区则只会演三至五套节目。

对坊街属于途经屋场，所以傩班只在郭氏众厅表演了《判官点书》《钟馗斩鬼》《打冬易》等三套主要节目，外加一个简化了的《打保安》。

所谓"判官点书"，意即请判官前来驱除恶煞、安镇五方。是时，演员面对神坛裹好盖头布，戴上判官面具，然后手持木笔，先叙判官根源，再在东、南、西、北、中五个方位上分别画敕令，以敦促五方神煞归位。

词曰：

164

一点东方甲乙木，木呀木星归东方，判官心晓神①，点点点，东方归木神。
二点南方丙丁火，火呀火星归南方，判官心晓神，点点点，南方归火神。
三点西方庚辛金，金呀金星归西方，判官心晓神，点点点，西方归金神。
四点北方壬癸水，水呀水星归北方，判官心晓神，点点点，北方归水神。
五点中央戊己土，土呀土星归中央，判官心晓神，点点点，中央归土神。

安顿好五方之后，演员以笔代枪，左刺右劈，以示腰斩五方小鬼，口中则念念有词：

大二郎，小二郎，玉皇爷爷要我下来守五方，大鬼小鬼都化尽，合屋大小得安康。上醮香火未尽了，下醮香火又来了……昨日打从东岳、南岳、西岳、北岳、中岳过，今日又经中岳、北岳、西岳、南岳、东岳回。写只天字海样大，写只地字河样长，写只人字人长寿，写只鬼字走别方。

左边杀，右边打，赛过桃园好武将。五方小鬼都化尽，判官无事回天堂。

演完《判官点书》，演员卸下判官面具，换上钟馗面具，同时取下木宝剑，在锣鼓声中绕场三周，然后在厅堂东、西、南、北、中五个方位上分别剁三下，以示斩尽五方邪鬼，名之曰"钟馗斩鬼"。

斩鬼之后，演员休息片刻，接着科演《打冬易》。相传冬易原是钟馗的妹妹，小名"牙妹"（又称"牙婆小妹"），她死了以后，灵魂被接到东海龙王宫，并在那里修炼成仙。每年冬天，她都会从大海中出来，为天下善信送子。又传说冬易仙送子有阴年、阳年之分（阴年送女孩，阳年送男孩），今年为庚辰年，属阴年，所以表演时，演员戴"老太婆"面具，怀抱女婴上场。先说冬易来历，然后为信民赐福，祝信民"头年生个金花妹，来年生个状元郎"。赐福之后，家中有小孩的妇女们便会一拥而上，纷纷将事先准备好的纱线②挂到演员怀抱着的婴儿身上，以示将自家小孩的灵魂寄托

---

① "判官心晓神"一句不好理解，疑唱词有错漏。
② 纱线数量常年为12根，闰年13根，每根长度需2尺以上，尾上须吊个红包。红包金额不限，少则数角，多则数元。

给冬易仙照管，以求能确保孩童今后顺利成长。最后，演员为全体信民祈保：

> 求子要求长命子，求女要求美娇娘。罗罗利利差差大①，年年平安月月长。
> 一岁二岁娘抱子，三岁四岁子要娘，五岁六岁脚步稳，七岁八岁入书房。
> 饱读四书与五经，日后成个状元郎。天重重，地重重，牙婆小妹出门庭，
> 上村有个同年同月同时生，下村有个同年同月同时长。十字街头炉火旺，
> 半高孩童寿命长。上边有树桃花红，下边有树杏花黄。桃李结子花来谢，
> 花谢子长喜洋洋。

三套正规节目演完之后，演员卸下面具，科演本场最后一套，也是最重要的一套节目——《打保安》。据说为避免个别妇女因身体不洁（指来了月经等）而冲撞神明，所以在科演本套节目时，妇女们均需自动退场，只留下男户主面对神明垂手而立。演员则如同民间道士一般，于坛前焚香稽首，逐个请神，先请三太、七太祖师，再请关帝圣君、七十二侯、十殿十帝、八大雷神、五显灵官大帝、金花小姐、银花小娘、四眼将军、只眼将军、杨泗将军、公木大神、三元唐葛周将军、西川灌口清源妙道将军、华光福主、飞天雕子、独脚魔王、和合三仙、钟馗、判官、冬易仙以及东方青旗头、南方赤旗头、西方白旗头、北方黑旗头、中央黄旗头、东方九夷兵、南方八蛮兵、西方六戎兵、北方五狄兵、中央三晋兵、河仙兵、海仙兵、天仙兵、地仙兵、黄精武夫兵、追魂捉贼兵、麒麟狮子兵。最后逐一奉请本坛傩班历代祖师。待神明一一请齐，随即通意、祈保：

> 今有某年某月某日某某村设立醮坛，斋者有斋素果子，荤者有刀头案肉、美酒清茶一应俱全，金钱银锭一同火化。蒙谢祖师，准起胜筶（跌筶求卦）。再来开保，准保合村众姓人等一年十二月，月月保平安；一日二十四时，时时保清吉，人添一千，粮增万担，少者身体健康，老者寿命延长，耕种者五谷丰登，买卖者一本万利，读书者早登科甲，求仕者百事顺昌。

祈保后，演员向在场信众拱手作揖，祝贺"满堂得福"。至此，傩祭宣告结束，

---

① 宁都客家方言，意即顺顺利利长大。

信众们各自撤下供品，然后把自己带来的白米倒入傩班随身携带来的箩筐中，同时又从傩班的另一箩筐中再取回一点点白米，名之曰"换米"。据说这些米因为是傩班带来的，具有灵性，所以他们要带回去煮成米饭，供全家人享用。

除此之外，每家户主还会给傩班送上一个红包（金额1—5元不等），以示感谢。

对坊街演出一结束，傩班立即转到桐子坑。傍晚时刻，来到距对坊街约10华里路远的蔡江坪。

蔡江坪是个拥有数十户人家的大屋场，村民全部姓廖，故演出在廖氏祠堂中进行。依照安排，傩班及所携神明将在此地歇宿。为防止妖魔邪鬼乘机捣乱，傩班一进坛场，便要端出一碗清水，手持雷令，在水面上敕符念咒，名之曰"起水碗"，据说起了水碗，就会有千千万万阴兵守卫在旁边，谁也奈何不得。

起过水碗之后，信众们照例踊跃献供，接着傩班表演节目。由于蔡江坪属于夜宿屋场，所以当天晚上需演七套节目。其中，《赖公射月》《王卯醉酒》《姜太公钓鱼》都是增演的剧目。

所谓"赖公射月"，即是用寓意手法，表现赖公为信众射去各种阴煞，以确保地域安泰。是时，演员面对神坛，盖上头帕，戴上赖公面具，先唱赖公根源，再手持弓箭，示意性地向东、南、西、北、中五方各射一箭，以示射去五方阴煞。最后为信民祈福："今日赖爷请到座，信人香灯茶酒敬神明。红花荔枝好清凉，祝愿读书郎子登金榜；五谷丰登粮满仓，买卖顺利早返乡；老人添福又添寿，孩童百岁寿命长。今日赖爷亲祝福，一年四季大吉昌。"

王卯是当地的一个地方神。据说他生于秦代，而前身却是天上的一位仙官，因为偷吃了王母娘娘的琼浆，被贬到人间。由于他来历不凡，所以一生下来便知天下之事。土地公公为此很害怕，赶忙奏明玉帝，玉帝便派了一位仙人下来给他换骨。谁知刚换到一半，天就亮了。由此，王卯便留到了一张仙嘴，每逢一喝醉酒，就会大开仙口，且句句灵验。《王卯醉酒》正是借用了这个传说，以神明的身份，为民祝福。是时，演员换上王卯面具，手扶拐杖，迈着醉汉步伐，一边在场上转圈，一边数快板似的诉说自己一生好酒的人生经历。最后借用王卯的口吻为民祝福："我掉过头来看对面，听见屋里锣鼓闹喧天，铳炮打得连天响，原来是一年一度禳神好时光。大家问我可会唱，我说唱唱也无妨。一唱信神公公呀信神婆，洪福齐天寿命长。二唱信神婆呀信神公，一年四季血财旺。人也旺来财也旺，年年月月好风光。"

姜太公是中国古典小说中的一个神话性人物。相传他原是伊洛河边的一个渔夫，后受聘为军师，协助周文王推翻了商纣王的残暴统治。胜利后，他大封功臣，使一大批立下战功的将军成了神仙。有趣的是，他封神时竟忘了给自己留下个神位。所以，死后无法安排，玉帝只好让他做了一个管六畜的小官。《姜太公钓鱼》正是借用传说中的故事，来表现神明为民赐福，保佑六畜平安等内容。演出采用哑剧的表演手法，让演员戴上姜太公面具，手持鱼竿上场，他东瞧瞧，西看看，似乎正在寻找下钩的地方，然后便选在东、南、西、北、中五个方位上分别下钩，并把钓上的鱼一个个放进随身携带的背篓中。忽然，他看到一条更大的鱼正在水中游来游去，于是他赶忙下钩，可是已经晚了，鱼跑掉了。他感到非常惋惜……看看天色不早，他收起鱼竿，卸下鱼篓，把鱼篓放入水中，荡去表面的泥土杂物，再称一称，唔，不错，足足有数十斤。于是，他心满意足地靠在一棵大树上打起了盹……正当这时，突然一群男女信民一拥而上，把姜太公从梦中惊醒，原来他们是来买鱼的。于是，信民们纷纷掏出现金（有的2元，有的3元，有的5元不等），把一条条用纸剪成的小鱼买回家。据说因这些鱼是姜太公赐给的，所以，他们要把这些"鱼"撕碎后拌到鸡、鸭、猪的饲料中，以确保六畜平安。

六套节目演完，最后照例表演《打保安》。至此，一天的傩祭宣告结束。

二

为了进一步了解黄石中村舞傩的形成历史，第二天，笔者又返回黄石，来到傩舞的发源地——中村。

中村位于黄石乡南部边沿，距瑞金市丁陂乡山潭村仅四五里路。它地处一块四面环山的丘陵上，下辖中村、水尾、高石坑、苦瓜塘、甲圳、饭笋坳、高陂塘等七个自然村，有人口231户，1115人。村民以郭、刘、肖三姓为主，其中，郭姓共有201户，约占全村总户数的80%，据1995年《江西省宁都县地名志》转引《汾阳璜村郭氏八修族谱》《汾阳璜村郭氏九修族谱》的记载，郭氏原居江西永丰，南宋绍定年间，郭延瑞从永丰石马山徙居宁都黄石璜村。后子孙繁衍，其中，郭应桐于明洪武年间从营上迁到中村开基，郭贤林则在清康熙年间从璜村迁到饭笋坳开基。但据64岁的庙首郭某增告诉笔者，他们实际是应、文两个字辈才迁到这里开基的，从应字辈到现在，共经过了应、文、如、思、以、尚、贤、有、志、承、家、学、显、名、国等15个字辈。在他们之前，则有刘姓人在此居住。而据1995年《江西省宁都县地名志》转引《（宁都）城西刘氏五修族谱》的记载，刘氏是明嘉靖年间从宁都县城迁到这里开基的。由此看来，郭氏是否真于明代初年就迁到了中村，便很成问题了。

　　中村傩班到底起于何时，现在已经无人知晓，但从该傩班现在保存下来的一份名单来看，从傩班创建到现在，共经历了32位传人，即：余顶万—黄坛如—秦性初—黄沐迪—曾传灶—廖显旗—廖敬芳—刘有恒—郭有良—郭有连—郭有产—郭思芳—郭思荣—刘祖留—刘远彬—郭以癸—郭有梁—郭尚耀—郭显椿—郭显模—蒙光旗—刘求荣—郭有逞—刘如坤—赖受廷—赖启龙—黄文彩—刘如芳—郭承坛—郭志灶—郭有沂—郭某习。

　　从以上名单可以看出，郭姓是继黄、曾、廖姓以后才介入傩班的，其中郭姓介入者主要集中于思、以、尚、有、承、显、家等七个字辈。在这些人中，辈分最高的是思字辈，他们距离其开基祖仅有四代。而依照通常推算人口繁衍速度的算法，郭姓自开基祖开基中村之后，仅繁衍了15代，所以，其开基中村的时间不会早于明末清初，故中村傩班的建立时间亦应与之相近或略早。

　　当地民间流传的故事也证实了笔者的这种推测。据说，大约在400年前的明代隆庆、万历年间，距中村仅有一步之遥的瑞金山潭村发生了一场大火，把村里的福主庙烧毁了，福主神变成一只飞天雕子①飞到了中村屋背一棵老樟树上不停地哀叫，村民们怎么赶也赶不走。于是，一位老汉便对它说："雕子呀雕子，你是不是就是山潭的福主老爷？如果是，就请你不要哀叫。"雕子似乎听懂了老汉的话，一下子便安静了下来。老汉又说："雕子呀，你是不是想来这里安身？如果是，就请连跌三个胜筶。"说完，他拿出三个铜钱一跌，果然每次都是一阳一阴，更有意思的是，老汉跌筶时，树上竟无缘无故地掉下一本傩舞唱本。于是，村民们便筹集资金，仿照山潭的式样，在村头建起了座福主庙，并在庙里起了一堂傩班。

　　据说福主庙建起以后，中村年年五谷丰登，人财两旺。周围其他村的村民知道后，也都纷纷前来求拜，祈求保佑。由是，该福主庙便由村庙一下子上升为涵盖了梅、琴两江合流三角地带2县、市（宁都、瑞金）3乡（黄石、对坊、瑞林）60多个自然村100多个屋场的区域性神庙。

　　福主庙的日常管理由福主庙所在地——中村产生出来的36个庙首负责。据说这些庙首都是当年建庙时捐献了田产的人（一份田产算作一股），所以，庙首可以继承，

---

① 宁都客家方言，"飞鸟"称"飞天雕子"。

无继承人者，可由庙里出卖。36 位庙首分作六班，轮流主持当年福主庙的祭祀和庙堂维护工作。经费过去由庙产负担。

庙里的傩班，固定人员过去有两个，他们吃住在庙里，平时负责庙内早晚两次的焚香点烛与接待来往进香者，有时也为求助者画符念咒。游傩时，则担任傩班专职演员（其中一人扮男，一人扮女）。由于这种事多由一些家庭贫苦、无依无靠的单身农民充任，社会地位较低，故人们常称他们为"庙佬仔"。

笔者特意前往该庙参观。这是一座由上、下两栋房屋组成的类似于宗祠的建筑。上栋的正面为神龛，神龛分左、中、右三间，正中一间安放 14 尊木雕神像。神像自上而下，排成四列：最上列正中为华光，左右为钟馗、清源祖师。第二列正中为赖公、判官，左右为天仙兵、地仙兵。第三、四列为杨泗将军、麒麟狮子兵、左右旗头。左、右两间供游傩时放置傩面具之用。

中村的游傩，一年共有两次。第一次游傩从头年农历十二月二十八日开始，一直延续到次年正月十六日。开始这天，轮到值年的庙首及傩班全体人员必须全部到场，敬香之后，便打开戏箱，将傩面具、游傩时的木雕神像及雷令、兵旗、宝剑、法印等一一排列到神龛左右，然后造水、敕符、请神，名之为"起神"。

起神之后，福主庙全天开放，以供各村村民前来朝拜、上供。正月二日开始，傩班便沿着一条固定不变的路线，到该福主庙所管辖的 2 县 3 乡 100 多个屋场 300 多个众厅中轮流舞傩。其间，不仅风雨无阻，而且所走的道路也必须是过去走过的老路。其路线规定为：（正月二日）中村—瑞金市山潭村—宁都黄石乡下车坪—水口村—沙罗丘—石头村—（正月三日）中塘村—麻坑村—温屋塘—陂塘—高陂塘—（正月四日）新屋底—黄石街—温屋—盘龙岗—野牯龙—排子上—（正月五日）沙子岭—丘坊—东排子村—上坝村—（正月六日）坪布脑村—对坊乡对江排村—白石村—营上村—尚塘村—（正月七日）下栏村—黄石乡兔子寮—村头坪—王元丘—（正月八日）山塘尾—黄泥塘—高坑村—中村（晚上菩萨归庙）—（正月九日）楼子下—下田山村—对坊乡礤上村—西坑村—大坪村—（正月十日）石上陂—凤排村—陈坑塘—对坊街—桐子坑—蔡江排—（正月十一日）胡屋—西丰寨村—牛婆田村—早禾田村—（正月十二日）上珠村—长坑村—留田村—（正月十三日）王坑村—黄石乡鹅婆村—（正月十四日）凰背—塘子尾—中村（晚上菩萨归庙，图 12）。

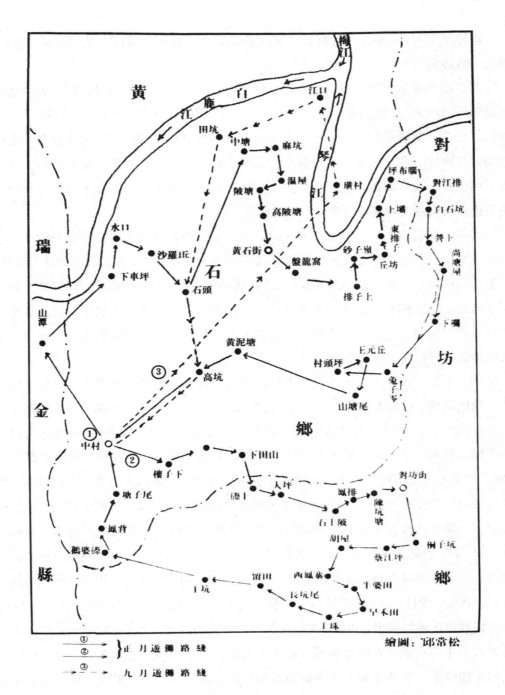

图12　中村游傩路线示意图

十五、十六两天，傩班在中村上、下村轮流游傩。其中，十五日那天，所有值年头首与傩班成员要集中到福主庙打保安、上疏，并杀猪祭神。

　　游傩结束之后，需选择吉日吉时举行谢神仪式，然后将傩面具、随巡神像、法器、服装道具等装点入箱。

　　第二次游傩从农历九月三日开始延续至九月十八日。开始之日，照例先要把傩面具等陈列出来，经过造水、请神仪式之后，每天供村民朝拜。九月十二日起，中村、璜村、江口（含窑前排）、田坑、石头、高坑等六个村庄的村民便依次前来福主庙把傩班接到本村各大屋场巡游（其中，璜村连游二天，其余各游一天）。与正月游傩不同的是，这次游傩，无论所经大小屋场、众厅，都必须把所有节目演完。当晚还要由该村聘请的傀儡戏班表演一场傀儡戏，以示娱神。

　　表演完傀儡戏之后，趁着夜深人静，傩班演员在临时架起的神坛前先请神，然后用雷令镇坛，并连连吆喝"肃静""内静""外静""肃静、肃静、真肃静"接着，右手持令旗，左手捧六部大臣面具，向着河边奔跑而去，村民们则在后面紧紧追赶。到了河边，信众们焚香点烛，杀鸡祭神，火化纸钱后把纸灰抛入水中，然后从另一条道路悄悄回村，名之曰"送神"。据说经过这场仪式，表明各类瘟神均已被六部大臣赶走，村民便可永享太平。

　　待六个村全部游完，十八日晚上，再由六个村联合聘请的傀儡戏班在福主庙里演一场傀儡戏，以示答谢神明。当晚，将全部傩具装点入箱，当年的游傩即告结束。

　　有趣的是，中村正月与九月的两次游傩，无论游傩方式、所经地域均有很大的不同。其中，第一次游傩所经过的自然村与屋场几乎占到了该福主庙祭祀范围的80%，但祭祀方式却较为简单，只舞傩，不演傀儡戏。而第二次游傩，所花时间与所经区域则比第一次少得多，参与者仅限于六个村庄，且这六个村庄，除中村、石头之外，其余都是第一次舞傩未曾到过的地方。为什么两次舞傩所经过的地方会不一样呢？据现年64岁的庙首郭某增告诉笔者，原来，历史上，中村一带租田制度十分盛行，周围一二十里范围内的土地大都集中在当地七个田主手中。这七个田主分居在中村、江口、石头、璜村、高坑、田坑等六个村庄内（其中璜村二个，其余村庄各为一个），佃农则散居在他们周围。所以，第一次舞傩所经过的地域，大多是佃农居住的地方。后来，田主们看到佃农经过舞傩之后人丁繁衍、百事昌盛，心里非常羡慕，便结伴到福主庙许愿，说如果福主老爷也能保佑他们五谷丰登、人丁繁昌，他们就每年接他去村里看戏，于是才有了九月的这场游傩。

　　对于中村及其周围的群众来说，游傩是他们一年中最盛大的节日。届时，家家户户都要买鱼砍肉，杀鸡宰鹅，并把远近亲戚都接来，共同欢度这一大好时光，有的甚至把小孩周岁、老人寿诞也都移到这天举行，其热闹程度远远超过春节。据说

1958 年农历九月舞傩，仅石头一个村就聚集了宾客上千人，故谚曰："江口村，打喜傩，窑窝里，杀鸡婆，大大小小要过刀，逃也逃不掉。""璜村鱼塘要车燥，田坑家家要过烧，有有冇冇都一样，生生死死这一朝。"①

考察中，笔者还详细调查了傩班所用的道具，发现其主要品种有：

1. 盖头布

当地又称"蒙裙"，主要用来给演员包头，其作用据说有二：一可用来隔断阴阳，表明演员已改变了身份，进入了神明世界；二可防止面具松动。盖头布外观呈正方形，颜色一面红，一面黑（扮演男性时，红色向外，扮女性则反之）。

2. 服装

中村舞傩所用服装有红、绿两种。绿色服装为女服，直领，大襟左衽，下配绿色长便裤。红色服装为男式大褂，无领，对襟，半袖，左右开衩，衣服后面直书一行"敕封驱傩福主文班武列尊神位"，下配红色两面裙。据说过去中村舞傩均要由二人演出，其中一人穿红，一人穿绿，相互配合。如今，因找不到演员，舞傩双人对舞变成单人独脚舞。故演出时，演员常里面穿绿，外面穿红。

3. 傩面具

它是舞傩中的主要道具。中村的傩面具均用樟木雕成，正面半圆雕，背面挖空，眼鼻处缕以洞孔，耳边系缚带。据说中村傩班过去共有傩面具 108 个，但随着时光的流逝，现在只剩下 36 个。在这 36 个傩面具中，演员能叫出名字的有：钟馗、姜子牙、赖公、判官、王卯、冬易、东开山神、西开山神、关云长、公木大神、六部大臣（各一个）、四眼将军、只眼将军、杨泗将军、东白灵、西白灵、东小鬼、西小鬼、东黑灵、西黑灵、东红眉、西红眉。其余则仅知道是将军、元帅，但不知其名。

4. 飞天雕子

从外观看，这也是一副傩面具，造型为圆头、尖喙，双耳，耳边无系带。相传它是福主神的化身，所以，每次舞傩都必须带上它，并恭恭敬敬地放置在神坛的中央。

5. 雷令

它是傩班用来镇坛及敕令的主要法器，通体为顶部圆弧的立面长方形，正面雕刻立龙，背面刻三清令、雷令。

---

① 宁都客家方言。意思是：璜村要把鱼塘里的水全车干（把鱼捞起来卖），家家都要烧米果，不管有钱还是无钱的人家，也不管今后会死还是会活，都要把今天的宴席办好。

173

6. 法印

用硬木制作，通体为立面四方形，印面篆刻阴文二行八字：华光福主驱邪灵印。

7. 令旗

共有四面。用三角形红布做成，旗正面书写"**繁荣华光福主尊神圣令**"。背面则分别书写"中华江西省宁都县平阳乡五十六都高坑信人郭某习奉献红旗一面，果蒙庇佑，虔诚谢神""中华江西省宁都县平阳乡五十六都高坑村信人郭某春奉献红旗一面，果蒙庇佑，虔诚谢神"。

8. 宝剑

宝剑一把，用硬木做成，圆首，短柄，有格，长锋，双面刃。该剑傩祭时插在米斗中，作镇坛用。表演中，有时作道具，用以斩煞。

9. 锣鼓

锣鼓各一面。它在舞傩中既可作乐器用（中村的舞傩不使用管弦乐，只用小锣、小鼓），同时，鼓声又可"惊破地狱"，锣声可效狮子吼，以吓走邪鬼。

10. 科本

据说中村过去能演的傩舞共有三四十个，剧名分别有《开天辟地》《后羿射日》《判官醉酒》《刘海戏金蟾》《双猴捉虱》《张飞祭枪》《猴王降耗子》《开山》《钟馗醉酒》《傩公傩婆》《点魁星》《孟姜女》《小尼姑下山》《水漫金山》《化钱》《和合》《打金刚》《杨戬》《关公》《目莲救母》《文王访贤》《闯辕门》《庞氏女》《双童报喜》《赖公射月》《王卯醉酒》《判官点书》《姜太公钓鱼》《打冬易》《钟馗斩鬼》《打保安》等。由于傩班一贯以来均为单线承传，而在传统社会中，老艺人一般思想较保守，所以传到郭某习这代，便只剩下《双童报喜》以下八个节目；再到郭某春这代，实际只剩下最后的七个节目。这些节目现均整理成唱本，但因傩班过去多口口相传，而演员多数文化水平不高，故整理出来的唱本错漏很多，有的根本无法卒读。除了唱本之外，据说傩班还有一本《起水碗》的科本及一本符本，但因笔者与傩班演员还是初次见面，故无缘目睹。

三

几点认识：

第一，中村傩班是直接从属于该村福主庙的祭祀性艺术团体，它的主要任务是通过舞傩这种艺术形式来祭祀神明，以驱除邪恶，确保区域内五谷丰登、六畜兴旺、人安事顺。由此，傩班演员也是该庙的守庙人，他在游傩时充当演员，平时则在庙里掌管香火，接待香客，并为求助者敕符念咒。

除此之外，中村的舞傩一年有两次，第一次发生在春节刚过的正月二日至元宵之前，其间傩班需携带傩面具、傩神游遍区域内80%以上的自然村与屋场，同时还要在庙里杀猪祭神，以驱除五方邪恶，其行为明显带有普遍的意义。而第二次游傩，发生在农历九月初至九月中旬，其活动范围限定在中村、江头、石头、璜村、高坑、田坑等六个主要为田主居住的村庄。游傩时，不但要在每个众厅表演全套傩舞节目，而且晚上还要演傀儡戏和举行送神仪式，表明这次游傩的规格要比第一次高得多。造成这种现象的原因，固然与明清时期宁都下三乡租田制盛行，当地土著多为田主，而耕种者多为外地客民，其中"来自福建长汀者十之六七，来自上杭、连城者十之二三"的社会结构有关，但同时亦反映出我国古代的礼仪等级制度在经过数千年的岁月冲刷之后，仍在广大民间具有深刻的影响。

第二，中村的傩班演员，在舞傩时身穿大红法衣，所用法器主要有雷令、法印、令旗、宝剑。舞傩前需要先"起水碗"（即造水、净坛），然后请神，其请神次序先请上圣，再请兵将，最后请祖师（请祖师时，全体信民要下跪），请神后随即通意、祈保。游傩时要举行换米、挂线、买鱼等仪式。最后还要送神，即把瘟神送到村外的河边，杀鸡祭祀后从另一路悄悄回村。所有这一切，均与道教闾山派的祭祀方式非常相似，说明两者之间具有密切的关系。

第三，中村傩舞，在经过数百年的传承之后，现在保留下来的共有七至八个节目，这些节目之所以能够保留下来，是因为他们都是每年游傩时的必演节目。其内容有的是表现驱魔斩鬼的，如《赖公射月》《钟馗斩鬼》；有的是为了端正五方星煞的，如《判官点书》；有的是为民祈福，祈求来年子嗣繁昌、五谷丰登、六畜兴旺的，如《打冬易》《姜太公钓鱼》《王卯醉酒》等。驱魔、斩煞、祈福，是农业社会中，人们普遍关心的三个主要问题。正因为这样，所以，游傩时，不管屋场是大是小，三个方面的节目都必须面面俱到。由此可以看出，傩班在安排傩舞节目方面有内在的逻辑性。

（原载于施合郑民俗文化基金会《民俗曲艺》127期，台北：2000年）

参考文献：

[1] 刘丙，梁栖鸾. 宁都直隶州志 [M].1824，江西：赣州地区志编纂委员会办公室重印，1987.

[2] 江西宁都县地名办公室. 江西宁都县地名志 [M].1984.

[3] 赖公射月 [M]. 科仪手抄本.

[4] 王卯醉酒 [M]. 科仪手抄本.

[5] 钟馗斩鬼 [M]. 科仪手抄本.

[6] 判官点书 [M]. 科仪手抄本.

[7] 姜太公钓鱼 [M]. 科仪手抄本.

[8] 打冬易 [M]. 科仪手抄本.

[9] 打保安 [M]. 科仪手抄本.

宗教民俗与地域社会：
闽赣两个乡村聚落游神活动的比较研究

　　游神，是中国民间最常见的一项宗教仪式，其目的在于驱邪赶煞，祈丰保泰，以恢复与强化因时光流逝而被削弱了的神圣空间，确保在地民众的身心安全。但各个不同聚落，由于其文化背景各异，社会结构不同，游神仪式的结构与组织方式也千差万别。为探索这一民间宗教习俗与地域社会的有机联系，笔者以位于武夷山东西两侧，且同为客家单姓聚落的江西东龙与福建官陂为视点，对这两个聚落以游神为中心的宗教仪式进行了现场调查，现对比如下。

一、背景资料

　　东龙，是江西东南部一个具有千年历史的古老村落。它位于武夷山西侧，宁（都）、石（城）交界的一个海拔约400—500米的山间盆地上，东距石城县城约20千米，西距宁都县城约70千米。全村占地10平方千米，下辖布头、店下、高排、排下、中村、上大屋、下大屋、背寮、西排、墩上、南坑、樟木、小斜垅等13个自然村，其中前11个自然村都坐落在东龙盆地上，从而组成了一个相对集中的聚落。据2002年统计，全村共有居民约400户，2000余人，其中98%以上为李姓人。

　　据（明）正统九年（1444）赐进士、通议大夫、都察院左副都御史陈勉《东龙李氏族谱序》[1]记载："吾邑东龙之有李氏，其先有唐进士擢知制诰补都御史中丞曰汉公，世居陇右，迁居东京左殿背，再徙洪都西山，其子姓复迁抚州赤栏门。历四世曰大郎，徙居吾邑清泰乡之琳池。其四子孟威迁建昌（府）广昌直寨坝。威生三居士，由制科任黄州刺史。三居士生信，举孝廉，任湖南刺史。信三世生翊俊，为宋（乾德间）韶州司户参军，始由石城半迳徙居吾邑东龙居焉。"

---

[1] 《宁都东龙（下祠）李氏十修族谱》卷一《原序》，1995年编印。

相传李翊俊落户东龙之后，曾历经 4 代单传，到第 5 世层五郎才生下了大郎、念四郎两个儿子，派分成长、次两房。长房因建祠于主龙脉的下方，故称下祠李氏，而次房建祠于主龙脉的上方，称为上祠李氏。两房分支别派之后，人口各自繁衍，到"第 13 世登字派，上下（便）统得丁 27 名；14 世仲字派，上下统得丁 57 名；15 世季字派，上下统得丁 100 名；16 世存字派，上下统得丁 146 名；17 世思字派，上下统得丁 235 名"[①]。在人口迅速繁衍的基础上，自明代中期开始，李姓人便逐渐排挤掉原先居住在一起的刘、曾两姓，使东龙由多姓村逐渐转变成李氏单姓村。

在以往的农业社会，人力资源是社会经济发展中最重要的因素之一。加上东龙位于江西东南通往福建长汀、建宁等地的主要交通线上，从元代伊始，村中就有不少人利用地理交通优势，开始涉足商业经济，他们把本地出产的大米、烟叶、蒜头、贡莲及泽泻等中药材贩运到长汀、建宁等地，同时从那里采购食盐、海产品等转运到内地发售，从中牟取利润。由此使得东龙的乡村经济得到迅速发展，最迟到明代后期，东龙村便已远近闻名，人称"田塘绣错，户口连云"[②]，"生其地者，名臣巨富，代不乏人，为一邑冠"[③]。

与经济、文化发展相同步，自明代中晚期起，村民们在赶走刘、曾两姓人的同时，便对村落逐步进行规划。他们依据本村四边高山环绕，中部开阔平坦，且有两条来龙分别从村子的北部和东北部经过的特点，将村落规划成以背寮为中心的村民公共活动空间和以中村、上下大屋为中心的村民居住空间；在公共活动空间里建筑起了上祠、下祠、龙城会馆、忠义祠、接官厅等一些必要的公共建筑；而在村民居住空间里，则以大、小房为单位，建筑起许许多多个房祠与支祠，村民们依照血缘关系的亲疏，围绕这些房祠与支祠聚族而居。在村民公共活动空间与居住空间之间有道路、阡陌与之相连。村落的中央还开辟了一个小小的圩场，以供村民日常从事农产品交换及假日休闲之用。整个村落规划布局合理、功能齐全，与优美的自然环境巧妙地融为了一体。

为满足村民在传统生活环境下祈望和平、安宁的需要，村落规划者们还在村东北、

① 李自洁：《祠字说》，1765，载《宁都东龙（下祠）李氏十修族谱》卷一，1995。
② 李腾蛟：《里居志》。
③ 廖鼎芬：《京三先生墓志》。

西南、西北和正北等 4 个入口处用大石块各建起一个隘口，并在隘口附近的制高点上分别建造了尖峰寨、糖罂寨、龙公寨、鳅篓寨等 4 个石寨，以抵御匪寇的袭击。

与现实中的关、寨相印证，村落的四周又先后建起了胡公庙、三仙庙、宝塔寺、永东寺、七仙庙、将军庙、玉皇宫等 7 座神庙，从而对村落形成团团护卫之势。

在这些神庙中，胡公庙是村里的主庙。该庙始建于明代，由于该庙坐落于村北主龙脉的上方，初建成时为一座八角形的三层楼阁式建筑，从楼上可以俯视东龙全境，故庙名雅称为"凌霄阁"，又名"八角亭"。清雍正五年（1727），"因会昌堪舆姓乐者指斯阁为赘疣位，居陷地，不宜高耸，又为两祠过脉，不宜层压，非为无益而有害。合村移在坎下重建，减三层为两层"①，这就是我们现在所看到的这座如同祠堂一样的庙堂建筑。

庙里供奉的是守护全村、确保村落人畜安泰的"福主老爷"胡太公。胡太公，相传为五代名将胡雄。清道光《宁都直隶州志》卷 32《杂志》记载："南唐胡雄，有神术，流贼入寇，雄坐城上，自称胡太公，跨一巨足，下掩城门，贼吓走。雄殁，土人祀为神，即今太公庙。"②同书卷 28《祠庙》亦载："博济庙，俗名太公庙。宋崇宁中赐额，进封博济昭应王。辛酉志③（1741）引旧庙志曰，神生后梁龙德辛巳四月八日，体貌魁异，隆准广额，顾目见耳，言行谆笃，邑人敬畏，寿终八十三。每著灵异，元至正壬辰，伪汉熊天瑞率众攻城。至螺石，见城外兵多，遂退。使人觇，实无兵，乃进。及交锋，熊军见白发老人巡城，飞炮射矢，不敢逼，或言胡太公乃阴兵也。"④而东龙人则讲得更加神奇，说他本是邻村马头人，曾给东龙人做过长工，死后成了神。由于他在东龙生活过，所以对东龙人特别有感情。传说东龙有一座最好的祖太墓，叫"倒插金钗形"，邻村某姓人垂涎它，总想把它弄到手，于是便在某个漆黑的晚上，偷偷在"倒插金钗形"的墓顶上打了个小洞，并将自家祖先的骨头挖出来，烧成灰，调成浆，从这个小洞灌进"倒插金钗形"的墓堂里。这事谁也没有发现。但过了几天，族长突然做了个梦，梦中，胡太公变成一个白发苍苍的老头，赶来告诉他，"倒插金钗形"已经被外姓人霸占了，族里很快要出祸殃。

---

① 《胡太公庙志》，载《东龙李氏（上祠）九修族谱》卷首，1944。

② 刘丙、梁栖鸾：《宁都直隶州志》，第 975 页。

③ 即清乾隆辛酉年（1741）由郑昌龄、梅廷驯编印的《宁都县志》。

④ 刘丙、梁栖鸾：《宁都直隶州志》，第 655 页。

第二天，刚好是冬至，族长便带了些人去把墓室打开，这才发现他们家祖先的骨骸上已经布满了别家人的骨灰浆。于是，他们请来道士，把祖先的遗骸及墓室清理干净，并重新安葬，这才避免了一场可怕的灾难。由于胡太公对东龙人有恩，所以大家特别敬仰他，拥戴他为本村的福主神。

由于福主的主要职责是守护村落，防御各种邪恶势力的入侵，以确保村落的安全。所以，每年四月初八胡公寿诞之日，村民们都要举行一场隆重的集会，以示庆贺神诞、感谢神恩，同时还要把胡公的木雕神像抬到全村的每个角落巡游，以驱逐污秽，确保村落神圣空间的洁净。

除了村庙，在村子的水口上还有一座重修于明嘉靖四十三年（1564）的"社公庙"①。相传过去每个月的初一、十五，社内之人都要在此集中祀社，俗称"社会"。自明末清初起，在社前集体祀社的礼仪逐渐荒毁。如今，每到初一、十五及岁时年节，村民仍会不约而同地来此上香进供。

与东龙比较，福建诏安北部的官陂镇位于武夷山的东侧。它地处闽、粤两省接合部，介于诏安、云霄、平和三县之间，其东、南、西、北四面分别与云霄县之三星、高磜，本县之红星、太平、霞葛、秀篆及平和县之云中、庄上等乡（镇）相邻，跨过秀篆、太平与广东省的饶平县隔山相望。

由于官陂地处偏僻，境内"山林险恶，道路崎岖"，所以地域经济开发较晚。相传元代以前，这里还是一块荒芜之地，仅有少量畲民在此聚居，过着刀耕火种的原始生活。入元以后，汉族张、廖、刘、杨、蔡、李、谢、邱、陈、郭、王、游等姓人陆续迁入，从而使这里逐渐变成畲、汉杂居的地方。但从总体而言，此时的官陂，经济、文化开发的速度相对迟缓，社会仍处于较原始的状态。明嘉靖九年（1530），为整肃地方秩序，朝廷下旨，析漳浦二、三、四、五都，添设为诏安县。不久，又将县城北面的林伯社分拆为金溪、秀篆、霞葛、四甲、官陂、九甲等6社。直到这时，作为诏安"二都六社"中官陂社、九甲社的所在地，官陂才开始有了国家的身影。明末清初，"因苦于缙绅之虐"，以张耍（此时改名"万礼"）为首的"万氏集团"领导当地民众举行了声势浩大的武装暴动②。暴动之后，官陂的政治影响逐渐扩大，

---

① 东龙村社公庙神主牌。
② 陈祖荫：《诏安县志》卷五《大事》，诏安青年印务公司，1942，第5页。

经济、文化得到迅速开发，及至清末民国初，官陂便成了诏安全境6个自治区之一的官陂自治区的所在地，下辖当今官陂、霞葛、秀篆等三个乡镇。1991年，正式成立官陂镇，下辖马坑、大边、凤狮、彩霞、下官、陂龙、吴坑、光亮、光坪、官北（北坑）、新坎、新径、地凹、龙礤、公田、林畲、龙冈等17个行政村72个自然村167个角落①。2006年统计，全镇共有耕地1.9万亩，居民约4.8万人。其中，张廖氏约占了96%。

关于张廖氏的来源，据《（上祀堂）族谱》大佐德佑房张浚川古抄本及《官陂张廖氏（上祀堂）族谱》同治七年（1868）玉田楼抄本（以下分别简称《族谱》古抄本、《官陂张廖氏族谱》同治抄本）的记载，张廖乃张氏入赘廖氏为婿繁衍而成的一支新的族姓。其中，张氏的族属渊源，据说可追溯到唐总章年间随陈元光入闽平王许之乱的张龙、张虎，功成名就之后，张龙带兵回了河南，而张虎则奉命镇守漳州南路。经五世，有明山公的五世孙（佚名）于宋隆兴间因回河南省祖而留在了河南。又再传五世至元甫公，因宋帝避元于闽，又挈妻带子来漳州寻祖，"直至西林而宅焉"②。于是，元甫公讳纶，便成了张氏云霄派的开基始祖。元甫再传五世，有天正公之子愿仔公因感西林"虽号形胜，未足以当其远大之谋，借游学以遍历都邑，择其尤者。至官陂仰视土田胜景，山高而水清，平原浅草间一大都会也，徘徊留之不能去。时有廖三九郎者，见其英姿特达，意为非常之人，延至其家，尊为西席，稔知其行事，遂赘以女廖氏，田产财宝付公收管。公忠心义气，以婿而当子"③。

相传愿仔公被廖三九郎招赘为婿后，改名元仔，第二年，即洪武乙卯（1375）就生下一男，名友来公。④"居无何（几），廖家有为恶、为大逆者，国法欲捕若人而诛之。时若人业已脱逃，累及通族。众相告语，以为此事谁敢出身？惟友来公一人系以张当廖，胆略过人，（故）谋之捕兵，欲将友来公执之以塞其祸。（元仔）公乃对众云，事势至此，不有人以当其任，族诚不得安。悌吾之一生得此血脉，实

---

① 通常情况下，一个土楼或一个山坑便算一个角落，其意义相当于屋场。
② 《张氏源流纪略》，载《（上祀堂）族谱》，大佐德佑房张浚川古抄本。
③ 《正祖张元仔公传》，载《官陂张廖氏（上祀堂）族谱》，同治九年玉田楼抄本。
④ 当地长老张南山认为，元仔公从入赘到嘉靖开户，历经二百年，才传了三代，甚不合理，故友来公的出生时间应是宣德乙卯（1435）年。

以一生而肩张廖之任，今欲以吾儿见塞责，吾安能忍？公等毋庸多议，吾请从此逝矣。于焉不避艰险，挺身作廖姓之人到官辩直……不料官司拖累多年，回至中途，染病沉重，临危之下亲书嘱友来公曰，父感外祖之恩，舍身图报，未尽其义。我殁后，尔生当姓廖，代父报德，死当姓张，以存子姓，生殁不忘张廖两姓，后乃克昌。书毕而卒……廖姓阖族感公代难鸿恩，劝廖公立友来公为亲孙，对天而誓曰，得我祖业而承我廖者昌，承我祖业而忘我廖者不昌。友来公能继祖父业而愿仔公以张承廖之志绵绵繁衍于无穷矣。"①

不幸的是，廖三九郎去世未久，"廖姓人又遭奸人含沙射影，（族人）密相议，以为我辈愚蠢，此处难以久居，遂将田产秘密出卖给乡富，让宅于（友来）公，一夜挈眷离去。次早，公往视之，但见竹篱茅舍，不见故人，感泣久之。"②廖氏族众悄然离去后，友来公深感势单力薄，难以完成父辈的嘱托。祖姑邱氏得知后，告之："《国风》首咏《关雎》，旋歌《螽斯》，可多述淑女，以宜尔子孙也。于是，公乃承命娶吕、柳、江、章氏，各生一男，共有四子，超群出类。"③（一说："友来公先娶江氏为德配，三年无出，后娶柳、江二氏，膝下犹虚。未几，廖氏祖姑故，逝前复训三儿媳曰，心常而善愿者，天必从之。尔等嫡庶无争，切须记之。三年制满，再娶章氏，连生四子，四位祖姑各抱一子，江抱永安，柳抱永宁，吕抱永传，章留永祖④。"）

友来公所生的4个儿子，后来各自繁衍。其中永安生下了元钦、元仲、元志、元聪、元宗5个儿子；永宁生下了元亮、元通、元吉、元真4个儿子；永传生下了元振、元信2个儿子；永祖生下了元勋、元丰、元偲3个儿子。之后，子生孙，孙又生子，子子孙孙不断繁衍，张廖氏人口为之迅速膨胀。

在人口迅速膨胀的基础上，张廖氏逐渐排挤与融合掉钟、刘、田、林、谢、黄、李、陈、许、江、王、罗、童、游、方等姓人，及至清代乾隆年间，其社会势力便在整个官陂镇占据了绝对优势，而到清代晚期，官陂基本变成了张廖单姓聚落。

与东龙不同的是，官陂镇的社会组织主要是宗族中的"房"，不同的房，各以

---

① 《正祖张元仔公传》，载《官陂张廖氏（上祀堂）族谱》，同治九年玉田楼抄本。
② 《二世友来公传》，载《官陂张廖氏（上祀堂）族谱》，同治九年玉田楼抄本。
③ 《二世友来公传》，载《官陂张廖氏（上祀堂）族谱》，同治九年玉田楼抄本。
④ 廖丑：《七坎箴规（七条祖训）的由来》，载廖丑《西螺七嵌与台湾开拓史》，1998。

土楼为单位集中居住，从而构成行政区划上的所谓"角落"。大的土楼，一个角落便构成一个村，而小的土楼，则由若干个角落（他们常常是同一个开基祖的后代）构成一个村。"房"中的首领称为"大家长"，他不但管理宗族事务，而且还管理包括圩场在内的所有社会民生，在村中具有绝对的支配权。而"房"以上的"宗族"，则形同虚设，仅具有房际联盟的性质。①

官陂经济主要以农业为主。由于该镇山多地少（20世纪50年代初统计，全镇人均耕地为7分，如今只有3分，在大边、凤狮、马坑、公田、地坳、龙磜等山区村落则仅有1—2分），故耕地全部用于种粮，尚不足自给，只能利用部分缓坡山地栽种荔枝、龙眼、黄旦等水果（官陂所产的荔枝、龙眼，因成熟期短、上市早，一度很受乡民青睐）及松、杉、毛竹等经济林木。为维持生计，农耕之外，绝大多数人要兼做米粉条、打草鞋、烧火炭、做碗及打担贩运方可勉强度日。

走私食盐是官陂人的一项重要营生，原因是诏安近海，又地处闽粤两省交界之地，其所属的东山镇及与之相邻的广东饶平是食盐的主要产地之一。而中国自汉唐以来，食盐一直实行专卖（名曰"榷盐"）。受政治、经济利益的驱使，朝廷一再强迫两湖、江西一带的居民皆食淮盐。但淮盐质劣而价高，而闽、粤之盐，"因成于日晒，性刚能持久，其味倍咸，食之多力。且贫者得盐难，生盐可以省用，南赣人醴酱用生盐，谓气力重于淮盐一倍"。清康熙三十年（1691）以前，"诏安非行盐地，无商引正课及诸禁例，听民从便贸易"；自乾隆初年起，尽管诏安开始有了盐引行销，"然原额给引不及渔鲍肆饮用，向来民间以出产之地，私盐无禁，互相买卖，盐白而价贱②"。正是在这种丰厚经济利益驱使下，田事既毕，村民便百十为群，往来于虔、南、汀、漳、梅、循、惠、广八州之地，"私贩广南盐③以射利"。

历史上，私贩食盐属违法活动，尤其是"自乾隆三十年（1765），（诏安）知县陶奉文督销商盐起，闽盐商势大振"，"凡市肆私腌海产，贫民挑贩埕盐，截途搜室，官重治之，盐政遂严"。④所以，私贩食盐均要在十分隐蔽的状态下进行。正

---

① 刘劲峰、魏丽霞：《官陂镇的张廖宗族与民俗文化》，载杨彦杰《闽客交界的诏安》，社会科学出版社，2014。
② 陈祖荫：《诏安县志》卷九《赋税》，诏安青年印务公司，1942，第13页。
③ 此时，诏安尚未建县，故人们将产自闽粤交界地区的食盐一概泛称为"广南盐"。
④ 陈祖荫：《诏安县志》卷九《赋税》，第14页。

是在这种贫瘠险恶的生存环境下，锤炼出官陂一带客家人剽悍、尚勇、好结义、爱打斗的特殊性格，以致为了生存，自明末清初开始，异姓结拜就在这一带蔚然成风。以张耍为首的"万氏集团"在官陂一带的出现，就是其中一个非常典型的例证。

也正是在这种复杂的社会背景下，以明代小说《三国演义》"桃园三结义"为故事背景塑造出来的忠勇化身——关帝成了官陂人普遍崇信的神明。经调查，镇中祀奉关帝的庙宇多达六处，其中，每年定期有游神活动的便有万古庙、霞山堂、浮山城关帝庙等三处。在这三座庙宇中，时代最早的当数万古庙，据庙中留下的一方清道光十年（1830）的《重修碑记》记载，该庙原为本爵万公（即张耍，后改名万礼，明末受永历帝封爵为建安伯，故称"本爵公"）的祀祠。根据中国社会科学院罗炤先生的考证，张耍武装暴动之后旋即率部加入了郑成功的反清队伍，并于清顺治十五年（1658）在南京战役中英勇牺牲，灵位一度入祀"忠臣庙"，后因郑成功听信谗言，将万礼神位撤出"忠臣庙"，下令不得配享，从而激起了张耍结义兄弟们的强烈不满。[1]正是在这种情况下，由其结拜兄弟之一的道宗主持，建起了这座祀祠，以祭祀以张耍为首的阵亡将士的英灵[2]，同时，还在祭厅的前面供奉起了一尊相传对张耍有救命之恩的关帝神像。清代中期以后，因官府严厉查禁异姓结拜活动，所以，最迟到清代光绪年间，这座与异姓结拜有关的祀祠便改名"万古庙"，变成下官陂片（含庵背、尚墩、下井、湖里、四角楼、寨里、坎背、杨屋、新安楼、石坳头、陈斜、下坑、下官坪、陂头、坑里、七寨、彩霞等 17 个村）的区域性庙堂。

与东龙相比，这里的自然村大多没有村庙，也没有"社"与"社会"的概念。有的只是在村落来龙处建起的 1—2 个"土地庙"。这些土地庙均没有定期活动，仅供村民日常祭拜。

二、两个聚落游神活动的主要经过

（一）东龙"胡公庙"的游神

东龙胡公庙的游神以庙会的方式出现，游神成为庙会中最核心的一项内容。

---

[1] 罗炤：《天地会探源》（37），《中华工商时报》1994 年 10 月 19 日起连载。
[2] 据张某生先生的长女婿报告，万古庙里的阵亡将士灵牌一直保存到 20 世纪 60 年代才被毁掉。

1. 组织管理

东龙村每年四月初八的胡公庙会是百年如一日的例行聚会，相传庙会的组织方式早在建庙时便已确定下来，即该庙产权隶属于全村，而庙会活动的组织、管理则采用股份制的办法。是时，庙里共设立了330个股份，每股规定了一定数额的钱、粮，凡本村人愿意按数额缴纳钱、粮者，不管是李姓，还是刘姓、曾姓①，均可以户为单位，报名入股成为该庙的首士（满额为止）。首士依照地缘关系，每30人组成1甲，全村共编为11个甲，每年庙会的组织工作就由这11个甲轮流承担。凡轮到主持当年庙会的甲，便称"当值甲"，简称"当甲"。而没有轮到当值的甲，则称"客甲"。每逢值年，"当值甲"的首士们要在甲首的领导下，承担庙会期间的所有事务，包括管理庙田、雇戏班演戏、请道士打醮、采购物资、组织游神、筹办宴席及接待来往宾客等。而"客甲"首士在庙会期间可享受到贵宾的待遇，除了来上香进供时，有人为他们倒茶送水之外，每天还有一个甲的首士会轮流被请到庙里与神明共进午宴，俗称"吃甲酒"。午宴每天开5席，每席以8位计数，但实际只坐6人，留下2个上位作为神明的座次。

由于当初组"甲"时，每个首士都缴纳了数目可观的钱、粮，庙里用这些钱、粮置办了田产，所以，在20世纪50年代以前，举办庙会所需的全部经费均由庙产支付。与庙产相联系的庙会股份，这时既可父子相承，也可在村民中相互转让。20世纪50年代初，因庙产收归国有，庙会股份化为乌有，举办庙会所需的经费改由"当值甲"自行筹集。其筹集途径有三，一是平日里村民烧香请愿，在得到一定灵验后自愿为庙会捐赠的"还愿戏价钱"；二是各甲首士吃"甲酒"时缴纳的宴席费（其数额相当于实际支出的2—3倍）；不足部分则由当值甲首士按人头分摊。为减轻首士们过度负担，当年，会甲以村民自愿报名的形式，重新组建。会甲数量由原来的11个调整为3个，每个甲的首士也由原先固定的30人增加到100—110人不等。该组织自20世纪50年代初重新组建至今，除个别人员增减外，几乎没有发生过太大的变化。今年的胡公庙会，当值者为二甲首士（其人员主要来自垓上、高排、上大屋等3个自然村）。庙会前，二甲共筹集到信民还愿戏价钱5000元，宴席钱15062

---

① 是时，尽管东龙村的大部分地盘已被李姓人占有，但在南坑等自然村仍有少量的刘、曾姓人在那里居住，他们中的不少人也成了会甲的首士。

元（每个席位 28 元），共计收入人民币 20062 元。而庙会期间，开支戏班演出费 5400 元，餐饮费 20143 元，购置香烛纸钱等费用 985 元，共支出 26528 元，收支相抵超支 6466 元，其超支部分由二甲所属的 106 名首士分摊，每名首士计摊得费用 61 元。

2. 庙会仪式

胡公庙会的主题是庆贺胡公寿诞，并以抬胡公巡游的方式为民驱邪纳吉，祈丰保泰，故庙会仪式包含了演戏、开光、打醮、神明巡境、集体宴饮等几项主要内容。

（1）演戏。演戏是胡公庙会的重要项目之一，目的是活跃气氛，体现神明与民同乐。以往的胡公庙会演戏，均从四月初一开台，一直要演到四月十一，前后共演十一天。如今，因经费来源不固定，演戏时间的长短视当年收到还愿戏价钱的多少而定。今年，因石城小松等邻村来胡公庙求神许愿，收到预期效果的人比较多，所以"当值甲"收到了数目可观的还愿戏价钱，演戏便从四月初四起，一直演到四月十一。每天上午、下午、晚上各演 1 场，前后共演了 8 天 24 场。所请戏班为宁都民间剧团"采茶玉堂班"，演出剧目由戏班与当值甲首士共同商定。其中，反映祝寿内容的《寿诞记》及盛世李唐王朝的宫廷戏《皇亲国戚》《打金枝》则是庙会每年必演的传统剧目，原因据说因唐王朝是他们李家人的天下，所以他们要通过这些剧目的演出不断教育与激励自己的子孙后代，以增强宗族的自豪感。

（2）开光。所谓"开光"，便是把胡公及左右护卫显应丁将军、聚德吴元帅的木雕神像从神龛上抬下来清洗，其意义与佛教中的"浴佛"基本相同。

开光的时间，选在农历四月初八（神诞日）的子时（即公历前一天的北京时间 23:30）开始进行。之前，先要准备 1 个新桶、3 条新毛巾、1 包新茶、3 套新衣（其中须有 1 件龙袍）。仪式开始，先鸣炮 3 声，接着鼓乐齐鸣。鼓乐声中，当甲首士们焚香祷告，然后把胡公及丁将军、吴元帅的木雕神像逐个从神龛中恭恭敬敬地请下，分别放到 3 张宽大的神椅上，神前设香烛、茶、酒、素果供养，并宰杀 1 头大肥猪，以示血祭。血祭后，由戏班演员妆扮"八仙"向神明致贺，俗称"打八仙"。演毕，负责开光的首士用新桶泡一大桶茶水，然后脱去胡公木雕像上的旧衣、旧袍，用新毛巾蘸茶叶水，为胡公沐浴、更衣。所更新衣共有 3 套，底层与夹层上身为花衣，下身为白色长裤，表层为龙袍（这些衣服均是还愿者自愿捐献的）。胡公沐浴、更衣后，接着抹洗丁将军、吴元帅木雕神像，并设香案献供。最后，戏班演员在神前再打一场"八仙"。历时 50 余分钟，开光即告完成。在一阵鞭炮声中，大家拆除掉庙内的活动戏台，打开中门，以示为胡公当日的出游扫清道路。

换下的旧衣旧袍，由捐献新衣、新袍者各自带回。据说这些换下的旧衣、旧袍非常有灵验，凡乡民有病有痛或遇到灾祸时，只要将其披在身上，便可消灾息祸，永保安康。

（3）打醮。神诞日上午7时，道士开始在神前打醮。主持这场打醮的是该村武当派合玄坛道士李某连。李道士现年59岁，法派鼎新。据称，其道法为五世家传，创坛者为其太祖宗寿（法派蕴接）。之后，其太祖传法给其祖显宗（法派高兴），其祖又传法给其父醴泉（法派弘盛），其父再传法给他，如今他又传法给其子良鸿（法派大旺）。由于他的道法为世代家传，村民们认为其道法纯正、流传有序，故在当地具有较高的威望。

胡公庙的打醮，名之为"打神醮"，是专为庆贺神明寿诞而设计的一套仪式，内容分为燃香、洒净、请神、发奏等4个部分。

所谓燃香、洒净，实际是为迎接各路神明的到来作好现场准备，以便能借助"真香"通天达地的功能，诚请三清三境、天地水阳等各路神明驾临坛场，为这次的建醮作证盟（其意义与向神明发出邀请相当）。与此同时，还通过罡、诀、符、录等手段，以示用法海无边的清净水涤除污秽，为神明降临营造出一片洁净的空间。

洒净之后，接着请神。本次打醮所请神明共分二类，第一类为三清三境、天地水阳诸神，具体有：大罗三清三境三宝天尊、金阙四天上帝、瑶宫二后元君、玉京山上无上高真、皇宫金阙诸天上帝、十方大道延寿天尊、高上云霄九神上帝、九天应声普化天尊、九天雷祖大帝、五方五老十极妙宥高真、上清十一列耀星君、南北二斗延生解厄星君、普天星斗列汉星君、天地水府三元三品三官大帝、北极法主四省真君、灵宝教主五师真君、人天教主大慈三师上古真君、祖师西山得道许、吴一十二位真君、天曹太皇万福真君、天曹门下诸司真宰仙官、三洞四府经录成仙、天下名山洞府得道高音真仙、水府扶桑舟林大帝、龙庭苑院海道真仙、阳间至尊东岳泰山天济仁圣大帝、土府九垒甄皇大帝等。第二类为道教祖师及地方诸神，具体有：土师文伯灵官众台、省府县得道祖师高真[1]、前传后教历代老幼古今宗师、法师、雷坛将官、阴阳二兵、天符大道过往太岁、茅山得道曾公福主、大洋洲上得道肖公顺天尊王、敕封东岳泰山天齐仁圣大帝、茅山得道七郎福主、敕封日月齐麻康国侯

---

① 科仪抄本原文为"省府县主道祖师高真"。

王尊神、平山得道汉王福主、电公电母云涌风伯雨师、敕封城隍福主显应侯伯尊神、敕封佑民护国灵济安顺昭应胡公尊王、敕封慈佑顺妃、神父善庆侯、神母慈氏夫人、神孙衍庆侯、灵济陈氏夫人、显应丁将军、聚德吴元师、陈将军、叶将军、艾将军、黄舍人、左护阴兵、右护阴兵、随车驾马灵神、治病功曹、发药使者、掌教童子、赏善罚恶判官、门神户尉、井灶司命六神、庙庭土地、兴旺龙神等。

请神后立即给神明安座、献供，并以道教"雷霆都司"的名义当众宣化表文一封，以奏明此次建醮的主要目的：一为庆贺圣寿、同心谢恩；二为驱邪镇煞、祈丰保泰。故在上报当甲首士名单的同时，祈请各路神明"神机默运，飞罡显扬，于斗魁春育文才济济，并登秋榜；提携士子蝉联捷科，同列崇阶；国泰民安，老少安康，男添百福，女纳千祥；五谷丰登，六畜兴旺；国家统一，民族团结，社会和谐，民众小康。"化表后，鞭炮、鼓乐再次响起，在场首士齐声虔诚礼拜。历时一小时二十五分钟，"神醮"即告完成。

（4）神明巡境。打醮一结束，庙外鸣炮3声，神明巡境即告开始。由当甲甲首事先挑选好的抬神者（他们大多是上一年向神明发过誓愿的人，不足者由当甲首士充任），依照神明职位的高低，依次把胡太公、丁将军、吴元帅的木雕像从中门抬出，然后沿着历年固定不变的路线巡游全村。走在游神队伍最前面的是神铳手，接着是一长串由还愿者组成的鞭炮队伍，再后面是彩旗、匾额、仪仗（由大刀、长矛、神锤及警示牌、香炉、兵桶、法案、法印等组成），仪仗后面是分别由8个青壮年抬着的胡太公、丁将军、吴元师木雕神像，神像后面是由演员妆扮的"八仙"，"八仙"后面是鼓、乐手、各甲首士和自愿随巡的善男信女，整个游神队伍延绵二三十米。队伍从胡公庙出发，按顺时针方向，先一路向东，经高排、面北庄、道堂上抵达布头，然后再转向西南，经大门市、上大屋、下大屋、中村、溪背抵达村落最南面的屋场南坑，在南坑稍稍休息一会，再转向东北，经江下湾、祠堂边、背寮、莲塘下回到胡公庙，如此历经一上午，神像刚好绕村巡游一周。游神经过的地方，早有许许多多的村民在路边设下香案，并摆设香烛、供果、茶酒、饭菜等虔诚恭候。神明一到，鼓乐鞭炮齐鸣，村民们争相迎接，并鞠躬唱和、顶礼膜拜。游神结束后，妆扮"八仙"的演员再在神前致贺（当地人称"再打个八仙"），然后首士们将木雕神像放回神龛。在场的善男信女们争相进香礼拜，有的人还会从神前的香炉中各取回几支已经点燃的信香，带回家中，分别插到门口或灶台上，俗称"换香"，以示共享神明的灵异。

（5）宴饮。宴饮也是庙会必不可少的内容之一。过去，庙会的宴饮时间长达11天（每天轮流邀请1个甲的首士赴宴）。如今，因甲的数量由11个调整为3个，故宴饮时间也由 11 天调整为 3 天。其中，神诞日的前一天与后一天为客甲首士的宴饮时间，而神诞日则固定为当值甲首士的宴饮时间。宴饮菜肴的品种与数量，据说早在建庙伊始就固定了下来，以致历经百余年之久，竟没有丝毫的改变。

（二）官陂"万古庙"的游神

与东龙"胡公庙"游神以庙会的形式出现不同，官陂的游神是一场单纯的神明分片巡境。活动由大家长及各个角落的小家长领头，经费过去由各房众产承担，现在则以自愿报名"做会"的办法筹集。是时，凡村中自愿"做会"者，只要缴纳一定的份额钱（近几年，每个份额固定为人民币 20—30 元），便可成为该活动的参与者。游神活动的时间从正月初一开始，至十二日结束，范围过去主要在下官陂，亦即日享公后裔（含龙山、大佐、大任、大参、大位等五个房）居住的区域内进行，20 世纪 70 年代以后又增加了永祖裔居住的坪寨、莲塘里两个村。游神采用区域内各村按日轮流，单独组织活动的办法。初一为庵背、尚墩，初二下井，初三湖里，初四四角楼、寨里、坎背、杨屋，初五新安楼、石坳头、陈斜、下坑，初六下官坪，初八坪寨、莲塘里，初九陂头，初十坑里，十一七寨，十二彩霞。

每个村的游神都包含了迎神、献供、巡境、送神、上座等几项主要程序。所谓迎神，亦即把神明迎入本村。是时，轮到游神的村，一大早，家长就要在本房中派出七八个德高望重的长者（当地称耆老），带领香花僧、仪仗队、锣鼓队及若干名从本房中挑选出的负责抬神轿的青年（他们必须是头一年刚刚结婚的男青年）一起赶往万古庙，先由香花僧请神、上表，然后将关帝请进神轿，一路锣鼓、鞭炮相迎。进村后，先将关帝放进临时搭建的竹棚里，村民则不论姓氏、不分居住远近，每家均要具一桌供品（含五牲、春干、糖果、酒、菜及香烛等），在神前虔诚祭拜。午时过后，再抬着关帝到所属的各个角落巡游。每到一处，村民们都要以鞭炮香烛恭迎，并将三支点燃的信香插进随神绕境的一个大香炉中，再从香炉中各取回三支点燃的信香，插到自家的门首、厅堂及灶台上，俗称"换香"。巡境之后，大家把关帝送回万古庙，请香花僧为之安座，当日的游神活动便告结束。活动期间，庙里不办伙食，但每个参与"做会"的人均可得到两个"碰柑"，以示共享神明的恩赐。

三、比较与分析

对比东龙与官陂这两个同是客家聚落的游神仪式，可以看出，两者的基本理念是一致的，目的都在于祈求神明的护佑，以驱逐邪恶，求丰保泰。但仪式的内容与组织方式却有着鲜明的区别。

首先，两个聚落游神的对象各不相同。东龙抬出来巡游的是当地村庙"太公庙"的主神胡太公及两个随员丁将军、吴元帅；而官陂抬出来巡游的则是区域性神庙"万古庙"里的主神关帝。据清道光《宁都直隶州志》记载，胡太公，原为土神，宋代，由于政治的需要，这位名不见经传的土地神也与同时期其他许多地方神明一样，开始得到朝廷的加封。"明洪武中，知县庄济翁（又）改建（其庙于）县城东"[1]，从而使他与社稷神、山川风云雷雨神、邑厉坛神一起，堂而皇之地进入了官方认可的信仰系统中，成了包括东龙在内，宁都许多乡村聚落祀奉的里社福主神。而关帝原为三国名将，因其忠勇之名冠盖古今，成了崇尚异姓结拜的官陂一带民众的崇信对象。祀奉他的万古庙，原先是一座祀奉以张耍为首的异姓结拜者英灵的公祠。作为忠义的化身，关帝在祠中具有祖师爷的崇高地位。只是后来由于社会形势的变化，他才由祖师爷摇身一变，成了维护一方平安的区域性福主神。

二是游神的管理方式不同。东龙采用的是由用股份制形式组建起来的该庙所属11个甲轮流坐庄——这种较古老，也较为公平的社祀管理方式。而官陂所采用的是由大家长领头，以60岁以上的耆老为主要骨干——这种类似于部落长老制的管理方式。

三是仪式的步骤与内容各不相同。东龙的游神是将神明巡境与由社祀转化而来的乡村庙会结合在一起，整场仪式包含了演戏、开光、打醮、游神、宴饮等几项主要内容。而官陂的游神则是一次单纯的神明分片巡境活动，故活动细分起来只有请神、献供、巡境、送神等几项内容。

造成两个聚落游神仪式同中有异的主要原因是这两个聚落无论从社会结构还是聚落发展历史而言，都有着明显的差异。

按，中国以驱邪纳吉方式祈丰保泰的仪式传统，历史久远。《周礼》"夏官"记载："方相氏掌蒙熊皮，黄金四目，执戈扬盾，帅百隶而时难（傩），以索室驱疫。"[2]《续后汉书》"礼仪志"及宗懔《荆楚岁时记》亦先后记载："先腊一日，大傩，谓之逐疫。其仪，选中黄门子弟年十岁以上，十二以下，百二十人为侲子，皆赤帻

---

① 刘丙、梁栖鸾:《宁都直隶州志》卷二十八《祠庙志》，赣州地区志编辑委员会办公室重印本，1987，第655页。
② 郑元注、贾公彦疏《周礼注疏》卷31，《十三经注疏》影印本，中华书局，1979，第213页。

皂制，执大鼗。方相氏黄金四目，蒙熊皮，玄衣朱裳，执戈扬盾，十二兽有衣毛角。中黄门行之，冗从仆射将之，以逐恶于禁中。"①"十二月八日，村人并击细腰鼓，戴胡头及作金刚力士以驱疫，并以豭、酒祭灶神。"②明清以后，这种以舞傩驱疫的方式在中国大部分地区逐渐演变成抬神明出巡，（清）富察敦景《燕京岁时记》记载："每年四月二十二日，京城宛平县城隍出巡，出巡之时皆有八人肩舆舁藤而行，有舍身为马僮者，有舍身为打扇者，有臂穿铁钩悬灯而导者，有披枷带锁俨然如罪人者，神舆之旁还有扮作判官鬼卒之类，彳亍而行。③"

　　而与游神活动相联系的社祀制度，则来源于中国古代最原始的——对生存第一需要的土地资源的崇拜。瞿宣颖在《中国社会史料丛钞》"社"条导言中说道："先民资地之利以逐其生，所至之处必求其地之神而祀之。奠居之初，宫室未立，或封土焉，或立石焉，或树木焉，以为神灵所寄托，此盖社之所由始也。土地有增益，虽有新获之土地，不敢灭其社焉，故有建国之社，有亡国之社。土之所生，五谷为大，故祀谷神为稷以配之。""及其后也，礼文繁备，他祀非士庶所获与，唯社为遍及人群。于是，社为人民结合之所，为饮食宴乐之资，则宗教性渐移入政治性，又渐移入社会性矣。④"证见（南朝宋）宗懔在《荆楚岁时记》中的记载："社日，四邻并结综会社牲醪，为屋于树下，先祭其神，然后飨其胙。"⑤及至明代初年，以社为民众集会、宴乐及自我教育、自我管理的场所成为国家一项常规性的制度，《五礼通考》卷45引《明会典》记载："里社，凡各处乡村人民，每里一百户立坛一所，祀五土五谷之神，专为祈祷雨旸时。若五谷丰登，每岁一户轮当会首，常用洁净坛场，遇春秋二社，预期率办祭物，至日约聚祭祀，其祭用一羊一豕，酒果香烛随用。祭毕就行会饮。会中先令读抑强扶弱之誓，其词曰：'凡我同里之人，各遵守礼法，毋恃强凌弱，违者先共制之，然后经官。或贫无可赡，周给其家，三年不立，不使与会。其婚姻丧葬有乏，随力相助。如不从众，犯奸盗诈伪一切非为

① 转见王永谦：《城隍与土地信仰》，学苑出版社，1994，第152页。
② 瞿宣颖：《中国社会史料丛钞》下册，上海书店，1995，第672页。
③ 富察敦崇：《燕京岁时记》"都城隍"条，载《帝京岁时纪胜》《燕京岁时记》合刊本，北京古籍出版社，1981，第64页。
④ 瞿宣颖：《中国社会史料丛钞》下册，第465页。
⑤ 瞿宣颖：《中国社会史料丛钞》下册，第491页。

之人，并不许与会。'读誓词毕，长幼以次就座，尽欢而退，务在恭敬神明、和睦乡里，以厚风俗。"①明代中晚期以后，里甲制度逐渐走向衰微，而宗族则异军突起，并逐渐取代里甲，成为乡村自治的核心组织。《（宁都）古夏十四修族谱》（1938）中保存下来的明万历三十八年（1610）由其24世孙鹤林主持修订的《族规》记载："常年里递一图十甲，无与外姓，依期设立三约于祠。"②于是，社祀中"民众自我教育、自我管理"的社会功能逐渐被宗族替代，而宗教信仰及民众自我娱乐的功能则逐渐加强，不久便演变成当今风行各地的村庙祭祀。

东龙位于唐宋以来中国南北大通衢——梅关古驿道的东侧。受地理因素的影响，包括东龙在内的整个赣南地区，自秦汉以来就不断受到中原文化的影响，隋唐以后，其经济、文化已得到全面的开发。

与地域的经济开发相同步，受到宋、元、明历代统治者推崇的里社祭祀活动，最迟到明代中期已在赣南一带广泛普及，证见清同治《安远县志》卷一之七、卷二之二援引乾隆旧志对"社祀习俗"的记载："春秋祭社，各坊堡率以一二十家为一社会，焚香屠牲，携酒以祀土谷之神。""里社坛，分布各乡，以祀五土五谷之神。每岁以春社始，秋社止。每月初二、十六，乡人会同乡里，具牲醴致祭，欢饮而归。旧规有誓词曰：'凡我里人，各遵礼法，毋恃力凌弱，违者共罚之。或贫无可赡，周给其家，三年不立，不使与会。其婚姻丧葬有乏，随力相助。如不从众，或犯奸盗诈伪一切匪为之事，并不许入会。'祭毕，会首读之，众立而听。读毕，长幼叙次坐饮。词中皆和睦周恤，以厚风俗之意。"③该志对"社祀"过程的描述与《五礼通考》引《明会典》的记载完全吻合，而安远在赣南地区又属开发较晚的县份，所以，该记载具有一定的代表性。由此说明，东龙游神仪式中具备的演戏、开光、打醮、游神、宴饮等项内容正是自秦汉以来便得到广泛推广，明代以后更得到朝廷进一步确立的社祀礼仪的继承与发展。其目的在于通过这种轻松愉快的宗教信仰仪式对聚落民众进行道德感悟教育，并借此不断强化民众的社群认同。正是由于东龙包括游神在内的村庙庙会是由古代社祀演化而来的，所以其组织工作也最大限度地保持了

① 秦蕙田：《五礼通考》，文渊阁《四库全书》第135册，（台北）商务印书馆用文渊阁本影印，1983—1987，第1146页。
② 《（宁都）古夏十四修族谱·卷首》，木刻本，1938。
③ 黄瑞图：《安远县志》（1871），江西省安远县志编纂委员会内部重印，1990，第112页、第133页。

其原有的较为公平、合理的轮值原则，使庙会在聚落民众关系中，不仅成为一种重要的文化与情感交流手段，同时也成了聚落群体间必不可少的权力表征空间。

与东龙不同，官陂地处偏僻，元代以前还是一块未化之地，只有少量畲族钟姓人在此居住。自元末明初开始，汉人陆续移居进来，与畲族相互杂居。但从总体而言，此时的官陂依然地广人稀，国家权力对这里的影响还非常微弱。尽管这时，官陂一带已经有了"林伯社"的名称，但它只是一个地理概念，其所包含的地域包括现今官陂、霞葛、秀篆等3个镇的全部及太平、红星等2个乡镇的部分地区，面积几乎占了诏安县的一半。所以，明王朝竭力推行的社祀制度在这里既不可能变为现实，更不可能留下任何身影。明末清初以后，随着张廖氏的迅速壮大，官陂的经济与文化得到全面发展，宗族随之形成。但与东龙相比，官陂的宗族组织仍处于一个较为原始的状态：总祠在民众的社会生活中不起任何决定性作用，起作用的仍是以土楼方式聚居在一起的各个大、小房。各房的首领（俗称"大家长"）及耆老（类似于部落的长老，他们不但管宗族事务，而且还管理市场经济、社会教育及角落内所有民众的民俗文化活动）。由此可知，其游神活动所继承的乃是远古部落留下的"索室驱疫"的仪式传统，与此时已遍及于城乡各地的社祀传统没有太多的联系。

以上说明，各个不同地域，包括宗教信仰在内的民间风俗的生成与发展，是与该地域的自然、社会环境、经济、文化生活及地域发展历史紧密联系在一起的。古人所称"五里不同风，十里不同俗"，原因概出于此。

（2008 年 5 月 6 日在由香港中文大学主持召开的"中国地方社会仪式比较研究"国际学术研讨会上首次发表[①]）

参考文献：

[1] 宁都东龙（下祠）李氏十修族谱 [M]. 李氏家族印刷，1995.

[2] 宁都东龙（上祠）李氏九修族谱 [M]. 李氏家族印刷，1944.

[3] 刘丙，梁栖鸾. 宁都直隶州志 [M].1824，江西：赣州地区志编纂委员会办公室重印，1987.

[4] 郑昌龄等. 宁都县志 [M]. 宁都县衙，1741.

---

① 谭伟伦：《中国地方宗教仪式论集》。香港中文大学崇基学院宗教与中国社会研究中心，2011。

[5] 陈祖荫. 诏安县志 [M]. 诏安县青年印务公司, 1942.

[6] (上祀堂) 族谱 [M]. 官陂张廖氏大佐房张浚川手抄本.

[7] 官陂张廖氏 (上祀堂) 族谱 [M]. 同治九年玉田楼抄本.

[8] 廖丑. 西螺七嵌与台湾开拓史 [M]. 台北: 前卫出版社, 1998.

[9] 杨彦杰. 闽客交界的诏安 [M]. 北京: 社会科学文献出版社, 2014.

[10] 罗昭. 天地会探源 [N]. 中华工商时报, 1994 年 10 月 19 日起分 139 次连载.

[11] 郑元, 注, 贾公彦, 疏. 附释音周礼注疏 [M]// 十三经注疏. 北京: 中华书局, 1980.

[12] 王永谦. 城隍与土地信仰 [M]. 北京: 学苑出版社, 1994.

[13] 瞿宣颖. 中国社会史丛钞 [M]. 上海: 上海书店出版社, 1995.

[14] 富察敦崇. 燕京岁时记 [M]. 北京: 北京古籍出版社, 1981.

[15] (宁都) 古夏十修族谱 [M]. 木刻本. 李氏宗族, 1938.

[16] 黄瑞图等. 安远县志 [M]. 1871. 江西安远县县志编纂委员会重印, 1990.

[17] 秦蕙田. 五礼通考 [M]// 文渊阁四库全书第 135 册. 台北: 商务印书馆, 1983—1987.

江西崇义县新地村高峰仙朝罗汉科仪

　　崇义为江西西南部的一个偏僻小县，它界连赣、湘、粤三省，北接上犹，东连南康，南界大余与广东仁化，西邻湖南汝城、桂东。境内崇山深谷，绝壁重峒。历史上，这里因受楚、越文化的影响，巫风颇为盛行。明嘉靖三十一年（1552）《崇义县志》称："信禨祥，病无医药，惟刲羊豕祈禳于神。"清光绪十二年（1886）《南安府志补正》卷一亦谓："俗颇信巫，凡疾病、死丧、祈禳、追荐，更有于父母六七十时，设坛请僧道虔诵经藏，往各祠行香祈祷。"

　　为搜集客家民间风俗资料，笔者自 1996 年冬起，曾二次前往该地进行田野调查，并应邀观看了 1997 年农历五月二十九日起在该县思顺乡新地村高峰仙举行的一次以朝罗汉为主旨的民间祭祀活动。现把观察所得简记如下。

一、背景资料

　　新地村位于崇义县西北边境，距县城约 150 华里。明代以前，这里为上犹县雁湖乡属地。明弘治、正德年间，赣、湘、粤、闽四省边界暴发了以畲瑶民为主体的大规模农民武装暴乱，这一带曾是暴乱的中心。武装暴乱平息后，南赣督抚王守仁依据其山高林深、地广人稀、难以统辖的状况，奏立崇义县。自此，新地改由崇义县思顺乡管辖。全村占地面积为 35 平方千米，境内高山逶迤，奇峰突屼，村西部之诸广山为湘、赣两省界山，海拔为 2061.3 米，其支脉遍布全境，每座山峰的高度都在海拔 1200 米以上。山与山之间形成一条条深谷及大大小小的山间小盆地（当地人称之为"峒"），村民们便散居在这些大大小小的峒溪边缘。据统计，该村现有村民小组 9 个，自然村 11 个，有村民 150 余户，887 人，拥有耕地 800 余亩，林地48825 亩。村民共分为陈、李、游、钟、王、邹、谢、江、利、谭、傅、许、汤、何、邓、刘、肖、骆、苏、郭、涂、赖、廖等 23 姓。其中除钟、江、谭三姓人数稍多外，其余各姓多则六七十人，少则五六人。由于人数过少，各姓几乎都没有单独修撰过家谱，也没有建立宗祠。据查证，他们多数是明正德十三年（1518）王阳明平定了畲瑶民武装暴乱后，由广东兴宁、和平、梅县与福建长汀、武平，湖南桂东及本省上犹、龙南、遂川等地的客民陆续迁入该地，至今已在当地繁衍了 7 至 13 代。其经济生活以垦荒、造林为主。由于山高水冷，农作物只有单季水稻一种，其余时间主要从事香菇种植、造纸等副业。相传一百多年前，这里的造纸业十分繁荣，时有纸棚 800 多个，工人 3000 多。同时，沿河还有一个不大的圩场，有店铺 8 家。20 世纪 30 年代，因当地发生工农武装暴动，国民政府派兵镇压，村民四散逃亡，圩场由此一蹶不振。

由于新地村地处深山，村民居住分散，来往极不方便，加之山间自然条件恶劣，"每岁正月，雨水之后，阴霾日多，晴霁日少……历季春，雨辄雷电，以风即寒，三、四月暴雨时作……冬深，阴雨霡霂，断而复续，云封山巅，旬日不解。……若夫瘴疠……一、三月谓之青草瘴，五、六月谓之黄茅瘴，九、十月谓之新禾瘴……①"尤其每到夏秋时节，禾苗正当打苞抽穗时，常因气候不佳而引发病虫灾害，造成大面积白穗。在这种环境下生活，祈求神明庇佑，以保证作物丰熟、人畜平安自然成了历史上全体村民的共同企望。

据实地调查，在新地村附近，主要的民间神庙，有位于村子中心的"五显庙"及分别位于上、中、下新地峒子口上的三个福主庙。庙里供奉的，除了龙王、五谷神之外，便是一些连村民也叫不出名字的武将，他们认为这些武将都是法力无边，有护卫山峒，不使邪魔入村的作用。所以每逢大年三十，各家各户都要举牲醴到庙里敬奉他们。此外，每年还要打一次平安醮，酬神上表，以感谢神明一年来的庇佑。

与山外不同的是，这里一年一度的打醮，历史上并不以福主庙为单位启建，而是各峒人联合在一起，与高峰仙的朝罗汉同时举行。造成这一状况的原因，固然一方面是峒子人口太少，经济状况较差，单靠本峒人难以承担起打醮所需的大笔费用；另一方面也是由于在特殊条件下生活，当地人对佛、道神明的关系有自己独到的见解。

高峰仙位于诸广山半山腰的高峰垠上，从庙基发掘出来的几块碑铭可以看出，该处原本是当地村民赖先连等发起创建的一座小庙。明代嘉靖之后历经多次修葺，清咸丰六年（1856），该庙曾一度被农民武装捣毁，至光绪九年（1883）才由当地群众集资重塑金像、扩建殿堂，将其改造成以罗汉为主，兼容如来、观音、玉皇大帝、八大金刚、伽蓝土地、木山火神、梁老真仙、万岁老爷、罗贤清老、韦驮佛祖等佛道俗神在一起的所谓"斋庙"。

① 王廷耀：《崇义县志》《天文志》，1552。

这些佛、道、俗神无差别的观念，不但表现在他们的崇信行为上，同时也体现在他们对高峰仙来历的神话传说中。

据该庙理事长张某诚介绍，高峰仙的创始人原本是周朝的高天君，他不愿留在朝廷，出家到峨眉山上学法，后来云游到这里，看到这里山清水秀，便在山腰的一个自然洞穴中筑巢修炼，同时还收留了一位姓古的陕西人为弟子。从此，洞外人口逐渐聚集。高天君105岁才去世，遗体一直放在山洞里，40年不臭。谁知高天君所居的山洞竟是个生龙口。一天，龙口大开，将高天君及其弟子一起吞了去，高峰垠从此成了一片废墟。又经过了许许多多岁月，到宋仁宗时，高天君转世到兴国县一个姓曹的贫苦人家里，取名曹忠剑。他聪明过人，但自幼不入荤腥，14岁便出家当了和尚，不久也云游到这里，看到这里一片废墟，心有所动，于是便邀集湖南人郭发斌和当地人赖先连一起四处化缘，重建了高峰仙。

由于曹忠剑出身不凡，与佛、道二教都有结缘，所以在他死了以后，人们不管遇到什么困难，只要在他的墓前点上几炷香，就能化险为夷，遇难成祥。也许正是出于对曹忠剑的崇信，所以，自古以来，新地村一年中最隆重的祭祀活动就是农历六月初一的朝罗汉，而且每次都要请道士启建一场"平安醮"。

历经时代沧桑，到20世纪90年代初，庙宇因年久失修而濒临坍塌，于是，村民们便自愿捐资，重修了庙宇，并聘请当地普庵教道士罗栖东为其举行了一场隆重的安龙奠土仪式。据说经过这场仪式之后，村里一直人畜平安，粮食年年丰收。于是，每年的朝罗汉也依照旧规，年年聘请罗栖东先生为其主持启建一场"平安醮"。

二、仪式的准备

在新地人看来，无论是佛教的朝罗汉还是道教的建醮，对于庙宇的理事、信众及佛道神职人员而言，皆是一项虔诚而庄严的宗教活动，其目的都在于祈神、酬神、禳拔灾厄。因此，敬备祭品以参拜天地，延聘有法力的神职人员为其呈进表章、祈安植福，乃是头等重要的事情。

尽管新地村的朝罗汉年年都要举行，但每次活动之前，他们都要进行精心策划，周密部署。本次也不例外。一个月之前，高峰仙就召开了由25人参加的理事会议，推选出以张某诚、江某源为首的11人作为总理、副理兼香首，负责本次朝罗汉的各项筹备工作，并指派钟某明、江某源、汤某行、江某玉等若干人承担朝罗汉期间的安全保卫、后勤采买、财务清算与来往接待等具体事务。确定法事规模为二日三夜，聘请当地普庵教的"大番师"①罗栖东掌印，汤某全主坛。

规模确定之后，张某诚即代表全体信民登门拜访二位大师，并当场交付定金二百元。二位大师受聘后便依照信众们的愿望与法事的要求，并与执事们反复协商，制订出如下程序：

五月二十九日：

下午进场：祈师请圣、投坛、行香告庙。

晚上：发文、礼忏（《千佛忏》之一）、申文、起幡、回向。

五月三十日：

早晨：早朝、安位、挂榜。

上午：礼忏（《千佛忏》之二）、写辞、午朝、宣赦、行香颁赦。

下午：礼忏（《千佛忏》之三）、晚朝。

晚上：礼忏（《三官忏》）、回向。

六月初一：

早晨：早朝。

上午：礼星、午朝、遣船灭瘟、安灶。

下午：礼忏（《观音忏》《盘古忏》《湖官忏》）、晚朝。

晚上：放河灯、踩灯土、蒙山施食、倒幡。

六月初二：

早晨：早朝、给金幡安位、启师送圣。

根据科目需要，主坛道士还开列出以下物品清单，交由总理指派专人采购：宗师布（白色）1丈6尺5寸，进词布（红色）1丈6尺5寸，幡布八条（一白七蓝）每条7尺，桥布（蓝色）1丈2尺，拜文书用布（三色）1丈，垫表布（红色）3尺3寸，垫赦文布（红色）3尺，垫词章布（红色）3尺，包赦布（黄色）1尺6寸，封水、火碗布（红色）2尺，水、火碗各2个，草船1舡，雄鸡4只，鸭4只，幡竹8根（每根需留竹节36个以上），草席2床，白米若干，各色纸若干，纸钱香烛若干。

在准备用物的同时，依据法事的需要，主坛师着手组建道士团。道士团以主坛师所在的漳溪坛人员为主，辅以少量与其有紧密协作关系的兄弟坛的道士，人数共

---

① 打大番是当地规模最大的一项法事活动，参加了大番奏职的道士，称为"大番师"。

17 人，其中：

> 掌印师罗栖东，现年 70 岁，私塾二年，法名罗逵一郎，上堡均源人。
> 主坛师汤某全，现年 48 岁，初中，法名罗遥七郎，上堡白竹人。
> 主持修篆师、蒙山师程某兴，现年 40 岁，高中。法名程远八郎，上堡竹溪人。
> 钟鼓师沈某铨，72 岁，初中，法名沈法通，上堡长流人。
> 铙钹师邓某铨，62 岁，初中，法名邓法旺，上堡玉章人。
> 诵忏师罗某明，24 岁，小学，法名罗法遵，上堡均源人。
> 礼忏师郭某胜，22 岁，小学，法名郭法遵，上堡均源人。
> 护法师朱某诠，30 岁，小学，法名朱法远，思顺桶岗人。
> 和音师朱某池，27 岁，小学，法名朱法运，思顺桶岗人。
> 顶礼师刘某瑞，28 岁，小学，法名刘法逮，思顺桶岗人。
> 顶礼师李某游，26 岁，小学，法名李法游，丰洲白玉人。
> 吹奏师程某闻，82 岁，上堡竹溪人。
> 吹奏师程某扬，44 岁，上堡竹溪人，程某闻之子。
> 吹奏师程某忠，26 岁，上堡竹溪人，程某闻之孙。
> 吹奏师邱某登，37 岁，上堡竹溪人，程某闻徒弟。
> 吹奏师邱某芳，26 岁，上堡竹溪人，程某闻徒弟。
> 吹奏师邱某掆，19 岁，上堡竹溪人，程某闻徒弟。

道士团组成之后，便指定专人办理建醮所需的一切文书，并依照惯例提前半天到庙里布置坛场。

为了不打乱庙内原有的结构，坛场被安排在庙堂左方的侧殿内，坛上方安神台一张，台上设历代祖师神位，台前用两张方桌并在一起，组成科仪台。台上方悬挂神图一幅，众神自上而下，排成三列：第一列正中为普庵教主，左右分别为骑龙的龙树及踏龟的真武；第二列正中为哪吒，左右分别为四大天王；第三列正中为历代宗师，左右为奏事仙官、奏事功曹。神图上方设"当今皇帝万岁"牌位，前面设"南无茶陵山上忏法教主一切诸佛诸菩萨"神位。神牌前放置香炉及各种法器。主要法器有小锣、小钹、灵尺、水盂、木鱼、灵刀、伞、七星剑、佛如意、雷令、经书等。

正坛左右两边墙上分别安置本境上新、中新、下新福主各庙众神、天师、开天辟地盘古大仙、白云得道梁老真仙、颁丰童子、请熟郎君、神农大帝、五谷真仙、雷公雷母、风伯雨师、山川社稷、古迹圣灵、本境得道列位真仙等神位。大门口左侧安置船车水手、驱瘟童子、艄公渡子、遣耗童郎、南无唐朝敕封天符显化大德公卿神位，右侧用三叉顶起一口大铁锅，名之曰"天香锅"。正对大门，在院墙边留一幡洞，供竖金幡之用。院门口左侧留孤幡洞五个，右边留孤幡及面燃大士幡洞各一个，旁边用茅草搭一个小屋，名之为"寒林小屋"。（图13）

崇义县高峰仙朝罗汉科仪坛场布置图

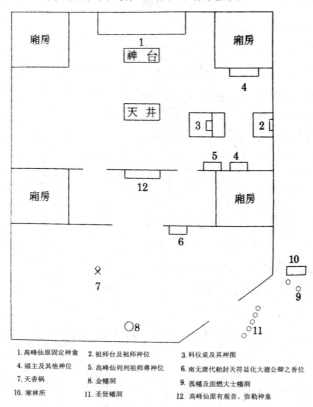

1. 高峰仙原固定神龛　　2. 祖师台及祖师神位　　3. 科仪桌及其神图
4. 福主及其他神位　　　5. 高峰仙列代祖师尊神位　6. 南无唐代勅封天符显化大德公卿之香位
7. 天香锅　　　　　　　8. 金幡洞　　　　　　　9. 孤幡及面燃大士幡洞
10. 寒林所　　　　　　　11. 圣贤幡洞　　　　　　12. 高峰仙原有观音、弥勒神龛

图13　崇义县高峰仙朝罗汉科仪坛场布置图

三、仪式过程与结构

依照高峰仙朝罗汉的一贯传统，为达到驱邪保平安的目的，此次朝罗汉均完全按照二日三宵建平安醮的科仪程序进行。

（一）启师请神

启师请神是道士进坛后的首场科目，它包括闹堂、请神、陈辞、祈保、藏魂、收禁等一系列内容。道士进坛时间必须根据当天"申文发奏"的时刻来确定。具体来说，申文应切忌食神煞，同时要忌死甲、病甲而取生甲。据此，本坛法事确定戌时申文，申时进坛。

待进坛时刻一到，乐师发鼓闹堂。主坛师随即上香稽首，吟唱：

> 香烟沉沉，神必降临。
> 香烟浩浩，神得昭昭。
> 香烟缈渺，直透天堂……

而后逐一请神。其请神次序，先请家堂土地，天府、地府门下年值、日值功曹、水府、狱府门下月值、时值功曹，传香童子，奏事童郎。请他们前来传奏。接着，依照神明的尊卑、远近、大小，先拜请上界三清四帝、各方星君、佛法僧三宝、释迦如来、救世观音、东方药师佛、南方起手佛、西方星光王佛、北方弥勒佛、中央阿弥陀佛、南泉教主、普庵（蒲安）祖师。再拜请本教大幡师主、口教师公、证盟师、度兵师、保举师、进教祖师、监度师……最后拜请家神、福主、各路兵将。

待全部神明请齐，道士以跌筶方式检验该邀请是否得到恩准。接着便表演陈辞、祈保，即请功曹告闻三界，说明此次祭典的用意，祈请各路神明降临坛场，以保佑本坛法事圆满成功，保佑道士符水端正，法术威灵，保佑合坊信众老幼平安，六畜兴旺，五瘟六耗、邪兵邪师远走外方。

祈保之后，马上藏魂。是时，主坛道士手持水碗，先关请①上座各路神仙、中座师祖、下座五营兵、小幡师主、小幡师爸、证盟师、保举师、前度师、后度师、阳度师、阴度师、口教师公、口教师父，向他们禀明启师目的，然后祈请祖师本师"存变香炉，化为千丈火焰，万丈火城。存变水碗，化为千丈深潭，万丈深井。"同时将左手五指并拢，用右手拇指、食指夹起一点米粒，在左手五个指头间来回轻点（名曰"点海"）。并一边点，一边念：

> 点起东海王，涌起东海水，海水渺渺茫茫无边。
> 点起南海王，涌起南海水，海水渺渺茫茫无边。
> 点起西海王，涌起西海水，海水渺渺茫茫无边。

---

① 所谓"关请"，指道士请神时要手挽"关诀"，以示神力。

点起北海王，涌起北海水，海水渺渺茫茫无边。

点起中海王，涌起中海水，海水渺渺茫茫无边。

上隐天门，下隐地府，下来盖藏。

盖藏弟子汤遥七郎同带师兄道友以及香主，家中大小男妇来往内外有名人等、头牲六畜、是非口舌、风灯火烛、人殃鬼火、百怪邪精、阴师阳师、五音作怪邪师，头中三魂、胫中七魄、心中三魂、肚中七魄、手中三魂、脚中七魄，五湖四海去藏身。

藏得神灵不见，灵鬼不知。

如此重复三次，每次结束均以跌筶求准。最后在水面上敕封海令，并一边画，一边念：

上盖三十三重天，下盖一十八重地狱，一盖一重井，二盖二重河，三盖长江水渺渺，四盖鬼灭亡，重重将不动。

念完，主坛师向水面呵气三口，跌筶求准后，用红纸、红布将水碗包起，放在祖师台的升米上，藏魂便告结束。

藏魂之后接着"收禁"。收禁的目的主要是要收去坛场内外的阴阳邪师，以洁净坛场，迎接神明的降临，确保法事圆满。是时，主坛道士手持瓷碗一只（内放木炭三块），先将碗倒扣在地上，再手抓雄鸡一只（鸡咀中夹红纸一张），交由香首按倒在碗边。起鼓以后，道士照例先关请神明、祖师，然后"变鸡"，口念：

祖师存变，本师存变。存变此鸡不是非凡神鸡，化为吞邪狮子、食耗三师、金猫狮子正身，头鼻相似，眼目相同。身上毛羽，化为身作衣衫，头上出火，眼中出火，前去收禁。

念完，道士面向外，半跪在地上，撒米差兵，一边撒，一边念：

左手差出天兵天将、雷兵雷将，右手差出地兵地将、恶兵恶将，三十六员天将、七十二员护将，王、马、温、康、诸、殷、关、赵，罗围将军、罗网将军，灭耗童子、食耗童郎，收禁阿公、收禁阿爸，兼同本坊福主合庙文武列列手下雄兵猛将，一同带弟子汤遥七郎手上兵将，前去收到合坊天、地、年、月、日、时耗、大耗、小耗、三十六耗、二十四耗。

收到年、月、日、时食主、食村、食时豺狼虎豹。

收到年、月、日、时咬牙白虎、瘟瘴时气。　　.

收到年、月、日、时七、八、千、万赤口颠茶烂酒。

收到眼毒、心毒、口毒、万般恶毒之人，风灯火烛、瓦碗竹精、人殃鬼火、百怪邪精等鬼。

收到阴师、阳师、光头和尚、赤足师公、五音作害邪师，一、二、三、四、五里收来，五百二十五里收来……

尽皆收在金鸡口中，永不动作。师父。

如此重复三次，每次均以跌阴筶求准。然后将鸡咀中的纸钱移到瓷碗下面，口念"变火碗"词：

祖师存变，本师存变。存变此碗不是非凡神碗，化为天牢地狱一所。师父。

念完，在碗面上画一个"#"字符，再用红纸、红布把碗包起，移到后坛祖师台下，碗上压一块石头，石上画一道"敕令"符，口念：

存变此石不是非凡神石，化为盘古大仙，下来禁到天牢地狱一所，不能动作。师父。

最后，再跌筶一次，主坛师回到坛前安佛。

（二）行香告庙

在主坛师坛前请神的同时，顶礼师带领另一班鼓乐人马巡游到香首家里及附近各个庙堂中，上香礼拜，禀告建醮目的，祈请各位家神、福神到坛庇佑。

（三）投坛

投坛意为道士正式进入坛场角色。漳溪坛的投坛，依照法事类别分成文、武两种。文投坛的内容主要有：开坛、礼赞、延香洒净、请天王洁界、恭封、接圣供献、诵表等。

1. 开坛

乐师发鼓闹堂后，道士整装上场，念开坛词：

稽首天中天，皈依圣中圣，不舍大慈悲，请佛作证盟。是日奉佛焚香，启建醮场，开坛发表，祈康保泰，集福迎祥。崇义县上、中、下新地香首张诚右领合坊人等是日迎神请诸佛、诸圣、诸仙、诸大菩萨、坤府王官、宗师、家居香火、福主侯王、上中下三界一切神祇，请赴皇坛作证盟。三声佛号，开辟坛场，善信虔诚，香花奉请。

2. 礼赞

开坛之后，道士再一次上香稽首，唱香赞、水赞、灯赞、皈依赞。词曰：

香烟缭绕处，炉焚宝鼎中，施檀沉乳真堪供，香烟缭绕莲花动，诸佛菩萨下天宫，请凉山罗汉，纳受人天供。清净宝莲池，荡涤昏迷，杨柳洒除润群机，能与众生消垢涤，不随尼黎。大圣日光、月光、星光、河汉光王藏菩萨。一灯能积百千灯，灯焰皆从心里生，若有一天星斗众，山河大地尽光明。南无光明藏菩萨摩诃萨。稽首皈依佛法僧，三宝慈尊，激古长者舍祇园，布满金砖。善财童子，五十三参祝信人，消灾瘴，福寿绵长。若人若人，皈依佛、僧三宝，不随沉沦。

3. 延香洒净

目的在于安慰龙神土地，使无冒犯之罪，且引九龙水来洒扫坛场，除去污秽，以迎接诸佛、诸仙来临。内容包括安慰、洒净、燃香等三个部分。词曰：

切以梵香才起处，法乐乍起时，金铃振动于山河，玉偈赞扬于此地，切虑庙堂土地，禁忌龙神，未则来端，恐生惊怖，能无冒犯之愆，先有安位之力，我佛如来藏教中，有安慰庙堂土地，真言谨当持诵。东震西兑诸禁忌，南离北坎众龙神，才入耳宣演妙真言，各镇方隅生欢喜。庙堂诸禁忌，土地众龙神，闻诵大明王，各镇威光相，南无三满哆哎哆喃呼唵度噜啼尾咖喃娑婆诃，安慰龙神生欢喜。上来滔滔一派曹溪水，滴滴流来在海中，自古藕里露阳春，翠竹枝头甘露洒，洒得真空雨露，散为法界恩波。才沾一滴洒，十方俱洁净，我佛如来藏教中，有洒水祛秽，真言谨当持诵，菩萨柳头甘露水，能令一滴洒十方，垢秽尽蠲除，灌洒道场悉清净。宝盂钵德水，杨柳一枝香，垢秽尽蠲除，道场悉清净，南无三哆哎喃呼唵唵悉吒，天神地神陀罗呢水吽吽娑婆诃，内外道场悉清净。上来宝香一炷，拈向金炉，起万朵之祥云，布千层之瑞气，成台成畔，结雾结烟，万界之中，焚香第一，善信虔诚，有燃香达信，真言谨当持诵：信手拈来戒定慧，解脱之见五分香，焚时瑞气霭金炉，散作祥云飞玉殿。欲通法界信，先将宝香传，以此妙真言，人天同供养。南无三满哆哎哆喃呼唵达摩陀耶达摩呢哦啰哈利娑婆诃，香云海会诸菩萨，安位洒净与燃香。

4. 请天王把界

坛场既已洒净，诸佛即将来临。于是，主坛道士面向东、南、西、北、中，祈请五方天王来降赴，"降赴道场把坛界，莫使邪魔入道场，开通道路请圣贤，迎请圣贤来降赴，降赴道场作证盟，证盟开坛此功德。"

5. 恭对

文教之"恭对",犹如武教之"下马",意即坛场已经开辟,祈请神明快快降临。是时,主坛道士在坛前摇动法铃,一边摇,一边唱:

以此振铃申召请,佛圣不昧愿遥闻。
仗臣三宝妙真言,是刻今时降来临。

接着,依照启师请神次序,再次拜请天、地、水、岳、年值、月值、日值、时值功曹、传香童子、奏事童郎,请他们快快奏请各佛、各菩萨、各仙、各殿冥王及各祖师、本师、家神、福主等降临道场。

6. 接圣

恭对之后,道士带领香首及信众将诸佛、诸圣、诸仙逐个迎入道场安位,并以茶、果供献,最后诵"开坛表"一张,诵后在天香炉中焚化。

(四)申文发奏

申文发奏是建醮中最重要的一项法事内容,其目的在于与三界神明建立沟通,请其降临坛场证盟,以使得原有的神明空间得到进一步加强,期能远离邪祟,人安事顺。其细目有延香洒净、发文、礼忏、申文等。

1. 延香洒净

道士先坛前禀佛,而后出到庙门口,唱香赞、水赞、灯赞、皈依赞,安慰龙神土地,接着燃香,礼请功曹。

2. 发文

礼请之后,道士诵读给功曹文,并将该文书投入天香炉中焚化。

3. 礼忏

请过功曹,道士回到坛前,先禀佛,后拜《千佛忏》一部。

4. 申文

申文,即向十方三宝宫、昊天通明宫、南斗六司宫、北斗九皇宫、南泉香水院、神农仙帝宫、风云雷雨殿、三元三官府、历代宗师府、众姓先贤祠、本坊福主祠等24处仙宫圣殿奏发文疏。其科演步骤照例先唱香赞、水赞、灯赞、皈依赞,礼请功曹奏请24处仙宫圣殿的主人到场证盟,而后当众宣读文疏。文疏格式如下:

祀

释禀道门下依教奉行主持申文拜表法事，臣汤遥七郎议同善信诚惶诚恐顿首伏俯百拜，冒言奏为今据中土江西省崇义县思顺乡新地村地名高峰仙众姓

祀祭

本坊上、中、下三新地福主各庙文武列列众神祠下吉向立宅居住，奉佛皈道，焚香启建六一朝拜、申文拜表、驱邪殄耗、宁坊靖境，保民佑畜，集福保安。香首张诚、钟杨右领合坊众姓有名人等即日上于帝慈光中，具呈意者，言念众等自九四年重建高峰仙寺以来，乡坊宁靖、境土和平、民安物阜、读显耕丰、求谋顺意、百业俱兴，均赖高峰仙神灵庇佑，今则不忘高峰古寺历有六一朝拜罗汉习俗，合众诚心于今月二十九日良吉，状臣于庵修建申文拜表法事二日三宵，坛司得此，除已依例修奉议具墨表一封，呈瑞上进万天帝主号令雷霆三十三天昊天金阙玉皇大帝陛下呈进，伏乞帝慈采纳凡情，允今所奏，赦臣万罪，祈庇乡坊宁靖、境土和平、民安物阜、读显耕丰、求谋顺意、百事兴隆，瘟瘴邪耗解送洛阳，官匪火盗遣送别方。祈言未尽，全叩庇佑，文至疏表以奉。

天运丁丑年五月廿九日具表上申

宣读之后，主坛师将24道文疏供于神案前，上香稽首，奏曰："上来文表宣毕，表白云周，坛下弟子具有文表奉在佛前，用凭火化，南无奉献菩萨摩诃萨。"奏完，将文疏移交给香首，送往天香炉中焚化。

（五）起幡、安位

幡旗是召请三界圣贤及域内孤魂野鬼来赴醮坛法会的标志。据笔者所见，漳溪坛建醮所用的幡旗，依其功用不同，可分为金幡、圣贤幡、孤幡三种。其中金幡是整场法事的总标志，它由一块长3.6尺的蓝布，外带五根2.8尺长的蓝布涤条组成，以象征三十六部雷霆、二十八方星宿。幡旗经过法事处理，升高后能在自然风的作用下，使涤条相互缠绕，以形成具有一定形状（有的像龙、有的似虎、有的类人）的布球，名之为"幡结"。幡结的形状预示着该场法事的成功程度，故深受信众的青睐。

起立金幡，一般在建醮的第一天进行。仪式前，先要准备一根长长的幡竹，竹梢以下须保留36个竹节，并把节上的枝杈除去。起幡处须预先搭起一座高台，台上置科仪桌一张，桌上供奉历代祖本宗师神位。

仪式开始，主持师先在坛前禀佛："请佛来堂作证盟，证盟起幡此功德，作证盟菩萨摩诃萨。"然后出到起幡场地，登台上香、稽首、请神、洁坛，同时用一支

饱含墨汁的大毛笔在幡旗中央画"五雷"令，一边画，一边念咒。画完符令将幡旗悬挂在幡竹上，徐徐立起。主持师面对幡旗，再一次请神，延香洒净，焚化"结幡表"。最后打符洁界，并以茶、酒、香烛、纸钱供奉。

除金幡之外，另有孤幡一条、圣贤幡六条，他们分别代表了七种不同的神明，其名称依次为：南无沃蕉山上鬼界城中面燃大士菩萨、三界圣贤、南无三界守幡使者、本境得道列列真仙、菩提树神、虚空过往一切神祇、坚牢地狱。

这些幡旗，除孤幡需用白布之外，其余均用蓝布做成。长度视法事规模而定，或 4.8 尺，或 6 尺，或 12 尺。

起立孤幡、圣贤幡，多在竖起金幡以后进行，科名曰"安位"。仪式前，照例需按幡旗数目准备幡竹（要求与金幡相同）。仪式开始，先禀佛，然后出庙门口燃香请功曹，并焚化"安位表"。

烧表后，逐根起幡。每起一根幡，道士均要在幡竹上贴上神位标志，并上香稽首，火化银钱，诵读"安位词"，词曰：

> 恭对 ×× 三奉请，×× 不昧愿遥闻，仗臣三宝力加持，是刻今朝降来临。
> 南无三满哆哎喃呼庵普婆啼里咖哆帝旦哆孽哆耶。
> 南无一心香花奉请，一心奉请 ×××××× 神。
> 三请 ×× 来降赴，降赴法会受供养。
> 所有银钱随火化，安位菩萨摩诃萨。

（六）写辞

写辞是主坛道士在法事过程中，于坛前书写珠章，以向上界最高神明奏明本次建醮目的，祈保乡坊宁靖的一项特殊科仪。主持这项科仪者，必须是具有大幡师职位的道士。

仪式前，先在庙门口搭起一座高台，台上置科仪桌一张，上供历代祖本宗师神位。仪式开始，主持师先坛前禀佛，然后登上高台，先唱赞，再延香洒净，画符念咒。接着，当坛用朱笔在一张蓝色纸上书写辞章。写辞后印辞，再礼请天曹、地府及东、南、西、北、中各路神明为其开路。接着换上新布鞋，在科仪桌前铺好的新草席上行罡。行完罡，打一手诀，然后手持青辞，在席上翻一跟斗，并顺势把头藏到科仪台下，便表示已把青辞送入了天堂。写辞即告结束。

（七）礼星

传统观念认为，世上每个活着的人都有一道灵光，而这道灵光是由于有天上的星光主照才得以产生，所以星光明亮，人生才得以健康。由此，礼星的目的就在于祈求星君保佑，以使星光永远灿烂。

仪式之前，照例要在庙门口搭起一座露天高台，名之曰"将军台"，台上置科仪桌一张，桌上安"星光主照合坊众姓有名人等当生正照本命元辰星君位"，星君左右分别写上本次建醮香首全家人姓名。"将军台"的一角挂一束纸长钱，桌上放把雨伞。

仪式开始，主持师坛前禀佛，然后登上将军台，先唱香赞、水赞、灯赞、皈依赞，再请神，宣读星疏。最后将星疏及长钱一起放进天香炉中火化。火化后，主持师口念"金吒咒"：

上来现前清净会，众发菩提心，诵经如来妙良，因酬天地谢星君，祝愿皇王万万岁，三灾八难尽消除，生净庭，礼慈尊，南无萨哩嗹呾哆孽哆耶娑婆嚕嗁唵么罗，三么罗，三么罗咘。五虚六耗殄外方，瘟瘟邪气解洛阳，官府是非得消散，口舌是非尽埋藏，水星涌起高万丈，火星打落九龙江，凡有诸般皆吉庆，百福臻臻纳千祥，垂庇佑菩萨摩诃萨。

（八）遣船灭瘟

遣船灭瘟，俗称"送船"，它是建平安醮的必科节目，按规定应以外坛形式，在建醮的第一天与收禁、行香告庙同时进行。这次建醮因道士人手不够，只好改在六月初一上午与礼星同时进行。

仪式前，先要准备草船一舡、垫船蓝布一条、木炭三块、雄鸡一只、水盆一个。先将草船放在水盆上，盆里装满清水。再将垫船布垫在船底，布的另一端搭在水盆外，形成一副软"桥板"，船上放木炭三块，象征火牢。

仪式开始，主持师坛前禀佛、燃香、请神，然后唱"造船歌"。造船后，接着点海、撒米差兵，收瘟（过程与启师请神中的收禁相同）。最后将收在鸡嘴中的瘟煞移入草船，并把垫船布的一端收起，盖在木炭上，布面上用灵尺画一道"关"字符，以示把瘟煞悉数关押到了草船的火牢里。

坛前收瘟后，主持师带领信众及鼓乐队，举着家神及福主神牌走出庙门，一路巡游到各香首家里，重复收瘟一次。

最后，选择村边江水合流的地方，先上香，请神，宣"遣瘟表"，然后杀鸡、鸭祭船、祭表，再将草船与遣瘟表一起火化，抛入江中，并念咒三次，挽金刀诀一次（为草船开路），挽障诀一次（斩断瘟煞退路），回坛安佛。

（九）行香颁赦

行香颁赦也是启建平安醮的重点科目，常以外坛形式，与内坛拜忏、写辞同时进行。

仪式开始，主持师先坛前禀佛、燃香、请神，然后扮演赦官，带领香首、信众，在鼓乐声中，具牲醴巡游村中各个庙堂，并逐个上香礼拜，并向龙神、土地、各庙福主宣示：赦免阳居合坊信众已知、未知之罪恶，赦免阴间冤魂一切苦罪，赦免掌坛道士举步乖张、差罡漏诀、错念经文、言粗语杂、章表差讹、身体不洁等罪过。保证法事圆满，功果显著。

行香完毕，赦官带领信众回庙。

在此之前，留在庙堂的掌坛道士早已设斋供香案，于庙门口等候。见面后，双方对白：

赦官：远看红旗艳艳，近闻锣鼓沉沉，莫不是有当朝好事，请君通报。

掌坛师：我这里清平世界，锦绣乾坤，敢问来人何缘到此。

赦官：我是西天一宰臣，超凡赍赦下凡尘，佛师赐我笙箫乐，玉帝赐我驾祥云。王、马、温、康同赍赦，三界神祇齐护身，我今急急通姓名，特到皇坛见世尊。

掌坛师：你是西天一宰臣，何人有旨奏玉君，是何坛？是何会？是何名姓建功勋？请君一一从头说，方允入坛见世尊。

赦官：多劳法驾垂恩泽，阴隲齐天利济人，吉日良辰建大斋，加持有旨奏如来。请佛颁恩垂阙赦，玉皇亲赦下瑶台。辰时起马巳时到，限定时辰不敢挨。法师休要羁阻隔，回祷垂阶奏玉台。

掌坛师：久仰皇恩赦一封，为何报答不相同？若是假传恩命旨，天条法律不相容。

赦官：今朝申文时刻到，领旨慌忙出殿宫，未登金阙朝三宝，先来恭拜老高功。

（掌坛师转身扮演高功）

高功：天开黄道八方清，地辟红尘迎圣真。肃静皇坛行佛事，敢有谁人闹嚷嚷？

赦官：天开皇道，佛事沉沉，玉帝钦差，赦官到此。

高功：敢问赦官高姓？

赦官：西天宰臣，玉帝钦差，吾有赦文为凭，何劳多问。

高功：既奉西天佛旨，玉帝钦差，赦何款事，望君披宣。

赦官：赦除善信名下三十六款大小过错。

高功：请问赦官，头十二款怎样？

赦官：头十二款赦除善信名下所有前生今世、九结十缠、不敬天地、不敬三老、喝风骂雨、欺神灭像、瞒天昧地、忤逆圣贤、不敬三宝、毁佛谤僧、不孝父母伯叔六亲、奸盗奸邪、抛撒五谷、污秽江河、不行正道杀生害命、生男育女触犯江河、放火烧山、冤家诅咒、口牙良愿，如是种种千愆万罪，今日叩佛慈，尽皆赦宥。

高功：二十四款又怎样？

赦官：二十四款赦除善信门中先主历代考妣宗亲，叩佛慈悲，总申超度。

高功：还有三十六款怎样？

赦官：三十六款赦除法界之中沃蕉山上、枉死城中、铁围狱间、四生六道、九幽十冥、远年近月有主无依一切孤魂鬼子男女等众，今日叩佛慈悲，俱诣生方。

高功：敢问赦官坐船来，还是走路来？

赦官：船也来，路也来。

高功：为何一人行两路？

赦官：跟随文武两边排。

高功：敢问赦官，船来过了几个滩？路来过了几道弯？

赦官：海水茫茫不计滩，青山渺渺不计湾。

高功：马耳尖尖风雨别，带你恭佛不须急，且问赦官来路远，马儿行了几多迹？

赦官：皇坛朗朗点金灯，法师清静诵经文，金刚经卷诵过去，借问诵了几多声？

高功：再出一对。

赦官：愿闻。

高功：我今思想去修道，意欲修身去出家，敢问赦官三件事，如何胜似白莲花？

赦官：为官清正如修道，敬老怜贫胜出家。做事不瞒天地眼，自然胜似白莲花。

高功：一片红云罩住金星顶。

赦官：两行青雾透遍觉皇坛。

高功：八十八佛见了几多光明相。

赦官：三十三天未曾游过星斗门。

高功：人子答亲，申忏血盆大会。

赦官：慈尊救苦，提携大地众生。

高功：建善忏经，新老稚增益于福寿。

赦官：颁恩济赦，愿户庭骈集于千祥。

高功：时逢美景五月天，善信虔诚建善筵，答谢宗亲离苦海，孤魂受度尽生天。

赦官：赦官今早出天涯，一日巡游千万家，愿得宗亲登仙境，一起同坐宝莲花。

高功：赦官来得忙又忙，请进皇坛恭法王，既奉如来亲赦旨，钦差奉旨不须慌。

赦官：小臣回身整衣冠，三道三呼入圣前，象简当胸朝大圣，五体投地礼金仙。

高功：既然如此，将赦书请下！

（赦官移交赦书）

赦书请时闻，供主忙献下马酒。

僧众鼓乐齐相知，赦官满饮不须推。

霎时，鼓乐齐鸣，掌坛师与赦官把杯，然后将赦官引入坛前走赦（赦官绕坛一圈）。掌坛师登台唱赞，赦官与香首叩拜诸神。最后，掌坛师以高功身份宣赦。

宣赦之后，将赦文移到寒林所，焚化在一个装有清水的脸盆里，等法事结束后将其倒入长流水中。

（十）早朝、午朝、晚朝、回向

早朝、午朝、晚朝、回向是醮坛法事中每天必须按时进行的科目，其意义就如我们日常待客一样，早上要请起，晚上要请睡，日间要以茶、饭供养。

高峰仙二天三晚的法事，每日的早朝、回向，内容完全相间。即一早起来，先击鼓闹场，而后道士上香稽首，念开场白：

十方佛、法、僧大宝菩萨，十方佛、法、僧大宝如朱，三声佛号，开辟坛场，善信虔诚，香花奉请，观音瓶内除灾咎，醍醐灌顶除尘垢，杨柳枝洒水润焦枯，咽喉中自有甘露琼浆来。南无清净菩萨摩诃萨。恭闻荡荡黄金相，巍巍不动之慈尊，天上与人间，无不恭敬信奉，是日奉佛，高峰仙香首张诚右领合坊人等无限炷香，恭对行谊，称扬宝号，大圣佛、法、僧宝，尊尊如来。

接着，唱三宝赞，延香洒净，请神，最后念《心经》一篇，烧早表一张，安佛下坛。

晚上，待全部科目做完，道士照例先坛前禀佛、上香、稽首、唱赞、请神，然后宣表，以禀明当天法事圆满，请师、请神回仙宫歇息，最后念准提咒，并焚化纸钱若干，同时把科仪台的台布掀起一角，将祖师牌翻身向内，以示闭幕。该科目名为"回向"，意即请神回宫。

午朝、晚朝，每天的内容略有不同。五月三十日的午朝，所用科本为《大午朝科》，内容有禀佛、燃香洒净、走朝、迎銮接驾、上"午表"、散斋。晚朝用《告空科》，内容除禀佛、燃香洒净、走朝、上表之外，主要科演"告空"一折，意为众神已暂别仙宫玉府，祈请其分班入席，接受香花供养。

六月初一的午朝、晚朝，均用《三朝科》。内容除走朝、上表外，午朝着重诵经礼忏，晚朝着重持诵"千花台、百宝台真言"，意即用香花、百宝虔诚供养。

（十一）放河灯

放河灯是蒙山施食前的一道预备科目，其意义在于用纸船明灯去接应那些被打入苦海的孤魂野鬼，请他们一同来赴法会，领受功果，以便早日得到解脱。

依照传统，放河灯必须选在申时以后，在双江合流的地方进行。据传，只有这个时候，孤魂野鬼才能出来。

仪式前，先在场上安置科仪桌一张，设观音、救苦天尊神位。道士禀佛、请神，唱三宝赞，然后召请孤魂野鬼，并当场焚烧"孤表"一张，抛入水中。接着，信众们七手八脚，将点上明灯的纸船逐个放入水中，前面用一只活鸭开路，使其款款顺流而下。道士回坛安佛。

（十二）踩灯土

踩灯土也是为解救孤魂野鬼而设置的一项科目。据罗道士介绍，该科目源于三代，商周开战，商纣王得到三霄的援助，设下灯土障，使周文王部下陷入重围，死伤惨重。以后文王得到元始天尊的指点，用妙计大破灯土障，才使得被围困的将士得到解脱。后世便借用此典故，以象征手法表现解救孤魂野鬼之行动。

踩灯土之前，先要在空地上用石灰线画出一幅后天八卦图：

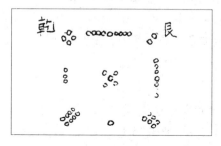

图 14　后天八卦图

在图中每个小圆圈上各点上一盏灯，插上一炷香。同时依照当年、当月、当日的干支情况推算出休、生、伤、度、景、死、惊、开八门所在的卦位。

仪式开始，有道士二人，一人持朝简，一人持七星宝剑，先在坛前禀佛、请神，然后点燃火把，带领乐队及众香首出到踩灯场上，先绕八卦图巡行三周，以示观察障势。然后找准当日开门所在的卦位（当年、当日所在的开门在乾卦）进入障内，并依照乾、巽、震、坤、坎、兑、离、艮的次序穿行于八卦图中，最后从生门所在的卦位（当年、当日所在的生门在艮卦）上出障。出障后，移师于寒林所，并在寒林所前上香、稽首、唱赞，并焚化文表一张，以示已把被围困在障内的孤魂野鬼全解救了出来，寄放到寒林所，交面燃大士遵旨发落。

（十三）蒙山施食

蒙山施食的目的是以斋筵赈济并安慰境内因冤屈而死的孤魂野鬼，度其早日超生，不在当地为害百姓。

仪式前，先要在施食场上搭一高台，台上置科仪桌一张，供奉观音、救苦天尊牌位。仪式开始，先击鼓开场，主持师坛前禀佛、请神，然后出到施食场上，唱香赞、水赞、灯赞、皈依赞，并以好言好语安慰各个孤魂野鬼，祈求三界神明原谅他们以往的罪恶，度他们早日超生，登彼乐土。科演时，主持师要一边唱，一边把预先准备好的斋果抛向四面八方。香首们则要在其他道友的指导下，在寒林所前点起一个大火把，并从施食场开始，由内而外，在出村的路边点燃36盏小灯，36炷香，焚化36件孤衣，以示赈济十类孤魂野鬼。最后打观音诀收场。

施食之后，立即雇请一位孤寡老人将各根幡旗倒下（虽然做这件事工钱很高，但除了孤寡老人外，其他人都不愿做），并将金幡移入庙堂内，主持师为其隆重安位。

（十四）谢师送圣

谢师送圣是醮坛法事的最后一项科目，一般安排在道士离场之前举行。仪式开始，先禀佛、唱赞、请圣，然后宣表，以感谢各位圣贤莅临坛场证盟，使法事圆满成功。最后把坛场内外的所有楹联、榜文悉数取下，连同圣贤、福主、家神神位牌以及纸钱、香、烛一起移到庙门口焚化，并把焚化后的香灰抛入长流水中，以示送别。

送圣后，道士回到坛前，上香请师、上表，并以跌筶方式验明祖师对该场法事的满意程度。最后化钱送师，拆坛。

整个建醮仪式宣告完成。

四、几点认识

（一）本文是对崇义县思顺乡新地村高峰仙朝罗汉仪式所作初步调查的记录整理。新地村是赣、粤、湘交界地区一个不起眼的山区小村庄，它处于群山包围之中，层峦叠嶂，峒溪纵横。历史上，由于交通闭塞，经济文化落后，被人们视为荒蛮不化之地。明代正德以后，随着赣、闽、粤、湘大量客民的迁入，使得这片荒漠开始出现生机，农业与手工造纸业相继得到开发。然而，恶劣的社会物质条件，孤立无援的生活环境，依然像幽灵一样，紧紧地缠绕着他们，饥饿、贫困、灾荒、瘟疫时刻威胁着他们的生存与发展。于是，为克服山区生活带来的心理恐惧，一种以鬼神崇拜为中心，以驱邪逐疫、保丰熟、求平安为主要目的的民间宗教信仰活动成为村民的共同需求，并由此年年相继，代代相承，发展成与村民日常生活不可或缺的一项民间风俗文化。

与赣南地区绝大多数乡村一样，该村村民的宗教信仰是多元化的，尽管随着时代的发展，人口的流动，村里先后建起了一二座以佛道命名的寺观场所，并有了诸如佛教协会之类的教会组织，但其信仰实质，仍然是一种集巫、儒、佛、道于一体，内含阴阳五行、祖先崇拜、泛神泛灵、符书咒法等各种宗教成分的复合体。高峰仙就是一个典型的例证。尽管村民们反复强调，这座寺庙是受政府保护的佛教庵堂，可是殿堂上供奉的既有佛教的神明如来、观音、弥勒、伽蓝，也有道教神明玉皇大帝，甚至还有地方神明罗贤清老、梁老真仙以及自然神龙王、米谷神、木山火神大帝等。其信仰行为中几乎没有教义，只有烧香祈祷、求签许愿以及定期延聘巫道神职人员为村民设醮祭祀、驱邪逐疫、解冤祈福。文化人类学家李亦园先生在《文化的图像》中将其概括为"普化宗教"，不管这种命名是否妥当，但他却真实反映了中国南方广大农村基层，尤其是山区基层群众宗教信仰的一大特色。

（二）仪式是祭祀过程中的主要行为手段，就其本质而言，它是人所特有的一种意指性活动、象征性活动或记号活动。通过这些活动来传递实在对客体世界的表象、沟通、确定的意义，以达到在现实世界中区别出他界，并借着对于诸神事工仪式性的模仿，使得该神圣空间得以延续、彰显，期能远离邪祟，人安事顺。为达到这个目的，不管何种仪式，其行为动作都具有强烈的模仿性，结构上都有稳定的配置[1]定式，并能从中理会出其特定的语序性。以高峰仙二日三夜的朝罗汉为例，其总体安排大致可分为请神—投坛—驱疫、上表、解冤、赐福—赈济—送神等多个层次。这些层次的安排显然与人间的各种正式社交活动，先要发请帖，再打扫厅堂迎宾客，然后进入主题活动，最后宴送宾客如出一辙。而仪式的每个层次又都由一系列具体的科目组成，其进展由浅入深、由表及里。如请神一折，先唱香赞、花赞、水赞、灯赞、三宝赞，再请功曹，然后由上而下，由远及近，先请神，续请师，再请福神、家神，最后请兵将，尊卑分明，秩序井然。请神之后接着陈辞、祈保，以说明祈请缘由；藏魂、收禁，以洁净坛场。同时诵经礼忏，申文拜表，以示虔诚恭请。最后才迎銮接驾，

① 王天麟：《中国传统科仪本汇编述要》，第 327—346 页。

以表明神明已经悉数降临，可依次进入各项朝科。此外，每天的朝科，均遵循先早朝、再午朝、晚朝，最后回向的固定规律，每项具体科目的科演顺序也始终离不开先禀佛、唱赞、恭对、宣表，再进入主题表演，最后安佛的形式。这种形式与日常人们的日常生活规律非常亲近，从而显示出人与神、人与社会、人与自然之间的协调关系。

（三）高峰仙历次朝罗汉所聘请的主坛神职人员都是崇义县当地的普庵教道士。普庵教是道教中的一支重要派别，它与龙虎派（又称正一派）、闾山派（又称夫人派）一起，构成现今赣南地区民间道教中的三个主要教派。

这三个教派虽然都声称自己出自正规道教，但与佛教及古代巫祝文化却有着非常密切的关系。各教派之间，在科典种类、祭祀手段与法事表现形式方面均有一些明显的差别。其中，闾山派道士主要从事一些清事类法事，即所谓的"红法事"，如醮祭、延生、驱邪治病等；普庵派道士主要从事济度类法事，即所谓"幽法事"，如炼度、丧葬、除灵等；龙虎派道士则主要从事诵经拜忏、朝科及书符念咒等。只有赣南西部地区（大余、上犹、崇义县一带），因特殊的地理环境，使得三个教派具有合而为一的趋势。这里的民间教派，虽然多数仍称"普庵教"，但所能从事的法事种类、科演手段与法事表现形式却比东部同一教派丰富得多。在这里，普庵道士几乎成了"万能者"，凡东部地区各派道士的职能，他们似乎都一一具备，于是，在他们的科演手段上，便有了文教、武教之分。文教主要用于超度及斋醮科仪，其所用"功德"（即"神图"）为佛、法、僧三宝，普庵、龙树、真武、哪吒、四大天王。所用法器偏重木鱼，如意、伞、灵尺、摇铃、锡杖、朝板。所穿服饰主要有青布佛衣、直衣、五佛冠、佛帽。所用印鉴有"佛法僧宝""普庵祖师、香水法院"，其经文、科本具有较鲜明的佛教色彩。而武教，则主要用于禳灾纳吉、驱邪赶鬼、退病治病、祈丰求熟。其所用功德与东部地区的"夫人教"基本相同，主要有三清，盘古，王母，陈、林、李三奶夫人，唐、葛、周元帅，麟麟狮子大王，五猖五郎等，所用法器主要偏重师刀（灵刀）、灵尺、锡角、马鞭、锁链等。所穿服饰主要有花布道袍、红色夫人衣、绿色夫人裙、龙凤衣、祖师帽、青布头帕、夫人箍、老君箍等。所用印鉴有"太上老君敕""混沌开天生天皇敕"，科本具有较明显的巫术色彩，语言通俗，随意性较大，符箓、咒语、手诀、罡步等运用得十分广泛。

普庵教不仅在赣南西部地区影响较大，且与湖南东南部地区的联系也十分紧密。据该教派道士罗栖东先生介绍，现崇义上堡乡保存下来的十多个古老神坛中，至少有两个是从湖南流传下来的。

本调查得到上堡中学李宗汉先生及道士罗栖东先生的大力协助，谨此鸣谢。

（1997 年在山西大学主持召开的"中国的祭仪、音乐与戏剧及其社会环境国际学术研讨会"上首次发表①）

参考文献

[1] 王廷耀.崇义县志 [M].江西省崇义县志办公室据明嘉靖壬子年志校注重印，1987.

[2] 杨錞.南安府志补正 [M].赣州地区志编纂委员会据清光绪十二年志重印，1982.

[3] 汪毅夫.客家民间信仰 [M].福建：福建教育出版社，1995.

[4] 王天麟.中国传统科仪本汇编述要 [J].中国仪式研究通讯.台北：施合郑民俗文化基金会，1995，1.

[5] 文投坛 [M].崇义：普庵教上垅坛罗逵一郎手抄本，1948.

[6] 三朝科 [M].崇义：普庵教上垅坛罗逵一郎手抄本，1983.

[7] 蒙山科 [M].汝城：普庵教上垅坛刘通一郎手抄本，1935.

[8] 遣船科 [M].汝城：普庵教上垅坛林发逞手抄本，1982.

[9] 大武投坛 [M].崇义：普庵教上垅坛罗逵一郎手抄本，1980.

[10] 发章科 [M].崇义：普庵教上垅坛罗逵一郎手抄本，1947.

[11] 罗栖东.万法归宗 [M].手写本.1984.

---

① 刘劲峰：《崇义县新地村高峰仙朝罗汉述略》，载（台北）施合郑民俗文化基金会《民俗曲艺》第 117 期，1999。

江西萍乡老关镇关帝庙太平清醮①

　　江西省萍乡市是湘赣边界上一座古老的工业城市。2010年10月27日（农历庚寅年九月二十日）至30日（农历九月二十三日），该市所辖的湘东区老关镇关帝庙内举行了一场由正一道清风观显应坛道士易松尧先生主持的太平清醮仪式。为了解仪式的全过程，笔者应邀前往清醮现场作了为期五天的调查。

一、背景资料

　　萍乡位于江西省西部，罗霄山北段。它东与宜春市袁州区、吉安市安福县相邻，南与吉安市永新县、湖南省茶陵县交界，西与湖南省醴陵市、攸县毗邻，北与湖南省浏阳市接壤。

　　萍乡，远古时期为三苗人的活动区域，春秋战国先后隶属于吴、楚两国，汉代为豫章郡宜春县属地，三国吴宝鼎二年（267）立县，元元贞二年（1296）由县升州，明洪武二年（1369）复由州降县，1960年撤县立市，由宜春专署代管，1970年升为省辖市，直至如今。市内设2区3县53个乡（镇、街道办事处）。总面积3827平方千米，人口约200万。

　　该市地处江西西部山区，境内崇山峻岭，矿产与人文资源十分丰富。市区中心是全国最早建立的、具有110多年开采历史的安源煤矿；市区北面的杨岐寺是佛教禅宗五家七宗之一的临济派杨岐宗的发祥地；市区东南部的武功山是我国著名的道教圣地，相传东汉葛玄、东晋葛洪均曾在此炼丹修行，至今山上尚留有葛仙坛、紫极宫等道教文化遗迹。具有千余年历史的傩神崇拜是萍乡民俗文化的一大特色，历来有"五里一将军（庙）、十里一傩神（庙）"的说法。20世纪50年代初统计，全市保留下的傩庙多达52座，居全省之冠。

　　笔者所要调查的老关镇位于萍乡市的西北部，与湖南醴陵市的王坊乡、枧头洲乡、

---

① 本文第二作者：易松尧。

东富镇交界，总面积51平方千米，人口3.4万。它位于赣湘古驿道的要冲，素有"吴楚咽喉"之称。明嘉靖年间，萍乡知县杨自治奉命在今镇政府所在地老关村设立卡岭关，置关楼、建营房，任命外委率数十名精兵在此驻防，"老关"由此得名。

老关镇上的关帝庙始建于清乾隆二十六年（1761）。它原本是由湘赣边界地区2省5村（湖南醴陵市东富镇之莲花、楚东桥村，江西萍乡市湘东区老关镇之老关、关里、三角池村）共同建立的一座区域性神庙，下辖大冲、新店、枫树、桃冲、王泉塘、白马、南境、登官、上寨、乌石等20多个庙境①。20世纪70年代初，老关镇的政治中心由油塘圩迁至老关村，庙宇的砖瓦被拆去建了镇卫生院。时隔10年，湖南醴陵市东富镇莲花、新关两村的村民便以建老年活动中心的名义，在距老关村仅数武②之遥的插岭两省界址上重建了一座关帝庙。受其影响，1998年9月，萍乡老关镇老关、关里、三角池三个村及渡口半个村的村民也自筹资金，在老关市街背重建了一座关帝庙。

按照当地风俗，区域性神庙建起后，每10年要打一次清醮，以确保地域的太平。新建的关帝庙，第一次打醮是在建庙落成的1999年，而这次的太平清醮则是新庙落成后的第二场清醮。

二、醮前准备

建一次清醮，需要花费大量的人力、财力。为此，从2010年春开始，该庙管委会便多次召开会议，就建醮的时限、报批、筹款、首事与道官的选择、工作人员的分工、醮坛物资的准备等进行讨论。后报请萍乡市宗教办公室批准，决定本次清醮于2010年10月27日正式开坛，醮期三天四夜。

（一）经费筹备

为保证建醮有足够的经费，这次打醮采用辖区内信民以户为单位按人丁摊派（每丁人民币10元）及群众自愿捐助（数量不限，在实际操作中，有的人捐10元，有的人捐1000元）两种办法进行。经过一个多月的筹备，庙委会实际筹得人民币7万多元，从而为打醮的顺利进行提供了足够的经费保障。

---

① 庙境为庙堂神明的管辖范围，一般包含参与建庙的大小村落。
② 武，计量单位，古代以六尺为步，半步为"武"。

（二）聘请主坛道官

主坛道官是清醮仪式中与神明展开直接对话的重要人物。为保证这次建醮圆满成功，庙委员决定聘请本市排上镇正一道清风观玉虚显应坛坛主、高功易松尧先生来主持这坛醮事。

易松尧，男，现年44岁，高中文化，排上镇石甲坊村人。17岁开始拜伯父易桂香（法号樗南）学习正一道法，20岁出师，1992年受录，法号利亨，奏职"上清三洞五雷经箓"。

易松尧所在的清风观玉虚显应坛是当地小有名气的一座古老道坛。该坛历史悠久，据已故道士易桂香民国手抄本《启大师科》记载："本供黄依山清风观，流派大金山玉华观，开流原建玉虚、显应坛，启教师祖周公法荣、道荣、海荣真官；法玄、法振、法护真官；道衡、道园、道金、道泰、道德、道玄法士。"尽管年代久远，但道友们如今还能清楚地说出至少九代的传代关系。调查中，笔者还目睹了该坛保存下来的一系列古老科仪手抄本，其中有清康熙三十六年（1697）由张法正手抄的《灵宝太极炼秘》，乾隆五十二年（1787）由谯法灵手抄的《十真开方演救苦经科》，嘉庆十四年（1809）由晏亨应手抄的《道门旌赏赵公灵坛金科》《道门旌赏鲁班灵坛金科》，道光二十三年（1843）由何元真手抄的《章秘云路》，同治四年（1865）由何永亨手抄的《道门行风走火竖符瀼海变宅保泰全科》，1947年由易桂香手抄的《招魂渡桥科》，说明该坛的确有三四百年以上的创坛历史，且代代承传有序。其传代关系见下图：

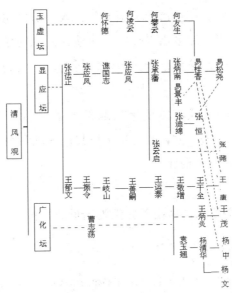

图 15 清风观玉虚显应坛传代关系图表

除此之外，从手抄本《启大师科》中，我们还得知，该坛创坛不久就与显化坛、广化坛以及瑶金山玉华堂、宝盖山玉佛堂结成了可靠的联盟，相互之间人员往来不断。如今，这些坛都留下了少量传人，他们在法事中与玉虚显应坛有着良好的合作关系。

易松尧先生接受邀请后立即着手醮前的准备工作：

1. 组建坛班

依照仪式需要，三天以上的清醮，至少需要8—10个道士合作进行。为组织好这次清醮，易松尧先生一共邀请了9个平时与自己有协作关系的道士组成清醮坛班，他们分别是：

王茂[①]，男，现年72岁，湖南醴陵市东富镇石坝上村正一清风观广化坛高功，从事道士职业50余年，法号道茂，奏职号"上清三洞五雷经箓"。

王康，男，现年71岁，萍乡市排上镇荷塘村正一清风观显应坛高功，奏职"上清三洞五雷经箓"。

张莐，男，现年42岁，萍乡市排上镇西坑村正一清风观玉虚坛高功，箓名道显，奏职"上清三洞五雷经箓"。

杨中，男，现年42岁，萍乡市下埠镇潭塘村正一清风观广化坛道士，自小拜杨小文之父杨优华为师，学习正一道法。后因师父去世，未来得及受箓。

杨文，男，现年52岁，萍乡市下埠镇潭塘村正一清风观广化坛道士，自小随父亲杨优华学道，出师后受法号法通。后因父亲去世，未来得及受箓。

彭全，男，现年56岁，萍乡市腊市镇人，清风观显应坛道士，未奏职。

何寿，男，现年70岁，萍乡市老关镇关里村人，易松尧的师兄，未奏职。

何华，男，现年26岁，萍乡市老关镇三角池村人，易松尧的徒弟。

雍明，男，现年35岁，萍乡市老关镇渡口村人，易松尧的徒弟。

2. 书写文书

主持一场三天以上的醮仪，需要事先准备大量文书，其内容有发奏时需用的120道申、笺、奏、状，7道牒文，1道关文与其他各项科目所需要的表、疏、词、章和词关、符等，总量为200余件。

3. 制定法事科目

依据清醮仪规及事主要求，易松尧先生为这场清醮拟定了仪式程序，详见下表：

① 为保护个人隐私，书中涉及到的当代人名讳，均作了必要的技术处理。

日程	仪式科目
初日	装坛现象、启师叱煞、具牒建坛、请水荡秽、进表除氛、昭告宣榜、盟天告地、启玄掌教
二日	召周扫尘、命雷遣奏、启叩三师、安奉功曹、安奉朱帅、安奉监斋、书写赦书、天将护坛、天阶跪进、恭迎大驾、散花献供、上香安位、净秽安香、安奉南岳、接词归坛、祝贺朱词、留驾主盟
三日	启叩大师、续神发炉、拜词开赦、还神复炉、书平安章、书南岳章、书天香表、书写青词、净秽扫香、行香告社、请旨肆赦、九首接旨、众皆行礼、朝礼五斗、东斗妙经、南斗妙经、西斗妙经、北斗妙经、中斗妙经、南斗延生、朝天忏罪、礼谢南岳、焚贡天香、赈济水幽、漂放河灯、接章归位、恭贺章词、款留大驾
四日	启师告符、续请四府、进章升平、还神复炉、诸天保泰、回谢监斋、宰牲祭将、九皇解厄、天官赐福、地官赐庆、水官降祥、关帝朝礼、包公朝礼、观音朝礼、礼谢玄师、回谢天香、回谢功曹、回谢朱帅、倒幡收邪、赈孤宁境、饯驾还宫

（三）聘请乐师

建国以前，萍乡与其他地方一样，除吹奏乐之外，其他配乐均由道官兼施。近十多年来，情况发生了很大变化，道官在建醮过程中只管演绎科仪，而配乐则一概改由乐队负责。为此，建醮之前，庙委会聘请了老关镇业余乐队专门承担这项工作。该乐队由何远、颜正、张明、杨坚、张林、何伟、张全、温萍（女）、胡军等9人组成。据说这支乐队专业能力比较强，不仅熟悉正一道的表演程序，而且对普庵教、先天教的表演程序也很熟悉，配合得非常默契。

（四）确定缘首、头香首与证明福果

缘首、头香首及证明福果的人员选择是决定本次建醮能否顺利进行的关键因素之一。经过庙委会讨论决定，这次建醮拟由该庙所属的4村12境，依照户数的多少，预先推选出80个对寺庙热心的村民作为本次建醮的缘首，并由他们分别承担本区域的写缘募捐与建醮过程中的各项事务工作。缘首确定后，即在缘首中挑选2名夫妻双全、有儿有女有孙（或孙女），有一定经济基础且办事认真、在村民中具有较高威望的村民作为头香首、证明福果的候选人，采用神前当众跌筶的方式予以确认。

头香首确定后，便按照各人的特长，分别安排其余缘首承担监坛、监疏、坛干、监斋、宣传、安保、财务、食堂管理、物资验收与保管、司厨、供斋、内杂、外杂、采买、跟香、煮饭、茶水、勤杂等各项工作。

（五）扎灶

扎灶，是每次打醮之前都必须进行的一道程序，目的是向村民家的灶神通报这次清醮即将启建，并涤秽驱煞，确保村民家庭的太平。扎灶在建醮的前一天分 10 个小组进行，对象是参加这次建醮的 4 村 12 境的 1041 户村民。每个组由 1 名道官与 3 到 4 名缘首组成，他们随身携带天篷尺、纸船、八卦盘（盘里放个红纸包，红包内装若干稻谷、大米、茶叶、灯芯）、扎灶疏、镇宅符、姜太公符来到各户村民家中。先将纸船放在门前一个盛满清水的脸盆上，再从大门的左边进到厅堂，绕堂巡逻一周，而后在厅堂正中预先摆好的香案前请神、通意、上香献供，并用随身携带的纸包收邪洁境，宣化扎灶疏，张贴镇宅符、姜太公符，最后谢神退场。退场时，道官与缘首从大门的右边出门，并顺势把门口盛放纸船的水盆踢翻，将收了邪的纸包放入纸船，一起随身带走。

按照传统做法，收邪之后的纸包与纸船，原本当天就要送到江边焚化，并把纸灰洒入长流水中。但由于这次建醮户数众多，居住分散，当天的扎灶没有全部做完，所以主坛师决定将收了邪的纸包、纸船全部带回坛场，留待第三天赈济水幽时一并在江边火化。

三、醮仪过程

（一）装坛现像

装坛现像，亦即布置坛场。坛场借关帝庙的正殿设立。大殿正面的神龛格扇上悬挂三清图轴，左右两边墙上依次悬挂天，地，水，阳，南北二斗，二十四诸天，王、马、殷、赵元帅等图轴。大殿中间设左、中、右三坛。中间为正坛，坛后悬挂"森罗万象"神轴，神轴前设阶梯式二层高台（时称"三宝台"）。高台顶层米斗中置三清小神像，神像上方悬珍珠宝伞，左右置金龙、玉凤及龙、虎帅旗；下层置玉皇小神像，玉皇左右两边置二十四诸天像。台座正面悬挂福、禄、寿"三星"图轴。坛桌上放置烛台、香炉、清茶、素果（品种有桂眼、红枣、萝卜条）。正坛与科仪台相连，科仪台上放置水丞、雷令、天篷尺、科仪本、神汤[①]，科仪台前扎彩色牌楼，牌楼上题额"黄

---

① 用干合、紫苏、甘虾、川芎、陈皮、香附、升麻、白芷、赤芍等九味中药冲泡的汤药，因常用于敬神，故名"神汤"。

金宝殿"。左边为章坛，坛后悬挂"昆仑仙境"神轴，神轴前置三官、三省及王、马、殷、赵小神像，神前置香、烛、素果，竖"黄金宝殿"牌楼。右边为师坛，坛后悬挂张天师神轴，神轴前置宗师、三元、三娇、星主、南北二斗小神像，神前亦置香、烛、素果、雷令、水丞，竖"黄金宝殿"牌楼。坛下置一只用鸡笼装着的大公鸡，俗称"镇坛鸡"，"镇坛鸡"的后面安殷帅位。正殿四周墙根下分别安放五张小方桌，桌上分别插"东、西、南、北、中"五老神像及三角小令旗，神前亦供香、烛、清茶、素果。大殿上方悬挂五条帐幔，帐幔由里及外，内容分别为"森罗万象"吊牌、诸仙尊（中间为三宝，左右为九皇）图、道家八仙图、八字吊①、八供诗（茶、汤、香、烛、斋、灯、花、果）。大殿门口悬挂"河清海晏"门旗，门边设左右"恭迎"图。门廊左边立纸扎朱帅，右边立天、地、水、阳四大功曹，功曹分跨在马、象、鹿、狮等四神兽之上，身上插令旗，左手持章、表，右手举"年""月""日""时"号牌。厨下立监斋神位，神前置香烛五供（图16）。

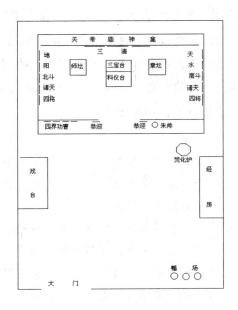

图16　萍乡老关镇关帝庙太平清醮坛场结构图

---

① 内容为：洞宾一点镇乾坤、果老二万七千春、湘子三里开香火、仙姑四季旺门庭、拐李五色云中现、采和六人唱道情、国舅七星临法会、钟离八宝扫妖气。

（二）启师叱煞

启师叱煞是建醮仪式正式开始的第一个科目，须由主坛的高功亲自主持。是时，高功身穿直衣，头戴四叶帽，身持雷令，先在师坛桌下角右边下开尺令，画艮卦，然后唱偈、请神：

> 速送妖魔精，斩馘谬鬼氛。诸天气浩荡，我道日兴隆。大圣降魔护道天尊。八神妙咒，谨为宣扬。（念八神咒、净身咒、土地咒），常清常净天尊，香云浮盖天尊。臣闻道由心学，信借香传，香焚玉炉，心存帝前，真皇下盼，光佩临轩，领臣所启，咸使于言。恭对师坛，谨称箓职，大玄都正一□□治□□炁系天师门下奏受太上三洞五雷经箓嗣教叩行平安清醮迎御事，小兆臣利亨偕班法众等诚惶诚恐，稽首顿拜。谨运真香，一心拜请……①

其请神次序，先请"太上无极大道、虚无自然、金阙至尊"等一流大道之神，再请"北斗九皇、南斗六司"等天、地、水、阳之神，续请前传后教流派宗师，最后启请上清雷门一府二院、三司四属、五雷两台大法官、君、将、吏以及城隍、福主、本境社令、家堂香火、三教福神、东厨司命、内外六神、坛官兵马、虚空过往采察仙官、信宅土府、禁将龙门、门丞户尉，有感神祇，三界十方见闲列圣。

请神后立即化财献供，并藏魂变身。是时，主持师抬起左手，用手袖遮住上身，并把右手放入左手袖内，手掐艮卦，小声默念：

> 向来化炼钱财，奉我教宗师、雷神、官君、将吏一合下车下马，下降行坛加护弟子装变身形。弟子于炉前，宗师于炉后。弟子未变，宗师先变。弟子未存，宗师先存。宗师阴间变现，弟子阳间管现。阴存阴变，阳存阳变，不存自变，如同眼现。起手成诀，动步成罡，呵气成灵，大彰感应，借动锣鼓，装变身形，金光妙咒，谨为宣扬。（高功手恰离卦）天鼓天声，震动万灵，霹雳一声，诸将现形。谨召飞斗将，飞斗神，飞斗盖吾身（高功从右手起，续左手，再右手，三次抹香）。万神感召命，分身速现形。存变吾身化为枯枝烂草，发动天火（高功右手恰"乾"卦）、地火（高功手恰"坤"卦）、阴火（高功手恰"酉"卦）、阳火（高功手恰"卯"卦）、三昧真火、五雷蛮火（高功手恰"卯"卦）、荧惑星火（高功手恰"午"卦，并运心气，呵气一口），烧化吾身，变化吾身（高功存想自身皆烧化成灰，以巽风吹散，见灰中一点灵光，变化为婴儿，渐

---

① 易樗南手抄本《启大师科》。

渐成长为天师正身），吾身化为老祖天师正身（高功双眼正视前方，摆动脑袋，天目书"天师令"𗀳，并存想自己如天师形象，赤发白晴，怒发冲冠，手执玉简，身穿道衣，左右诸官罗列侍卫）。上台一黄，却邪不祥；中台二白，护身镇宅；下台三青，保命护身。台星到处，大藏威灵（高功手恰玉指，在胸前飞"三台罡"𐫱）。阴阳二斗、遮护吾身，盖护吾身（高功手恰贪狼、巨门、禄存、文曲、廉贞、武曲、破军与斗、勺、蘱、行、毕、甫、票，脚步南、北二斗罡𐫱𐫱𐫱）。吾身左有青龙（高功手捏"卯"）、右有白虎（高功手恰"酉"）、前有朱雀（高功手恰"午"）、后有玄武（高功手恰"子"），清清灵灵，护我元辰（高功双手施"五雷诀"，左手运至右腰，右手运至左腰，以左右腰子表示清清灵灵。续将双手之五雷诀合并一起，运气至脐下一寸三分之祖官处，再分开，从两腰运至后颈背，逼近脑后之天鼓）。（高功叩齿而云）击开天鼓化作真太极混沌，变化无穷，吾为道祖九老仙都公，金光交彻，速变吾知真人（天目书"金光令"𗀳、"大金光令"𐫱），并吸一祖官之气在脐下一寸三分，运动金光，出想遍体金光四射）唵吽唎咤变身摄（默念七遍），吾为老祖天师正身，行坛立召（天目书"天师令"𗀳，存想自己如天师形象，赤发白晴，怒发冲冠，手执简，身穿道衣，左右诸官罗列侍卫）[1]。

变身之后，高功左手持水碗，右手施剑诀，连续不断地"收捉"（以示将坛场及四周的妖魔邪气统统收入水碗中），最后在碗面上下"金井令"井。

收完邪，高功左手持阳条（用纸线包裹三炷香，并在包裹面上洒上清油，以象征三昧真火），右手持雷令，在阳条上下"金光令"𗀳。接着，又手持阳条、水丞，依次到正坛、章坛、师坛前，用阳条面对坛神下一道"金光令"（同前），以示给坛神开光。

开光后，高功再手持宝剑（剑头上包上一团纸钱，沾上法水），右手持水碗，来到醮场门口，向外喷水三口，大喝三声："天圆地方""太岁当头立""天煞归天"，并用力将剑头上的纸团抛出门外，以示"呵煞"。再在门内洒上一线法水，以示地司水落、地煞伏藏。

场内洒净之后，高功继续手持宝剑、水碗，依次到朱帅、功曹、厨房等地洒净。

洒净之后，高功回到师坛前，先在水碗上下"金井令""鬼头令"𐫱，并一边下令，一边默念："一画成江，二画成河，三画人长生，四画捉鬼来入囚。"然后取若干纸钱，将纸钱捻成一个个小纸团，口中念念有词，将团纸逐一放入水碗中，在碗面

---

[1] 无名氏手抄本《藏魂变身》。

上分别下"四纵五横令"𝌆"泰山令"𝌇。同时,一边下令,一边默念:"四纵五横、鬼蜮灭形。"最后将水碗移至师坛桌下,执剑念咒:"剑柱林中群,气冲斗牛柄,三尺斩妖氛,三枝挂月眉。吾今封坛界,万邪从剑落",念完,将剑横放在水碗上,叱煞即告成功。

高功回到师坛前,化财缴福,安师,下坛。

(三)具牒建坛

具牒建坛,又称"借地"。意思是这次启建太平清醮需借用关帝庙的一片土地来作坛场,故要安镇龙神土地,以确保建醮的顺利进行。

仪式之前,庙方先要在正坛后方的地面上画一个"九垒图"(图17),并在该图的九个角上各点上一盏清油灯,名曰:点"九垒灯"。

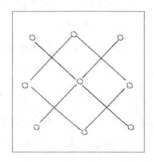

图 17　九垒图

仪式开始,道官身穿龙袍,头戴"一片瓦"帽,先在师坛前启师。接着移步到正坛前唱偈:

唵吽,地辟天开列五方,八名此界地为强。主宰甲乙东方位,神属庚辛白帝乡。位镇丙丁司号令,职权壬癸肃气象。中央戊己居尊位,法界庄严各主张。大圣五龙安镇天尊。(道官颂"八神咒""净身咒""土地咒")常清常净天尊。[1]

颂词完,接着通意,并启拜三界十方土地之神,其神名有:居住坤宫九垒甄皇大帝、

---

[1] 王道茂手抄本《借地荡秽全科》"借地部分"。

后宫瑞庆纳吉夫人、太玄夫人、太玄府君、太岁天子帝君、太岁皇后夫人；坤都一垒青润色泽地帝土皇君、坤都二垒赤刚色泽地帝土皇君、坤都三垒白脂色泽地帝土皇君、坤都四垒黑柔色泽地帝土皇君、坤都五垒金栗色泽地帝土皇君、坤都六垒铁钢色泽地帝土皇君、坤都七垒水制色泽地帝土皇君、坤都八垒火红色泽地帝土皇君、坤都九垒洞渊色泽地帝土皇君；东方青帝，镇宅龙王，甲乙、寅卯木神，土公、土母、土子、土孙、土家眷属；南方赤帝，镇宅龙王，丙丁、巳午火神，土公、土母、土子、土孙、土家眷属；北方黑帝，镇宅龙王，壬癸、亥子水神，土公、土母、土子、土孙、土家眷属；西方白帝，镇宅龙王，庚辛、申酉金神，土公、土母、土子、土孙、土家眷属；中央黄帝，镇宅龙王，戊己、辰戌、丑未土神，土公、土母、土子、土孙、土家眷属；左青龙神君、右白虎神君、前朱雀神君、后玄武神君；春季勾芒神、夏季祝融神、秋季蓐收神、冬季冥冷神；太阴太阳神、六甲六丁神、九宫八卦神、三刑六害神、日游月建神、岁刑岁破神、弦望晦朔神、阴阳灭殁神、天德地德神、日德月德神、天煞地煞神、阴煞阳煞神、天厌地厌神、生炁望炁神、雷公霹雳神、金匮玉堂神、奏书博士神、蚕官蚕命神；天罗地网神、大耗小耗神、黄幡豹尾神、丧门吊客神、天狗官符神、金印亡煞神、阴宅阳宅神、人道鬼道神、天库地户神、三丘五墓神、日凶时煞神、仓库厨堂神、井泉龙脉神、门丞户尉神、栏圈廊栈神。土府门下千二百忌神君、二十四向煞犯神君、城隍土主、家先司命、在会见闻一切列神。

请神后，随即通意，并宣化《建坛帖》。化牒时，道官一面踩南斗罡 ♩ ，一面发令：

岳渎山川诸灵响，此间土地众龙神。才闻一句妙真言，各镇方隅生欢喜。吉时焚化，风火驲传，化炼帖文，敕委青龙东去，白虎西驰，朱雀南行，玄武北驱，各出二十五丈。中借勾陈正位，上通天门，下达九垒，中及十方。如有一切伏尸故炁、瘟疫不正之神，山石土木厌秽飞负冲和为庈等众，仰挹魁罡之下，无动无作。建立灵宝斋坛，待臣行藏，以俟福祥。延奉三界，如违坛律，罪不赦汝。大圣降魔护道天尊。

接着，道官向神明献供、发愿，并火化纸钱，以劝奉居住土府内外六神、四围八表、禁将龙神各安方隅，并款留行坛三日四宵，确保善果圆满。最后，至师坛前缴福退坛。

（四）请水荡秽

请水荡秽，目的是启请瑶坛供应洁净之水，以保证建醮能圆满成功。

是时，道官身穿龙袍，头戴四叶帽，于师坛前启师。接着，到正坛前唱偈、启请三宝。而后率信众一起到庙边的水井边（井旁早已设下香茶、供果、水碗、请水之疏），道官于香案前启请各路水神。其神有：水晶宫丹霞大帝、洞庭君主、顺济龙王、大洋洲得道萧公荫佑侯王、晏公平浪侯王、紫云台上斩龙护国杨泗将军、东海青龙使者、南海赤龙使者、西海白龙大神、北海黑龙大神、中海黄龙使者、五方浸润大神、石境水母溟冷大神、沧水绣衣使者、华池文浴夫人；井头土地、主井大臣、东井黄华使者、天厨洁净神君、来龙发脉地涧神君、水府见闻一切列圣。

请神后，就地宣化《请水疏》，并一面步南北二斗罡∷∷，一面唱赞：

绿水澄清注井头，渊源浩荡映江楼，于今汲洒瑶坛上，吻润生灵食润喉。不可思量功德。切以斋之者，斋于心；敬之者，沐于身。须信人言行道，无非以礼尊神。水灌醍壶，秽除坛界，以今奉为修建灵宝大斋，于是营办斋供，煎煮茶汤，须凭水火之功，用献神人之供。兹当启建，敬叩龙宫取诣瑶坛，分辉作用，调香茗则滋味甘甜，变神水则丹灵涌骤。饮者无烦无恼，食之有庆有祥。炊爨兮，精神纯粹；沐浴兮，身体轻清。万派俱分，一尘不染。盖为有识，均证无为。一切含灵，同登道岸。稽首皈依无极大道，法众虔诚，运乐回坛。[1]

赞颂间，事主从井里吸上一、二桶清水。这些水，按照仪规，拟倒入厨下水缸中，供坛场烹茶煮饭饮用。但由于在场信众不懂这些规矩，误以为通过神明请来的圣水，吃了会消灾避祸，所以当场被信众抢得一干二净。

请完水，道官率众回到正坛请神、通意。接着藏魂、变身，步三台罡与南北二斗罡。步罡后将半截檀香丢入水碗，然后左手持水碗，右手打剑诀，在水碗上下"金井令""鬼头令"，并"收捉"各类邪魔。收捉后在水碗上下"四纵五横令"，以示把妖魔邪气悉数收入水碗之中。

接着祈保、谢神，而后至师坛前谢师退坛。

道官退坛后，监坛手持一把放满火红石块的铁勺，往铁勺内倒入一些白酒及神汤，使其热气腾腾，而后快步巡游于关帝殿、南岳殿等各个坛场，以示将坛场所有厌秽速化为光明，名之曰"荡秽"。

（五）进表除氛

进表除氛，又称"荡秽"。意即祈请各路神明前来清除妖氛，以确保建醮时的洁净。

---

[1] 易利亨手抄本《请水悬幡科》"请水部分"。

之前，先在师坛前备下斋菜一桌、神汤一杯。于时，道官身穿龙袍，头戴四叶帽，在师坛前启教，然后移步正坛，先唱偈：

祖本皇家净乐王，师真修道入武当。法藏宗风三界内，主持道法四方扬。玄妙参天扶金阙，天下人民赖保康。上镇北极驱邪院，帝在东土降吉祥。大圣降魔护道天尊。①

接着，念"土神咒"②、焚香、请神。其请神次序，先请上清灵宝九位帝师真君、灵宝上古经籍度三师真君、灵宝监斋大法师、祖师三天扶教主、正一冲玄神化静应显佑真君、祖师太上玉京东吴太极左宫仙翁冲应孚佑真君、祖师九州岛都仙御史神功妙济太乙定命真君、正一嗣系女三师真君。续请祖师混元恩师、万法教主、玉虚司相天乙紫皇仁威玄天上帝、天蓬天猷翌圣真君、圣父净乐国王、圣母妙善宫主、圣师圣祖诸大真人、左相张真人、右相董真人、玄天道从、虚危二宿、万亿官班。再请九天开化梓橦帝君、九天台省府院司曹主道主法真君、太上忝珠登授赤明开图玉局谈玄亿劫应化三洞四辅无量度人古今宗师、祖师南岳上相司命紫虚道德魏元君、金阙昭凝妙道元君、混元雷路二真人、雷霆三省上相真君、西河救苦萨公真人、正一灵宝万派宗师、雷霆一府二院三司二台大法官、主坛青帝辛天君、副坛炎帝邓天君、火雷使者张天君、监坛监经大将、护坛护教神兵、荡秽传奏宣通召命在坛翌卫效职官君。最后请本供黄依山清风观、流派大金山玉华观、开流原建广化雷坛历代传经传教传符度水等老少宗师及秀才仙侣本佩法箓印令官君、坛靖符图炁治官将、云程传奏功曹符使、城隍、土主、社令等神、家居香火、内外六神、是日见闻一切列圣。

请完神，随即献茶进供。另一道官在师坛前拜宣《荡秽表》。

宣表后，道官手持雷令，召请周元帅、奏表官君下赴行坛听关示，并宣读《呈天表》。之后，将《荡秽表》《呈天表》交坛干送往门外焚香炉上火化。仪式道官率众信在焚香炉前步南北二斗罡，启请功曹符使将表文呈送天界，上诣北极驱邪院陛下投进。

化完表，仪式道官返回正坛，向神明三奠酒，祈愿：金阙覃恩、玉京锡寡，宣命灵宝正一官属，号召法箓诸部仙灵卤簿公卿骑吏等官、诸司官将、功曹符使、效职神员，上奏三天，俾精神而感格，通达十地，庶混浊以澄清，万天亿国以齐临，

---

① 王道茂手抄本《借地荡秽全科》"荡秽部分"。
② 易樗南手抄本《诰咒科》。

众圣高真而交会。朱凤吐火，无干犯，无妖氛；白鹤浮空，有奔走，有先后。无荒无怠，善始善终。[①]

发完愿，分别在正坛、师坛前化财，谢神、谢师退坛。

（六）悬幡挂榜

悬幡挂榜，包括"悬幡"与"宣榜"两个部分，目的都是向阴阳各界昭告老关庙正在启建太平清醮。

仪式之前，先要在坛场大门口安置一张科仪台，台上设香烛五供。台前放幡竹上将要悬挂的纸扎灯笼、仙鹤、长幡、蜈蚣、宝盖、七星旗、幡布等。

仪式开始，高功身穿龙袍，头戴龙额，先在师坛前启师，正坛前朝圣，再移步到门外科仪台前敬香跪拜，而后唱偈：

帝居天上接虚空，万象森罗遍八枢。功因不知谁主宰，绛霞丹雾闭清都。不可思量功德。[②]

唱完偈，随即洒净、请神。所请神明以大道神为主，神名有：道经师宝、元始万神、金阙至尊、玉皇上帝、东宫救苦青玄上帝、南上丹天朱陵大帝、十方救苦天尊、十方救苦真人童子、十方救苦诸妙善神。恩师法主玄天上帝、泰玄上相三省真君、玄堂掌教度人宗师、雷门护法诸司将帅、北阴酆都大帝、冥京十殿朝王、冥府追捕神虎官君、城隍本土里社等神以及幡竿土地、扶舆主者、坚牢大神、虚空过往纠察善恶掠剩大夫、三界四府应感高真等。

请神后，随即献茶献供，并颂玉皇诰：

太上弥罗无上天，妙有玄中境。渺渺紫金阙，大卫玉清宫。无极无上圣，廓落发光明。寂寂浩无宗、玄范总十方。湛寂中常道，恢漠大神通。玉皇赦罪大天尊、妙有玄穹高上帝。[③]

颂诰后，接着宣《扬幡表》《呈天表》。宣完表，高功手持阳条、水丞。先在

---

① 王道茂手抄本《借地荡秽全科》"荡秽"部分。
② 易利亨手抄本《请水悬幡科》"悬幡"部分。
③ 易樗南手抄本《诰咒科》。

阳条上下一道"金光令"，再分别在朱帅、迎恭、功曹前，先喂水一口，以示开光；再用阳条在各神面前书"金光令"，以示开光。再来到幡旗前变幡头，用阳条依次书靁（玉皇令）、霛（天官令）、霊（地官令）、霸（水官令）及霊、霊、呵、叩、吹、呼，存想：灯笼夜明朱砂存，绳子黄龙上青天而去仙桥。无英命之丹皇，握之散大神光于九霄，真正梵炁于十极，上穷碧落，下达黄泉。

书令后，道官左手捧简、幡布，右手叉命门，左转三圈，右转三转。而后捧表外出火化。化表时，道官一边脚踩"南北二斗罡"，一边默念：

白气混沌灌吾身、禹步相催登阳明、天回地转步七星，蹑罡履斗济生民，太微命我驱雷霆，众神助我斩妖精，敢有后至先灭形，轰雷掣电迅发声，万灾不干我长生，我得长生朝太清，急急如太上北斗真君律令。[1]

化完表，在场执事在坛场西南侧的墙根下竖起三竿幡竹。其中二竿为大道幡，幡头上悬挂灯笼、仙鹤、宝盖，幡旗上分别书写"太上无极大道虚无自然金阙至尊七宝高上帝玉几下""天庭三界四府六合万灵东西两班文武高真文几下"。另一竿为幽幡，幡头上悬挂蜈蚣，幡旗上书写"太微回黄旗无英命灵幡捭召众孤魂往生清净界"。

起幡后，高功祝赞：灵宝郁玄罡，飘飘起十方。九幽被清荫，五苦自翱翔。三界促云辔，一切礼虚皇，齐登斋坛所，清度于存亡。灵宝开度，普照十方。四生六道，俱赴道场。咸今知觉，华幡高涨。幡之为体，随风飘扬。风之所披，各随其方，重阴之府，九夜之乡，地狱饿鬼，皆升天堂。久病痼疾，疫毒夭殇，咸今安泰，受福无疆。

接着，续召天地水阳各路神明，并宣昭大榜。最后，回正坛缴福，谢神、谢师退坛。

（七）盟天告地

盟天告地，是坛场各职司向三界十方神明发出誓盟，保证建醮时恪尽职守，务使香供如仪，法事圆满。故仪式须由主坛高功亲自完成。

仪式之前，先要在坛场外搭起一个高台，台上置科仪台，台上供香烛五供。

仪式开始，高功身穿龙袍、头戴龙额，手持朝简，先在师坛前启师，正坛前朝圣，

---

[1] 何元真手抄本《呈词章表斗秘》。

然后移步到场外高台上下令，唱偈：

日月光天德，山河壮帝居。太平无以报，愿上万言书。伏以银河清浅，珠斗阑班。花迎剑佩星将度，抑指旌旗露未生。众姓同爇宝香，愿圣德日新日日新。文武共拜坛台，祝皇王万岁万万岁。从来不信叔孙礼，今日方知天地尊。金台已备，奏官高升（高功在乐曲声中三上香）。又伏以吉日时良大阐扬，人间祀事告穹苍。拳拳请命修醮典，历历乾天保平安。陈鄽升恂达虚皇。朗朗更诵洞玄章，三日四霄功圆满，斋主咸沾福无疆。满堂肃静，拱听法语。①

接着，高功当众宣扬坛场注意事项：

在坛人，须预先整顿，齐集斋坛。至分无私，勿生奸弊。此是神人交易，报应非轻。

提调者，俱般动用，先要安排。择取谨言慎行之人，休贪酒食，毋致临期，怠慢帝真。

侍奉香灯者，务要沐浴斋戒，净身浣手。灯烛辉煌，不许或明或暗；香烟缥缈，自然通真达帝。茶酒斋果，务要到处周全，善事圆满，必加福报。

证盟醮果，一乡善士，五福吉人，行坐每合时宜，居止常存道义，俾功因有准，庶善果臻身。

春粉作斋用事人等，俱要用心协力，洁净供仪，毋许未祭先尝，斟酌行事，勿令私违，不致怠惰。神灵享鉴，福有所归。

监守皇坛者，瞻敬神圣，正颜正色。用心照看，禁隔荤腥。毋令闲人往来，不许喧哗笑语。涤除尘垢，看顾物仪。如有不诚，监坛之过。

但凡在坛干佐人等，皆宜涤虑洗心，惜身保命。事事先宜预办，件件均要安排，毋得高声大气，务必有始有终。善功美满，齐沾福惠。

大圣肃清坛墟大天尊。

宣意后，证明福果、监坛、监斋、财务、采买、物资保管、供斋、头香首及主坛高功分别在《列职帖》上画押签字。

接着，主坛高功左手持雷令，在科仪台前念"王帅咒"，召请王帅：

---

① 何映宸手抄本《盟天告地全科》，1904。

奉请神威豁落将，都天纠察大雷公，三五火车王元帅，受命三清降鬼祟。手执金鞭寻世界，身披金甲大威灵。绿靴风带护身形，双目火睛曜天地。顷刻三天朝上帝，须臾九地救生民。银牙凤咀将三千，虎首貔貅兵百万。走火行风传号令，穿山破石捉邪精。祈晴祷雨霎时间，付体圆光通事意。治病除邪如电扫，收瘟掴毒伏魔依。飞腾云雾遍虚空，号令雷声轰霹雳。三界大魔皆拱手，十方外道悉皈依。我今召请望来临，大赐雷威加拥护。①

召帅后，宣化《列职帖》。高功就地步南北二斗罡，酹酒三奠，祈保后回坛缴福，谢神、谢师退坛。

（八）启玄掌教

所谓"启玄掌教"，就是启请本教灵宝玄中大法师、三天扶教主、灵宝上古经籍度三大仙师、古今传派历代度人宗师等降临坛场，扶佐道官行香演教，以确保法事圆满。

仪式开始，道官身穿龙袍，头戴四叶帽先在师坛前启师，再移步正坛，先唱偈：

大圣无量度人天尊。
一声嗥唳九皋禽，换骨轻清岁月深。辽海等闲人不识，大罗天上有知音。
大圣玄元静老天尊。
太极分高厚，不可思议功德。
臣闻修香行道诵经，用祗厥事；传道授业解惑，孰开我仁。仰大范以非遥，瞻苍生之有情。伏愿分辉散彩，驾风鞭霆，霞光照耀于玉轩，翩然莅此日角端。严于犀表，望之俨然。臣等不胜虔切之至，稽首皈依，进谒师阶，修香行道，人各恭敬。②

通意后，随即启请本教玄中列位师尊。而后于师坛前宣《启玄表》《呈天表》（表文宣读后交坛干在焚香炉中火化），口念"宗师咒"，足步南斗：

宗坛立极，道统相传。清微、灵宝、先天、道德、混元、正一，宗风浩荡，飞升变化于雷坛；道月长明，流派提拔于末学。口口流传无上道，堂堂显化大宗师。说法度人，

---

① 易樗南手抄本《诰咒科》。
② 易松尧手抄本《启谢玄科》"启师"。

化着十方之善事；代天宣化，宏开四海之法门。普度众生，咸归妙道。大悲大愿，大圣大慈，敬礼玉堂门下南北两派列首万法度人老少宗师。玄孙稽首叩师恩，大赐师恩常拥护。①

最后，向神明三奠酒，祈愿，谢神、谢师退坛。

（九）召周扫尘

召周扫尘，意即召请北方周元帅前来肃清坛场，以便恭迎圣真的降临。

是时，仪式道官头戴青巾（俗称"一片瓦"）身穿羽服（又名"直衣"），先师坛前启师，再转到正坛，唱偈：

九凤破秽降道场，万怪千邪尽灭亡。更仗羽流宣秘咒，肃清坛界礼虚皇。大圣肃清坛藏天尊。

天地定位，万物俱备。头戴青巾，与神合炁。身穿羽服，与神合意。出幽入明，通天达地。青龙排左，白虎立右。朱雀前行，玄武后卫。何鬼不灭，何神不依。千邪万秽，逐炁而清，急急如律令。（书"头篆金光令" 𤑳、𤑳 ）②

接着，道官左手举雷令，运"雷神咒"，召请北方周元帅等各路大将。词曰：

仰启混元如意将，北方荡鬼周将军。风轮撼动耀日月，宝剑辉煌振乾坤。面向上帝领天恩，亲受紫微传号令。许、赵、马、耿四员将，除凶破秽众官君。番山转海显威灵，协力同心行报应。能作太极除妖魔，特与众生扫厌秽。消散罡风并灏炁，断绝山魈魑魅精。我令召请望来临，大赐雷威加拥护。

请神后，随即三奠酒，并宣化《荡秽帖》，告《荡秽符》（告符时，由二位道官面对面，一人前进，一人后退，绕场一周），启神通意。

随即，道官双手抹香，在正坛前藏魂、变身、变水碗。是时，道官一边默念："天地玄宗大天尊，敕吾身中十二神，是吾神者居吾旁，非吾神者住他方。神人神人，五脏光明。存吾华精，养吾华神，急急如变神律令。"一边依次步五岳罡、三台罡 、

---

① 易樗南手抄本《诰咒科》。
② 何永亨手抄本《召周扫尘全科》，1920。

九凤罡▦、斗罡（阳日步子午斗▦，阴日步丑未斗▦）。而后左手挽玉诀，右手挽剑诀叉命门①，存想："身为天罡真人，披发，跣足仗剑，于尼丸宫中。元始天尊在上，诸司将吏，仗剑捧水，如云而合，齐在眼前；水碗内，五龙戏水，九凤吐火，前参后随，金光灿烂，掷火流金。皇坛内外，皆带金色光，万秽百厌，自然清净。"

接着，道官左手飞辰戌斗▦（斧劈魁罡敕煞捇），密云："天地释章，佩带魁罡。五方凶恶之鬼，何不消亡。飞仙一吸，万鬼伏藏。除邪辅正，家宅安康。急急如天罡大圣合明如意真君律令。"

同时，天目书▦②（火斗令），书令时，右鼻吸一口气入祖宫③，再混合祖宫之气呵到水碗上，在碗面又取▦（紫微令）煞炁一口入水中，在水面上书▦（神）▦（水）　▦（精）▦（朋）令，默念："请降北斗七星真炁之精，入降此水。百厌之鬼，速出万里。如有不去，斩头截脚。元亨利贞，浩荡神君。日月运用，灿烂之精。普照三界，星斗齐并。天罡正一，荡散妖氛。急急如九凤破秽精邪灭亡律令。"随即，步九凤破秽斗▦，在水碗上书▦（坎卦），并洒法水四滴，口念："一洒天清，二洒地宁，三洒人长生，四洒鬼灭形，急急如律令。"心中存想："道炁长存，神人交会，仙花缤纷，琼香缭绕。千真敬礼，百灵护形。天无氛秽，地绝妖尘。冥惠洞清，大量玄玄。"

变水后，道官手持宝剑、水碗在坛内各处洒净，以示消除妖邪秽气。最后，回坛奠酒、化财、退坛。

（十）命雷遣奏

所谓"命雷遣奏"，就是召命雷神护送功曹、使者将醮坛文书送往神界各宫观府第。

仪式之前，先要在坛场大门外放置一张科仪台。台上置香烛、供果、神汤、香炉、雷令、朝简以及120道奏、笺、申、状，7道帖、1道关文。④

---

① 命门在左右腰部。

② 天目书，即道官双眼平视，用眼神书令。

③ 祖宫位置在大脑的后方。

④ 所发120道文书分奏、笺、申、状四种，发奏对象有：上清天枢院、玉清圣境宫、上清真境宫、太清仙境宫、昊天通明宫、南极勾陈宫、北辰天汉宫、后土蕊珠宫、高上碧霄宫、高上神霄宫、高上玉霄宫、高上泰霄宫、高上清霄宫、高上琅霄宫、高上紫霄宫、高上景霄宫、高上绛霄宫、灵宝度人宫、东华木公宫、西录金姥宫、九炁青灵宫、三炁赤灵宫、七炁白灵宫、五炁黑灵宫、一炁黄灵宫、九天生辰宫、曜阳元阳宫、洞灵清虚宫、金灵洞阴宫、东极法主宫、南极法主宫、西极法主宫、北极法主宫、南斗第一宫、南斗第二宫、南斗第三宫、南斗第四宫、南斗第五宫、南斗第六宫、南斗寿祖宫、东斗第一宫、东斗第一宫、东斗第二宫、东斗第三宫、

（转下页注释）

仪式开始，高功身穿龙袍，头戴龙额，在师坛前启师、藏魂、变身。是时，高功从祖宫运气至脐下一寸三分，运动金光，出想遍体金光交射，口念真言："唵吽咤喇变身摄（连续念七遍），吾为老祖天师正身，行坛立召。"最后，天目书天师令䨻，存想自己如天师形象，赤发白睛，怒发冲冠，手执简，身穿道衣，左右有诸官罗列侍卫。

变身后，高功被引导到大门外，先在外场绕场一周。引导宣引：伏以乾坤有感，日月无私。宣完引，高功登坛，向外叩神、唱偈、下令：

唵，雷霆在上应昭彰，雷帅分班振武扬。雷雨顺时天地泰，雷风应节国民康。雷神霹雳通三界，雷吏飞符达十方。雷法奉行传诰命，雷帅官将护坛场。大圣雷声普化天尊。[1]

接着，唱八神咒、灵宝咒、土地咒。而后焚香礼拜，宣化《荡秽帖》。

化帖后，高功手捧雷令，启请先天净秽刘天丁、南院荡凶宋金罡、北方风轮荡鬼周元帅、九凤破秽仙官、九斗杨耿大将、正一天德地德君、年德月德君、日德时德君、生气旺气君、除秽解秽君、破秽灭秽君、收秽净秽君、净天功曹、净地使者、净八方八大威神、清河夫人、浣濯玉女、华池文浴夫人、吞魔食鬼大将军、石境水母大神、捉缚枷拷四员天将、三元唐葛周真君、乾罗答那二大神将、水天王子、灌顶将军、解秽局中合干官将。祈请各神"衔符仗剑、掷火流金，灌注丹泉，助吾荡秽"。

（接上页注释）

东斗第四宫、东斗第五宫、东斗第六宫、北斗第一宫、北斗第二宫、北斗第三宫、北斗第四宫、北斗第五宫、北斗第六宫、北斗第七宫、北斗第八宫、北斗第九宫、西斗第一宫、西斗第二宫、西斗第三宫、西斗第四宫、中斗第一宫、中斗第二宫、中斗第三宫、上清天皇宫、南海普陀宫、释天三宝宫、三台华盖宫、上清三光宫、泰罗群阙宫、灵山方等宫、至圣宣王宫、九天开化宫、雷霆泰省宫、雷霆玄省宫、雷霆都省宫、都雷上相宫、灵宝三师宫、灵宝九师宫、天地三皇宫、开天帝姆宫、三皇考召院、正一三师宫、玉清玄堂省、天符容圣宫、雷霆五司宫、天香掠剩司、高上玄都宫、十地幽都宫、浪苑清都宫、岳府玄都宫、盖天古佛宫、许祖真君宫、龙图显化宫、南山钟馗宫、三元真君宫、湖海龙王宫、医王教主宫、天曹劫运司、天曹掌愿司、遍天星斗宫、上古华光宫、上清银河宫、东岳泰山府、南岳衡山府、西岳华山府、北岳恒山府、中岳嵩山府、上清黄箓院、玄堂宗师宫、天下都隍司、江西省隍司、萍乡市府司、五显灵官宫、本坊福主宫、各境福主宫、见闻列圣宫、值日开拆司、雷门诸帅司、众姓香火宫、金门引进司、四值功曹司、值日传递司、云程土地司、传章骑吏司、传词骑吏司、飞龙飞虎司。7道帖为福主帖、城隍帖、遍告帖、追幽帖、会将帖、荡秽帖、县隍帖。关文1道，名《置邮传命》。

[1] 何元贞手抄本《灵宝大斋遣奏全科秘旨》，1843。

启过雷神，随即宣意，并三上手炉香，藏魂、变身、变水碗①。变完水碗，坛干将上场告过的《荡秽帖》化入火勺，并手持火勺、水碗，绕场荡秽、洒净。

接着，高功依次颂"玉皇诰""玄帝诰""普化天尊诰""宗师诰"，以启请大圣雷声普化天尊主盟坛场，行遣雷神差降坛场，付臣策役。

请过天尊，高功再次三上手炉香，宣意后双手挽玉诀，抹香，并飞倒五岳罡、三台罡、九凤破秽罡、南北二斗罡（存想星斗交辉），而后左手挽玉诀，右手挽剑诀叉命门，存想身为枯木，飞南斗，离火烬化枯木，巽风一吹，洁净元命真人，化为天皇真人，蛇身人首，咒曰：吾雷使者合天真，吾今弟子合其形。太上金口传教日，教吾生身更生神（存想真人诣神霄真王府，请旨，命功曹捧金牌一面于天门之上，上有"敕召雷神"四字）。咒毕，步八卦，自寅至午，再转三步至兑丁而立，先虚空下一道紫微令粪，存想天门金光灼灼。再用右足在地面书金井令，并用左脚盖踏"金井令"，心中默念：高天之上，玉清如主。玄罡大魁，大玄生府。中有帝君，灵宝玉母。统制啸咏，玉文金符。治司仙籍，校精辨魔。统制百吏，上达三天，形神同举。传奏教令，蠲灾救苦。备卫护道，囚缚鬼侮。总召万神，济生度死。解厄催怪，通达紫府。十方诰命，召其所主。急急如灵宝宗王大法律令。

随即，默念"金光咒"，并每念一字，手恰一宫：

天（玉）万（丑）广（寅）振（卯）三（辰）为（巳）体（午）覆（未）视（申）听（酉）包（戌）育（亥）诵（子）身（本命）三（兑）五（坤）万（离）役（玉）鬼（生）精（煞）内（玉）雷（子）嘀唠哽啷（未）咣唡唉喑（酉）吽唥咭唎（戌）嘘嗬嚄哗（午）啾飞哆唔（寅）唱哑唏怫（卯）哐嘷哐嘟（辰）哧呼嚏唸（巳）喥唠嘟嚩（离）洞（中）五（坎）覆（玉）急急如玉皇上帝，金光风火，制电玉敕揎，雷电震轰霹雳揎。

之后，步子午斗，天目篆三天真形之㐀（玄）、子（元）、㐀（始）㐀、㐀、㐀。

踩完斗，高功手举雷令，继续启神、颁令：

大彰神化天尊（施"朝礼"）。

---

① 仪式过程与召周扫尘的藏魂、变身、变水碗基本相同。

玉清玉始，玉符告盟。告明三界，总召万神。符到速追，令到奉行。汝青诏书，如帝亲行。上元中元下元，天魔地怪水怪泉源，敢有不伏，拒逆彰灵。千神斩首，万魔灭形。玉符所告，不得留停。急准元始上帝总召万神律令。召神妙香，无远弗届。氤氲馥郁，遍满虚空。当司总召，令下奉行。敕令雷神，雷电随身。张召功圆，行满飞身。雷神雷神，汝既降临，一开天门（虚空书开天门令 八），便有雷神。唵吽吽。众神稽首，邪魔归正。敢有不伏，化作微尘。太上有令，火急奉行，急急如元始总召万神律令，三天金阙门下启修太极便宜司，焚香准令总召请本坛值日飞天大神使者，速到皇坛，费此宝香，启告十方。无极飞天神王长生大圣无量度人，请为号召三洞四府经箓、大法仙灵将史、王官兵马、九灵飞步官君、九老仙都骑吏、上法中王官仙吏、玉篆断恩大神、震精瞖目大神、辅佐精光大神、呼吸精光神吏、三炁九霄经章至道雷帝天君、雷霆主坛三十三天济民尚书金匮使者辛天君、副坛八十一天雷霆大都督青帝邓天君、先天一炁五炁使者玉枢斋奏六乙天喜张元帅、混元都统辖监经灵官马元帅、雷门苟毕二元帅、水火二司官将、北方风轮荡鬼周元帅、天医赵许二元帅、天罡猛使杨元帅、乌旸烧鬼吴元帅、天罡杀鬼刘符使、地祇上将温元帅、急报典者康元帅、地师司太岁殷元帅、三五火车王元帅、龙虎元坛赵元帅、酆都杀鬼岳元帅、行刑拷鬼孟元帅、三天风火田元帅、十方和合贺将军、百解符使霸将军、不信道法朱将军、本佩所受法箓官君、王侯帅属、天将天兵、雷将雷兵、岳将岳兵、神将神兵，云程上界值符功曹焦使者、中界值符功曹郑使者、下界值符功曹张使者、四府传奏功曹、天下京都省府县城隍主者、所属本土某神、十庙大小王神、本境社令正神、天符大帝、岁分王神、醮居香火、内外六神、此间土地、里域正神、蒿里丈人、阡陌道主者，愿闻令召，云集行坛，法众运忱。香花奉请。香花请。（施"朝礼"）

帝君品命，敕召诸神，上通天界，下入幽冥。天神将吏，疾速来临，急急如律令。

请完诸神，再次召请土地及云程三界、四府传奏功曹"愿闻催召，速至行坛"。接着，念"总召咒"，并再次颁令：

向来所召功曹使者，已沭到坛，敢烦传令，（书 䍐）前出神霄真王府，关集雷霆辛督府。一笔勾起辛天君。三十六雷速现形，铁面将军不容情。横行天下捉鬼精。急急北极紫微大帝律令（高功虚书腰带结上书令 䍐）。三天金阙门下启修大极便宜司，焚香敕令雷霆主坛三十三天扶风黑历济民尚书金匮辛天君，马、郭、方、邓、田五雷大神，闻今召汝，速出雷垣。雷神普化天尊（召辛天君时，高功存想天君相，顶棕冠、绿袍角带皂巾敦靴。在巽方，有雷声隐隐，即是辛督府。云雾滃然，天君在内，左有天丁捧印书，右有力士捧金匮。风云雷雨电五雷侍从）。呼呗哑嗺嗄哐嗵难辛汉臣速降捔（高功连念七遍，思想天君已从心中出）。

召完辛元帅，接着召温元帅、康元帅、赵元帅、岳关二帅、殷元帅、王元帅、苟毕二帅、朱元帅、张元帅。每召一帅，都要念一个咒，虚空书若干道令，并用雷令拍打一下桌面。

待全部雷神请齐，高功用雷令连续拍打桌面，发令：

一匝天清、二匝地宁、三匝所召、令诸将齐临。以示命令诸将护送功曹，速将奏文送上天庭。

发完令，高功天目书🔣，并步寅午斗，存想大圆光，诸将万神，踊跃来坛。接着，高功领信众俯首叩拜：

向伸召请功曹符使，已沐光临。伏想入门下马气如虹，不疾而速；排风驭气奔如电，无求弗应，有感必通。居敬而行简，不亦乐乎。相逢且饮茶，与其进也。斋事殷勤，香茶进献。云舆已降，鹤驾光临。藏事周隆，还当奉送。无上玉清王（全诰）。威灵莫测天尊（二声）。高高在上，漠漠无穷。至诚，万里非遥；举意，九霄弗远。凡有修奉，必赖通传。以今开坛阐事，遣奏意悃敷宣。雷威洞鉴。

二士宣意：

向伸情悃，已对披宣，仰冀雷君，诸希听鉴。以今启建之初，未敢自专，尚虑天穹高远，地水幽深，未达凡情，难明修奉。为此谨录奏笺申状，封印完全，敢烦拜会诣天阙真司，依时进奏。守颁恩命，下逮施行。就仰遍闻三界十方，普通四府群真，霎时光临法筵，映盟祀事。庶令祈祷克遂感通，用是拜发奏缄，敢劳传递之功，敬神凡仪，仰冀威光。洞真歆鉴。（酌酒三奠功曹）

随后，在场道官分别宣读《关文》及《遍告帖》《会将帖》《追幽帖》《县隍帖》《本坊社令帖》。高功则手捧文书，抹香，礼诰，并默念咒语：

唵喇吽嚹嗯真人（一炁七遍）。
唵嚖咀啰咴嚏唎娑诃（一炁七遍呵于水中）。
唵呦噈咻嗕哼昭嚸唵嚖叫啉啰娑婆诃（一炁七遍呵于水中）。
唵吽吽咴哒㘷吽娑诃（取煞炁于水中）。

接着，天目篆 （小金光令）、 （太阴令）、 （太阳令）、 （天罡令）入水中，密云：向来发奏事毕，雷帅登程。当职钦承帝命，掌握印符图箓，专上天号令之司，念下民祈祷之意，令下疾如星火，法布迅若风雷，三界不许稽延，一时明彰报应。"疾！"的一声，道官喷水一口，书"开天门令"，挽玉关金锁诀，步"风火斗" ，并用舌柱顶住上颚（化为金桥），存想雷神将吏，正禀令乘云驾鹤、跨马驶风各登天门而去。

宣帖后，一道官在科仪台前，面对高功，诰《太上开通天门真符》。随后，高功捧奏、变奏，挽金锁诀、发令：

向来关文已具宣白。功曹使者之神承领步虚而去，伏想遥达天曹，远离帝阙。倾刻九天霄汉，须臾十地程途，但有龙虎参差，鸾凤离杳。日月门开，神仙洞辟。金童对对，玉佩珊珊。是无极的神乡，乃群仙之法会。尽凭符使，一一遍闻。请三界以咸知，命百灵而普告。莫不伏龙马，助追飞之念。一纸钱财，表质信之仪。敢烦疾速之功，为借宣传之力。云程有限，不敢久延，奉送功曹，上登云程。

坛干闻命，立即将120道文书、7道帖及关文、《太上开通天门真符》一起送到焚香炉中火化。

发文后，高功回坛念礼诰、宗师诰，奠酒、化财、退班。

（十一）启叩三师、安奉功曹、朱帅、监斋

启叩三师，顾名思义，是启叩太上正一天师、经籍度三师、历代宗师光临坛场，主盟修奉正一大斋，以上祈大道、下保平安，同赖善功，证无上之道。

仪式开始，道官身穿兰袍，头戴四叶帽在师坛前启师，然后移步正坛颂偈、请三师，再出门安奉朱帅、功曹、监斋，最后回坛召请雷将，安奉东方九炁天君地祇上将温元帅、南方三炁天君上清灵官马元帅、西方七炁天君龙虎玄坛赵元帅、北方五炁风轮荡鬼周元帅、中央一炁天君地司统煞殷元帅等五方雷将，三奠酒后，祈保，化财、谢神、谢师后退坛。①

---

① 胡大纯手抄本《正一灵宝三师科》。

（十二）书写赦书、青词、平安章、南岳章、天香表

赦书、青词、伴词、平安章、南岳章、天香表都是分别上奉给玉皇、三清、南岳宫、昊天通明宫的重要文书，该文书要求书写工整、格式严谨，不得有任何差错，故须由道官中具有较高书写能力的人在专门的经房中单独完成。

经房中置书案与科仪台。科仪台上供奉"写章圣明"（又称"章官"）小神像，神前置香、烛、清茶、供果如仪。书章道官先要沐浴戒斋，净手登坛，先颂偈、洒净、请神、通意、献供。然后端坐于书案，依照仪规格式书写各门章、词、表。其中，青词、伴词是上奏给玉皇的，故需要用朱砂当墨在青纸上书写；而平安章、南岳章、天香表是上书给三清及三清所属各宫的，故需要用朱砂当墨，在黄纸上书写。

在这些章、词中，以平安章的要求最为严格。据写章道官介绍，写章的用纸要求逢单数，或11张，或13张，每张只能写17行，每行17字。章中出现的文字，"生"字不能提头，"死"字不能压脚。有"……等因"的地方要盖一个押脚章，有"主坛经箓"名的地方，两边要分别盖4个与3个章（象征三官保主、四圣证盟）。此外，骑缝处要盖一个骑缝章。全章印章总数必须为33个（象征三十三天），其中32个为"九老仙都"印，而"泰清玄元天上三天无极大道太上老君太上大人天帝君天帝九老仙都君九炁大人百千万重道炁千二百官君清泰玉几下"须用青纸珠书后贴在章头上，下盖1个"道经师宝"印。

章词写好后，套入内外二个封筒中。封筒外面腰扎五色线，捆绑3根灯芯（象征三花聚顶，五炁成云），角上插一面三角旗（名为"罡风"），旗上按照发章、词当天的阴阳属性，阴日画南斗七星，斗中画坎卦；阳日画北斗七星，斗中画离卦。

（十三）天将护坛 [①]

天将护坛，又名"禁坛"。意即召请四灵、天兵天将、八部雷神前来洁净坛界，扫荡妖氛，以便迎接神圣的降临。

仪式开始，道官于师坛前穿衣（身穿羽衣，头戴道巾）登坛，再手持宝剑移步正坛前。先发令：

黄金殿上三擂鼓（乐队擂鼓三下），白玉宫中三鸣金（乐队敲锣三声），清醮坛中三肃静（道官用雷令拍桌三下）。谨持化坛存八卦，内存璇玑二十八宿分布四围，先塞鬼路，

---

① 张炳瑞手抄本《正一禁坛科》。

自留人门，上张天罗，下布地网，千妖灭迹，道炁长存。急准太上玄科禁坛律令，大圣降魔护道天尊。

发完令，道官手举宝剑，先自左而右，再自右而左，连续巡坛9圈，并一边巡坛，一边下令：

巡坛一匝，立召四灵。四灵既集，立持威灵。捧符持接，随我而行。净吾坛界，扫荡妖氛，急准太上玄科禁坛律令，大圣降魔护道天尊。

巡坛二匝，立召天兵。天丁使者，南方火铃，掷火万里，烧灭鬼精。净吾坛所，迎降帝君，急准太上玄科禁坛律令，大圣降魔护道天尊。

巡坛三匝，立召将兵。将兵既集，肃净风尘。人和道泰，天清地宁。净吾坛界，圆满善因，急准太上玄科禁坛律令，大圣降魔护道天尊。

五方五土，五神五匝，巡坛三层，绕坛三匝。吾今与汝，奉行道法。诸司官将，依班驻扎，急准太上玄科禁坛律令，大圣降魔护道天尊。

雷霆振十方，凶神自灭亡。霹雳振丁帅，火光透赴场。将兵千千万，邪魔不敢当。三阳火铃将，摄送赴恢罡，急准太上玄科禁坛律令，大圣降魔护道天尊。

都天大雷公，霹雳振虚空。将兵千千万，来降紫坛中。下邪不伏者，帝令决不容。押赴魁罡下，化为清净风，急准太上玄科禁坛律令，大圣降魔护道天尊。

诸天散香花，飞天除夜叉。玉女缚小鬼，铁面斩妖邪。南方火铃将，流金散红霞。猛吏振法铠，火帅出火车，急准太上玄科禁坛律令，大圣降魔护道天尊。

天帝降九丑，罩恩直上清。九天排坠杖，五老列班迎。万里风尘合，千山草木平。云腾遮北海，雨却散南明。黑煞威神界，天蓬斩鬼营。灵官持玉印，天乙捧金精。左乙骑龙虎，飞虎达至尊。电光驱地丑，雷鼓振天庭。号令传三界，书符用六丁。感动乾坤泰，翻腾宇宙新。青龙飞甲乙，白虎搜庚辛。地网周围罩，天罗绕近云。火铃狂烟起，猛雾黑烟腾。斩鹹凶邪伏，何劳起战争。天罡天罡，立起天雾，是我阴功，强灾速去，急准太上玄科禁坛律令，大圣降魔护道天尊。

巡完坛，道官从坛桌上捧出一碗法水，先总召雷门诸司将，再依次在东、南、西、北、中等五个方位上分别召请东方九炁温元帅、南方三炁天君监经灵官马元帅、西方七炁天君龙虎玄坛赵元帅、北方五炁天君风雷荡鬼周元帅、中央一炁地司统煞殷元帅，并分别喷水一口，天目书"金光令"、，安五方雷将。

召将后，接着宣化《监坛帖》。而后手持宝剑，先在坛前步七星罡，再从震卦起，依次踩兑、巽、离、坤、乾、坎、艮等"八卦"。并一边踩卦，一边下令"结界"：

吾是洞中天乙君，头戴七星步四灵。手把龙刀震上立，内外不得停妖氛。兑户巽官须结界，速来离位直至坤。退步丁罡向乾亥，遥望天门谒老君。但存恒上坎上过，敕旨艮官封鬼门。若有不尊吾道法，一切魑魅化为尘。都天大雷公，霹雳震虚空。将兵千千万，下降北坛场。下邪不伏者，帝令决不容。押赴魁罡下，化为清凉风。

接着"封疆"。封疆时，道官一手持剑，一手捧水碗，蹲踞章坛下，先敕一道"金井令" ，口念：一画成江，二画成河，三画人长生，四画捉鬼来入囚。同时，手挽剑诀，将一个个用纸钱卷成的小纸团放入水碗中，碗面上再下一道"四纵五横令" ，口念：四纵五横，鬼灭绝形。最后，面向宝剑念咒：剑书中灵动，乱冲斗牛开。三尺起高楼，一只挂月角。吾今封疆界，万邪从剑落。念咒的同时，足踩南、北二斗罡，然后将宝剑横放在水碗上，置于章坛之下。以示把一切邪鬼都收到了水碗之中。

最后，回坛谢神、谢师退坛。

（十四）天阶跪进、恭迎大驾、散花献供、上香安位

天阶跪进、恭迎大驾、散花献供、上香安位是迎神接驾中的四个连续性科目，分别由 1 名高功、2 名道官及 4 名引班相继科演。

仪式之前，先要在醮场大门口对外设置一张科仪台，台上放置香烛斋供如仪。

仪式开始，担任"天阶跪进"的道官先在师坛前启师，再转到大门外，率香首们对天行朝拜礼，而后唱偈：

大范三天王，虚皇五老尊。尚能开窍妙，岂复入盟言。大圣荷万真交会天尊。
浩浩苍天诸上帝，冥冥地府众朝王。滔滔江海水龙官，历历阳曹列圣众。恭向天阶，颁迎大驾。香花奉请。

唱偈后，随即祈请大圣荷青牛驾引大天尊、大圣荷玄龙接驾天尊，并通意：

臣同善士等今将香供养，消除无杂秽。恭对长空，天师门下奏授太上三洞五雷经箓嗣正一大教奉行平安清醮迎御事联班官众等冒领为奉大道金台御前修因，善士同臣等诚惶诚恐稽首顿拜，谨焚炉内道德真香，一心皈命，百拜上奏上启金阙无上之上帝、琼台妙相之高真、法王祖师星皇上帝、教主宗师、雷神官将、三界十方见闻上圣。咸望恩光，鉴臣奏请。

接着请神。其请神次序，先请高山天符、都天总管等大道职事，续请雷霆元帅，中天北斗府，枢、机二台主事大神，法王祖师，星皇上帝，琼台高真，玄天道从，虚、危二宿万亿官班，最后祈请清微天宝大人、禹馀灵宝大人、大赤神宝大人、郁单九天生神自然玉章大人、太上度人三十三天上帝、天地始祖、五灵五老梵炁天君、东霞木公、青童道君、西灵金母、太后元君、梵行上圣、白玉龟台、万极祖母元君、大罗群阙诸天高真。无色界四种民天九品天尊、上清代九老仙都宫灵宝至尊、明皇上帝、色界一十八天九品真人圣人众、欲界六天九品神仙圣众。祈愿他们快快降临。

请神后，高功身穿龙袍，头戴龙额，在两位引班的导引下隆重登坛。

高功登坛后依例先朝礼、唱偈，接着宣化《迎驾表》《呈天表》。化表时颂"玉皇诰"，传令皇坛土地、值日功曹赍此墨表，径诣虚空七宝宫、四府朝元宫投进。

化表后，随即通意，并俯伏在地，依照《降帝科》，遂一请神。请神时，须从小到大，把书科所列神圣全部请齐。接着，唱"十二月赞花"歌，奉请北方黑灵散花童子、中央黄灵散花童子，手捧四时鲜花，来降道场（两引导在乐曲声中，先后三次绕场散花）。

散过花，高功存想天上已现九色祥光，龙舆滚滚下云霄、凤辇徐徐临法会。于是，在一片鞭炮声中，高功率众香首九叩三拜，先后将各班圣真迎入醮坛，临登宝座。

随后，高功回转正坛，先给圣真安座，再以隆重仪式向十方圣真献茶、献汤、献香、献烛、献斋、献灯、献花、献果、献腐、献水，以感谢圣真天驾下降人寰。

献完供，高功退场，另一位道官登台，分别给在坛众仙班及朱元帅、四府功曹等上香安位。最后宣事意、奠酒、化财、退坛。

（十五）净秽安香

在传统的中国宗教信仰领域，香是通天达地的重要媒介。所以，凡二天以上的正一清醮都有烧天香的仪式，以保证人与神之间的顺利沟通。

这次清醮的天香架在老关村东北郊的一座小土丘上。所架天香共有两座，一高一矮，高的为"太平香"，香高8米，矮的为"南岳香"，香高8尺。两座香，均为33层，以象征33天。以往，架香的材料要求选用枫、檀、智、木、腊等五种木材混合使用。如今，因珍稀木材难找，故这次打醮选用的是刚从山上砍伐下来的枫树。据制作天香的村民介绍，为制作这两座天香，他们一共砍了12棵枫树，总重量多达6吨。

安香仪式开始，道官身穿龙袍，头戴龙额，先师坛前启师，正坛前启请三宝，然后率信众一起奔赴香山，在事先安置好的科仪桌前唱偈、召将、宣意。词曰：

（宣土地诰）速送妖魔精，大圣香通三界大天尊、长空土地。

九凤破秽德难量，万怪千邪尽灭亡。更唱法士宣秘咒，肃清境土礼虚皇。盖闻天地之内，尘凡互气如妖氛。人物之中，一虑交泰于垢浊。兹今焚香于上圣，必先荡涤于嚣尘。雷霆号令，疾如星火，十方三界，顷刻遥闻。

（道官左手持雷令）雷霆都司下令香前召请大力天丁诸员帅将：先天净秽刘天君、南院荡凶宋金星、上清威力灵官马元帅、北方风雷荡鬼周元帅、净天功曹、净地使者、解秽局中一行官吏、各各衔符仗剑，掷火流金，灌注臣身，助吾荡秽，坛有香火作为供养。

天师门下奏授太上三洞五雷经箓嗣正一大教奉行平安清醮迎御事联班官众等冒领为奉大道金台御前修因，坛司得此，依教奉行。以今香焚之际，未敢自专。切虑人民往来，恐染厌秽，有妨信士，诚香难以格降天真，仗请祖师宗师法水遍洒香山四方，庶令天无秽氛，地无妖尘。[1]

接着，道官手持水碗，先唱水赞：夫水者，嗅天天清，嗅地地灵。众道友接唱"天地自然咒"。而后，道官步三台罡、九凤罡，藏魂变身，并在水碗上书 ▨（玉皇令）、▨（小金光令）、▨（光头紫微令）、▨（天罡令）、▨（腰带结）、☱（离卦）。书令后，引班在太平香、南岳香四周洒净。高功则在天香下，面北挖个小洞，在洞面上书金井令▨，再逐个收捉鬼魁魍魉、竹木精灵、檀怪妖邪、古冢伏尸并及邪师弄法之人尽行收入万丈金井之中，毋令动作。收捉后，用土盖住洞口，并在土面上书▨（四纵五横令）、▨（泰山令），挽泰山诀、五雷诀、三枷三锁诀。

之后，道官回到科仪台前，面对南方，唱"赞香咒"，并以天师门下奏授太上三洞五雷经箓嗣正一大教叼行平安清醮迎御事的身份拜请泰罗圣境诸天高真、章中皇天大帝、甲子卤簿公卿、天香净神掠剩大夫、香坛会上无边列圣。请神后，念"玉皇诰"，安掠剩大夫神位，宣化《安香疏》，祈保，安神。最后回坛缴福，谢神、谢师退坛。

（十六）安奉南岳

据称，南岳圣帝权司火德，是主管阳间福禄寿的重要神祇。所以，萍乡一带，

---

① 何元贞手抄本《架香科》，1844。

供奉南岳的庙宇甚多，且二天以上的清醮都要求有朝礼南岳的内容。老关村这次启建太平清醮亦不例外。

安奉南岳的仪式，在老关庙左侧的南岳殿中进行。是时，道官身穿兰袍，头戴四叶帽，先在师坛启教，再转至南岳殿，颂偈、通意、请神、朝拜，以茶汤香烛斋菜灯果虔诚供养。朝神后，宣化《南岳疏》，最后三皈依、悔过忏罪、请福延生、化财谢恩。回坛缴福、谢神、师退坛。[①]

（十七）接词归坛、祝贺朱词

朱词是上奏给玉帝，请求赦免信民日常不敬之罪的法律文书。由于这道文书须由精通文墨的道官在特定的经房中用朱砂在青纸上书写，故称为"朱词"或"青词"。又因为其功用是请求玉帝赦罪的，所以，又称为"开赦词"。

仪式开始，头香首与众缘首于锣鼓鞭炮声前往经房，按儒家仪轨向章官三叩首，而后将朱词迎入坛场，安置在三宝台上，鼓乐齐鸣，信众集体叩拜。接着，乐队清唱祈剧《关公盘貂》"古城会"[②]、湖南花鼓戏《四姐下凡》，以示祝贺。

（十八）留驾主盟

留驾主盟，顾名思义，就是告慰神明，当天的法事已经完成。但斋醮尚未圆满，祈请三界十方诸高真、法主仙师、斋坛将吏暂留仙驾，继续在坛闻经、闻诰、闻忏，驻跸证盟。

仪式开始，道官身穿龙袍，头戴龙额，先师坛前启师，再转至正坛，三进香，朝礼诸圣。唱偈、通意，跪唱"玉皇诰"。之后往各处上香。上完香，坛班道众手持"摆枪灯"，绕坛起舞，以娱乐众仙班。接着，道官俯伏请神，宣化《留驾表》《呈天表》，念"玉皇诰"，仰请天界功曹捧表上诣虚无七宝宫，呈进四府朝元宫，获帝旨允谕。最后，三奠酒、化财、祈保、谢神、谢师后退坛。[③]

（十九）启叩大师[④]

启叩大师是进拜章词之前的必演科目，原因是进拜章词是件大事，道官们切虑玄关深邃，凡俗难通。乞望师真主盟，降下金光、祥光、惠光，照临坛场，密赐道炁，

① 何永亨手抄本《南岳朝礼全科》，1904。
② 一般情况下，清醮"贺词"，多唱"十三福"或"三星"。这次打醮因在关帝庙进行，故"贺词"改唱与关帝有关的"关公盘貂"。
③ 易利亨手抄本《留御金科》。
④ 王寿康手抄本《启叩大师科》。

下布道官身上。庶令神清气爽，心广体胖，开宣上达。更望师恩收录民情，亲举玉趾保奏帝庭，请颁赦罪恩命。

仪式开始，道官身穿羽服，头戴四叶帽于师坛前启师，再转到正坛唱偈、通意，并上香面奏祖师玉堂大教主灵宝静老大天尊、圣师真君、上清玄一真人、灵宝上古经籍度三师真君、灵宝监斋大法师真君、祖师三天扶教主、正一冲玄神化静应显佑真君、祖师太上玉京东吴太极佐宫仙翁冲应孚佑真君、祖师九洲都御史神功妙济太乙定命真君、左玄王真人、右侍赵真人、文始尹先生、清都先生张真人、简籍先生陆真人、广成先生杜真人、天台司马紫微真人、天枢院使相真君、三天门下誊录章词表奏仙官、值日进奏开拆发放司宰幕下、侍宸领仙官属、上古奏章赤明开图黍珠登授玉局谈玄亿劫应化三洞四辅经箓科法仙灵、古今无量授受度人宗师、五方五灵老君等大道高真以及雷霆诸阶科法启派宗师、弟子三五世家、同坛结义、前传后教、师亲法友列位授受度人老少宗师等。

请师后，随即宣意、宣《荡秽帖》、告《荡秽符》，并把《荡秽帖》《荡秽符》化入铁勺中，注入神汤后，四处荡秽，以示祈请法水，遍洒皇坛，摒伏妖氛。之后，步七星罡，召请温、马、赵、周、殷等天将急速到坛卫护坛场，把好疆界，以确保三日四夜福事周隆。

召将后，道官向诸神明三奠酒，祈保，化财后谢神、谢师退坛。

（二十）续神发炉、拜词开赦、还神复炉

续神发炉、拜词开赦、还神复炉是太平清醮中的小高潮科目，三个科目相继由1名高功、2名道官与4名引班轮番科演，气氛庄严肃穆而略带神秘色彩。

仪式开始，科演续神发炉的道官身穿龙袍，头戴龙额在师坛前启教，再在引班的导引下来到主坛。先与香首们朝礼、进香，再唱偈、通意：

大圣玄元藏教天尊。五节清香宝鼎焚。香通三界天尊。臣同信士等今将香供养，消除无杂秽，天师府下奏受太上三洞五雷经箓，望阙奏请。恭闻轻烟馥馥结宝台，缭绕九霄之虎豹。精意虔虔望阊阖，祗迓亿乘之龙鸾。唯尺地莫不涓结，谅寸诚必能感达洞鉴殷勤之心，厥陈僭渎之诚。伏愿紫炁度关，红云捧御。羽盖垂缨，森罗四府之旌幢。玉衡停轮，移下一天之星斗。肃肃苍至，嗸嗸啸歌。今则上帝少临四府，两班先请。法众运香，修香奉请。[1]

---

[1] 王寿康手抄本《大教词科》。

接着，道官俯伏请神，先请阳界、水界、地界、天界各路神明（请各界神明时，道官分别面向悬挂在坛场两侧的阳、水、地、天各界神明挂轴），再请高上玄黄至真微妙真境寥阳之阙，大虚无极之宫，巍巍妙道众高真等大道之神，祈望"帝驾云腾离绛阙，龙车日拥降皇坛。九御高真光临法会"。①

在道官请神之际，高功已在师坛前启师、变身、藏魂，而后在两位引班的导引下登上正坛。先通意，再献茶、献汤、献香、献烛、献斋、献灯、献花、献果，行三拜九叩大礼。而后在道官的护卫下，高功绕坛履南北二斗，并一边履斗，一边念："学道当勤苦，敛性运丹忱。烧香皈太上，真气助氤氲，惟希开大宥，南斗上生成。"步罡后，立于正坛左侧（地户），面对地神图轴，默念：早入地户。并履北斗（旋行步斗蹑云罡）、丁罡，口中默念：四明功曹、通真使者、侍香金童、侍靖玉女，为臣通奏。道宝正神，上元生炁，入我身中，急急如律令。心中存想功曹、玉女六人已经出发，夜入地户。于是，继续发令，命四明功曹、龙虎使者、正一生炁、侍靖玉女与我俱入黄房之内。通达所致，咸香上闻，急急如律令。

道官唱：道场众等（高功存想森罗法界），幻出寒林（高功存想三宝高登御座，万真拱立左右，高功具位、通意：以今恭对恩光，请天感之炁，灌注臣身），人各运心（高功静心密咒：神霞宝座，映我光辉，万神侍卫，皈命高真），皈命三宝（高功接念：臣第一皈命十方道宝，愿皇王万岁，风调雨顺；臣第二皈命十方经宝，愿恩济四生，齐登道岸；臣第三皈命十方师宝，愿宗风广布，玄教长兴。十方感应天尊），灭一切念（高功念咒：身超红尘，神游碧落。下观世界，无动无作。青龙旋绕②，白虎磅礴③，复归我身，寂静常乐，急急如律令）。念完咒，高功履北斗，口念：清虚其心，尘念绝无，是非之念，一切灭去。一心朝礼高真。遥想万真环拱玉座，魁灵元虚，上景紫冲，肖罗大梵，元汉奎娄，阳光流火，照入洞阳，急急如三天紫微上帝律令。之后，手恰、足履斗（天幽、神荣、紫光、星光、虚梵、玉灵、天路、透光），转入正坛。唱偈：

白日来升殿，青锁点朝班。鹤袍来羽客，飞鸟下仙班。玉京行道天尊。

① 王寿康手抄本《大教词科》。
② 高功手恰"辰"。
③ 高功手恰"酉"。

与之同时，道官们分别在观音、包公、关帝、东岳、朱帅、功曹等神位前礼拜、上香。引班则导引高功，依次在五老神位前上五老香。[1]

在东老位前，高功宣意：青霞黄房，金童玉女，玉音仙歌，上明九炁，照我光辉。臣谨以真香供养东方九炁青帝天君、天京上帝斗宿高真。以今领为老关村修呈平安清醮词奏事，伏丐天恩，曲垂保奏。而后三上香，嘘青炁，履亥卯斗 ，手恰角、亢、氐、房、心、尾、箕。

在南老位前，高功宣意：火冲丹天，飞霞运转，灵童歌章，布炁三光，降我奏事。臣谨以真香供养南方三炁赤帝天君、水府河海一切真宰。以今奉为老关村修呈平安清醮词奏事，伏丐天恩，曲垂保奏。而后三上香，嘘赤炁，履寅午斗 ，手恰井、鬼、柳、星、张、翼、轸。

在西老位前，高功宣意：金龙驿仙，十二玄元，大白之炁，七曜之天，令我神清，检校万灵。臣谨以真香供养西方七炁白帝天君、阳祠岳庙一切主宰。以今奉为老关村修呈平安清醮词奏事，伏丐天恩，曲垂保奏。而后三上香，嘘白炁，履巳酉斗 ，手恰奎、娄、胃、昴、毕、咀、参。

在北老位前，高功宣意：黑阴仙灵，五炁正分，祛邪灭妖，上帝临轩，辅我正神。臣谨以真香供养北方五炁黑帝天君、地府朝王幽都主宰。以今奉为老关村修呈平安清醮词奏事，伏丐天恩，曲垂保奏。而后三上香，吹黑炁，履子申斗 ，手恰斗、牛、女虚、危、室、璧。

在中老位前，高功宣意：黄阴覆质，四极神天，金阴实地，荣卫真仙，固我身形。臣谨以真香供养中央一炁黄帝天君。以今奉为老关村修呈平安清醮词奏事，伏丐天恩，曲垂保奏。而后三上香，呼黄炁，履豁落斗 ，心中默念："一白子上立，二黑申上行，三碧卯宫推，四绿巳上游，五黄中玉旨，六白亥上弦，七赤酉上去，八白游寅边，九紫午上出，飞身达帝前。"

上完五老香，接着往章坛、师坛上香，最后回到正坛，行礼，长跪，并三上手炉香。是时，道众轮唱："道由心学，信假香传。香蒸玉炉，心存帝前。真皇下盼，仙师临轩。令臣所启，咸赐如言。"高功默念：清都紫府，隔世红尘。烈火焚香，通臣一念。门下受上清大洞五雷经篆嗣教叨行平安清醮迎御事，嗣孙利亨谨以初捻真香供养上古经师真君（一上香），谨以二捻真香供养上古籍师真君（二上香），

---

[1] 张道隆手抄本《章范内三段秘科》，1814。

谨以三捻真香供养上古度师真君（三上香），孙今领为老关村修呈平安清醮，以今进拜请恩保泰心词，未敢自专，伏望师慈，曲垂保奏，汲引嗣孙，克全民念，获遂感通。以孙下情无任，再拜谨言（高功运五炁，手恰五炁诀，存想肝中青炁自目出，化为青龙，居左；肺中白炁自鼻出，化为白虎，居右；心中赤炁自口出，化为朱雀，居前；肾中黑炁自耳出，化为玄武，居后；脾中黄炁自脐出，化为勾陈，居中）。

道官呼：礼师，思神，存念如法（高功依呼三拜三过），信礼（高功默念：黍珠登授玉局谈玄亿劫应化度人宗师、玄堂派下祖考列代宗师，经师、籍师、度师真君，愿师升度，上登高真，为我开度，五苦八难，名入仙籍，得为真人）。

接着，道官又呼：五星烈照（高功存想金、木、水、火、土五星高照），焕明五方（高功存想东、南、西、北、中五方），水星却灾（高功手恰子，吹黑炁，存想炁化玄武在后），木德炽昌（高功手恰卯，嘘青炁，存想炁化青龙居左），荧惑消祸（高功手恰午，呵赤炁，存想炁化朱雀居前），大白辟兵（高功手恰酉，嘘白炁，存想炁化白虎居右），镇星四季（高功手恰丑，嘘黄炁，存想炁化勾陈居中），家国利贞。名刊玉简，字采帝房（高功手恰玉文，存想字从泥丸宫中出），神飘三景。飞腾太空，出入冥无。游宴十方，五云浮盖（高功存想五炁朝元），招神摄风，役使万灵（高功手恰玉文），常为仙翁（高功手恰玉文，存想顶门上有仙翁），与道合真。五灵安镇天尊。

道官再呼：鸣法鼓二十四通（乐队击鼓 24 下）。

高功接念：小兆臣谨以真香供养玉清圣境元始天尊无上道宝，愿皇风广布，道法兴行；谨以真香供养上清真境灵宝天尊无上经宝，愿一人有庆，兆民成赖；谨以真香供养泰清圣境道德天尊无上师宝，愿一切有情，同登道岸。同时右手执简，左手挽玉诀，履坎、离斗，口念咒语：天为吾父，地为吾母。皇帝传诀，覆在吾手。吾头为皇天，不缺自圆。吾足为皇地，不行自至，急急如律令。天目书 （小金光令），存想金光一道 ，上冲顶门为一， 圆像召出万神。

道官复呼：捻香关告。唵，无上三天（高功天目篆 一玄 子—元 一始），三炁（高功手恰巳午未，想青黄白三炁），太上五灵老君（五方五老乃正一发炉之宗，在三丹田。高功存想五方五老翁然成五色，云炁结成太上三尊，冉冉自云中而出，泥丸宫中坐），召出臣身中三五功曹（三者，三丹田，即天地水三官；五者，心肝脾肺肾，即金木水火土五行。高功手恰寅，存想三五功曹从七窍出），左右官使者（高功手恰卯，存想自己左目为日，右目为月，照察所为，有二神自两眉出），左右捧香，驿龙骑吏（高功存想五脏之炁化为龙，取阴阳日吏，传性命，通穹苍），侍香金童

（高功存想神从左眉出），传言玉女（高功存想神从右眉出），五帝值符（高功存想两手两足为四帝，心为一帝，从口出），值日香官使者（鼻孔二神，能定日时阴阳，即值日香官。高功存想神从鼻出），三十六人出（上部、中部、下部、两手两肘、两眼、两耳、两腰、两膝、两额、三魂、七魄、阴阳两神共三十六人。高功存想他们从头额出）。出者，装显服、冠带垂缨，关启此间土地、里域真官（高功存想所出神将共同奏事）。臣今入坛、烧香，关文口奏（一道官在师坛前宣读关文《心词上达》，高功于正坛前俯拜，存想三师在坛上听意，功曹捧金牌，牌上有"敕召雷神"四字，目书"唵吽咤唎"，存想金光灿灿，流布皇坛）。

高功起身，念：臣今关宣亹亹，冒渎高真，所陈情悃，备载心词，愿得太上降赐十方。真正生旺道炁，五雷金光正炁（存想太上流布青红黄白黑五色云气匝满皇坛，覆映臣身），流入小臣身中（用鼻吸一口天门金光青气，入祖宫，与祖宫之气混成雺），令臣一受之后调和四大营，卫百关，心广体胖，神清气爽，思存敏捷，呼吸感孚，俾令关启之诚，随此香云，速速径诣（存想太上无极大道、虚无自然金阙至尊、七宝上帝御前投进己文），与道合真。

跪唱：

步虚声已彻，更诵洞玄章。恭对龙颜，谨称箓职，天师门下奏授太上三洞五雷经箓、小兆臣利亨诚惶诚恐稽首、顿首端拜，奏启玉清玉帝元始天尊、上清上帝灵宝天尊、泰清大帝道德天尊、昊天至尊玉皇上帝、南极长生天皇大帝、北极星主紫微大帝、承天效法土皇上帝、高上神霄九宸上帝、恩师法主玄天上帝、天地始主五老上帝、九天生神玉章上帝、十方化号灵宝天尊、天曹四司真君、北斗九皇上帝、上清天皇列宿星君、三官大帝、四省真君、南北二斗两曜星君、九师五师三师真君、玄堂启教列省宗师、雷霆府院官君将帅。

臣闻蚩蚩愚天，凭寸香为昭事；巍巍上圣，恃一诚以感通，致设不腆之仪，冒干御陛之鉴。臣琐琐庸流，碌碌鄙侪，惭无德以动天，妄诵词而请祷。碧落乖仁，俾默黎嬉游于光天化日之下，苍昊流渥，佑林总翱翔于散马放牛之朝。具有心词，谨当跪读。

坛上法鼓三通，十方肃静。一位道士在师坛前宣词。高功俯伏在正坛前，小声念咒：日月星辰，十二明神，通达上帝，关启云程。所求如意，所愿从心，急急如律令。存想左目三神，从右目出；右目三神，从左目出。又念咒：内有所明，外有所向。内外廓然，了无朕兆。静以待之，即其显相，急急如律令。

青词宣毕。高功续念：心词已奏，帝旨亦谕。臣闻下民狡猾，每挟诈而怀私，上帝好生，常度人而怜物。恐有夙愿之相缠，哀乞太上之保障。

接着，高功三上香、三皈依、三奠酒，而后宣读关文《心词上达》。

宣关后，高功将心词放入词函，用龙刀在词上头书"敕封"，函上头画阳符词下头亦书"敕封"两字，函下头画阴符，面上再书封章符。然后手持青词，召请法中地祇太保温天君、上界功曹、词中官吏，特为信士操捧青词，上呈帝陛，幸勿稽延。同时，在坛前飞北南二斗（旋行步斗蹑云罡）、（琪珰天丁飞云房）。飞完斗，将词交给坛干，连同关文、上清灵宝自然流金火铃符、南方离震元真符、太上开通天门真符一齐送往焚香炉上火化。

高功率众信在大门外奉送。高功入地户，下令：天雷隐隐，龙虎交轰，日月罗列，照曜分明，臣差官将，捧词登行。同时手恰役万神斗、雷火斗（火起、风发、雷震）、巳午未斗，篆（金光篆），履南斗（琪珰天丁飞云房），存想诸将烜爀乘云腾空而去。

化完词，高功回坛，凝神定炁，吐故纳新。而后登坛，三礼拜，祝香启人间三师，并藏魂变身，存想自己穿正一真人服式，左手挽玉诀，咒曰：愿天常湛湛，天为吾父，地为吾母，皇帝传诀，覆在吾手。吾头为皇天，不缺自圆。吾足为皇地，不行自至，急急如律令。谨敕心中神丹元君，名元珠，号黄庭，长三寸，广七分。着朱衣，系绛裙。秉威德，显至灵。通造化，达玄真。在神谷，莫离身。内外吉凶，速来速报应。汝是吾身神，吾是汝神身。汝非吾不存，吾非汝不灵。吾今仗汝神，朝谒道德天尊，愿神即飞步，上登天门，急急如律令。接着，天目篆元真三炁（玄、元、始），存想三色云气盖身。再履出堂罡（又名提点卤簿罡），默咒：下台三青，保命护身。中台二白，护身正宅。上台一黄，驱却不祥。三台生，三台养，三台护我来，九凤翱翔，破秽十方。神仙道引，出入华房。上登天门，朝奏玉皇，敢有违令，精邪灭亡，急急如律令。唵吽吽，洞阳流金真火摛。

咒毕，高功立于罡头，呵出一口心中之气，存想须臾火光满天，兆身如在火光烈焰之中。金童、玉女侍立左右。高功再咒："天朗气清，三光洞明，金房玉室，五芝碧生。元黄紫素，来映我身。仙童玉女，为我至灵。九炁齐景，三光洞骈。上浮紫盖，身入帝庭，急急如律令。"同时，履尸神罡（天一彭乔，申一彭琚，亥一彭踬），口念："步起三尸，伏祸自灭，哈哂吷啼咀摛。灵宝玉步，斩灭三尸，内炼阳魂，台光安宁，神宝玉室，与我俱生，不得妄动。监臣黄庭，大灵守卫，元亨利贞。若欲飞行，上诣玉清，饯兮渴兮，吞饮玉精。尸秽荡涤，黄道开朗，急急如帝一尊君命。"而后，高功左手挽剑诀，自左胁运至右胯膊下，引出三尸神。足下步五

神混合罡 ①，喝令："彭乔、彭琚、彭踬，急急如元皇玉帝元阳主者命。玉门紫户、三十九关，太乙元君敕（存想无英公子—在肝卯、白元尊神—在肺酉、太乙司命—在心午、桃康合延—在肾子，俱来聚）。拥助丹元真人，五脏神君、统领大神，受炼我体，制我形神，心肝脾肺肾与耳灵，目击钟鼓，迅雷发声。灵宝玄玄，尊尊灵灵，杀尸杀鬼，为将为军。太上玉帝，洞歌玉真，出入自然，飞升五云，急急如律令（存想丹田有三人在宫，三神合一）。"

咒毕，高功手恰玉文，在坛前往返飞禹步九迹罡 （左一、右一、左二、右二、左三、右三、左四、右五、左六）三次，最后一次步罡时念咒："太极肇分，天地定位，清浊成三，万物俱备，璇玑乾运，阴阳俱至，真炁混合，玄元始炁，令我飞仙，上朝元始。急急如玄元始三炁天君律令。"接着，向外步北斗罡 ，且一边步罡一边默念："白炁混沌实贯吾身，禹步交催登阳明。天回地转步七星。拜罡履斗救生民。太微命我驱雷霆，众神助我斩妖精。敢有后至先灭形，轰雷制电迅发雷。万灾不干我长生，我得长生朝太清。"接着，又再次向外步七星罡 ，以示将魂魄寄于七星内。步罡时默念："一魄入贪狼，二魄巨门藏，三魄禄存位，四魄文曲乡，五魄廉贞上，六魄武曲当。三魂破军上，七魄入天罡。如有空心并诚意，玉皇殿内好烧香。存想七星光照兆身，元命真人登天门。"同时，立斗内念隐迹咒："乘天罡、步九元，履元斗，行飞仙，得天心，万神权隐隐藏形，变化万端。敢有干试，攻系斗门，左换金铃，右插神幡，威光万里，啸命立前，玉帝所示，靡不如言，急急如九灵飞步律令。"

念完隐迹咒，接着履豁落斗 （夏季后逆行向内，一坎二坤三震四巽五中六乾七兑八艮九离；冬季后顺行向外，一离二艮三兑四乾五中六巽七震八坤九坎），并一边履斗，一边默念："斗要妙兮十二神，乘天罡兮威武陈。气彷佛兮如浮云，九变动兮上天任。知变化兮有日时，入斗宿兮过天关。合六律兮指甲乙，请冷渊兮可陆沉。履无英兮度天任，抱天柱兮拥天心。从此度兮登天禽，倚天辅兮望天冲。入天芮兮出天蓬，斗道通行刚柔济。添福禄兮留后世，出幽冥兮千万岁。一罡之后步步随，九歌三步三百载，急急如九灵飞步律令。步完豁落罡，如果逢阳日，再步河图，如阴日，则步洛书。"因拜词当日为农历二十二，所以，高功步洛书 ，同时默念："戴九履一，左三右七，二四为肩，六八为足，五居中宫。敕令千神万鬼，各还本乡。

---

① 宗师言，此罡能混合五神，调和三宫。

当吾者死，逆吾者亡。速去奔走，隐匿潜藏。天丁力使，斩却不祥，急急如律令。"

步完洛书，又步朝天斗███。出罡后，长跪，叩齿三下，礼拜人间三师。拜师后，右挽剑诀，向天门书：唵吽咤唎呢███（开天门令），存想：金光灿灿。左手倒飞北斗███（午起—破军、武曲、廉贞、文曲、禄存、巨门、贪狼—子出），存想：魓星引羽车，自己元气一丝不断，口呵出嘘呼呬青黄白炁一口，九九八十一丈，直辏天门。又存想天门前有金桥黄道，于是念腾身咒：我过仙都，我佩神符，神游碧落，足蹑云衢，上朝金阙，面奏帝庭，飞行三界，身入玉虚，去来自在，物我无拘，急急如灵宝飞行三界律令。右手挽剑诀，在朝简外侧书符███（太上敕命驱使罡风），内侧书███（紫微令），存想天门之上金光灿灿。念腾魂咒：魂神澄正，道炁长存。不经苦恼，身有光明。三界侍卫，五帝伺迎。万神朝礼，名书上清。功满德就，飞升上天。急急如灵宝宗王大法律令。念毕，右手执令尺，书███（三官令），书完，用尺在桌面上拍三下（名曰"下三令"），词曰：十方肃静、俯伏玉坛、以俟玄感。

下令后，高功执简俯伏在正坛前，道众唱："一封词奏九重天，雷吏操传达帝前。四极八方皆肃静，高功俯伏奏龙颜。"高功在俯伏中默念"魂魄咒"："玄母玄母，吾尸之祖。掌骨养筋，莫离吾身。吾与父魂，同游天去。台光魂、爽灵魂、幽精魂、七魄神，随吾同去，朝谒三清，急急如律令。"

接着，道众给高功全身熏香。高功则长时间俯伏在地（时间长达 30 余分钟）。

其间，高功先手指掐"丑"，留"无"（中央）、"英"（黄炁）守殼，"瞬""莹"（左右两目），转恰"坤""申"，为"留人门"。再以舌历口唇之外，手恰"巽""巳"，为"闭地户"。以双足交合，紧闭谷道，手恰"艮""寅"，为"塞鬼路"。以舌柱顶住上颚，手恰"乾""亥"，为"开天门"。存想自己元辰上升，经"玉楼"（喉咙）、浴华池（舌下），出众妙门（头顶脑门）。元君起自下丹，左为肾，有明角星守护；右为命门，有乘轸星守护，乃龙虎二官。初入下关，上马头（即两足根），驾羽车（有羊车在腰脊），想羽车（左旋七转，日则闭目开耳，夜则明目塞耳）俯伏（圆光中叩头、叩首、叩齿），瞑目，存想日月五星（在头），青黄白三炁（绕身），九色祥云光（照顶），目书███（紫微令），默咒："华宸飞步，五灵紫烟。虚湛幽漠，罡风凝烟。登虚太微，蹑景三天。惠我玉符，道化运旋。急急如紫微帝君律令。"存想登羽车，内有玉案乘盛章词，丹凤引车而行。青龙朱雀白虎玄武三部八景二十四神千乘万骑备卫，金童玉女持幢建节在前，捧章官吏、童子并在羽车之上。兆臣简上有符光万道，六甲、六丁、天马、天兽来迎，赤色、黄色，五色祥云腾腾而上升，离地百余尺里，已上罡风万里之远。引度过欲界六天（口也，即凡间也），界上有"阳晶天门"。

谒下元周将军（在两眉中间二分），以"炁"字开门，进"火铃符"，入其门（如人行半路之远，为空旷之所），师着意径度罡风浩气而去（鼻柱，此处有罡风浩气），咒曰：陟彼罡风界，魔王众所归。佩符朝元始，我身入太虚。接着，度东方八天，又过色界一十八天（眼也，即半空之中）界上有"洞华天门"，谒中元葛将军（在二眉中间四分）。以"无"字开门，进"离火符"，（入其门，如人到幽寂之所），师由此转步入琼琳，过黄道之北，咒曰：空中本寥廓，豁落动天涯。天人皆敬喜，由我去复来。又过庐无越行天、太极蒙夷天，望北方八天（皓庭霄度天）、西方八天（无载孔升天，如人行幽寂之所），又望南方八天（赤明和阳天）。师由此转步回琼琳，过黄道之北。又过无色界四种民天（目上，即上界也），界上有"正阳天门"，谒上元唐将军（在两眉中间六分），以"宋"字开门，进"太上开通天门真符"，准入其门，见神风静默，仙圣交泰，鸾凤啸歌，香花芬馥。咒曰：真人领仙队，莹彻无瑕玼。喜我登云际，纵步入玉虚。望南方八天（赤明和阳天，由此过三十二天，即二十八宿四梵天，共三十二天。位于头上网巾边下，东南西北四围上下前后）。又过五行殿，有火官、土官、金官、水官、木官（皆在脊中，五行骨也）至鹿车（二夹骨脊，为双关）。又过七星殿，有破军、武曲、廉贞、文曲、禄存、巨门、贪狼（在背脊上七个骨也）、二十四炁（在背脊两边）。又过紫微行宫殿（即眉中也）。至此下羽车、放落脚。文卿、侍卫官君个个停驻，真人对一行官吏曰：少驻。见 ⛛（紫微殿），至圭坛上。存想金童玉女捧词随真人进三天门内。左右皆省署，金碧辉煌。咒曰：瞻彼金阙近，神仙欲过超。光明千日曜，放步任逍遥。存见天上经籍度三师来此汲引，高功三礼三叩，密云：门下嗣教玄孙利亨今为老关村修呈平安清醮迎御事进贡天官心词一通，上呈玉陛，恭望师慈俯垂汲引。存想三师允请，引兆与童女捧心词随真人同三师进三天门内。又过四司殿（即额上，有东华司命殿、南极司录殿、西灵司非殿、北真司危殿）。密云：小兆臣利亨启告四司真君，乞除罪目，注录善功，令臣所奏，俱赖保举，臣再拜谨言，存想 ▣ ▣ ▣ ▣ 四字，去参合同 ▣ ▣ ▣ ▣，直过无阻。又过通津上关（在背脊上总大权骨），见金光四射 ▣（大金光令），又过大勋魔王殿（在后肩颈上部），礼天蓬翊圣、天猷佑圣（此地守卫严谨，上有玉罗肖台玉山上京，即脑后发际，与前十二重楼相并）。入华池，闭五岳（即眼、耳、鼻、口、舌，外应金、木、水、火、土），次卷水为天车（舌顶上颚，即五炁冲天），上鹊桥（鼻柱）。又过元生帝君殿（在脑后中上）、道德天尊行宫殿、九师殿（亦脑后中上）。又诣左边三官殿（在左太阳额内），右边为三省殿（泰玄都，在右太阳额内），天目篆 🔲，存想：三师入省内，禀老祖天师：门下嗣教玄孙利亨滥领关宣，拜进天官心词一通，恭望师慈保奏玉陛。天师悦，允，一朱童子捧章，三师引真人行，同天师转咨上清天枢院（在脑中也）。真君誊录章词，真人详细密奏，兆且恰中指（玉文），牢把念头，又恰二指、四指，存想童子捧词，随天师同往五凤楼前，此处有瑶琳、琼树、金井、玉池。三师在此等候，兆随天师入奏，兆遥礼南极朱陵府（即九师，在脑顶左边中上上）、北极佑圣府（在脑顶右边中上上）、南极天皇殿（在脑顶内左边）、北极紫微殿（在脑顶内右边）、东极妙严宫（在脑顶后内左），左右有二玄真人，在两耳听报应。七宝、九宸皆在此处左右宫府。朝礼毕，至昊天通明宫（玉皇大帝宫正中，在脑顶尖上，乃虚无之所，内有五明宫扇）。天目篆 🔲（玉皇殿），以打开天门。真人俯拜瑶阶，望见三天金阙，五云浮盖。有瑶花、碧树、森严、天真天神，守卫严谨，遥望甚迩。存见天师引童女，捧心词，从玉皇殿内，过右边廊下，入泰清宫、总圣殿具奏。须臾，青衣童子从左右仙官处出来，于玉皇殿下引真人进谒黄金殿上上清真境（在头顶上虚无之所）、玉清圣境（左有青龙阁，中有五明宫扇）、泰清仙境（右有青龙阁）。臣跪凤凰阁下、玉陛之前，见帝，用天目篆 🔲 🔲 🔲。（高功）谨俯伏，见春青色琉璃殿、夏红色宝珠殿、秋碧色白银殿、冬黄色水晶黄金殿，辰戌丑未是也。三清分明，在此宫殿九陛之下，臣跪玉阶之前，望见宝殿之上，玉几之中，龙节凤翅。俄见五明扇开，左右王赵二玄真人侍太上金堂百宝玉座之上，郁罗肖台之中，万真交会，侍立左右。玉童来接心词，呈在御前。须臾，青衣童子、左右仙官引真人进谒。三清殿前，兆九礼、九叩。祝曰：小兆臣易利贞愚不知礼，冒渎天颜。领为萍乡市老关村信民至请修斋事，拜贡天官心词一通，恭望天慈俯垂省览。恭祈敕命，允臣所奏。听警策（阳日咒：大阳仁君赤阳君，把断四方祸不起。阴日咒：大阴神君素神君，把断四方灭邪精）。定警策（闻吉则吉，闻凶则凶，偶妄心动）。咒曰：吾奉太上敕，告命身中神，奏章达上帝，天律有常刑。不许妄动，听候报应。一动一敕，再动再敕。动动不已，必有不吉。又存想太乙仙家承太上秘旨，唤玉童，捧玉笔，与太上省览。章讫，于"御衔"下判：俞允嘻。"小兆臣"上判六字：臣无过，斋有功。"年月"上判八字：敕汝将吏，火速奉行。又见太乙仙官于右阶吩咐值日曹官，收章付局，依上施行。存想：心词已捧进西边玉匮之中。兆九叩道，谢恩：臣胎生肉质，不明真奥，所委章书，已蒙允俞。臣利亨诚惶诚恐稽首、顿首、再拜以闻。忽见童女立于殿前，报：天师入奏讫。仰见天师出金门。左右仙官曰：子可退朝。兆退三步，转身随天师从右廊庑而出，礼谢玉皇、天皇、星主、佑圣、救苦、朱陵、七宝、九宸。

同天师归省。同到五凤楼前，又一同往天枢院，礼谢三省，咒曰：仰荷师恩，已蒙保奏。移时设醮，尚赖鉴观。天师曰：诺。兆从三天端门而出，经三官、九师、道德、元生，下鹊桥，过四圣、过通津上关、四司、出内三天门、经籍度三师处，至行宫殿，见羽车将吏驻此。礼谢天上三师，即请人间三师同回，曰，向来所出章中卤簿千乘万骑，宣谕宸恩，已蒙允俞之旨，礼谢人间三师，即登羽车，踊跃道从，面南迳返诸天罡风世界。存想将吏森列车前，真人用元气作一宝珠 〔符〕（口噐），收敛将吏在内。又存想羽车右转七转，步北斗，从旧路贪狼、巨门、禄存、文曲、廉贞、武曲、破军、鹿车、木官、水官、金官、土官、火官，过三十二天、三处天门，礼谢诸真。又过南方八天、正阳天门，拜谢上元唐真君；过无色界、西方八天、北方八天，拜谢葛真君；过阳晶天门、欲界六天、罡风世界，拜谢周真君，但云：所奏章词，上帝允可，臣不胜感德之至，现得旨遂意而回。存想羽车化一宝珠，兆所出将吏俱入宝珠之内。见三色云气一道自天门下来。兆下羽车，乘云炁下到坛中，见灯烛辉煌，有一人穿法服，执简俯伏在地，即兆身也（详见"呈章（词）飞行三界秘路"）。

真人吸气引宝珠。存想，守壳者 〔符〕 〔符〕化为青龙，见宝珠，一口吞下，收气一口，宝珠归入祖宫。又存元命真人，使兆之魂魄从顶门一跃而入，安座绛宫。念"安魂定魄咒"："下镇人身泥丸绛宫。中理五气，混合百神。十转回灵，万气齐仙。急急如律令。三部八景，紫户玉堂。九华十极，五帝八童。万神混合，身行三宫。事毕归元，周行三宫。大运自通。弥纶一地。循环无穷。一如诰命，真人方兴。"高功口称 〔符〕，三咽液，用 〔符〕（四纵五横令）闭天门，三叩齿，从俯伏中起身。

起身后收罡卷斗，书心印〔符〕履九宫斗〔符〕（顺出逆入，逆出顺入），密咒：日月明，乾坤起，人道兴，鬼道废，吾从天蓬入天内，略过天翀逢辅退，返归天禽与心对。抱天柱兮任英会，斗道通兮鬼道碎，千邪万秽皆回避，急急如律令。而后绕坛一匝，密咒：五行相催，罡最特威。六甲辅我，三台辟非。天回地转，阴阳开辟。长生度世，日月同辉。一如九灵飞步律令。回到正坛，下令：天神还天（手恰"乾""亥"），地神归地（手恰"坤""申"），星斗还天（履"子午斗" 〔符〕），吾身中神各还原位（手恰本命位）。开天破地，收罡将军、金甲神吏，通章事毕，一如故事（手恰"玉文"，存想：帝九炁骞林之中，忽化一宝珠。帝真登引，自天冉冉而，倏忽不见①）。最后，在师坛、正坛前谢师、谢神退坛。

---

① 何元贞手抄本《章秘云路》，1843。

高功师坛前谢师时，科演"还神复炉"的道官登场。先朝礼，唱偈，再请神，谢恩，祝愿"心圆愿满，罪灭福生，一乡有赖，合境沾光，臣今回向，祈望帝圣鉴观，恭愿九厄烛下，暂停凤辇于鸾舆；百和炉前，少驻云车之风马。俟行科而圆满，当稽首以言还"[1]。道官稽首行礼后谢师退坛。

（二十一）净秽扫香

所谓"净秽扫香"，实际就是朝礼天香诸神，并再次肃清境土，以等候焚香时刻的到来。

仪式开始，道官师坛前启师，而后率信众一起来到坛场，面南而立，先唱偈、洒净，再请神通意，宣化《净秽扫香疏》，最后朝礼献供、祈保，回坛谢神、谢师退坛。

（二十二）行香告社、请旨肆赦、九首接旨、众皆行礼

行香告社、请旨肆赦、九首接旨、众皆行礼是一套连续性的科目，分别由2名高功、2名道官、3名引班相继完成。

民间认为，社官是玉帝派驻当地，专门负责考察人间善恶，并执掌世人福、禄、寿、禧的基层官吏，一切奏章经玉帝批示后都要交给社令具体执行。所以请求赦罪的心词呈报给玉帝批示后，道官要率信众一起朝拜社令，祈请社令依旨下达赦罪的文告。

仪式开始，科演"行香拜社"的高功身穿龙袍，头戴龙额师坛启师，正坛行礼，然后率信众前往社坛。由于当地习俗不设社坛，仅设福主庙，而福主庙又距离醮坛太远，所以行香拜社仪式改在庙门前举行。是时，高功照例先唱偈、请神、宣意、宣化《社令帖》，而后将一卷象征玉帝圣旨的黄绢高举过头，表示玉帝已经救命赦去信民的一切罪过，请求社令照章执行，名曰"请旨肆赦"。祈请完毕，高功在引班的引导下，手捧绢书圣旨转回醮坛。此时，科演"接旨"的另一名高功早已在2名引班的引导下，率头香首、证明福果、监坛、监词等善信在醮坛门前台阶上恭迎。科演"请旨"的高功高举绢书圣旨，向接旨的高功通意。高功闻讯大喜，率信众回坛绕坛三周，并分别在正坛、章坛、师坛前行三拜九叩首大礼，而后回到大门口，从"请旨"的高功手中接过圣旨，众人簇拥着圣旨，在门口穿梭巡游，以示庆贺。最后将圣旨恭恭敬敬地安置在三宝台上，名曰"九首接旨"。

醮坛的两侧，此前已搭起两座高台（分别称"东阶""西阶"），两名担任"呼

---

[1] 王寿康手抄本《大教词科》。

班"（司仪）的道官高坐的台上，组成"东班""西班"。圣旨安位后，呼班登台，唱赞、引礼：

锣鼓咚咚月转西，文武百官整朝衣。忽听朝廊三击缶，扬尘舞蹈拜丹墀。黄金殿上三擂鼓，白玉官中三鸣金。

清醮坛中三肃静。三静鞭。奏乐。高功就位。入列。整冠。束带。扬尘，舞蹈；二扬尘、二舞蹈；三扬尘、三舞蹈。出列。跪。一叩首、二叩首，三叩首。兴。跪。四叩首、五叩首，六叩首。兴。跪。七叩首、八叩首，九叩首。兴。乐止。高功侍立西廊。谨称箓职。起乐。诣盥洗所。浣洗。诣龙颜前。跪。初上香，亚上香、三上香。一叩首，二叩首，三叩首。起。高功退位。①

在呼班的呼声中，乐队起乐，高功按儒家经典，一一完成朝礼动作。接着，头香首、证明福果、监坛等所有在场信众，均依次在正坛前行三上香、九叩首大礼。

待信众朝拜完毕，高功复位宣赦，表示玉皇已下令赦除众姓男女大小一切罪恶。信众欢呼。焚化纸本赦书后，高功回坛缴福，谢师退坛。

（二十三）朝礼五斗、东斗妙经、南斗妙经、西斗妙经、北斗妙经、中斗妙经

朝礼五斗、东斗妙经、南斗妙经、西斗妙经、北斗妙经、中斗妙经也是六套合一的套餐式科目，由8位道官相继完成。

仪式之前，先在醮坛外搭起一座高台，台上置科仪桌，设五供如仪。高台前，呈星形设东、南、西、北、中五张星主台，台上分别点灯（东斗点五盏灯，南斗点六盏灯，西斗点四盏灯，北斗点七盏灯，中斗点三盏灯），设供果如仪。

仪式开始，科演朝礼五斗的高功身穿龙袍，先坛前启教，再转到场外高台上唱偈：

星拱东南西北方，星罗远汉散祥光。星在天官为帝主，星居世上作人皇。星坛耿耿沉科范，星宿巍巍降坛场。星夜烧香朝斗府，星辰顺度永无殃。大圣禳星礼斗天尊。灯坛土地。

接着，荡秽、上香供养、请神。所请神明有：虚皇大道妙有高真高上九霄九宸上帝、

---

① 易利亨手抄本《祭赦行礼》。

木公上相金母元君、天地始祖五灵老君、恩师法主玄天上帝、三元三品三官大帝、泰玄都省上相真君、东斗主算五位真君、南斗六司延寿星君、西斗纪名四宿星君、北斗九皇解厄星君、中斗大魁三位星君、上清日宫太阳帝君、上清月府太阴皇君、东方木德岁朔星君、南方火德荧惑星君、西方金德太白星君、北方水德宸门星君、中央土德镇尊星君、上清天首罗侯星君、上清隐曜计都星君、天乙紫炁道曜星君、太乙月孛蚀曜星君、银河二十八宿星君、当生本命元辰星君、释天诸佛观音大士、诸天菩萨罗汉圣僧、天地水阳四界高真、天下五岳名山圣帝、天符大帝行化王神、年王月将气候等神、天下正神灵官大帝、龙图显化包公丞相、九天开化文昌帝君、儒宗夫子孔圣先师、盖天古佛关圣帝君、钟馗学士玄女先师、监灯观灯杨耿大将、玄堂启教度人宗师、雷霆护法诸员帅将、城隍土主社令神祇、三界十方见闻列圣。大圣銮舆普降天尊。

请神后，高功献香、献茶，唱"五斗诰"、宣化《五斗表》《是日捧表司入状》，祈福保泰，焚香敕令青旗、赤旗、白旗、黑旗、黄旗羽士朝谒东、南、西、北、中斗。

随即，乐队清唱祁剧《六郎发兵》。祁剧声中，引班执幡，相继引导五位科演星神羽士的道官在星主台之间绕场后，分别归座于东、南、西、北、中五张星主台前，礼神安位。

羽士归位后，高功手执雷令，五方羽士手执令旗，相继召请温、马、赵、周、殷五方雷将，敕令其卫护坛场，庶使"方方行行灭罪，斗斗句句消愆。当赖太上众真排列羽士，坐镇五斗，肃台主盟"[1]。

之后，五名道官分诵《东斗妙经》《南斗妙经》《西斗妙经》《北斗妙经》《中斗妙经》。乐队伴唱湖南花鼓戏《四姐下凡》。

诵经圆满，引班引五位道官退场。高功稽首皈依，化财后回坛缴福、谢师退坛。

（二十四）南斗延生

民间相传，南斗六星是专司生、寿的星神，所以，每次建醮，村民都会要求科演"朝礼南斗"，为信民祈求延生添寿，岁岁安泰。

仪式之前，照例要在醮场外搭起一座高台，台上置科仪桌。高台的对面，相向置一张神台，台上安南斗六星神位，神前供一个米斗，斗内置明镜、剪刀、直尺，斗前供六盏清灯、六杯清茶、六味素果及一碗神汤。

---

[1] 何永亨手抄本《朝礼五斗全科》。

仪式开始，道官启师登场，先唱偈、荡秽，再焚香请神，所请神明与朝拜五斗基本相同，只是在请南斗时要详请：南斗第一天府宫司命镇国大星君、南斗第二天相宫司禄镇岳大星君、南斗第三天梁宫延寿护身大星君、南斗第四天同宫益算护命大星君、南斗第五天枢宫度厄炼魂大星君、南斗第六天机宫上生大理大星君。还要加请南极老人、寿算星君、上清日月星三光真君、金木水火土五德星、罗计炁孛四曜星君、银河二十八宿星君、三台华盖星君、三限禄马大神、当生本命元辰星君、六十甲子五行星君、过天一十二宫星君三百六十五度星君等。请神后，供香献茶，朝礼六宫，祈愿，诵南斗经，宣《南斗表》，发愿，忏罪，召将，宣《呈天表》。化表后回坛缴福，谢师退坛。

（二十五）朝天忏罪

朝天忏罪就是向玉皇天尊玄天上帝忏悔自己一生的过错，以求罪业消除，灾祸洗荡，三业六根之过咎均被赦免，九玄七祖之先灵悉皆超升。

仪式之前，照例先要在醮场外搭起一座高台，台上放一张科仪桌，桌上安玉帝神位，神前置五供。

科演忏罪的道官先师坛启师，正坛礼圣，而后率信众转至外坛，先唱偈，洒净，再请神、通意，接着开始忏罪。所忏罪过共分10项，一曰杀牲，二曰偷盗，三曰淫邪，四曰贪心，五曰嗔心，六曰痴心，七曰口舌相恶，八曰谩骂天地，九曰绮言惑众，十曰妄言毁忠良。每忏悔一项罪过，便要唱一次"玉皇诰"，并跪拜10次。全部罪过忏圆，道官与信众共要跪拜100次，故有"百拜"之称。忏罪之后，礼谢十方至真三宝，并宣化《忏罪表》《呈天表》。最后祈福皈依，化财，回坛缴福，谢神、谢师退坛。[①]

（二十六）焚贡天香

焚贡天香是启奏平安章之前的一项重要科目，目的是要通过宝香与苍天圣真保持密切的沟通，以求得功果圆满，永保信众福寿安宁。故此项科目须由主坛高功亲自完成。

仪式开始，高功先在师坛前藏魂变身，而后身穿龙袍，头戴龙额，脚履朝靴，启师入教，再转入正坛朝礼通意。通意后与信众一起，携带供品和《天香表》《南岳章》《呈天表》及纸扎天界功曹，一路打锣敲鼓地前往天香场地。

---

① 易利亨手抄本《朝天忏》。

　　到达天香场地后，照例面南而立，先在科仪前唱偈、宣意，然后唱"天地自然咒"，步三台罡、九凤罡，变身，并手执水碗，在水面上书玉皇令，金光令、光头紫微令、火斗令、腰带结，面上以离卦盖之，并在天香、南岳香四周洒净。洒净之后，在天香与南岳香下向北方书金井令，并收捉鬼魁魍魉、竹木精灵、檀怪妖邪、古冢伏尸、阴阳邪师及丙午丁未天河水、甲寅乙卯大溪水、壬戌癸亥大海水、丙子丁丑涧下水、甲申乙酉井泉水，将他们尽行收入万丈金井黑狱之中，不能动作。收捉后埋入土穴中，面上书"四纵五横令""泰山令"，并挽泰山诀、五雷诀、三枊三锁诀盖之。

　　然后回到科仪台前，唱"金光咒"，存变自己"为真武化身，足踏龟蛇降龙虎，披发仗剑斩邪精。左有雄兵千万阵，右有八然摧昆仑。武当山上修行就，常佐虚皇助我身。太上飞符传诰命，一时立刻降凡尘。千存万变随吾意，速现玄天帝幻真（存想五炁于祖宫内生火雷、火马、火府童子、火飘、火鸦大将，上升泥丸，口吐火出。金光速现，覆护身形）"。

　　众唱"马帅咒"："南方有神，灵官马胜，身披红锦，足踏火轮，手执金枪，如电奔星。白蛇出现，金敕通灵。"高功手举雷令，接唱："火飘、火鸦、火部吏兵，闻今宣召，速降坛庭，急准昊天金阙玉皇上帝律令。"用雷令虚空书 ▦、☲（离卦）。接唱：三天金阙门下启修太极便宜司下令宣召，请上清都统辖正一魁神灵官威烈马元帅，部领火飘、火鸦、六天火部吏兵，愿闻令召，速出雷坛。大圣雷神普化天尊，唵吽吽吡㗭嘟咖唧速降裟诃（存想马元帅青面獠牙，一目，红发头，金枪、金砖，足踏白蛇，南斗第六星，呈一团火球而出）。三念"焚香神咒"："炎神炎神，朱雀飞腾。神火一下，上接丙丁。烈火神女，手把帝钟。元始老君，好生韩君。三昧真火，速降朱陵。急急如南方火德星君律令。"请神后，各取油香三十三根、纸钱三十三张[1]，先步九凤罡，存想：吾身为南方独火正身，香为千里白茅、万里白茅花，祖师三昧火，烧尽不留。而后用阳条在油香、纸钱上书 ▦（五雷发火令）▦（紫微令）▦（大金光令）▦（金光令）▦（太阳令）▦（天罡令）☲（离卦）三念"焚香神咒"："炎神炎神，朱雀飞腾。神火一下，上接丙丁。烈火神女，手把帝钟。元始老君，好生韩君。三昧真火，速降朱陵。急急如南方火德星君律令。[2]"

　　念咒完，再分别至天香、南岳香前运五火。是时，高功从膝下运祖炁心火，对

---

① 以象征三十三天。
② 何元贞手抄本《架香科》，1844。

香呵一下，再手恰寅午，请出丙寅丁卯炉中火；手恰戌午，请出甲戌乙亥山头火；手恰子午，请出戊子己丑霹雳火；手恰午亥，请出戊午己未天上火；手恰申午，请出丙申丁酉白茅火。

请火后，信众分别将油香、纸钱、天香表、南岳章分别放置到天香与南岳香的香顶上，任其火化。火化时，众唱"南斗咒"：大圣火铃炼化天尊、香通三界天尊。五节清香宝架焚，十方三界尽遥闻。天神地祇同昭鉴，水国阳仙统证盟，不可思议功德。高功则面向天香架，书 ⊛ 、⊛ 、⊛ 、⊛ 、三，并手飞南斗 ⁂，存想东方持国天王、南方尊长天王、北方多闻天王、中央大梵天王。取心火发出，午上起火。

点燃天香后，高功回到科仪台前请神、宣意，宣化《呈天表》（又名《天香关文》），焚化天界功曹，并向神明三奠酒，化财祈愿后回正坛缴福，谢神、谢师退坛。

（二十七）赈济水幽、漂放河灯

赈济水幽、漂放河灯是二天以上清醮的必演科目，与最后一天将要科演的"赈孤宁境"前后呼应，目的都是为了团集境内幽滞、久随沉沦、难转轮回的孤魂野鬼，让他们于散宵之时乃召来临，以便接受赈济，随缘生化，永保境内长久安宁。

仪式之前，先要准备若干纸糊的河灯（其中要一盏大灯，作领头灯），还要准备些许纸衣、香、烛、酒、饭及一碗甘露水。

仪式开始，道官身穿直衣，头戴四叶帽，先师坛启师，正坛秉礼，然后率信众一起来到河边早已安置好的科仪桌前，先唱偈、请神、宣《漂灯疏》、朝礼诸神。再召请孤魂野鬼，而后设宴，祭酒，宣意。最后化疏、化衣、化财，并把河灯逐盏放入水中，以作接应水幽之用。

相传河灯中的那盏头灯具有送子的功用，所以，河灯漂流不远，便会有无子的村民将其收起，虔诚供奉在家中神案上。

漂放完河灯，道官率信众回坛缴福，谢神、谢师退坛。

（二十八）接章归位、接词归位、恭贺章词

这是进章贡词之前的一项预备性科目，其所迎之章为准备上奏给三清上帝的"平安章"，这是清醮中规格最高的文书，故必须用朱砂在黄纸书写。与平安章配套的还有伴词及关文。伴词是抄送给玉皇大帝的，故内容与平安章相同，但必须用朱砂在青纸上书写。关文是奏给三清的，请他承关赍章，统领官吏，排成卤簿，拱候宣行，故又名《龙章上达》。

接章、接词与恭贺章词的仪式过程与迎接青词完全相同。只是恭贺章词时所唱的祁剧已改换为《八仙庆寿》，湖南花鼓戏改换为《扬子云过五关》。这两曲剧目

都包含有贺喜的内容，气氛非常热闹。

恭贺章词之后，接着科演"留驾主盟"，以示款留圣真，继续主盟。

（二十九）启师告符

启师告符，从内容到形式都与上述第二天上午科演的"启叩三师"完全相同，目的是在奏章之前先启请经籍度三师光临坛场，主盟修奉，咒老君法水，荡四方厌秽。召雷神灵官，降魔护道，以确保章词能及时上奏到三清、玉帝御前，醮坛功果能如期圆满。

（三十）续请四府、进章升平、还神复炉

续请四府、进章升平、还神复炉是清醮全场仪式的高潮，仪式过程与续神发炉、拜词开赦、还神复炉基本相同。只是由于"平安章"是需要上奏到三清殿去的，其启奏规格比青词更高，所以奏章过程亦比奏词更加丰富，其间需要宣章、宣词、宣关[1]，需封章、封词，还要步更多的罡斗，并适时焚化🜂（三炁梵真符）、🜂（三五飞化品文）、🜂（三十六官君符）、🜂（本日飞天神王符）、🜂（总符召万神玉章符）、🜂（运神合道符）、🜂（飞玄聚炁符）、🜂（通章太玄使者符）、🜂（本治建部临功大将军符）、🜂（功曹符）、🜂（玉婴神吏符）、🜂（吹佩符契）、🜂（出宫符）等[2]。主坛师则要长时间俯伏在坛前，冥想自己飞行三界，向上天呈词进章的全过程。整套科目科演时间长达两个半小时。

（三十一）诸天保泰

诸天保泰，又称"朝礼二十四诸天"。

仪式之前，照例要在醮场外搭起一座高台，台上置科仪桌。正对科仪台，设神台一张，台上供奉24诸天神像，神前供香、烛、5行125杯清茶及红枣、柏枝、素菜、神汤等。

仪式开始，道官先师坛启师、正坛朝圣，而后转至场外高台唱偈，内外洒净、恭对请神，宣化《诸天表》《呈天表》，奠酒献礼。最后虔诚发愿，词曰：

稽首诸天大圣主，大权真宰众尊天。凤因百世积功果，襄劫千生修福来。或作国王并帝王，或为宰相及公侯。为僧为道及豪门，造路造桥营宫观。塑圣斋僧修福惠，行因

---

① 关文名称《龙章上达》。

② 易利亨手抄本《大教章科》。

布德证威容。神通无碍众诸天，行愿发弘掌三界。助道护人施正道，驱邪去恶立中平。现生人世护安宁，临终命来求接引。仰仗诸天垂佐助，全凭众圣赐加持。今宵信人表丹忱，是故一心皈命礼。愿发善心无退转，愿兴千善与精勤。愿无三孽与贪谋，十六观想俱成就。解脱门中愿得人，淫盘城里任遨游。刹婆国王愿往生，浊恶世界求解除。普贤行深常修省，龙华会上愿相逢。愿今法会无魔障，愿今悉成无上道。愿灭三障诸烦恼，愿得智慧证盟了。愿兹法会永兴隆，立此道场常敬礼。不倦慈悲垂照鉴，不违教法赐哀怜。广门方便度人天，大展慈悲周法界。常愿风调并雨顺，永祈国泰与民安。皇王长寿福无疆，文武官僚禄位升。四海清平皆瞻仰，万民乐业尽皈依。神通变化永无穷，道法流通咸有赖。处处总成安乐国，家家尽作太平春。化方此界护宗风，善男信女俱护庆。愿度众生成正果，愿惠我等出凡沦。普愿罪障悉消除，世世常行菩萨道。向来修礼妙良因，仰答诸真与万灵。合会圣贤齐降福，现前清众各安宁。大圣宝华圆满大天尊，大圣消愆灭罪大天尊。[1]

发完誓愿，道官唱化财咒，化财后回坛缴福，谢神、谢师退坛。

（三十二）回谢监斋、宰牲祭将

朝礼完诸天，清醮中的斋醮科目便已全部完成，信众可以自行开斋。为表现清醮由斋变荤的场景转换，醮坛安排了回谢监斋与宰牲祭将两个科目。

谢监斋仪式之前，先要准备香、烛、福盘、斋饭、净酒、钱财等供品。仪式开始，道官先启师、礼圣，然后率信众携带供品来到厨房监斋位前，先唱偈、请神，再通意，告之"三日四宵的醮典，今已功圆告毕。有劳监卫，清洁供献，谅沐帝鉴。功果圆满，不敢久延神将，具贡谢恩钱财，用凭火化，勿秉一怂（化纸衣、监斋神牌、纸钱），化炼楮仪，上奉监斋会上有感职神，咸希领纳。斋事完隆，方当钱谢，驾回原宫。福降人间，同赖善功。证无上道"[2]。最后回坛缴福，谢神、谢师退坛。

谢过监斋，宰牲师傅先坛前敬香、施礼，然后面向坛场宰杀生猪，并将猪血滴在纸钱上，做成"红花"，供奉在正坛上。道官启师后登坛，先唱偈，然后请神，其所请神明有：天京皇皇上帝，地府赫赫威灵，水宫渺渺神仙，阳坛雍雍列圣，祖师法主玄天上帝，天蓬天猷翊圣佑圣，泰玄都省张葛许萨汉代真师，灵宝三师、五师、九师，正一三师，天曹四司，元生，魏元，申、吕、廖、雷、张、祈、陆、杜、王、莫、白、潞、郭、谭、李翁，正坛、左坛、右坛、中坛三皇天兵，太上忝珠，玉京玄堂，

---

① 易利亨手抄本《诸天科》。
② 易樗南手抄本《谢职科》"谢监理所斋神"，1937。

玉篆玉宸、紫阳、玉阳、丹阳、太极、阳晶、坎离、先天、后天、江、湖、淮、汉、川、广、闽、浙、西蜀、罗浮、天台、玉笥、龙虎、阁皂、武当、武功名山大川，清风观显应、显化、妙济、利济、广济、广化列列雷坛，古今往来前传后教列位宗师以及上清雷霆一府、二院、三司、四属、五雷、两台大法官君、将吏，三元唐、葛、周将军，三乔，王姆仙娘，章中皇天大帝，甲子诸位官君、卤簿公卿、骑吏等官、眘篆、开拆、进奏仙灵，龙虎将帅，守御诸神，云程传奏三界四值功曹土地，播告神员，雷霆护法邓、辛、张、王四大雷神，温、马、赵、周、殷五大元帅，戴、朱、孟、田、庞、刘、苟、毕、杨、康、高、吴、何、乔、岳、霸、铁、毕、黑、方、郑、黎、汪、窦、许、赵、马、耿、闾、丘、田、何、陈、卢、锡、严、崔、丁、杨，捉缚枷拷，风伯、雨师，雷公，电母，解秽净坛、除凶荡邪、符篆印令、随师佐助诸员帅将，旺化兵马，东方九夷兵、南方八蛮兵、西方六戎兵、北方五狄兵、中央三秦兵，青龙、白虎、朱雀、玄武、前后左右雄兵猛将，天符灵官，和瘟匡阜劝善明觉翰林学士，年王月将，气候众神，五岳四渎八卦九宫十方三界诸神将吏，东京包、李、刘、黄丞相部下大将、吏兵神员，文昌、孔圣、关帝夫子，催生保产熊李仙娘、张仙大圣、送喜仙人，都、省、府、县城隍尊神，当坊福主，神祇社令、家先香火，五犯六神，本音堂上男女宗亲，住宅土府龙神，东府司命，火煌府君，门丞户尉，仓库六神，招财进宝和合郎君，后山养育坛官兵马等。[①]

请神后通意、三奠酒、皈依、祈保，并焚化"红花"、钱财，以示钱别。最后谢神、谢师退坛。

（三十三）九皇解厄、天官赐福、地官赐庆、水官降祥

民间相传，北斗九皇七宿是主宰人间祸福的星辰，"若有行年灾厄，累月迍遭，专奉持于九皇，敬瞻仰于七宿，其功莫大，其福难量。灭一切众生之恶缘，救一切众生之患难。善信男女，官宰卒徒，或贵或贱，当生本命元辰，皆属七星所管。若闻经者，受持诵读，获福无量"[②]。为此，醮坛特意为信民安排了这项科目。仪式之前，先要在正坛上摆设三十六个酒杯（酒杯分成前后四行，每行九个）并设一茶、二果、三酒、四斋、九香、九烛。

仪式开始，主坛道官先师坛启师，正坛前朝礼坛神，然后唱偈、请神，礼拜九皇。

---

① 易利亨手抄本《祭将科》。
② 易樽南手抄本《九皇科》。

接着，三位道官分别在正坛、师坛、章坛前同时念诵《九皇经》，时称"天官赐福、地官赐庆、水官降祥"。最后回向、发愿、宣化《九皇表》《呈天表》，唱玉皇诰、化财、谢神、谢师退坛。

（三十四）祀谢玄师、回谢功曹、回谢朱帅

科演完"九皇解厄"，本次清醮的任务便已基本完成。于是，道班朝礼本坊福主关圣帝君及佐庙之神龙图显化包丞相、释天诸佛观音大士。接着，礼谢玄师、功曹、朱帅。

所有这些谢恩科目，过程基本相同。道官先师坛启师，然后转入正坛唱偈、请神、通意，分别宣化《谢关圣帝君疏》《谢包丞相疏》《谢观音疏》《谢玄师表》（加化《呈天表》）和《谢功曹疏》《谢朱帅疏》。最后奠酒、祈福、化财、谢恩。

礼谢完玄师、功曹、朱帅之后，道官与信众们陆续撤坛。其间，他们要将建醮时张贴的对联、榜文全部撕下，与纸扎功曹一起堆放在一起焚化。而朱帅是大家认为的凶煞之神，故要在赈济孤魂仪式即将完成时撤下。朱帅被撤下之后，须由两名壮汉抬着飞奔出门，后面追赶着一群手执竹鞭的信众。他们一边吆喝，一边不停地鞭打着"朱帅"，一直要把朱帅赶到长流水边焚化，并把纸灰抛入水中方可从另一条道路返回，名之曰：赶煞。

（三十五）倒幡收邪

倒幡收邪是清醮散坛之前的一项收场科目。是时，道官照例先坛前启师，而后出到场外科仪台前，请神，献供，通意：领据萍乡老关镇老关村于关帝庙修奉太上正一清醮，福缘一会，作三日四宵行科藏事，悬挂华幡，告盟斋意，今则道场圆满，仙仗难留。济度云周，行将奉送。庶俾亡魂孤爽，沾恩存人，护福家门。光显岁月和平、耕丰育盛，火息盗除，万福来临，千祥云集。凡句未罄，全仗阴佑。

通意后，道官面对幡竹，书令霸、哈、唧、妖、阳，然后命人倒幡。倒幡后，道官化财，宰杀公鸡，并把鸡血涂抹在幡旗、宝灯、仙鹤、长幡、蜈蚣上，而后把幡旗等从幡竹上卸下，当场焚化。

倒完幡，道官用手将鸡头斩下，再面对幡洞，下道"金井令"井，逐个收邪。收邪后将鸡头放入洞中，用土盖上。土面上下道"四纵五横令"，再手挽"泰山诀""障诀"，急步退场。

（三十六）赈孤宁境

赈孤宁境是清醮的最后一道科目，由主坛高功亲自完成。仪式前，事主先要在场外架一座高台，台上放科仪桌，桌上放一香、一烛、一碗甘露茶、一碗斋饭。台

下置一张斋桌，一张荤桌，桌上供一香、一烛、三斋（三荤）。庙门外大路边地面上再摆一个"芸盘"①，盘内乘 12 份酒菜（逢闰年加 1 份），每份酒菜含 1 酒 1 饭 1 荤 1 素。

高功先师坛启师，存想三师，并头书 ▨、三，藏魂变身。而后出到坛场门口，吹海螺三声，以召集孤魂。再登上高台，唱偈、请神。请神后藏魂变身为救苦天尊，为鬼子传经说法，救拔诸苦魂。是时，高功履天地混合斗 ▨（默念：天上地下混而为一）、九凤破秽斗 ▨（默念：毫光百万直透酆都），并手挽玉诀（存想踏破九重泉城，而为清净之境。见闻大千世界，遍照十方），天目书 呈、▨（金光令），吸气一口，存想：汲华池水入祖宫。碧月照寒潭，风雷汲地户，常持天尊教臣救拔诸苦魂。双肾之下为酆都，过颈之上为天中，大小肠为九曲黄河，又为九幽，尿泡为苦海，谷道为酆都洞，肾为酆都将领，肾子为牛头马面，双膝为青白二衣童子，涌泉为无间地狱。接着双手挽雷诀，存想：风雷撼动祖宫，推开地狱。一时幽开，狱门枷锁自落，诸魂乘此道，释放孤魂来坛受度。坛中解食堆积如山。高功虚空书 ●（圆光）、呈，存想：所委将吏侍立两边，俟候升送。

接着，高功开口召请各路孤魂野鬼，为他们讲经说法，并引领他们望阙朝拜，忏罪悔过。而后宣化《幽引》，奠酒赐饭，并在酒饭上书令 ▨、▨、▨、▨、▨、▨、▨、▨、▨、▨、▨、▨、▨、▨、唵、阳、乾、元、亨、利、贞、三、三。接着，手挽水（坎）、火（离）卦，天目书 ▨、▨、▨、嗡、呵、劈、咽、呈，默念：玄上玉帝尊，感得自其怜，九州岛无量味，八景琼玉精，食之常自饱，饥渴常盈盈，化食变法肴，饱衣及有情。存想孤魂咽喉已开通，享沾法食。虚空书令"朗""明"、呈，存想：眼前金光灿烂。

书令后，三敬甘露茶，化衣、化财、念升送灵章真言：钵罗会上有垂力，一切冤家离汝身，南无般哪咻啰裟钵诃，南无阿弥陀哆陂唧哆陀咖哆唧哆阿弥唎哆哆婆啊，阿弥唎哆彐呐婆吡阿弥唎哆吡咖难哆，阿弥唎哆吡咖难啼，咖弥呢咖咖哪，这哆咖啼吵钵耶。履寅午斗 ▨，送灵章，祈愿。最后大声下令解送鬼魂：咄，道言一声无挂碍，四生六道出轮回。奉送幽魂，急登云路。急准。度人无量天尊，生天得道天尊，

---

① 斋桌茶饭是用来敬朱帅的，而芸盘则用来供孤魂野鬼享用的。

随愿往生天尊，大圣九天应元雷神普化天尊。下令后步南斗，存想火铃将军宋无忌驾火龙，各执升天冥衣，俱登百叶莲花，欢欢喜喜径往南宫而去。最后，高功起身，挽隔诀、障诀断后，退坛。

退坛后，高功回到正坛，请神、通意、奠酒谢恩，然后将"事意簿"郑重地移交给事主，祝福后，请神起驾返宫。以示神归天上，福留人间，本次建醮圆满成功。

三、小结

以上为萍乡市老关镇老关村太平清醮仪式的大致过程。从该仪式的观察与初步研究，笔者有以下认识：

（一）本次萍乡老关村举办的以忏罪悔过、祈福保泰为中心的太平清醮，为期三日四宵，科演法事科目多达 54 个。全部科目大体可分为建坛洁境（从装坛现像至天将护坛）、迎神接驾（从天阶跪进至留驾主盟）、祈福赦罪（从启叩大师至水官降祥）、谢师送神（从关帝朝礼至饯驾返宫）等四个部分。其中，第一部分为仪式准备，第二部分为仪式承继，第三部分为仪式高潮，第四部分为仪式收场。清醮中的每项科目大多经历唱偈、朝礼、荡秽洒净、请神、宣意、奠酒、祈愿、谢师、谢神等几个过程。该过程与中国民间传统的礼仪活动与人们通常使用的语言顺序（启、承、转、合）完全一致。说明中国传统的宗教科仪实际是民间现实礼仪活动的一种翻版，他们之间具有割不断、分不开的有机联系。

（二）拜词开赦、进章升平是本次太平清醮最核心的内容，故表演时间最长，程序最复杂。演绎过程中使用了大量的罡斗、手诀、符咒，并伴随着大量的意象再现与心理暗示，是该教派中最具代表性的传统科目。

（三）主持这次老关村太平清醮仪式的是湘赣边界地区具有数百年历史的道教正一派清风观玉虚显应坛的道士。正一教与笔者以往曾经调查过的闾山教、夫人教、普庵教都是江西地区最常见的几种地方道教派别，三者所从事的醮祭仪式，目的相同，程式相似，其意图均想通过仪式专家所持有的意指性活动、象征性活动或记号活动来传递实在对客体的表象、沟通、确定的意义，以达到使神圣空间得以延续、彰显，使域内居民能远离邪祟、五谷丰登、人安事顺的目的。所以，三者所从事的醮祭仪式，活动内容大体相同，其中不少科目，如高峰山普庵教"朝罗汉仪式"中的"遣船灭瘟""行香颂赦""写辞"与萍乡关帝庙正一道"太平清醮"中的"扎社""行香告庙""请旨肆赦""书写青词""拜词开赦""续神发炉""进章升平"等，明显具有某种内在的联系。但相似之中又有不少显著的差异，如高峰山普庵教"朝罗汉仪式"中的"遣船灭瘟"，使用的是草船，船中使用的象征物是收了邪的纸钱、火炭（象征火牢），而萍乡关帝庙正一道"太平清醮"的"扎社"使用的是纸船，船中使用的象征物则是装了茶叶、五谷的礼包（避邪物）、水盆（水牢）。又如写词、献词，高峰山普庵教"朝罗汉仪式"中的写词、献词，内容比较简单，自始至终，只有"写辞"一个科目。科演中，主坛大幡师先坛前禀佛，再登台唱赞，延香洒净，画符念咒。接着，当坛用朱笔在一张蓝色纸上书写辞章。写完后，便礼请天曹、地府及东、南、西、北、中各路神明为其开路。然后换上新布鞋，在科仪桌前铺好的新草席上行罡。行完罡，打一手诀，然后手持青辞，在席上翻一跟斗，并顺势把头藏到科仪台下，便表示已把青辞送入了天堂。而萍乡关帝庙正一道"太平清醮"中的写词、献词则相当繁杂。整个过程分成了写词、接词归坛、祝贺朱词、启叩大师、续神发炉、拜词开赦、还神复炉等多个科目，且每个科目，过程都很严谨。首先，青词要在特别布置好的经房中书写，经房中要安置书案与科仪台，科仪台上供奉"写章圣明"（又称"章官"）小神像，神前置香、烛、清茶、供果如仪。书词道官先要沐浴戒斋，再净手登坛，先颂偈、洒净、请神、通意、献供，然后端坐于书案，依照格式用朱砂当墨在青纸上书写。青词写好后，要套入内外二个封筒中，封筒外腰扎五色线，捆绑3根灯芯（象征三花聚顶，五炁成云），角上插一面三角旗（名为"罡风"），旗上按照发词当天的阴阳属性，阴日画南斗七星，斗中画坎卦；阳日画北斗七星，斗中画离卦，然后再接词归坛。接词归坛之前还有科演天将护坛、天阶跪进、恭迎大驾、净秽安香、启叩大师等一系列相关科目。青词接回后，一位道士在师坛前宣词，高功则俯伏在正坛前，小声念咒。接着，高功三上香、三皈依、三奠酒，而后宣读关文《心词上达》。宣关后，高功将心词放入词函，用龙刀在词上头书"敕封"，函上头画阳符，词下头亦书"敕封"两字，函下头画阴符，面上再书封章符。然后手持青词，召请地祇太保温天君、上界功曹、词中官吏，为信士操捧青词，上呈帝陛。同时，在坛前飞北南二斗，飞完斗，再将青词交给坛干，连同关文、上清灵宝自然流金火铃符、南方离震元真符、太上开通天门真符一齐送往焚香炉上火化。之后，经过全身熏香后，高功俯伏在坛前（时间长达30多分钟）。其间，配合许多符箓、咒语，高功存想：在诸仙官、神兽的护送下，一路腾云驾雾，将祈求赦免村民罪孽的青词亲自呈送到玉皇大帝御前。由此可见，相对于闾山教、普庵教等教派，正一道所使用的科仪内容更为丰富，结构更为紧密，文辞也更为高雅，从中透露出一股浓郁的"阳春白雪"的气息。而闾山教及普庵教中的武教，仪式活动中使用的语言则较为通俗、幽默且随意，适合大众的口味。活动中虽有大量罡斗、手诀、符令等各种意象性记号，但更注重巫法及各种模仿性肢体动作的运用。由此让人产生出一种"闾山教、普庵教醮祭中使用的这些科仪，极有可能是从正一道那儿吸收借鉴而来"的感觉，只是闾山教、普庵教在借鉴中又根据自身的特点作了系统的改造：有的作了补充、延伸，有的则进行了合理的简化。此种感觉对否，有待今后对这三个道教派别所主持的其他宗教仪式作更加细致入微的考察与比较。

（本文 2011 年在香港大学等主持召开的"地方道教仪式实地调查比较研究"国际学术研讨会上首次发表①）

参考文献

[1] 李有鋆等 . 昭萍志略 [M]. 萍乡尚志堂，1935.

[2] 萍乡市地志办编辑委员会 . 萍乡市志 [M]. 北京：方志出版社，2007.

[3] 启大师科 [M]. 萍乡清风观显应坛易樗南手抄本，1936.

[4] 藏魂变身秘诀 [M]. 萍乡清风观显应坛无名氏手抄本 .

[5] 请水悬幡科 [M]. 萍乡清风观显应坛易利亨手抄本，1993.

[6] 借地荡秽全科 [M]. 醴陵清风观广化坛王道茂手抄本 .

[7] 诰咒科 [M]. 萍乡清风观显应坛易樗南手抄本 .

[8] 呈词章表斗秘 [M]. 萍乡清风观玉虚坛何元贞手抄本 .

[9] 盟天告地全科 [M]. 萍乡清风观玉虚坛何映宸清手抄本，1904.

[10] 启谢玄科 [M]. 萍乡清风观显应坛易利亨手抄本 .

[11] 召周扫尘全科 [M]. 萍乡清风观玉虚坛何永亨手抄本，1920.

[12] 灵宝大斋遣奏全科秘旨 [M]. 萍乡清风观玉虚坛何元贞手抄本，1843.

[13] 正一灵宝三师科 [M]. 萍乡清风观显应坛胡大纯手抄本 .

[14] 正一禁坛科 [M]. 萍乡清风观玉虚坛张炳瑞手抄本，清嘉庆—道光年间 .

[15] 南岳朝礼全科 [M]. 萍乡清风观玉虚坛何永亨手抄本，1904.

[16] 留御金科 [M]. 萍乡清风观显应坛易利亨手抄本 .

---

① 刘劲峰、易松尧：《萍乡老关镇关帝庙太平清醮》，载吕鹏志、劳格文《"地方道教仪式实地调查比较研究"国际学术研讨会论文集》，新文丰出版社，2013。

[17] 启叩大师科 [M]. 萍乡清风观显应坛王寿康手抄本.

[18] 大教词科 [M]. 萍乡清风观显应坛王寿康手抄本，2001.

[19] 章范内三段秘科 [M]. 萍乡清风观显应坛张道隆手抄本，1814.

[20] 章秘云路 [M]. 萍乡清风观玉虚坛何元贞手抄本，1843.

[21] 祭赦行礼 [M]. 萍乡清风观显应坛易利亨手抄本.

[22] 朝礼五斗全科 [M]. 萍乡清风观玉虚坛何永亨手抄本，清末—民国.

[23] 朝天忏 [M]. 萍乡清风观显应坛易利亨手抄本.

[24] 架香科 [M]. 萍乡清风观玉虚坛何元贞手抄本，1844.

[25] 大教章科 [M]. 萍乡清风观显应坛王庚茂手抄本，1995.

[26] 诸天科 [M]. 萍乡清风观显应坛易利亨手抄本.

[27] 谢职科 [M]. 萍乡清风观显应坛易樗南手抄本，1937.

[28] 祭将科 [M]. 萍乡清风观显应坛易利亨手抄本.

[29] 九皇科 [M]. 萍乡清风观显应坛易樗南手抄本.

后记

  本专著收录的 12 篇客家研究论文，基于我 1994 年以来在闽赣两地长期从事文化人类学田野调查所获取的大量资料，经过深入研究撰写而成，其中八篇先后在由香港中文大学、（台北）中央大学、四川社会科学院、新加坡国立大学、广西师范大学、香港大学东亚研究中心、（台北）中央研究院、香港大学分别主持召开的有关客家学、民俗学的国际学术研讨会上发表，二篇发表在著名的台北期刊《民俗曲艺》[①]，一篇收于谭伟伦主编的论文集[②]，一篇刊于广东嘉应学院《客家研究辑刊》。另有《福建长汀县河田镇社公醮述略》一篇，原计划收入本专集，与《江西崇义县新地村高峰仙朝罗汉科仪》及《江西萍乡市老关镇关帝庙的太平清醮》相互比较，仅因该论文已收入由劳格文、谭伟伦主编的《中国客家地方社会研究》第一册（该丛书批准为教育部人文社会科学重点研究基地重大项目"跨文化学理论与方法论"综合性研究成果）[③]，故本书决定不再收入。

  我是个文物工作者，长期在博物馆从事考古及地方史研究工作，先期已有一些田野工作经历，集中性地进行文化人类学的田野调查则是从 1994 年起深度参与由法国汉学家劳格文（John Lagerwey）教授主持的"中国农业社会的结构及原动力"国际合作研究计划及其相应成果——香港出版的三十卷《客家传统社会丛书》（1996—2006）开始的，其间，我有幸得到国际著名汉学家劳格文、科大卫、王秋桂等先生的指导及参与该项目的学术界同行谭伟伦、杨彦杰、房学嘉、曾汉祥等先生的热情

[①] 《崇义县新地村高峰仙朝罗汉述略》，载《民俗曲艺》第 117 期（1999）；《江西宁都县黄石中村舞傩考察记》，载《民俗曲艺》第 127 期，2000。

[②] 《宗教民俗与地域社会：闽赣两个乡村聚落游神活动的比较研究》，载谭伟伦主编《中国地方宗教仪式论集》，香港中文大学崇基学院宗教与中国社会研究中心，2011。

[③] （法）劳格文、谭伟伦：《中国客家地方社会研究（一）》，中国人民大学出版社，2017。

帮助，从而深化了我对文化人类学研究理论与方法的认识，并为该计划提供了《赣南宗族社会与道教文化研究》《宁都县的宗族、庙会与经济》《吉安市的宗族、经济与文化》（上、下册）、《铜鼓县的传统经济与民俗文化》（上、下册）等研究成果。上述成果，部分已收入教育部人文社会科学重点研究基地重大项目"中国民俗文献史纲要"——劳格文主编《客家传统社会》[①]及教育部人文社会科学重点研究基地重大项目"跨文化学理论与方法论"综合性研究成果——劳格文、谭伟伦主编《中国客家地方社会研究》[②]中。

如前所述，我之所以从1994年起会集中精力从事文化人类学的田野调查，其中一个重要原因是为了给我之前所从事的客家研究提供理论的支持。客家是汉民族中一个具有显著特点的民系，而文化又恰恰是构成民族或民系（学术界统称为"族群"）最本质的特征。随着族群之间的相互交涉，族群文化会不断地发展变化，但族群内部的文化因素，如生活方式、家庭制度、宗教信仰、历史传说、文化艺术、风俗习惯等经过世代相传，又会形成一种稳定的、持久的传统，并成为该族群具有代表性的特点，从而展现出中华民族优秀传统文化的丰富多彩。这些多姿多彩的族群文化，既散见于历史遗留的文献，更大量蕴藏于族群成员的日常生活之中，所以，采用文化人类学田野调查的研究方法，全身心地参与到研究对象的生活之中，深入地观察、细致地描绘研究对象从事各项活动中表现出的一言一行，再结合文献，系统地梳理，并与不同族群或不同区域的文化进行横向比较，以构建起族群理论的框架。学术界一致认同，这正是客家文化研究最切实可靠的途径。更何况随着时代的发展，族群文化也在不断地变化，一些文化因素将面临消亡的困境，所以，深入地采集、翔实地记录这些文化事象也是社会科学工作者为抢救与保护我国优秀传统文化而应承担的义不容辞的责任。但因本人才疏学浅，研究尚处在学步阶段，论文中如有不当之处，敬请有识之士们批评指正。

本专集编撰过程中得到法国高等研究实践学院、香港中文大学荣休教授劳格文博士及上海复旦大学副教授巫能昌博士的热情支持与鼓励，谨此鸣谢。

刘劲峰

2023 年 11 月于江西赣州市面壁斋

---

① （法）劳格文（John Lagerwey）：《客家传统社会》，中华书局，2005。

② （法）劳格文（John Lagerwey）、谭伟伦：《中国客家地方社会研究》，中国人民大学出版社，2017。

1997 "中国的祭仪、音乐与戏剧及其社会环境国际学术研讨会" 合影

2009 新加坡国立大学 "华人族群关系与区域比较研究国际学术研讨会" 合影

在香港中文大学"宗教与中国社会"国际学术研讨会上发言

与法国高等研究实践学院劳格文教授（左）交流田野调查经验

与田野采访对象易松尧先生（中）在一起

与田野采访对象罗栖东先生（左）在一起

江西赣州市宁都县东龙村

镶嵌在高山顶上的江西宁都东龙村

始建于清康熙年间的村东隘口

位于村北山巅之上的鳅篓寨

从村落中穿过的赣闽石阶古道

村落中的早市

与法国高等研究学院教授劳格文、香港中文大学教授谭伟伦去铜鼓作田野调查

铜鼓山区

铜鼓客家奎光书院遗址

铜鼓高山上崖刻"潘周过化"

铜鼓傩神庙中的傩面

铜鼓正一教召亡仪式中的召魂

炊烟缭绕的崇义聂都圩（吴梅花摄）

直插云端的崇义聂都梯田

赣江之源：聂都章源桥（吴梅花摄）

横穿聂都的湘赣古道（吴梅花摄）

崇义聂都夫人庙（吴梅花摄）

聂都周氏水楼遗迹（吴梅花摄）

福建漳州市
诏安县仕渡村

仕渡村（堡）外围城墙

仕渡村（堡）迎熏门（南门）

仕渡沈氏大祠祀先堂

祀先堂供奉的沈氏先祖武德侯

仕渡村（堡）主庙灵惠庙

仕渡村（堡）内竖立
的通族会碑

6

福建漳州市诏安县官陂村张廖氏

官陂张廖氏大祠堂

官陂田下楼大门边的关帝神位

官陂土楼尚敦楼

由赣州三僚风水师规划的祭祀张愿仔的禋成堂

官陂彩下村的三山国王庙

建在尚敦楼龙脉上的土地庙（又称龙首庙）

7

江西安远县阄山教"三坛图"

安远阄山教清醮仪式中的安营扎寨

安远阄山教清醮仪式中的发火荡秽

安远阄山教清醮仪式中的上刀山

安远阄山教清醮仪式中的解冤释结

安远阄山教清醮仪式中的炼度

崇义普庵教阳平大幡中的刀山奏职　　崇义普庵教阳平大幡中的传度仪式

崇义普庵教的文教中台　　宁都佛教居士林中举行的朝观音仪式

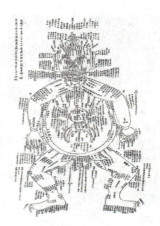

宁都东龙武当派道士超度仪式中的"点莲灯"　　崇义普庵教上垅坛保存的老君图
（复制品）

赣州市宁都县傩舞

宁都中村傩庙

六部大臣傩面具

诸王傩面具

游傩时的坛神与飞天雕子

游傩使用的傩面具

10

舞傩时的服饰

舞傩：钟馗斩鬼

舞傩：王卯醉酒

舞傩：赖公射月

舞傩：判官点书

舞傩：姜太公钓鱼

舞傩：打冬易

宁都东龙村胡公庙

胡公庙游神前的醮祭仪式

胡公庙游神队伍先绕村巡视一周（龚映华摄）

游神后，村民们欢聚一堂吃甲酒

福建诏安县官陂镇的万古庙

万古庙内供奉的关帝像

江西赣州市崇义县
高峰仙朝罗汉

人声鼎沸的崇义高峰仙朝罗汉

启师请神

变身藏魂

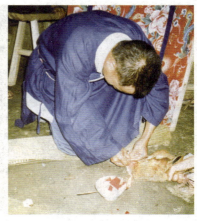

收禁

延香洒净

八方行香

迎神接驾　　　　　　　祈社颁赦

午朝设筵　　　　　　　虔诚写辞

印辞呈辞　　　　　　　踩踏灯土

江西萍乡市关帝庙会

萍乡关帝庙

坛场图

点九曡灯

藏魂变身

启师叱煞

昭告宣榜

15

恭迎大驾

留驾主盟

焚贡天香

净秽扫香

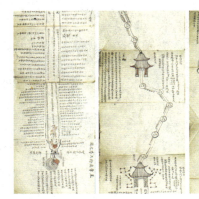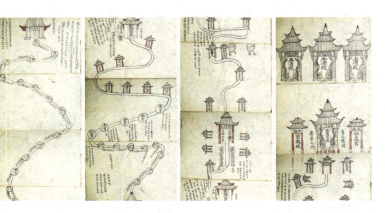

呈章（词）飞行三界秘路